TIEPOLO

Renzo Villa
Giovanni Carlo Federico Villa

TIEPOLO

SilvanaEditoriale

In copertina / *Cover*
Agar con Ismaele nel deserto confortata da un angelo, particolare, 1732. Venezia, Scuola Grande di San Rocco
Hagar and Ishmael rescued by the Angel, detail, 1732. Venice, Scuola Grande di San Rocco

Alle pagine 8-9
On pages 8-9
I Venti, particolare, 1746-1747. Venezia, palazzo Labia
The Winds, detail, 1746-1747. Venice, palazzo Labia

Alle pagine 10-11
On pages 10-11
Giudizio di Salomone, particolare, 1729-1730. Udine, Palazzo Patriarcale
The Judgement of Solomon, detail, 1729-1730. Udine, Palazzo Patriarcale

A pagina 12
On page 12
Trionfo dell'Eloquenza, particolare, 1724-1725. Venezia, palazzo Sandi
The Triumph of Eloquence, detail, 1724-1725. Venice, palazzo Sandi

Silvana Editoriale

Progetto e realizzazione
Arti Grafiche Amilcare Pizzi S.p.A.

Direzione editoriale
Dario Cimorelli

Art Director
Giacomo Merli

Redazione
Sergio Di Stefano

Impaginazione
Annamaria Ardizzi

Traduzioni dall'italiano all'inglese
Contextus S.r.l., Pavia (Sarah Elizabeth Cree)

Coordinamento organizzativo
Michela Bramati

Segreteria di redazione
Emma Altomare

Ufficio iconografico
Alessandra Olivari, Silvia Sala

Ufficio stampa
Lidia Masolini, press@silvanaeditoriale.it

A Franco Sapio
arguto conservatore di memorie patrie
l'amicizia del padre e la riconoscenza del figlio

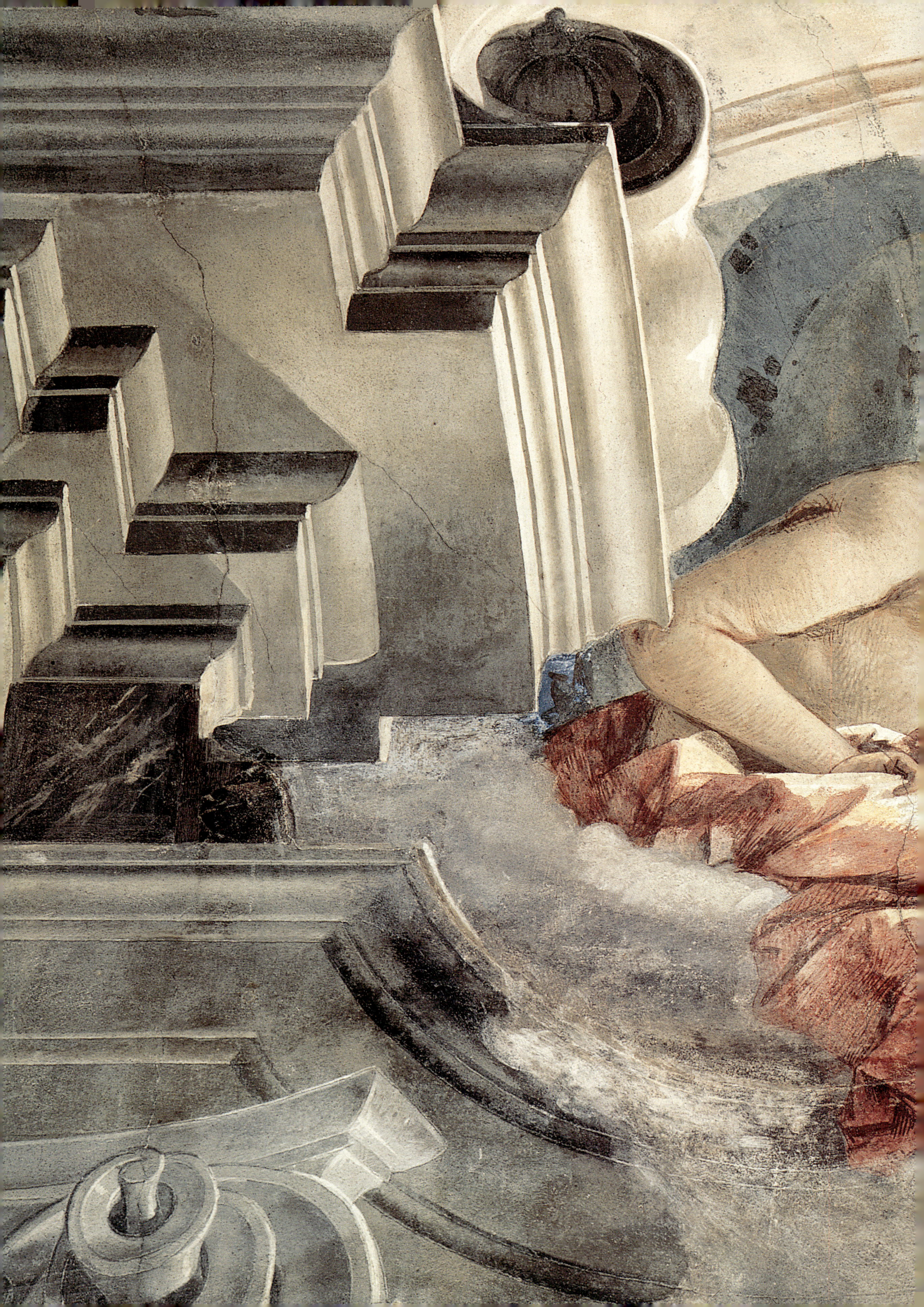

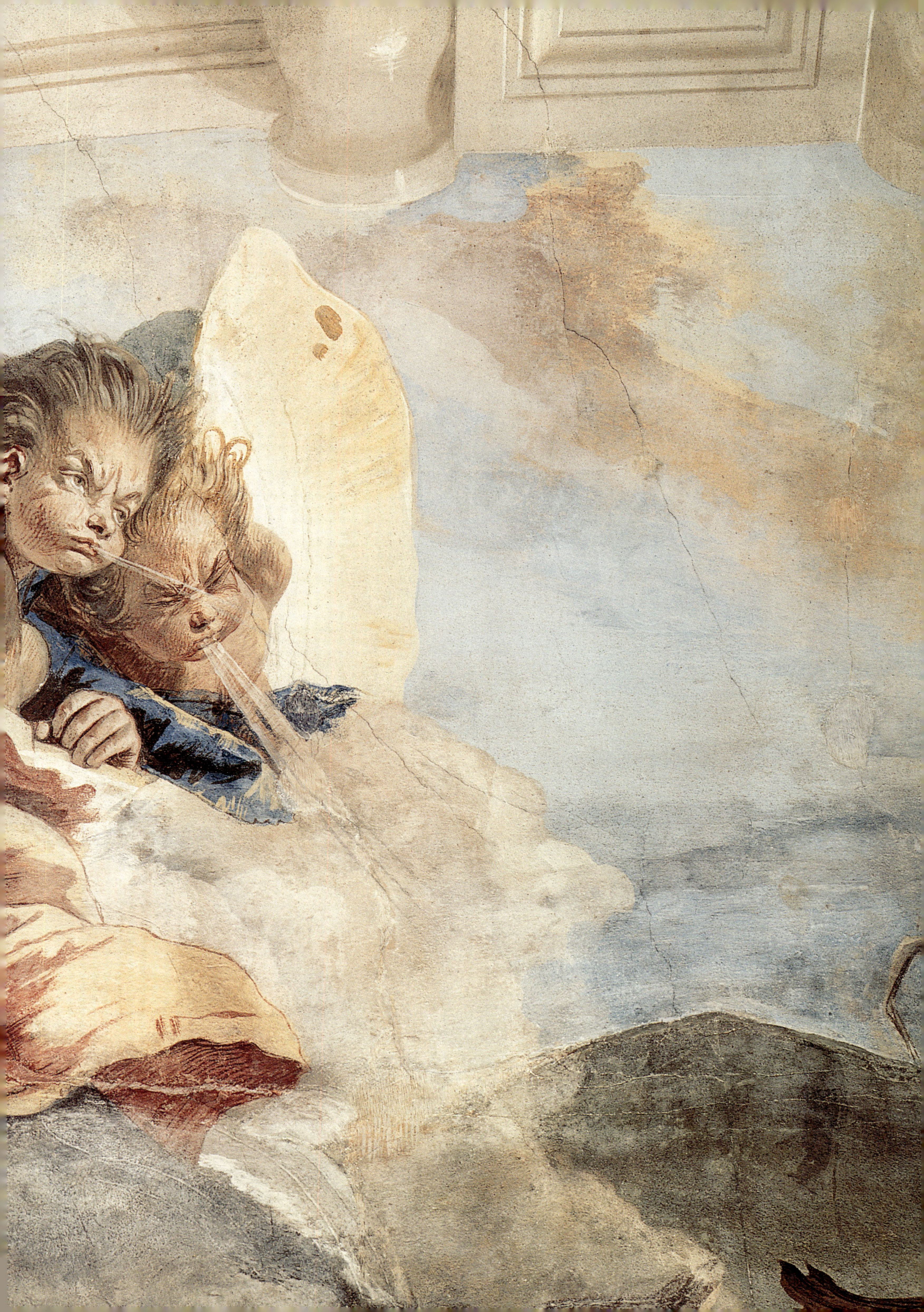

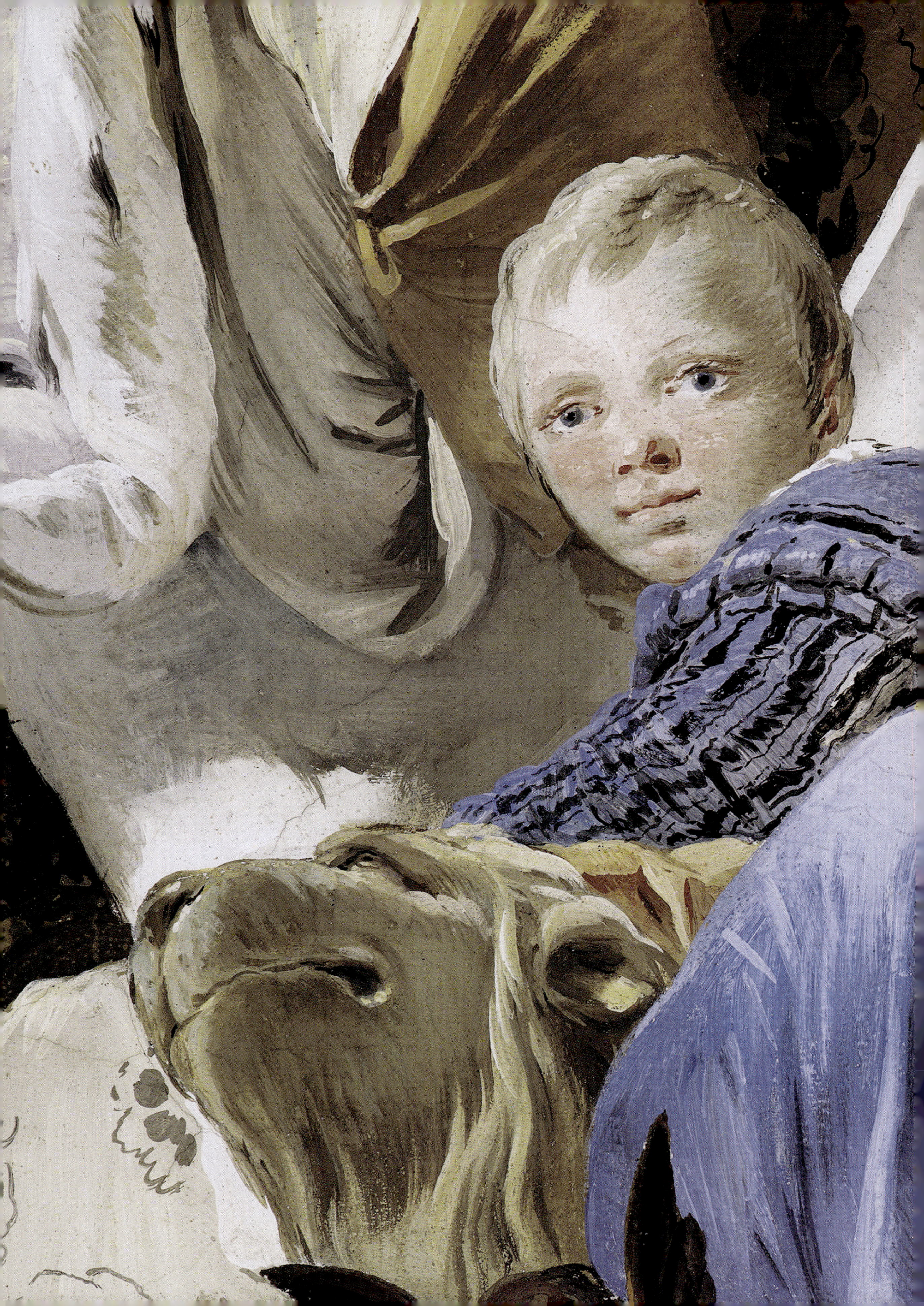

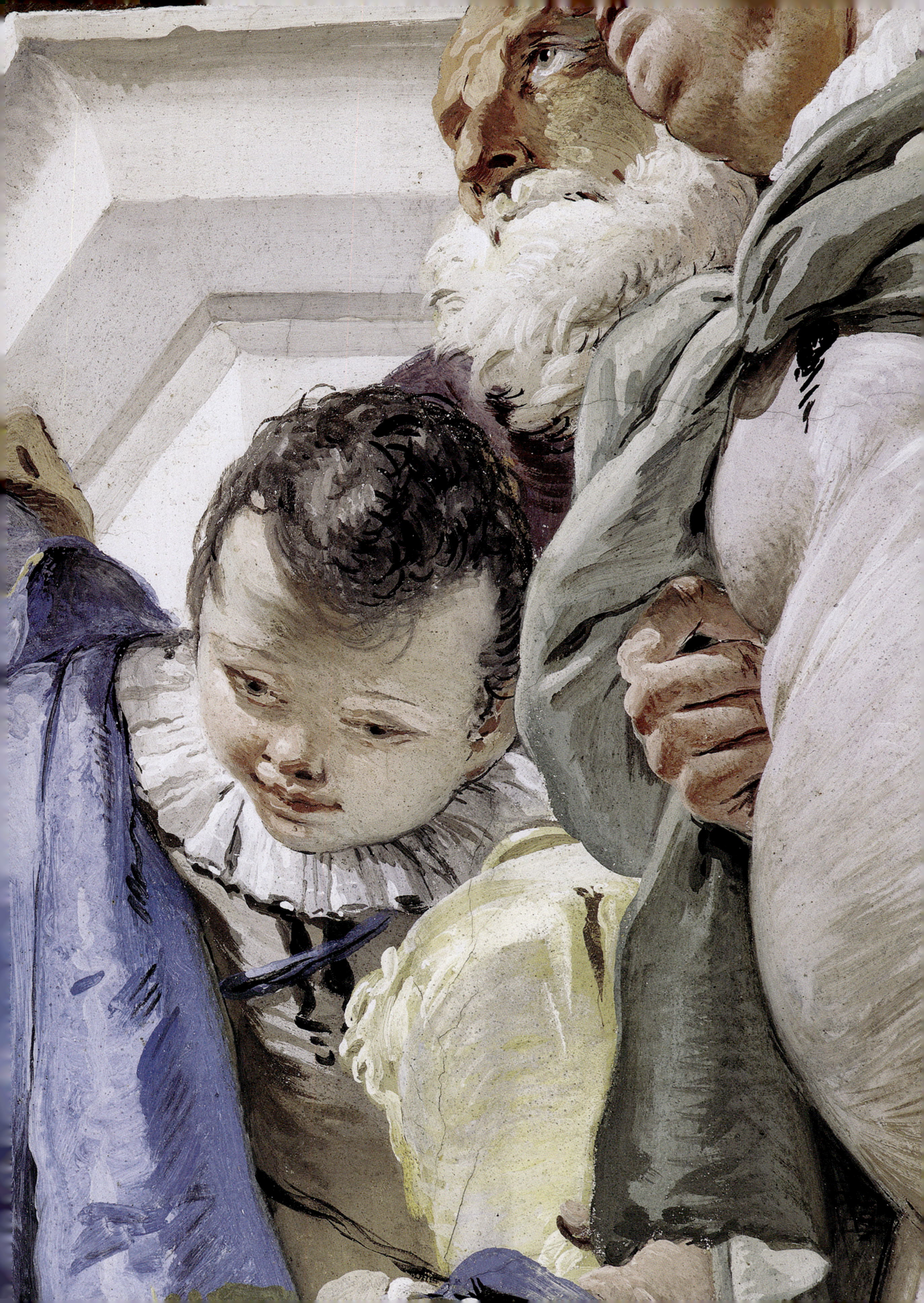

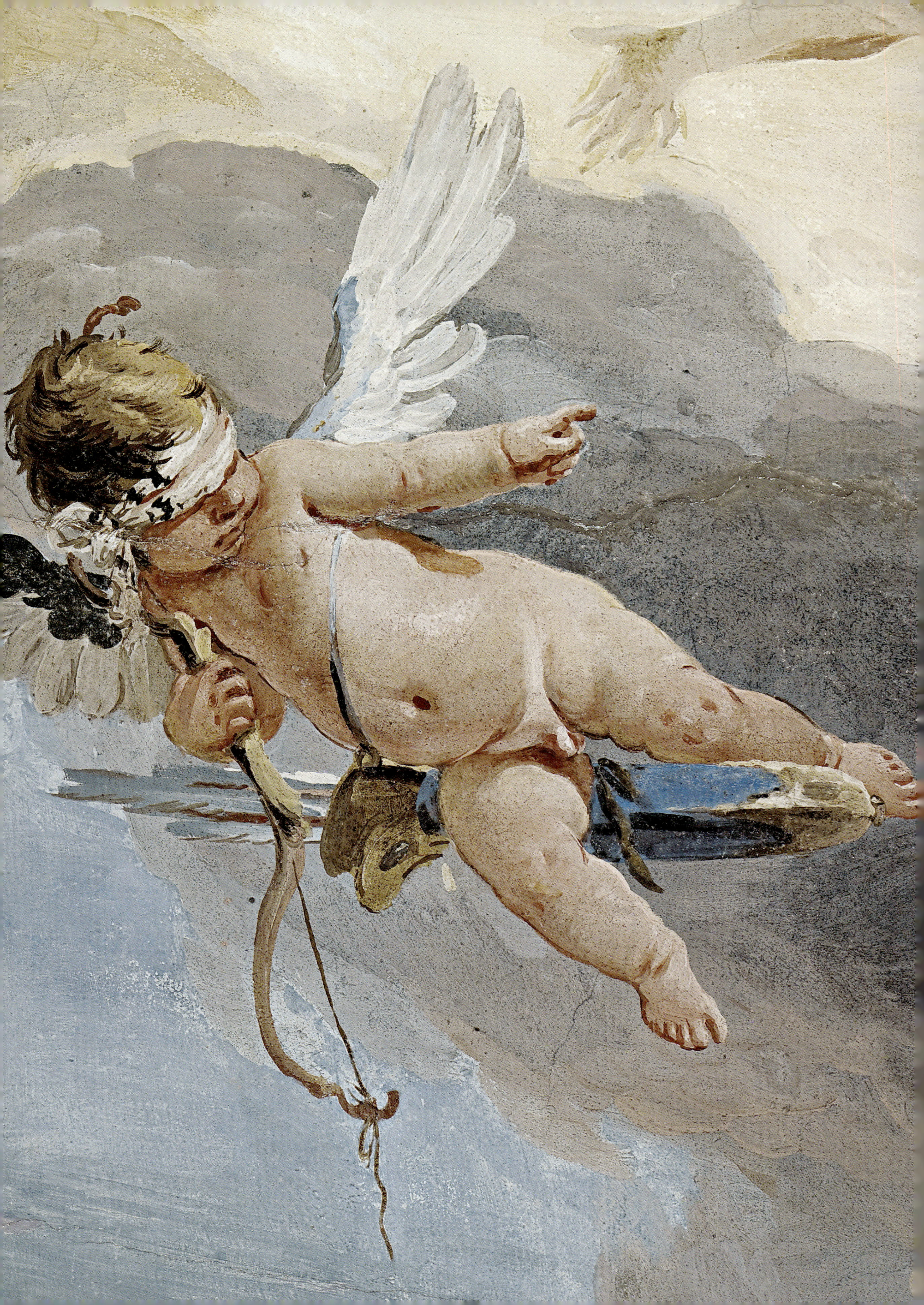

Sommario

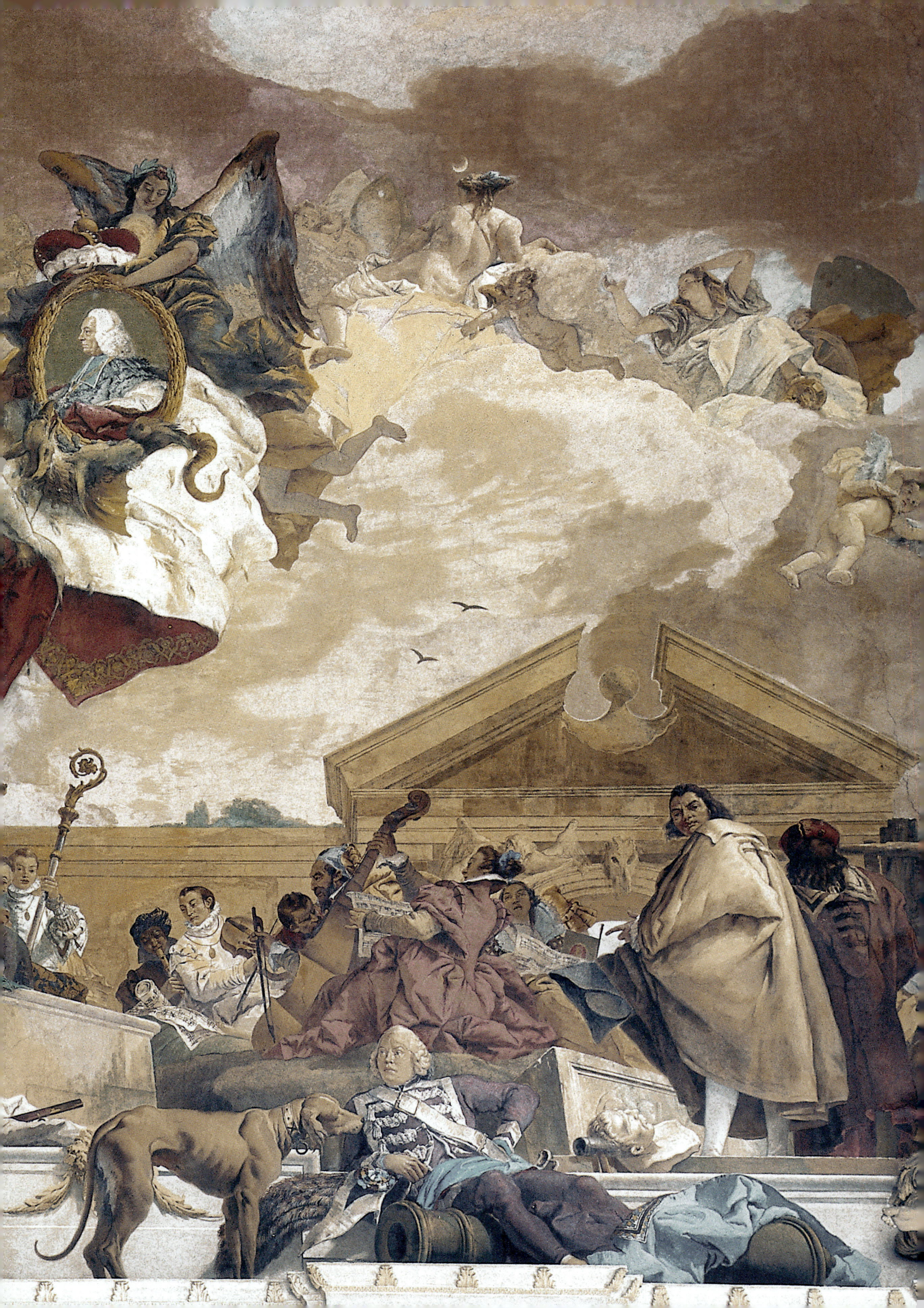

Introduzione

Lungo e laborioso, e solo recentemente riportato al suo significato e alla sua grandezza, il destino del lascito d'arte di Giambattista Tiepolo. Protagonista assoluto di un altro secolo breve, che sorge con la reazione arcadica al barocco, e termina a ridosso della vittoria della più sconvolgente Rivoluzione, fu giudicato superato quando iniziò la stagione del neoclassicismo, della nuova storia ideale e repubblicana di Jacques-Louis David e della corrosiva ironia di Goya. Tiepolo aveva vissuto e creato per un altro mondo, l'*Ancien régime* del patriziato pago di sé e della propria gloria, aulico e grandioso, ma anche sereno e curioso del mondo. Dopo una vita ricca di successi e commissioni grandiose, apprezzato dai nobili e ricchi, i suoi referenti, come dirà, il massimo pittore di Venezia si trovò a trascorrere gli ultimi anni lontano dalla patria e dalla famiglia, presso una corte sempre più indifferente e inospitale, oggetto di continui rimproveri da parte di occhiuti religiosi e bersaglio dell'astio dogmatico del più freddo e arido dei classicisti, Raphael Mengs, ferito dall'ironia di un Winckelmann – "il Tiepolo fa più in un giorno che Mengs in una settimana, ma quegli appena veduto è dimenticato, mentre questi rimane immortale" – nella *Dissertazione sul potere del sentimento del bello nell'Arte*, già nel 1763. Così la sua fama si eclissò nell'arco dei due ultimi e drammatici decenni del secolo che era stato dei lumi, e così rimase abbattuta nei cent'anni successivi, pur con eccezioni. Fu riscoperto alle soglie di un'altra *Belle Époque* di ricchezza e nuova aristocrazia, da un Maurice Barrès che nel 1889 scrive di lui, che le "sue opere hanno il languore che segue alle grandi voluttà, ciò che preferiscono i delicati epicurei". Una lettura – in chiave di "lusso, calma e voluttà" – destinata a durare a lungo nella Parigi capitale delle arti, in cui giungeva anche il grandioso affresco strappato a villa Contarini, il *Ricevimento di Enrico III*, che Édouard André e Nélie Jacquemart installarono in pompa magna e grandissimo orgoglio nella loro nuova abitazione di Boulevard Haussmann. Lettura ovviamente destinata a nuovo tracollo nella prima metà del XX secolo, che fra avanguardie e realismi era tutta tesa al recupero di nettezza di segno, semplicità di luci e sonorità poetiche di colori. Età chiusa dalla più celebre delle stroncature, quella di Roberto Longhi nel suo *Viatico per cinque secoli di pittura veneziana* del 1946, in piena fortuna neorealista, che termina con una stoccata decisiva: via via che Tiepolo si allontana dai "felicissimi abbozzi" con i giganteschi affreschi "è facile intendere che cosa possa sortire quando vi si rovesci dentro il suo inesauribile teatro in veste mitologica, sacra e profana. Ne vien fuori, incredibile ma vero, il film in costume e, peggio ancora, in 'technicolor'".

Saranno i nostri occhi ben più abituati ai colori filmici, sarà la nostra cultura anche visiva ben più aperta alla magia spettacolare, al gusto delle giustapposizioni e contaminazioni e connessioni più ardite, alla mascheratura e all'enigma; sarà l'abbandono di ogni furia iconoclasta e di ogni certezza di giudizio, nel più fluido percorso storico delle arti: l'opera di Tiepolo comincia proprio a essere recuperata a partire dagli anni sessanta, rapidamente rivalutandosi anche e soprattutto a opera di storici d'arte e studiosi sempre più liberi dal vincolo ideologico, dalle assolute certezze di gusto, dagli schemi scolastici prefabbricati. Un lavoro filologico attentissimo e pieno di scoperte, attribuzioni e rinnovate letture, in

Apollo e i continenti, particolare (*Allegoria dell'Europa*), 1753, affresco, 1900 × 3050 cm. Residenza di Würzburg

Apollo and the Continents, detail (*Allegory of Europe*), 1753, fresco, 1900 × 3050 cm. Würzburg Residence

particolare per gli anni giovanili, giunge poi, in occasione e a partire dal tricentenario della nascita, a una grandiosa proposta di mostre e studi e restauri che hanno ridato a Tiepolo padre, e proporzionalmente ancor più a Tiepolo figlio, Giandomenico, un posto di assoluta centralità nell'arte del Settecento.

Il secolo di Giambattista corrisponde esattamente all'arco della sua attività: dal 1715 al 1770. Dunque l'età dei lumi, ma anche, negli schemi scolastici, quell'intensa e caotica stagione che dall'ultimo "barocco" e dalla pittura tenebrosa si scompiglia, affabula, si agghinda, sorride e recita nella stagione del "rococò" più decorativo e festante, per poi negarlo nettamente con il trionfo del più rigoroso e ideologico dei "neoclassicismi". Ma sono schemi scolastici, immediatamente contraddetti quando si analizza una produzione d'autore che è necessariamente segnata da diversi debiti, molte originalità e alcune nette idiosincrasie.

Così è per Tiepolo, su cui ogni etichettatura è parziale: di lui già i primissimi critici e commentatori sottolinearono, oltre l'incredibile capacità di lavoro di un uomo carico di commesse e a capo di una bottega efficiente, soprattutto la "felicità". "Bell'esempio della pittoresca felicità, della sicurezza del pennello e della pronta esecuzione fu il nostro Tiepolo, che trovò sempre ubbidiente la mano ad esprimere sulle tele quanto concepìa l'intelletto. Questo genio vigoroso molto e sempre a se stesso presente, fin da' primi anni si fece conoscere; [...]. Felice Pittore fu il Tiepolo per natura; ma non fu ch'ei non coltivasse con assidue cure il fecondo suo spirito; io ne son testimonio. Nel naturale ei fece i maggiori studii suoi; e sopra tutto seppe veder con buon occhio gli accidenti più opportuni delle ombre e dei lumi, e rappresentarli con maravigliosa facilità". Così scrisse Antonio Maria Zanetti (1771, p. 464), collezionista e intenditore, suo contemporaneo. È una felicità che emana dalla solarità di quel nume tutelare che colloca al centro dei suoi vastissimi cieli Apollo, colui che difende le Arti Belle, attraversando dalle insondabili profondità del Tempo e dello Spazio, con la luce della Conoscenza, del Gusto e dell'Armonia, l'arco di un mondo che ne attende sempre e ancora il messaggio. Per cui la felicità di Tiepolo sembra così anche la più prossima alla serenità kantiana del "cielo stellato sopra di me, della legge morale dentro di me". E ancora Tiepolo è l'autore di strepitose messe in scena della storia antica, senza equivalenti pittorici per ricchezza d'invenzione scenografica, nell'evidente teatralità che lo fa assoluto contemporaneo e sodale della levità facilitata di Pietro Metastasio, e della potenza sonora delle cantate profane di Georg Friedrich Händel, apprezzatissimo a Venezia dopo l'Agrippina, e l'amato Hasse, il "nostro sassone".

Ma poi Tiepolo è pittore in tutto e per tutto assolutamente veneziano. Ed è il corifeo dell'ultima, grandiosa affermazione della pittura – e delle arti – di Venezia in Europa. Riprendendo la tradizione cinquecentesca, la gloria coloristica di Tiziano e Veronese, la riscossa veneziana, malgrado le invidie e i "malintesi" francesi, domina presso i collezionisti, determina il gusto dei Paesi di lingua tedesca, si spinge a Pietroburgo e dà lezioni in Castiglia, ben apprese da Francisco Goya y Lucientes. Nato in laguna, cresciuto nel sestiere di Castello, Giambattista vi trascorre tutta la giovinezza, vi trova i committenti, lavora per loro in città e in terraferma. Prova tutte le tecniche, sperimenta, assapora il gusto spavaldo del primato e poi, dalla trentina, attivissimo e prolifico, chiamato per chiara fama, lavora in diverse città lombarde. Infine compie due lunghi soggiorni di lavoro: il primo per realizzare i suoi capolavori a Würzburg, già in compagnia dei dotatissimi figli suoi collaboratori; il secondo, purtroppo definitivo e già amaro, stroncato dalla morte, a Madrid, ancora con Giandomenico e Lorenzo. Non compie mai un soggiorno di studio a Roma, mai un *Grand Tour* per osservare e apprendere, mai uno studio degli antichi, mai un confronto con le diverse scuole italiane, mai un vero periodo di lavoro variato in un ambiente diverso, come fanno tantissimi suoi contemporanei veneziani, da Antonio Canal a Rosalba Carriera. Perché Tiepolo è integralmente veneziano

e dunque gli basta avere per guida i maestri di laguna, che può ammirare e studiare direttamente: nella prima giovinezza si applica alla lezione di Tintoretto, poi, mentre la sua abilità di affrescatore gli dà fama e denaro, si rivolge a Veronese, si rifà alla "maniera paolesca" tanto che molti contemporanei lo considerano un emulo del pittore ancora e sempre ammirato da quei "nobili e ricchi" che saranno i suoi referenti, gli eredi delle medesime famiglie che avevano richiesto e tanto ammirato le *Cene* del Veronese.
In una prima fase la sua pittura sarà anche polemica, sicuramente melodrammatica, perfino sperimentale, comunque passionale. Poi il pittore trova la sua dimensione nell'affresco: si farà estroso, anche ironico, proteso allo studio del movimento nella sua stesura rapida e immediata, fresca e musicale, chiara, aerea e solare. Per realizzare i suoi sogni e programmi su intonaci sempre più vasti, asseconda voglie di trionfalismi per una Chiesa paga della sua sola esistenza, e onora la gloria dei pronipoti di buoni mercanti fattisi redditieri, per poi esaltare la gloria di modesti principati locali, eredi di un feudalesimo agli sgoccioli. Si riserva, per sé, fantasticherie cariche d'ombre e di ambiguità, sogni erotici di satiresse, ninfe che consolano i mali e le ultime voglie del Tempo, e alberi pericolanti, e serpi tormentose. Ma neppure nelle sue squisite incisioni, privatissime e personali, il buio e il male prevalgono: percorre invece gli stati dell'ambiguità della *rêverie*, il fantasticare nel sogno del meriggio. Ma ciò che più gli interessa resta la felicità narrativa del colore, ciò che l'attrae è lo scorcio, il più ardito, è la sfida di spazi enormi da decorare. I contemporanei lo ammirano, lo lodano e lo pagano. Anche se non bisogna esagerare nell'esaltarne la fama, che resta quella del decoratore, le cui opere sono apprezzate principalmente dagli invitati in palazzi signorili e di governo, regge e vescovati. Tiepolo infatti non lavora per i grandi collezionisti europei, la sua bottega a Venezia produce principalmente per una clientela locale. Di qui una notorietà relativa: il suo nome rimarrà pressoché ignoto in Inghilterra, e poco conosciuto in Francia.
È difficile collocare Tiepolo: è un pittore "realista"? Ma come potrebbe con quei trionfi celestiali, quelle mitologie e quelle invenzioni allegoriche? Eppure sa ritrarre con sicurezze e certezze, osserva e studia la natura e sa percorrere il mondo con la matita dell'illustratore enciclopedico. Classicista allora? No certamente, con quegli scorci talmente arditi da suscitare ammirazione per l'illusionismo spinto oltre il limite del possibile; anche se l'equilibrio armonico del disegno e certe figure femminili in un movimento lento e solenne ci avrebbero potuto ingannare. Barocco dunque? Ma non possiede né l'ideologia della finzione né il culto dell'alterità. Però estrae dalla tradizione barocca ogni buon succo di consumata abilità artigianale. Illuminista allora? Non c'è né volontà di riforma e critica dell'esistente nelle sue invenzioni, non c'è alcuna programmatica volontà di rappresentare il mondo, né di esaltarne la razionalità. Allora è già romantico? Sicuramente appare misterioso nei *Capricci* e negli *Scherzi*; ed è anche ambiguo, a volte dissacrante, sovente quasi grottesco, in ogni caso ricco di registri espressivi plurimi. E così si finisce per concludere che Tiepolo è ben più multiforme e sfuggente di quanto la sua pittura, così apparentemente evidente e felice, sembri esporre. È più razionale di quanto non mostrino le sue invenzioni favolistiche, più dissanguato di quanto non indichi una pittura sempre luminosa, energica e fluida.
In Tiepolo si cela un pittore più complesso e sofisticato di colui che egli stesso ha voluto presentare, ritraendosi con quel volto che occhieggia fra gli altri, che riconosciamo dall'esoftalmo marcato con cui "guarda" interessato, a volte un poco preoccupato, in ogni caso incuriosito, la sua stessa creazione, la messa in scena dell'artificio pittorico, la gloria della Pittura, come se fosse opera di un altro, e come se potesse scrutare le ombre che lui stesso ha evocate e rese ben vive per noi, che continuiamo ad ammirare e tastare, nell'inquietudine di un "non del tutto" detto, di un "quasi" in cui sembra celarsi un'ultima, inarrivabile, verità.

CAPITOLO I

Prologo in laguna

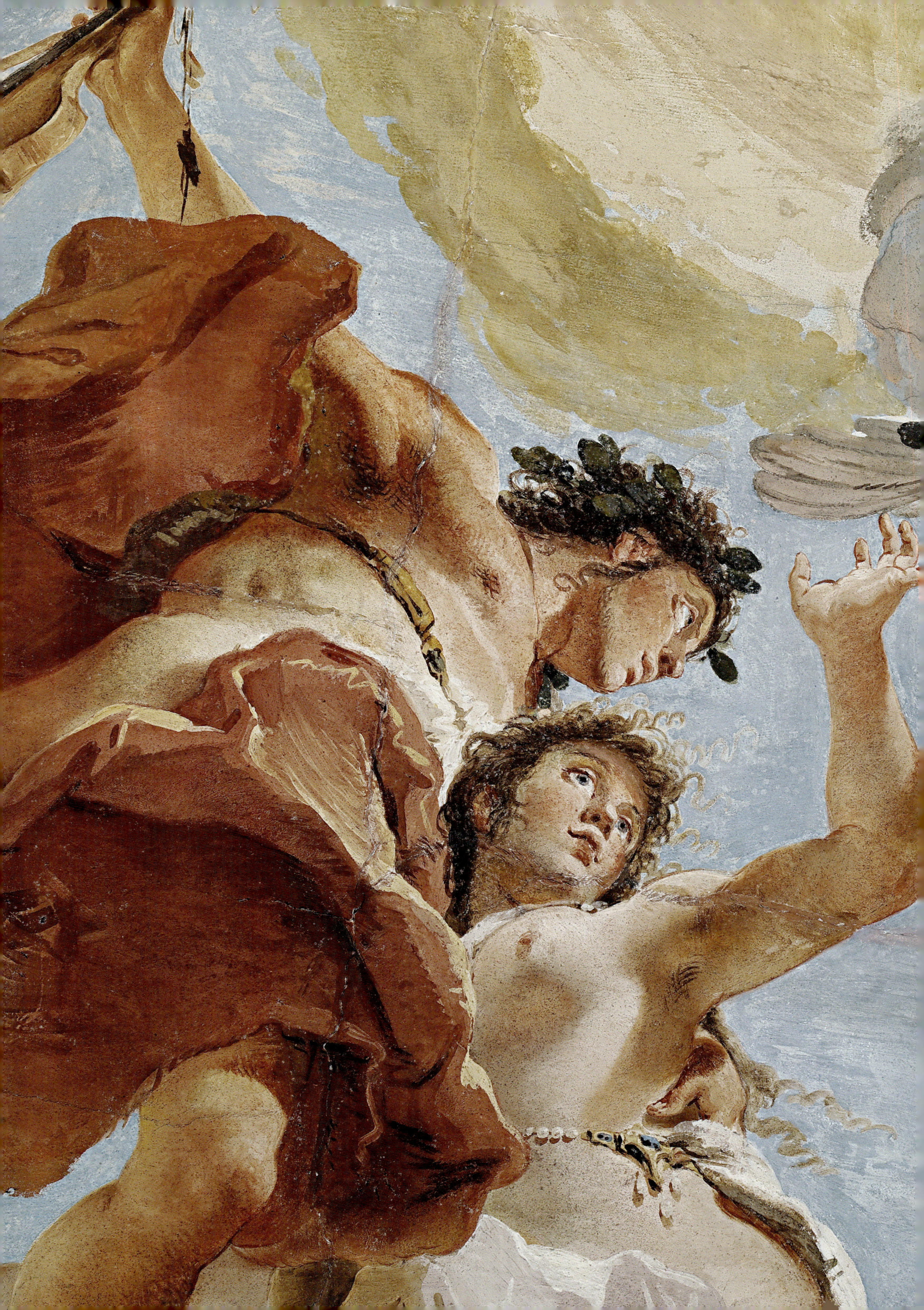

Morendo il 10 marzo 1697 d'un qualche male, "febbre e mal'interno" che all'epoca apparve incurabile, il veneziano Domenico Tiepolo, "mercatante di negozj da nave" (Da Canal 1732, p. 29), ovvero mercante e piccolo armatore – "parcenevolo di vascello" – lascia sei orfani. Per fortuna della vedova, Orsola, "Orsetta", Marangon, Domenico aveva sostanza sufficiente per consentirle di mantenere ed educare i bambini, senza doverli condurre a una qualche istituzione di carità, destino comune alla gran parte delle donne che la malasorte aveva privato di un marito. Domenico le mette a disposizione anche una rete di conoscenze, di buoni rapporti con diverse importanti famiglie patrizie, come i Donà. E appunto un Donà era stato il padrino dell'ultimo figliolo nato in Corte San Domenico e battezzato appena un anno prima, il 16 aprile, nella chiesa di San Pietro di Castello. Quel patrizio aveva dunque pronunciato nel nome di Santa Romana Chiesa le promesse battesimali per il lattante, nato il 5 marzo, cui era stato imposto il medesimo suo nome: Giovanni Battista. Il cognome, invece, l'altisonante e notissimo Tiepolo, appartenuto a famiglia che aveva dato due dogi a Venezia, nel XIII secolo, e poi quel Bajamonte che aveva ordito la più importante congiura contro la Repubblica aristocratica, nel 1310, non garantiva alti natali. Infatti i Tiepolo della famiglia di Domenico non erano discendenti da quei patrizi, e neppure appartenevano ai Tiepolo dei rami di Sant'Aponal, né a quelli di San Polo, né di San Fantin; erano conosciuti da tutti come i "Tiepoletto" di Castello: e così sarà sempre nominato in città il futuro pittore.
Intanto, però, il piccolo orfano è un "Battistìn" che gioca, alle soglie del nuovo secolo, esplorando con i fratelli e le sorelline il suo popolosissimo sestiere. Giunge ai bordi dell'Arsenale e disegna con i legnetti bruciati sulle pietre, come qualsiasi marmocchio. Ma poi rapidamente mostra un'abilità e una passione che restano ignote ai più. Non conserviamo aneddoti di tale precocità, come quelli circolanti su Tiziano, che sul muro di casa realizzava una Madonna con succhi d'erba e di fiori; ma certamente, guardando i meravigliosi disegni che i figli di Giambattista – Giandomenico e Lorenzo – realizzano appena usciti dall'infanzia, possiamo immaginare quanto il padre fosse stato dotato fin da piccolo. E infatti la madre l'avrà fatto esercitare da qualche conoscente, che visti i buoni esiti le avrà consigliato di mandare il ragazzino "in bottega". Probabilmente ne avrà frequentato più d'una prima di essere accettato, verosimilmente intorno ai quattordici anni, come è tradizione a Venezia, da Gregorio Lazzarini, il maestro che tiene bottega proprio nella sua parrocchia.
Sul Lazzarini diversi storici dell'arte hanno espresso un giudizio alquanto limitativo: ma ai suoi tempi era ben conosciuto, quotato e ammirato nel disegno come un novello Raffaello. Quando il giovane Tiepolo gli era stato affidato, intorno al 1710, Lazzarini aveva cinquantacinque anni. Rinomato e richiesto da ecclesiastici e celebri famiglie, a capo di un'efficiente bottega, non s'era mai allontanato da Venezia, rispondendo a commesse di confraternite, ordini conventuali e laici. Questi ultimi si chiamavano Labia, Badoer, Corner, Widmann; insomma, il meglio. In giovinezza era stato anche allievo di Pietro della Vecchia, un pittore abilissimo, sovente bizzarro, imitatore e falsificatore di opere alla maniera di Giorgione e Tiziano. Quel Pietro era il genero di Niccolò Renieri, nella

Trionfo dell'Eloquenza, particolare (*Orfeo ed Euridice*), 1724-1725, affresco, 650 × 1070 cm.
Venezia, palazzo Sandi

The Triumph of Eloquence, detail (*Orpheus and Eurydice*), 1724-1725, fresco, 650 × 1070 cm.
Venice, palazzo Sandi

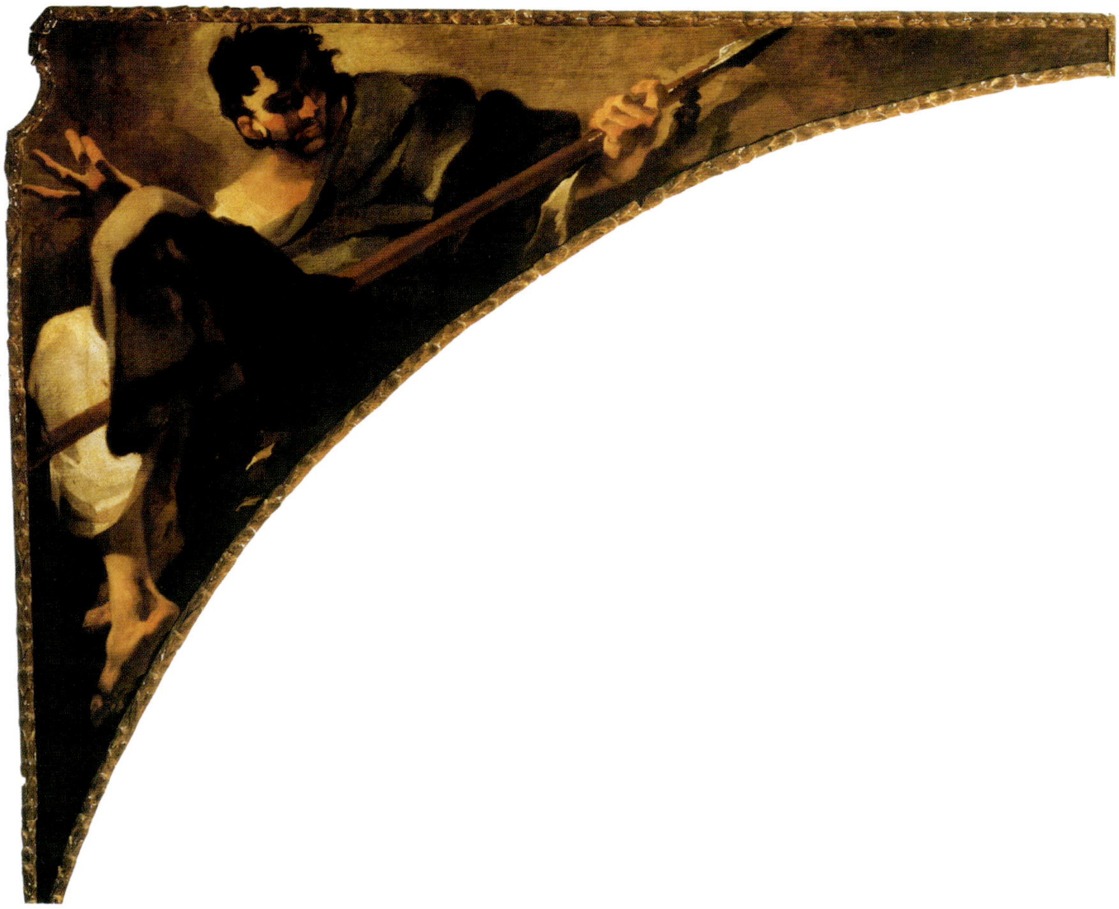

Gli apostoli Tommaso e Giovanni, 1715-1716, olio su tela, 205 × 390 cm. Venezia, chiesa di Santa Maria dei Derelitti (chiesa dell'Ospedaletto)

The Apostles Thomas and John, 1715-1716, oil on canvas, 205 × 390 cm. Venice, church of Santa Maria dei Derelitti (church of the Ospedaletto)

cui bottega lavoravano anche le figlie Lucrezia, Clorinda (la talentuosa moglie di Pietro), Angelica e Anna: un'officina femminile che a metà Seicento era un luogo straordinario di produzione artistica, di "falsi" e "in stile", che avrebbe profondamente influenzato l'organizzazione del lavoro di bottega in laguna. Per cui il Lazzarini s'era rifatto a quella grande maniera, ovviamente confrontandola con il gusto "tenebroso" del tempo; e alla grande stagione della coloristica veneziana, in particolare Paolo Veronese, educava anche il giovane Tiepolo. Così a Giambattista giungeva la perizia del Secolo d'Oro, trasmessa in appena due generazioni. Dal maestro apprendeva anche a fondo la tecnica dell'orditura scenica, e quell'esposizione organica dell'invenzione che ancora oggi riconosciamo nell'enorme tela del 1691, l'*Elemosina di san Lorenzo Giustiniani* in San Pietro di Castello, ove il Lazzarini ritrae anche sé medesimo e Antonio Bellucci. Una prova elegante e drammatica, molto ammirata, espressione di una scuola magistrale. Ma non soltanto: Giambattista imparava a conoscere le storie di Erminia e di Tancredi, a ispirarsi alla *Gerusalemme liberata,* a frequentare gli amori di Angelica e Medoro, le leggende di Cleopatra e i fasti di Scipione l'Africano; tutti soggetti già esposti dal maestro. Cui si aggiungevano naturalmente le vicende sacre dei patriarchi della *Genesi* e quella mitologia e storia neotestamentaria che i bambini apprendevano contemporaneamente all'abilità nella lettura. Tutte queste narrazioni aveva dipinto il Lazzarini, e tutte queste dipingerà il Tiepolo, da giovane e da meno giovane. Un patrimonio comune non soltanto al maestro e all'allievo, ma a committenti, patrizi e popolo veneziano. Un vero e proprio linguaggio delle immagini, sedimentato e certificato.

L'alunnato in quella bottega permette al "Giobatta" di entrare in contatto con una varia e prestigiosa clientela, di cui conosceva qualche rappresentante anche per via di famiglia e di padrino. Realizza così, in breve, prove diverse del suo talento. E subito si distingue per ardimento giovanile, gusto dell'intrapresa, certezza di mezzi: allontanandosi definitivamente

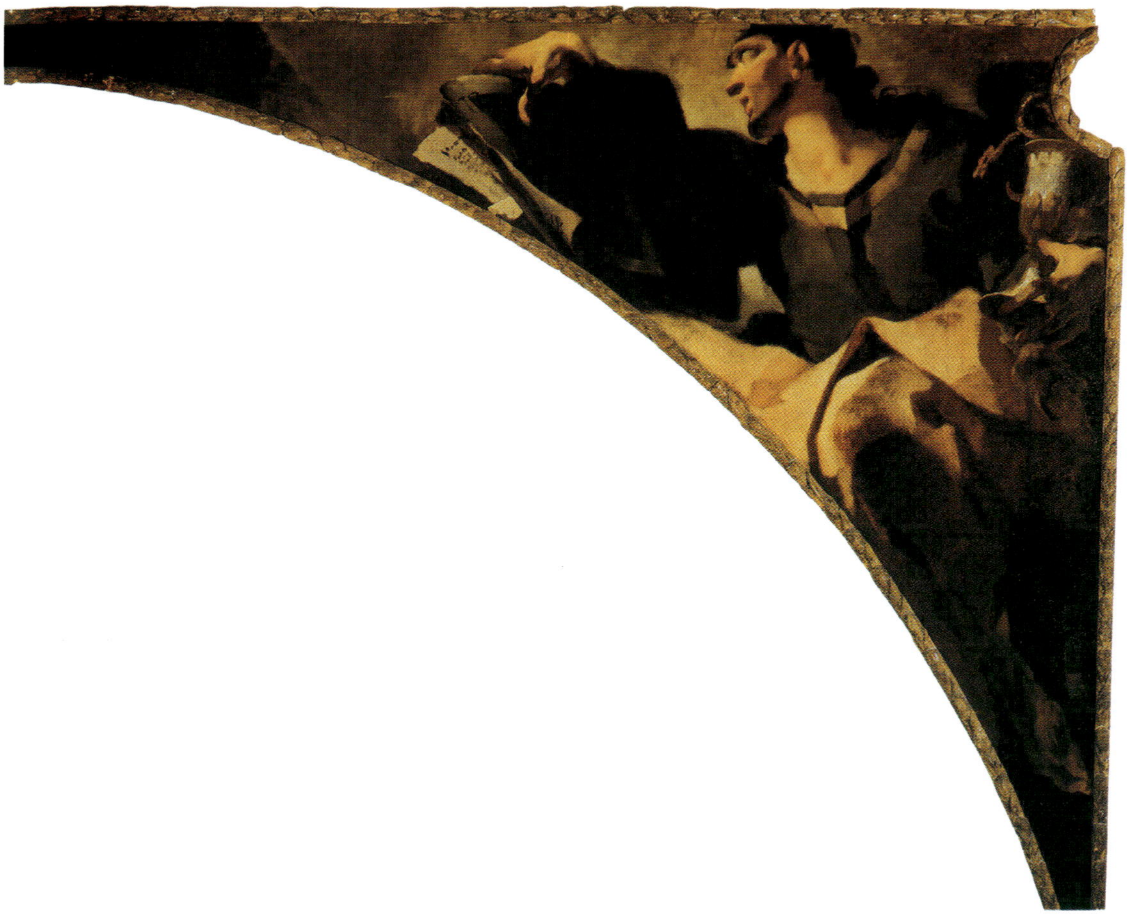

dal Lazzarini e "dalla di lui maniera diligente, giacché tutto spirito e foco, ne abbracciò una spedita e risoluta". È quanto scrive nel 1732 il biografo di Lazzarini, Vincenzo Da Canal, che ci fornisce le prime necessarie ed essenziali notizie sul giovane Tiepolo, il miglior allievo. Sarà poi Giannantonio Moschini (1806, pp. 74-75) a darci i riferimenti delle sue prime maniere: "Avido di imitare quanti godeano a' suoi giorni di reputazione ora emulò la maniera caricata del Bencovich, ora il forte ombreggiamento del Piazzetta".

Allontanandosi dunque dalla bottega in cui molto aveva appreso, Tiepolo si entusiasma per il linguaggio esasperato, tutto di sbattimento di luci, che Federico Bencovich proponeva a Venezia. È questo il riferimento della prima opera certa, il *Sacrificio di Isacco* dell'Ospedaletto di Venezia, accettata da tutti gli storici che però divergono pesantemente sulla datazione. L'arco temporale proposto è anticipato da alcuni al 1716, da altri collocato al 1719, e infine al 1724. Ma prima occorre riprendere la precisa indicazione di Da Canal, che scrive come lo stile influenzato da Bencovich "appare negli *Appostoli* che in età d'anni diciannove dipinse sopra le nicchie dell'Ospedaletto". Dunque due o più figure nel medesimo edificio, in una realizzazione che quell'appassionato amatore d'arte colloca intorno al 1715-1716. Nell'edificio di culto che faceva parte integrante dell'area dell'ospedale eretto due secoli prima, si trovavano cinque soprarchi con le figure accoppiate degli *Apostoli*, su tela. In particolare una coppia sembra riprodurre le caratteristiche del primissimo Tiepolo: una pittura di contrapposti, esasperata nel chiaroscuro e nella drammaticità tesa, tutta giocata sui toni cupi e determinata dalla pennellata veloce. La testimonianza di Da Canal nella sua *Vita di Gregorio Lazzarini* del 1732 (data alle stampe per la prima volta a cura di Giannantonio Moschini nel 1809) e quella coeva di Antonio Maria Zanetti nella *Descrizione di tutte le pubbliche pitture della città di Venezia* costituiscono la fonte prima dell'attribuzione di una delle coppie. Sono il *San Tommaso* con la lancia con cui fu martirizzato in India e il *San Giovanni* con il calice di veleno, rappresentato dal serpente, datogli da un sacerdote pagano: contribuisce all'attri-

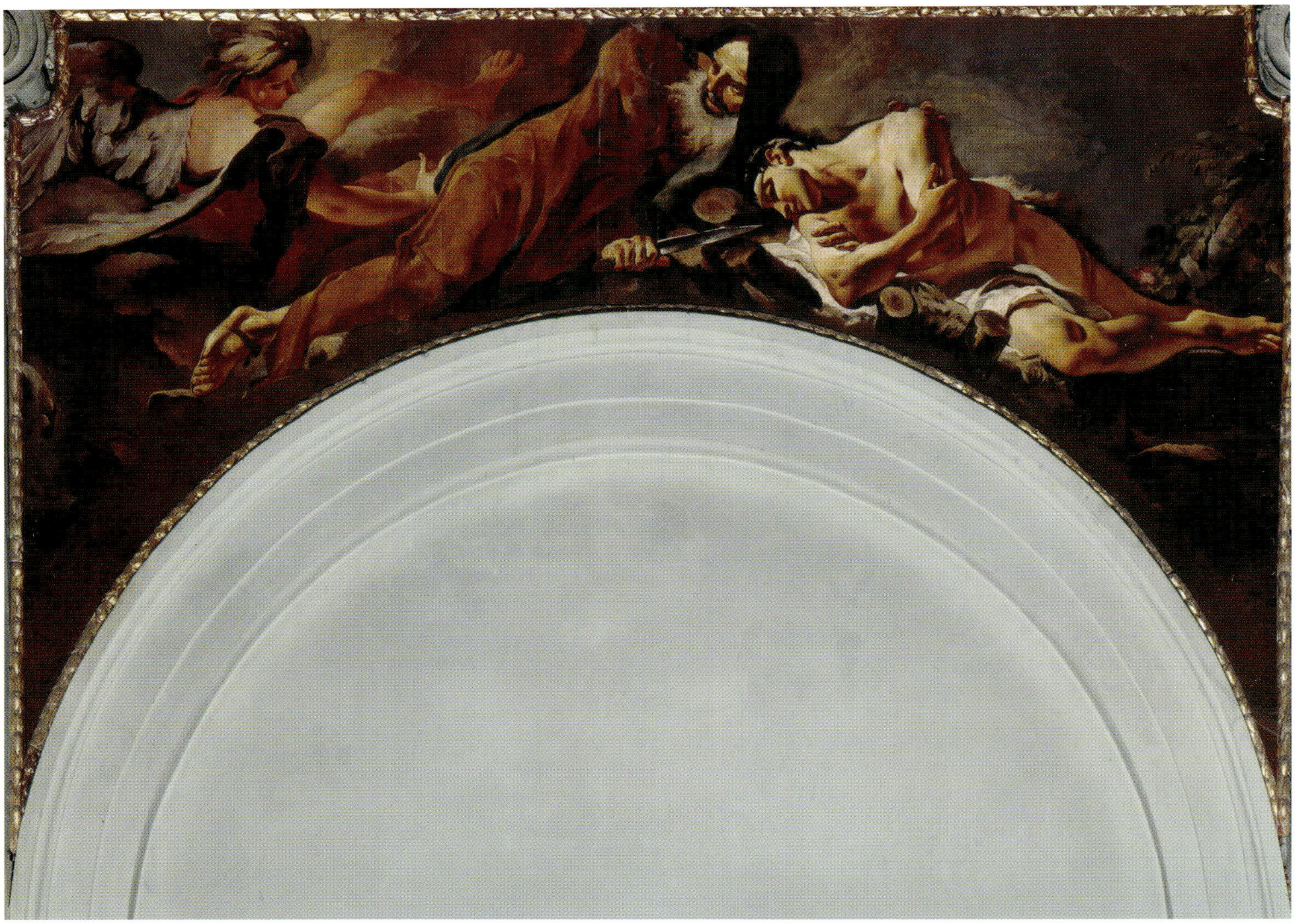

Sacrificio di Isacco,
1719-1724 (?),
olio su tela, 244 × 378 cm.
Venezia, chiesa di Santa
Maria dei Derelitti
(chiesa dell'Ospedaletto)

The Sacrifice of Isaac,
1719-1724 (?),
oil on canvas, 244 × 378 cm.
Venice, church of Santa
Maria dei Derelitti
(church of the Ospedaletto)

buzione anche quella precoce presenza della lancia e del serpente, che poi diverranno due ossessioni iconiche di Giambattista Tiepolo. Sempre secondo Da Canal, nel 1716 il giovane, in concorrenza con altri pittori, esegue una tela – *Il faraone sommerso* – per la festa di San Rocco, il 16 agosto: un lavoro che susciterà ammirazione di pubblico e immediata invidia di colleghi. In tutti i casi, in quel medesimo anno è iscritto alla Fraglia, la corporazione dei pittori veneziani, nei cui registri è nominato dal 1717.

Intanto l'abilità e sicurezza nel segno grafico lo fanno collaborare a *Il Gran Teatro di Venezia ovvero raccolta delle principali vedute e pitture che in essa si contengono*, opera edita senza data ma intorno al 1720 da Domenico Lovisa, due meravigliosi e rari tomi *in folio*, eseguita dai calcografi Andrea e Carlo Zucchi, dal Vasconi e dal Rosselli, con contributi grafici anche di Luca Carlevarijs e di Silvestro Mainago, allievo anch'egli del Lazzarini (ma di una generazione precedente Giambattista) e collaboratore per altri apostoli dell'Ospedaletto.

Collocando dunque intorno al 1715 i primi due "Appostoli", sarà necessario considerare successivo, più tardo, l'altro soprarco con il *Sacrificio di Isacco.* Ove il pittore si mostra abile nell'introdurre le figure in un'area irregolare e a dargli una sforbiciata nervosa, tutta trattata con una materia impastata, usando una pennellata densa di colore, costruttiva, che crea subito volumi plastici. Il ventenne Tiepolo è dunque già un giovane maestro indipendente, e conosciuto; certamente numerose e diverse furono le prove di quegli anni, oggetto di nuove e recenti inchieste da parte di numerosi storici dell'arte.

Seguiamo ancora Da Canal per attribuire al giovane pittore due ritratti di dogi: l'uno, ideale, di Marco Corner (1286-1368), l'altro di Giovanni II, in carica dal 1709 al 1722, il

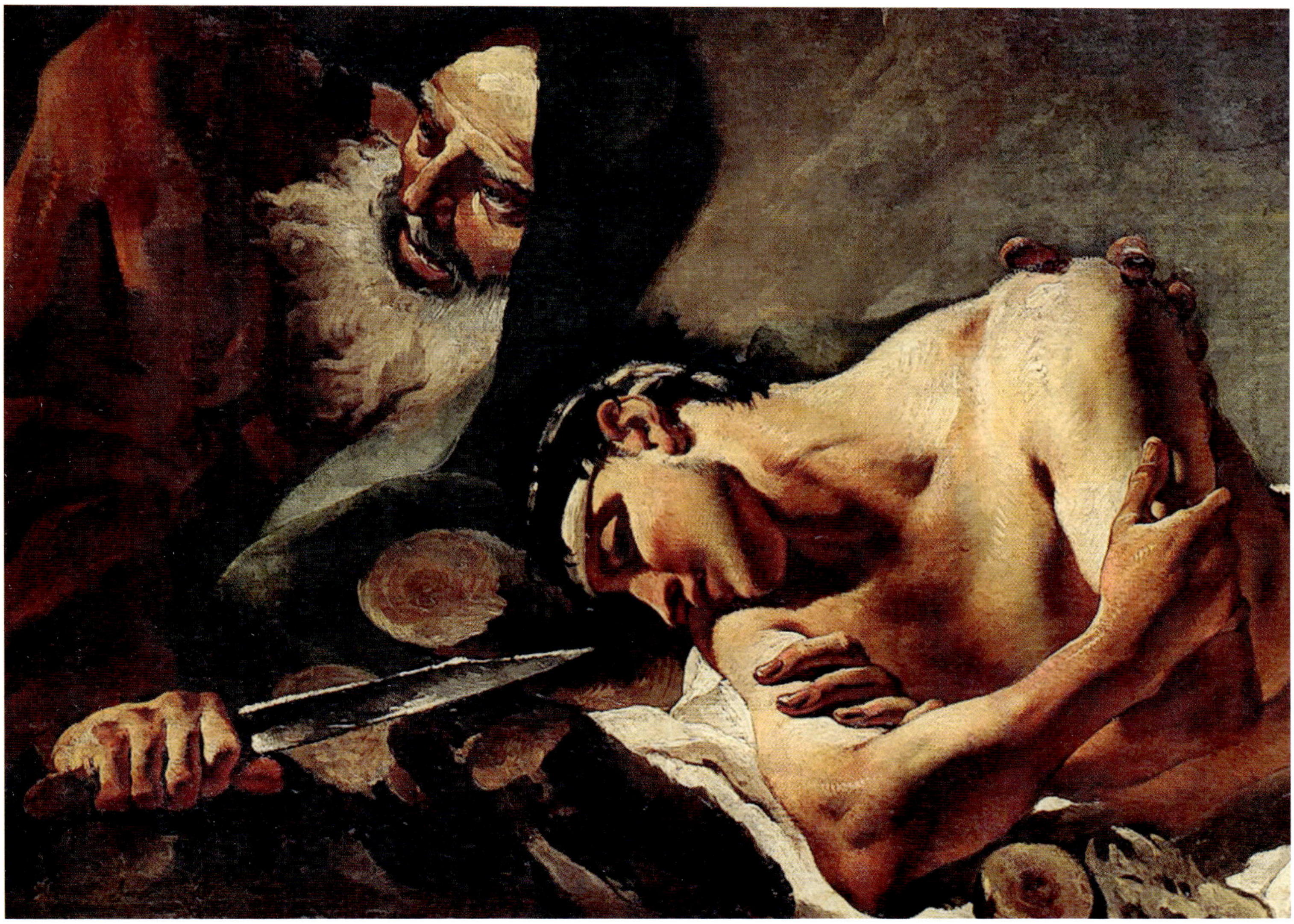

che determina comunque l'anno *ante quem* il pittore lavora per il palazzo Corner, nella cui "ricca abitazione [...] presiedeva alla distribuzione delle cose pittoriche", eseguendo anche "ritratti e quadri di buon gusto" (Da Canal 1732) e numerose sovrapporte. Dunque subito una presenza presso una delle più prestigiose famiglie nobiliari. Questi suoi grandi ritratti mostrano toni più chiari, una grafia più secca, mentre resta la ricchezza materica. Le due tele a figura piena, recuperate a Tiepolo da Egidio Martini e collocate come testi precocissimi al 1716, mostrano un pittore che sa muoversi con sicurezza anche nell'atmosfera "chiarista", che ha appreso osservando Sebastiano Ricci e il giovane Giovanni Pellegrini. Fondamentali l'impianto sostanzialmente barocco, l'osservazione certamente diretta del doge Giovanni, il trattamento di vesti e tappeti che appaiono nella linea degli *Apostoli*, così come le mani nervose. Si tratta comunque ancora di prove di talento, ma senza un nerbo di vera originalità.

Evidentemente la pratica e le conoscenze l'hanno ormai avviato con bella energia al servizio di un'ampia committenza, con cui si trova subito a proprio agio. Realizza nel 1716 un'*Assunta* per la chiesa parrocchiale dei Santi Lucia e Vittore a Biadene: il suo primo affresco, identificato da Adriano Mariuz e Giuseppe Pavanello, oggi più leggibile dopo l'accurato restauro, ove già si trovano tipiche soluzioni di grande scorcio, ma in una sorta di bozzolo coloristico di indecisioni e forme poco sicure. Decora poi il salone al primo piano della villa a Massanzago di Giovan Battista Baglioni, erede di una famiglia di grandi librai editori, che aveva acquistato da poco il titolo di conte per ben centomila ducati. Gli affreschi – la paternità tiepolesca dopo attribuzioni diverse è ancora di Mariuz e Pavanello (1985) – sfondano

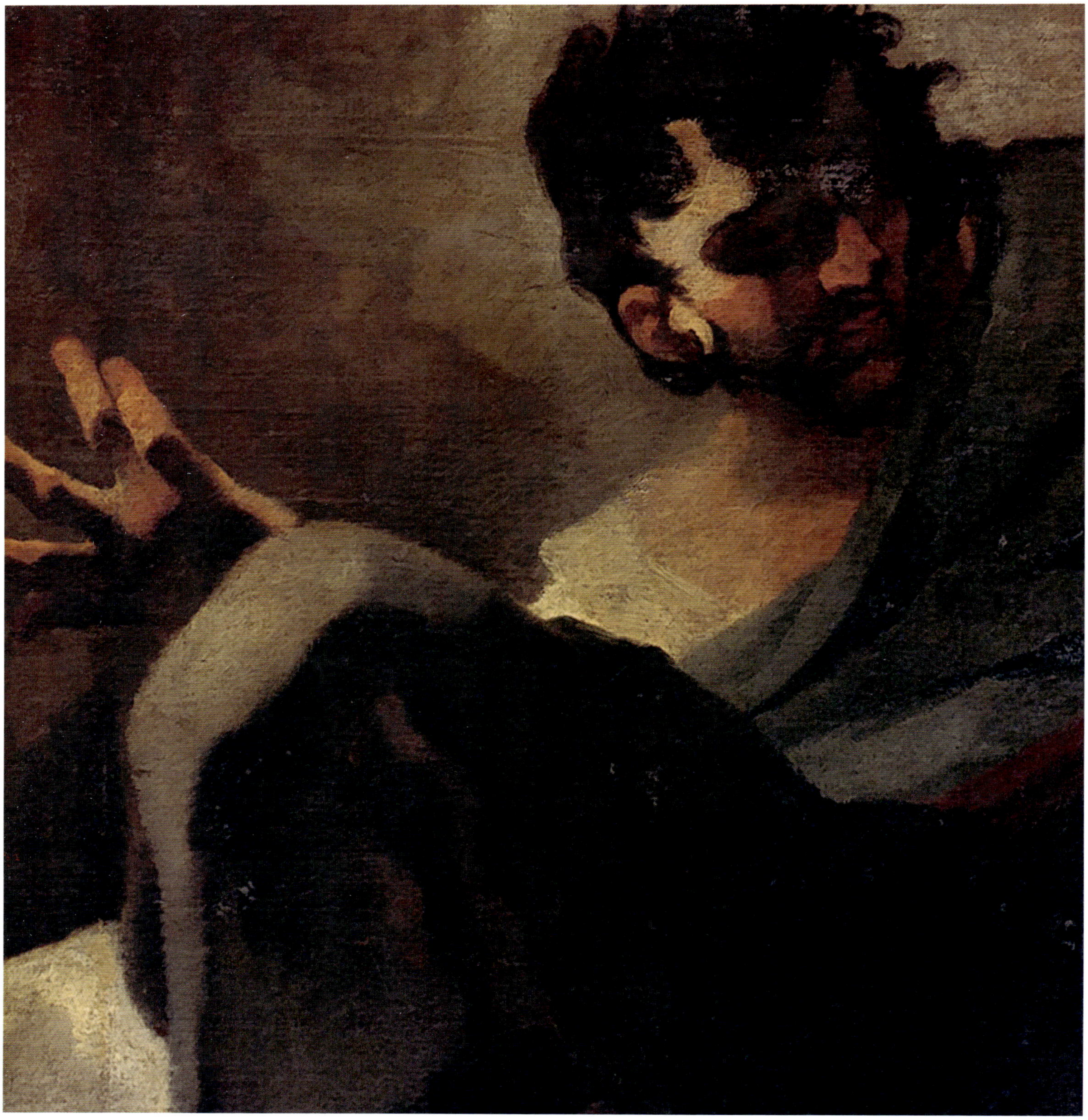

illusionisticamente le pareti: nello spazio infinito si svolge il *Mito di Fetonte*, mentre la volta è dominata dal *Trionfo dell'Aurora*. Spiccano i colori chiari, una luminosità ignota che il frescante Tiepolo scopre con felice passione e da cui non si scosterà più; ma intanto recupera esperienze secentesche, in particolare nei nudi memori di Carpioni.

In quel tempo di grandi attività e speranze realizza tra le altre una tela di enigmatico soggetto e ignota destinazione, che molto ha incuriosito ed è stata indicata quasi sempre come il *Ripudio di Agar o di Vasti* (nella collezione Rasini, databile fra il 1717 e 1719), ove la ricerca tridimensionale, ottenuta attraverso l'ardita impostazione del personaggio femminile, le sciabolate di luce e il controllo della tavolozza accesa, dai colori saturi, impostata su

L'apostolo Tommaso, particolare

The Apostle Thomas, detail

una gamma di toni freddi, indicano una scelta di personale ricerca. Il soggetto è in realtà *Rea Silvia ammonita da Amulio di fronte al tempio di Vesta*, o meglio condannata da Amulio, dopo la nascita dei gemelli, cui Faustolo poi darà il nome di Romolo e Remo. Tutto corrisponde: il perfido usurpatore che ordina la segregazione indicando perentoriamente un antro buio; la donna che invoca pietà, e poi il vaso che contiene il fuoco sacro a Vesta, spento perché la sua sacerdotessa aveva violato la regola della verginità. Due figurine molto tiepolesche assistono fra l'esterrefatto e il timoroso, all'ombra di un vasto edificio ornato di bassorilievi. Dell'impaginazione di un fatto che tutti conoscevano attraverso epitomi, narrato da Ovidio e da Livio, ma iconograficamente raro, va rilevata subito la teatralità già quasi melodrammatica, il gusto per una gestualità marcata scenicamente e la stessa vestizione degli attori, così sostanzialmente semplice. Insomma, una scena di teatro con musica, che Tiepolo – come tutti i veneziani – seguiva regolarmente.
Ma intanto, lavorando alla chiesa dell'Ospedaletto, avrà conosciuto una fanciulla, accolta fra le "figliole del Coro": ne sarà rimasto così colpito da cercare di avviare e mantenere un contatto non facile, ma assolutamente duraturo. Infatti Giambattista sposa con rito segreto il 21 novembre 1719 l'appena diciassettenne Maria Cecilia Guardi. Con lei abiterà in casa del fratello maggiore di lui, Ambrogio, in parrocchia di Santa Ternita, vicino al ponte di San Francesco della Vigna.
La fanciulla era rimasta orfana tre anni prima: il padre, il pittore Domenico, aveva lasciato una vedova, Maria Claudia Pichler, e quattro ragazzi: Gianantonio, d'anni diciassette, in bottega; Cecilia appunto, e poi Francesco, di soli quattro anni, e Nicolò. Cecilia dunque era stata collocata (Ellero 1996, pp. 106-109) fra le "putte del Coro" di Santa Maria dei Derelitti, l'Ospedaletto. C'è un documento d'archivio interessante, sia per la lingua d'uso, sia per le ragioni di una particolare accoglienza, che fa almeno due eccezioni alla norma.

"1717, 29 zugno, carte 134.
Intesa da questa Congregazione la riverente suplica della Povera Vedova Madre di Maria Cecilia quondam Domenico Guardi e fatto riflesso alla sua Estrema Povertà, alla numerosa Figliolanza, al pericolo dell'honestà della Figlia; Intese l'Informationi de Signori Deputati nostri sopra le Figliole del caso presente, e delli tempi per la gratia altre volte praticata in casi simili sorpassato da Predecessori nostri ogni vigor delle Leggi e per l'età e per aver Madre viva. Inoltre venendo la Figliola medesima raccomandata da Sier Conte Giovan Paulo Giovanelli Governator nostro Benemerito e questo pure à motivo di Gratia con l'esempio d'altri simili casi, con la dispensa anco nella Ballottatione dalle strettezze per tutto questa Figlia, per la voce e per l'abilità è capace al servizio del Coro, e per la prova fatta dal nostro Deputato sopra la Musica colla presenza et opinione del nostro Maestro de Capella Domino Antonio Polleroli di voce soprana e bella e sperarne anco una riuscita distinta.
Perciò à gloria del Signore Iddio, et vantaggio di questo povero Ospedale sia Accettata per Figliola di Casa Maria Cecilia Figliola del quondam Domenico Guardi benché passi l'età prescritta dalli Ordini nostri e sia viva la Madre riflesso al merito de Sier Conte Giovan Paulo Giovanelli Governator nostro Benemerito che la raccomanda, facendosi nel caso presente quello che in altri casi s'è praticato come dalla rifferta de Nostri Governatori Deputati sopra le Figliole, e s'intendano nella Ballottatione dispensate le strettezze per esser destinata al servizio del Coro stante la sua voce, la sua habilità, la sua dispositione al canto, come s'è raccolto dalla rifferta del Governator nostro Deputato sopra la Musica, e come fu praticato in altri tempi nell'Accettazione de Figliole a servizio del Coro.
De sì n° 18 De nò n° 1
Non Sinceri n° O fù presa".

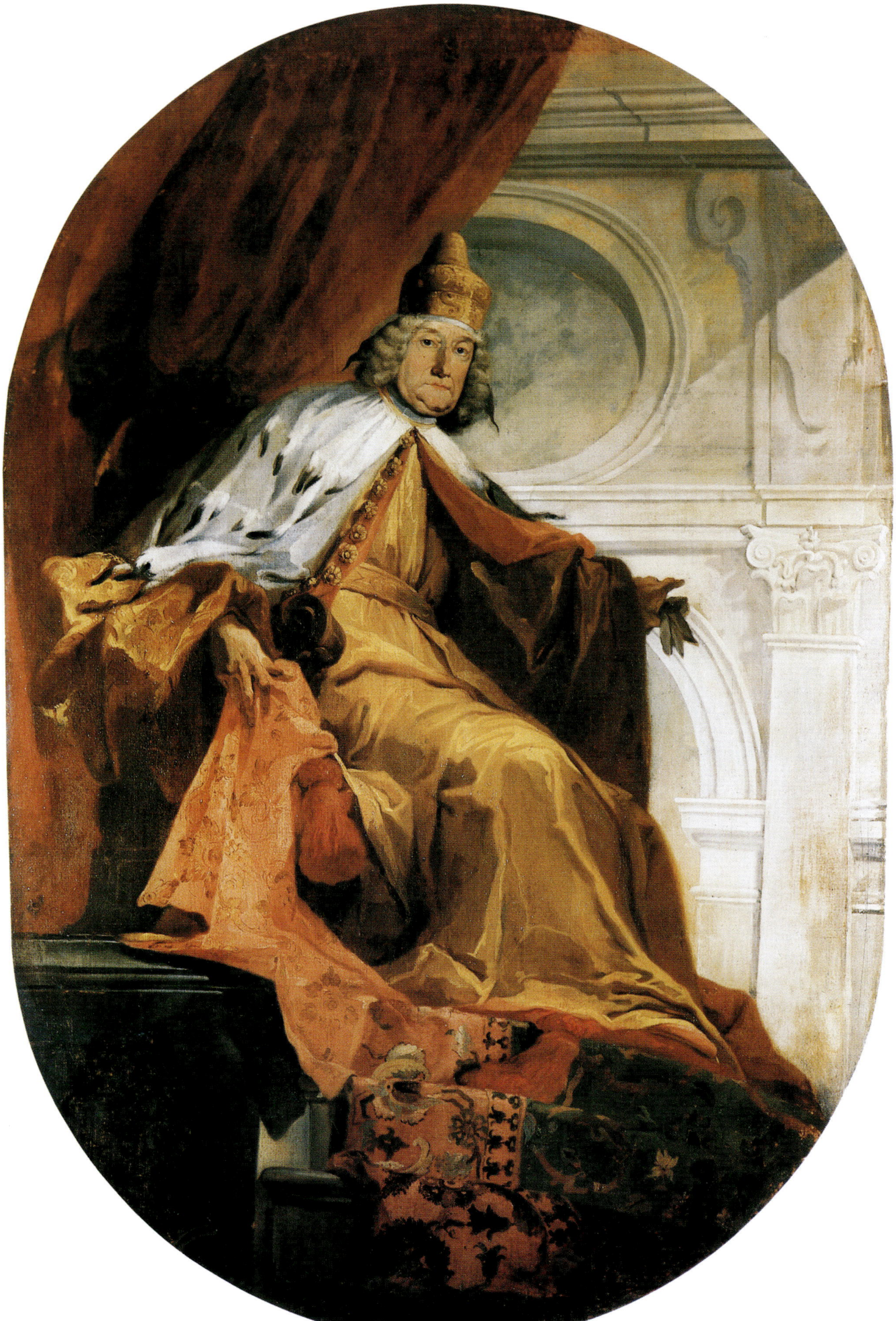

Dunque Cecilia, che ha ancora la madre ed è piuttosto grande – ma è raccomandata dal Giovanelli –, è dotata di bella voce da soprano. All'Ospedaletto avrebbe ricevuto una buona educazione, anche musicale, sperando poi di trovare marito, esibendosi regolarmente con le altre orfane in seguitissimi concerti vocali e strumentali. E qui appunto la vede e l'ascolta il giovane pittore che decora l'edificio, e se ne innamora. Non senza qualche difficoltà poiché la disciplina delle fanciulle è abbastanza rigorosa e la famiglia di lui si oppone (Bortolan 1973, pp. 49-53), peraltro ad avviso del giovane pittore "senza fondamento alcuno", tentando di impedire un matrimonio con una fanciulla povera, "con grave pregiudizio della reputazione e dell'onore" di Cecilia, "gravemente diffamata". Perciò Giambattista prima di sposarla chiede e ottiene che il matrimonio si celebri con dispensa da pubblicazioni e registrazione. Decisamente, è innamorato.

Ritratto del doge Giovanni II Cornaro, ante 1722,
olio su tela, 271 × 182 cm.
Venezia, Ca' Rezzonico,
Pinacoteca Egidio Martini

Portrait of Doge Giovanni II Cornaro, before 1722,
oil on canvas, 271 × 182 cm.
Venice, Ca' Rezzonico,
Pinacoteca Egidio Martini

MUSICA E CARITÀ NEGLI OSPEDALI VENEZIANI

L'Ospedaletto era una delle quattro grandi strutture sanitarie di Venezia, con Santa Maria della Visitazione o della Pietà (prevalentemente riservato agli esposti), il Santissimo Salvatore o gli Incurabili (principalmente accoglieva malati di sifilide) e San Lazzaro dei Mendicanti (fanciulli miseri e anziani poveri). L'Ospedaletto accoglieva i pellegrini, i "febbricitanti" e i "grandi orfanelli". Ogni ospedale aveva anche un'infermeria dedicata alle urgenze. Queste quattro strutture erano, già da un secolo, "templi d'Euterpe", ovvero luoghi di formazione ed esecuzione musicale, finalizzata essenzialmente alla raccolta di offerte, giacché il finanziamento degli ospedali – istituzioni essenziali e complesse – si reggeva quasi esclusivamente sul contributo di privati cittadini attraverso lasciti testamentari e donazioni: e appunto per sollecitare la partecipazione del maggior numero di cittadini s'era creata la tradizione dei cori femminili. In effetti ogni struttura disponeva di un reparto adibito a orfanotrofio per fanciulle e ragazzi, e tutte possedevano una grande chiesa in cui le messe erano ovviamente celebrate quotidianamente, così come i vespri festivi e le liturgie accompagnate sempre dal canto corale. La stessa struttura architettonica dell'edificio era segnata dalle esigenze musicali, con le cantorie aggettanti: "ossia loggie chiuse di legno dipinto come gli organi fino a mezzo corpo, e cinte poi forse per un braccio d'altezza ulteriore da graticcie di ferro pur dipinte e al sopra scoperte, sporgeano dall'alto delle pareti nell'interno d'esse Chiese: Nelle quali Cantorie fornite degli organi e degli stromenti e seggii necessarii entravano dagli appartamenti loro per accessi al di dietro disposti le fanciulle a dare armonie deliziose ad inni, mottetti, antifone, salmi, e specialmente agli Oratorii" (Cicogna 1842, p. 327).
Le congregazioni di laici, fra cui numerose donne, che dirigevano gli ospedali si occupavano anche del mantenimento e dell'educazione degli orfani, cui era impartita, senza distinzione di sesso, un'istruzione di base: lettura, scrittura e catechismo. Per i maschi seguiva l'avviamento a un mestiere, per le "putte orfane" un'istruzione musicale che le avviava al "servizio del Coro"; a chi non aveva alcuna attitudine musicale si insegnava cucito, ricamo e filatura. E più tardi c'era la possibilità di restare nell'ospedale con il ruolo di "Maestra", ovvero educatrice delle più piccole.
Il compito di sovrintendere alle attività musicali era affidato inizialmente a due governatori deputati "sopra la Chiesa e il Coro". In seguito all'importanza dell'organizzazione musicale le cariche furono divise fra quattro governatori, due esclusivamente dedicati all'organizzazione degli eventi, per "far tutto quello stimeranno proprio, accio questa bon opra si riduchi à perfetione à beneficio di questo Pio Luoco, et à sodisfattione di tutto il Populo" (Ellero, Scarpa 1978).
La rivalità fra le quattro grandi istituzioni in gara per accaparrarsi il pubblico allettato dal richiamo della musica, che accorreva alle funzioni e ai momenti di pura esecuzione musicale, creò un'accesa competizione. E che il "canto e il suono" delle figlie di coro fossero diventati uno spettacolo da non perdere è ampiamente documentato a partire dagli ultimi decenni del Seicento. Numerosissimi gli ospiti illustri attratti e deliziati dallo spettacolo di un coro e un'orchestra

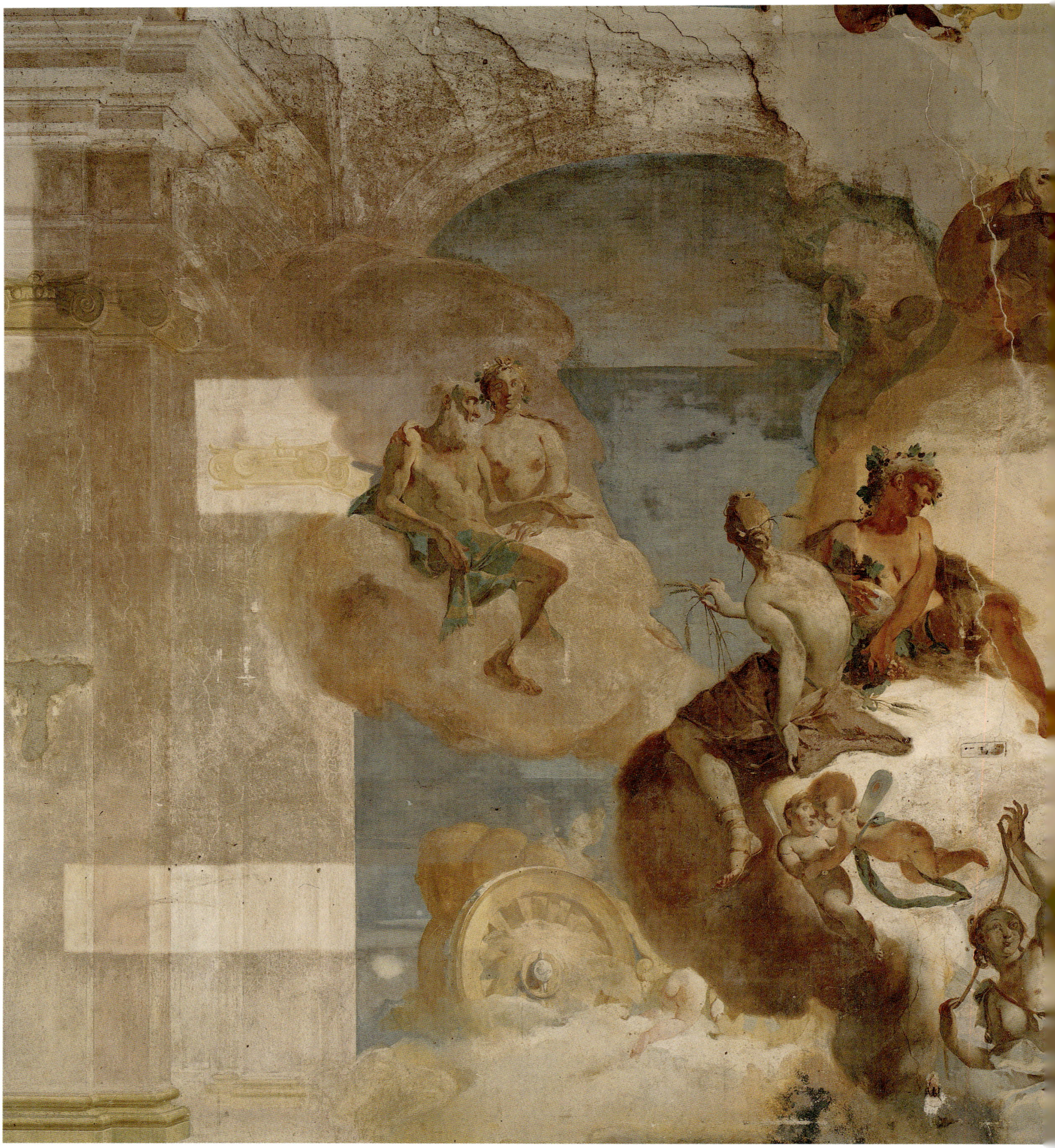

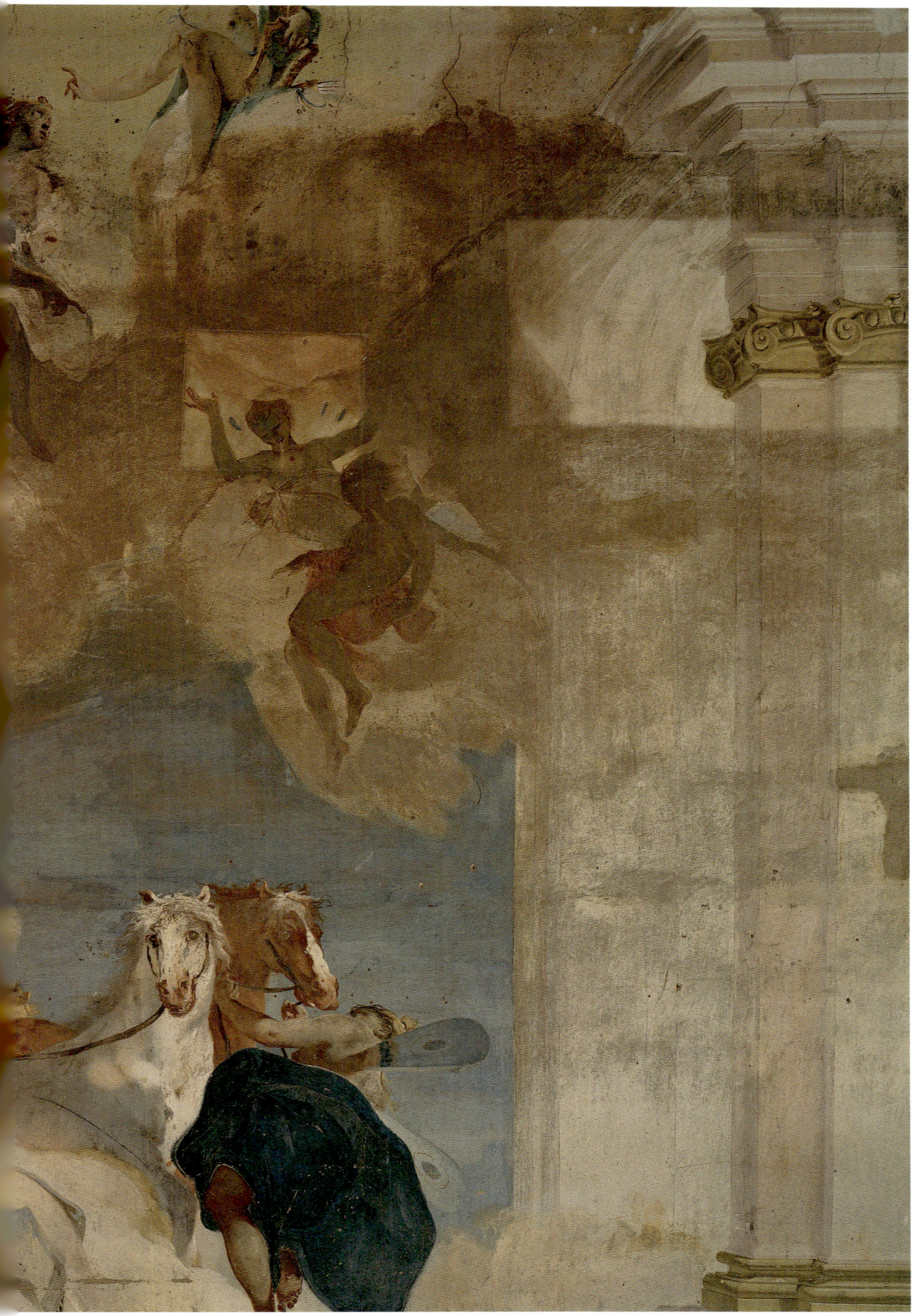

Mito di Fetonte, 1719 (?),
affresco, 125 × 555 cm.
Massanzago, palazzo Baglioni

Myth of Phaethon, 1719 (?),
fresco, 125 × 555 cm.
Massanzago, palazzo Baglioni

composti esclusivamente di fanciulle, dotate anche di professionalità e qualità straordinarie. Per spettatori d'eccezione le giovani "putte del Coro" si producevano anche in repertori nuovi, come nel caso dei concerti organizzati nella primavera del 1740 in onore del principe elettore di Sassonia Federico Cristiano, ospite a Venezia per sei mesi, per il quale le figlie della Pietà eseguirono la cantata profana *Il coro delle Muse*, accompagnata da alcuni *Concerti con molti Istromenti* composti da Antonio Vivaldi, che al Pio Ospedale della Pietà era stato maestro di violino dal 1703 al 1720, mentre le fanciulle degli Incurabili cantarono *La concordia del Tempo con la Fama* e ai Mendicanti fu eseguita la serenata *Le Muse in gara*. L'importanza e la qualità delle voci erano tali che nel *Gloria* in re maggiore Vivaldi indicò anche le giovani interpreti della Pietà: Apollonia, Bolognesa, Chiaretta, Alberta, Ambrosina. Di tali esecuzioni Charles de Brosses scrisse in termini entusiasti quando soggiornò nel 1739 a Venezia d'agosto, e non avendo la possibilità di godere della stagione operistica che iniziava in ottobre approfittò pienamente della musica "ospedaliera". "Musica eccezionale qui è quella degli ospizi. Ve ne sono quattro, tutti formati da fanciulle bastarde o orfanelle, e da quelle che i loro genitori non sono in grado di allevare. Sono educate a spese dello Stato, e le istruiscono esclusivamente per farne delle eccellenti musiciste. Quindi cantano come angeli, e suonano il violino, il flauto, l'organo, l'oboe, il violoncello, il fagotto; insomma, non c'è strumento, per grosso che sia, che possa far loro paura. Sono segregate come monache. E sono soltanto loro che eseguono i concerti: ogni gruppo è composto da una quarantina di ragazze. Vi giuro che non c'è niente di altrettanto divertente come una giovane e graziosa monaca, in abito bianco, con una coroncina di fiori di melograno sopra le orecchie, che dirige l'orchestra e segna il tempo con tutta la grazia e la precisione immaginabili. Le loro voci sono adorabili per la modulazione e la freschezza; qui infatti non si sa che cosa significhino la rotondità e i suoni filati alla francese. La Zanetta degli Incurabili è la più straordinaria per l'estensione della voce ed i trilli di violino che ha in gola. Io non ho alcun dubbio che essa abbia ingoiato il violino di Somis. È lei che tiene la palma fra tutte, e significherebbe volersi far ammazzare dalla plebaglia paragonare qualcun'altra a lei. Ma, ascoltate, amici miei, credo che nessuno ci senta: posso dirvi in un orecchio che la Margarita dei Mendicanti vale quanto lei e mi piace di più. Quello di quattro ospizi dove vado più spesso e dove mi diverto di più è l'ospizio della Pietà; è anche questo il primo per la perfezione dell'orchestra. Che rigore di esecuzione! Soltanto lì si può sentire quel famoso colpo di archetto tanto a torto vantato all'Opera di Parigi. La Chiaretta sarebbe senza dubbio il primo violino d'Italia se l'Anna Maria dell'Ospedaletto non fosse anche superiore. Ho avuto la fortuna di sentire quest'ultima, la quale è tanto bizzarra che suonerà sì e no una volta l'anno" (De Brosses 1957, pp. 244 sgg.). Anche il soggiorno a Venezia di Jean-Jacques Rousseau, dal settembre 1743 all'agosto 1744 segretario presso l'ambasciata francese, fu deliziato dalla musica degli ospedali che, a suo avviso, non aveva l'eguale in Italia né in tutto il mondo e che considerava ben superiore a quella dei teatri. Frequentatore dei vespri domenicali, fu sedotto dal canto, spingendo la curiosità anche oltre le grate che occultavano le fanciulle. E ancora Wolfgang Goethe soggiornando a Venezia nel 1786 si recò a verificare la fama delle figlie dei Mendicanti. "Qui si trova il conservatorio che presentemente gode di grande rinomanza. Un coro femminile, dietro la grata, eseguiva un oratorio; la chiesa era piena di pubblico, stupenda la musica, magnifiche le voci. Un contralto cantava la parte del re Saul, protagonista del testo poetico. Di una simile voce non avevo ancora idea; alcune parti della musica erano infinitamente belle, il testo assai ben cantabile in un latino così italiano che a volte faceva persin ridere; ma la musica vi si poteva ampiamente espandere" (Goethe 1983, pp. 78-79).

Dopo il matrimonio l'attività si addensa, e forse si fa frenetica. Occorre dire subito che l'arco della produzione giovanile, il decennio fra il 1716 e gli affreschi di Udine nel 1726, documenti di una raggiunta maturità di personalità e di stile, è stato sondato e ricostruito negli ultimi trent'anni da diversi storici dell'arte – fra i primi Egidio Martini, Giuseppe Maria Pilo, Filippo Pedrocco, Adriano Mariuz, Giuseppe Pavanello e una schiera di allievi e più giovani studiosi – che hanno completamente trasformato l'immagine che ci aveva proposto il catalogo di Antonio Morassi e poi la sistemazione di Anna Pallucchini. Complici restauri e mostre importanti, e relativi cataloghi intorno al tricentenario della nascita, il giovane Tiepolo emerge sempre di più come personalità fortissima, non soltanto talentuosa, ma assolutamente capace di mettersi alla prova. E già venti anni fa scrisse esattamente Mariuz: "In anni recenti gli apporti più significativi alla conoscenza dell'arte di Giambattista Tiepolo concernono il periodo giovanile della sua attività. Le nuove opere acquisite al suo catalogo – dai ritratti Corner ai primi lavori ad affresco, ad alcuni spettacolari disegni finiti – hanno non solo confermato ma messo ancor più in risalto la figura di un artista che non cessa di sorprendere per l'attitudine sperimentale, esplicata in sconcertante varietà di 'maniere', da trovar confronto forse solo nel giovane Picasso: un artista lanciato in direzioni molteplici, pronto ad appropriarsi delle più diverse suggestioni e a rifonderle nel crogiolo di un temperamento ardente, animandole con il guizzo di una fantasia estrosa quanto audace. La sua originalità si manifesta sia in vaste imprese, nell'affresco decorativo su scala monumentale o in composizioni storiche di concitata drammaticità, sia in telette di delibata eleganza formale e di pungente seduzione tematica". In ogni caso riconosciamo anche la capacità di rispondere a diverse richieste e committenze – ecclesiastica, laica e devozionale – cui sa soddisfare con forte tipicizzazione di temi e di tecniche e soprattutto di sistemi iconografici.

Rea Silvia ammonita da Amulio di fronte al tempio di Vesta, 1717-1719, olio su tela, 96 × 136 cm. Milano, collezione Rasini

Rhea Silvia Admonished by Amulius in Front of the Temple of Vesta, 1717-1719, oil on canvas, 96 × 136 cm. Milan, Rasini collection

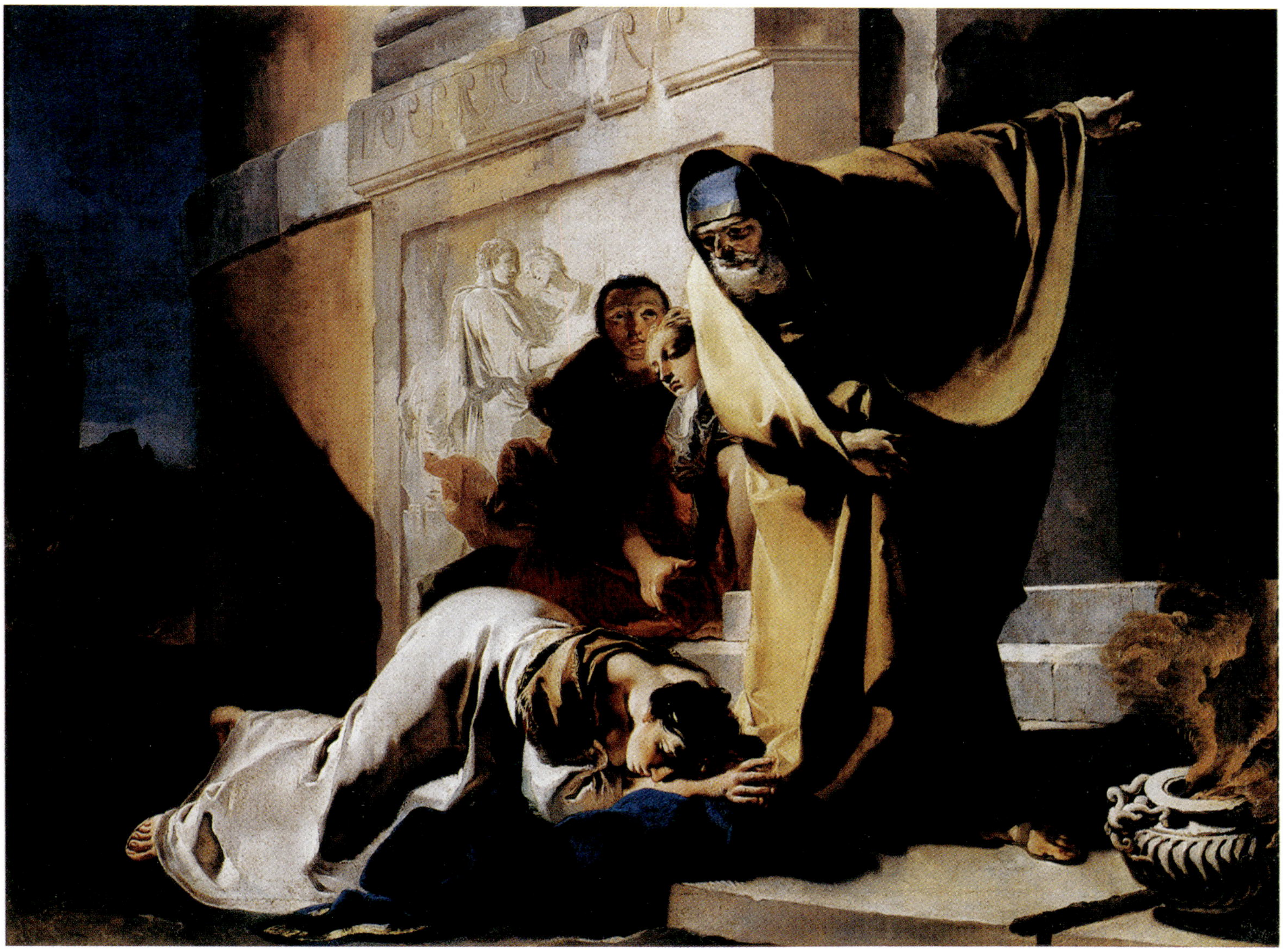

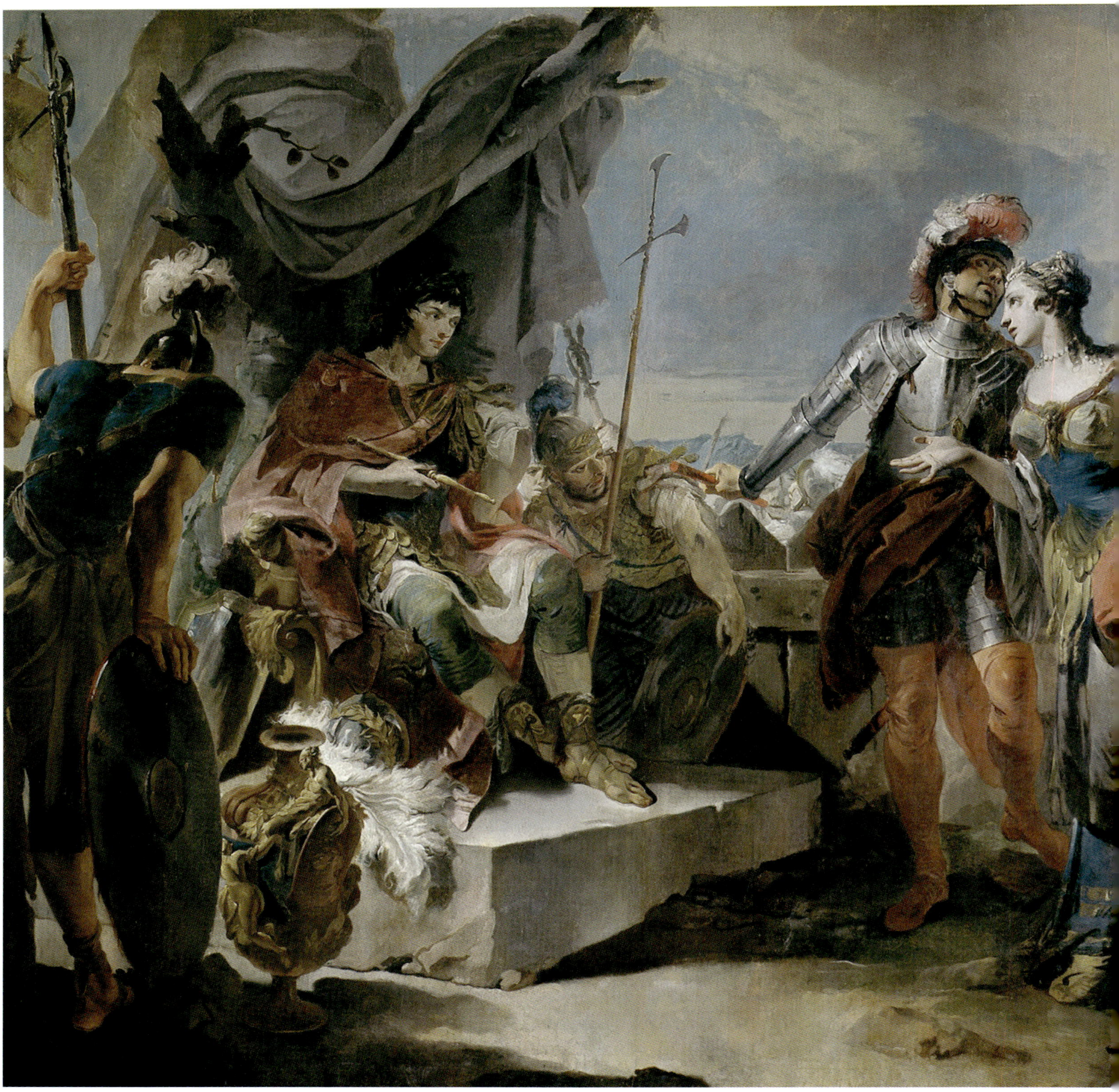

Ancora Da Canal ci dice che c'era "una sala in ca' Zenobio compartita in varie storie, una delle prime sue fatture". E il Moschini ribadisce che fu eseguita "nella sua prima età". Gli Zenobio appartenevano a quelle famiglie che avevano potuto comprare il titolo (per centomila ducati) quando la Repubblica aveva deciso di dover riempire le casse pubbliche, impoverite dalla riduzione dei traffici e poi esaurite dal perenne conflitto con l'Impero ottomano. Fra Sei e Settecento centotrentaquattro famiglie saranno rese patrizie, ovvero diverranno "case fatte per soldo" contro cui ovviamente si appuntava il disprezzo delle famiglie più antiche, che peraltro poi trovavano assai utile far sposare le proprie figlie ai rampolli dei "nobilhomini" più recenti. Le settantacinque famiglie entrate fra il 1646 e il 1669 costituiranno la

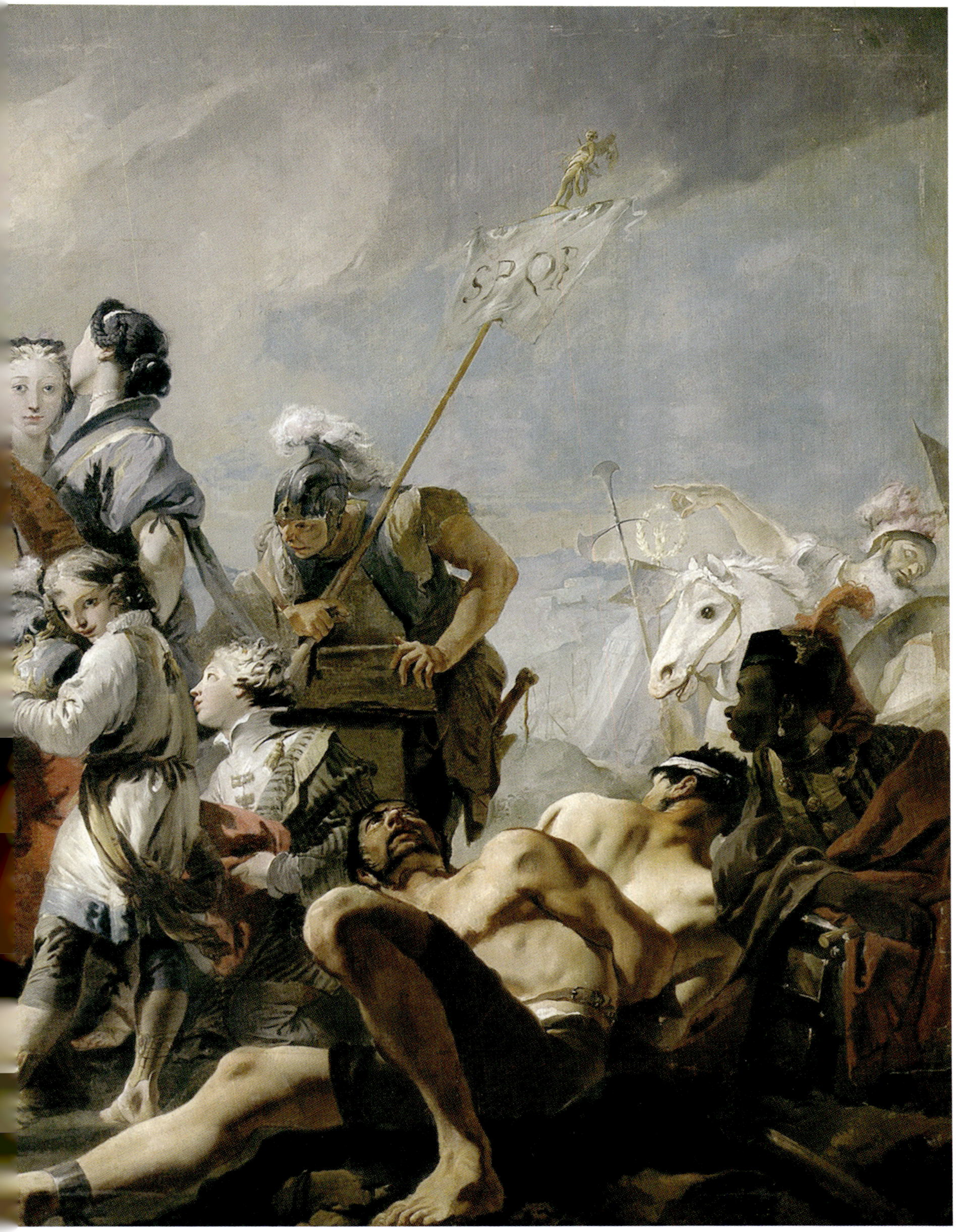

La regina Zenobia di fronte all'imperatore Aureliano, 1717, olio su tela, 250 × 500 cm. Madrid, Museo Nacional del Prado

Queen Zenobia before Emperor Aurelian, 1717, oil on canvas, 250 × 500 cm. Madrid, Museo Nacional del Prado

cosiddetta "nobiltà di Candia", perché di fatto avevano finanziato l'eterno e disastroso conflitto per mantenere Creta veneziana. Fra di esse c'erano i Labia (1646), i Soderini (1656), i Valmarana (1658), gli Zenobio (1647). Quarantotto famiglie entrarono poi entro il 1718 per finanziare la guerra di Morea: fra di esse i Rezzonico (1687) e i Sandi (1685). Tiepolo, come si vedrà, lavorerà principalmente per queste famiglie di nobiltà più recente, in vena di grandezza e di sperpero, prima disprezzate e poi onorate, come sempre succede ai *nouveaux riches*.
In effetti il ciclo di Ca' Zenobio, poi disperso, se collocato nei primissimi anni venti, sarebbe tanto più interessante – oltre che per gli aspetti iconografici da collegarsi alla committenza – per quelle implicazioni squisitamente teatrali che poi diverranno il segno costante di

Trionfo di Aureliano, *ante* 1725,
olio su tela, 260 × 402 cm.
Torino, Galleria Sabauda

The Triumph of Aurelian, before 1725,
oil on canvas, 260 × 402 cm.
Turin, Galleria Sabauda

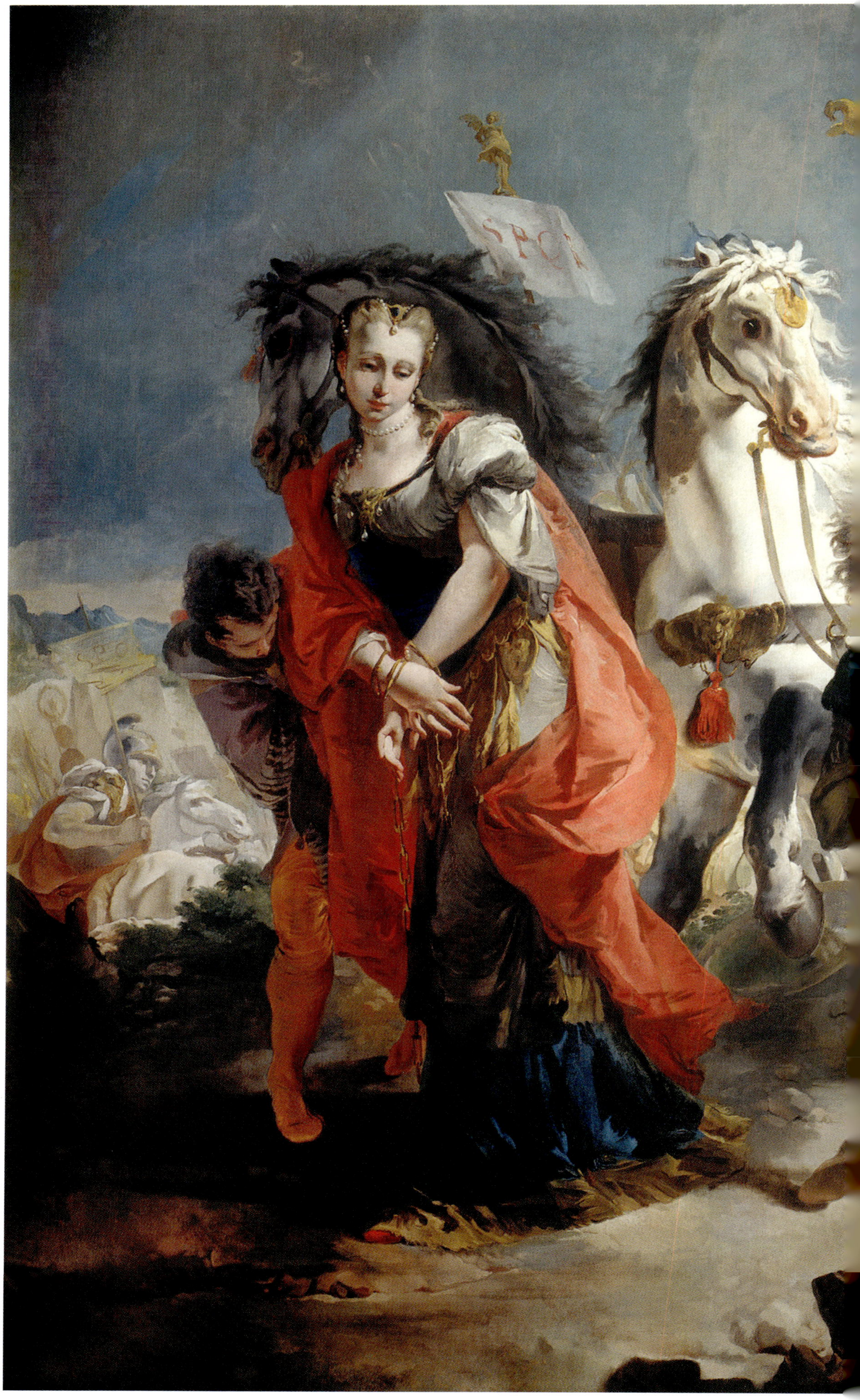

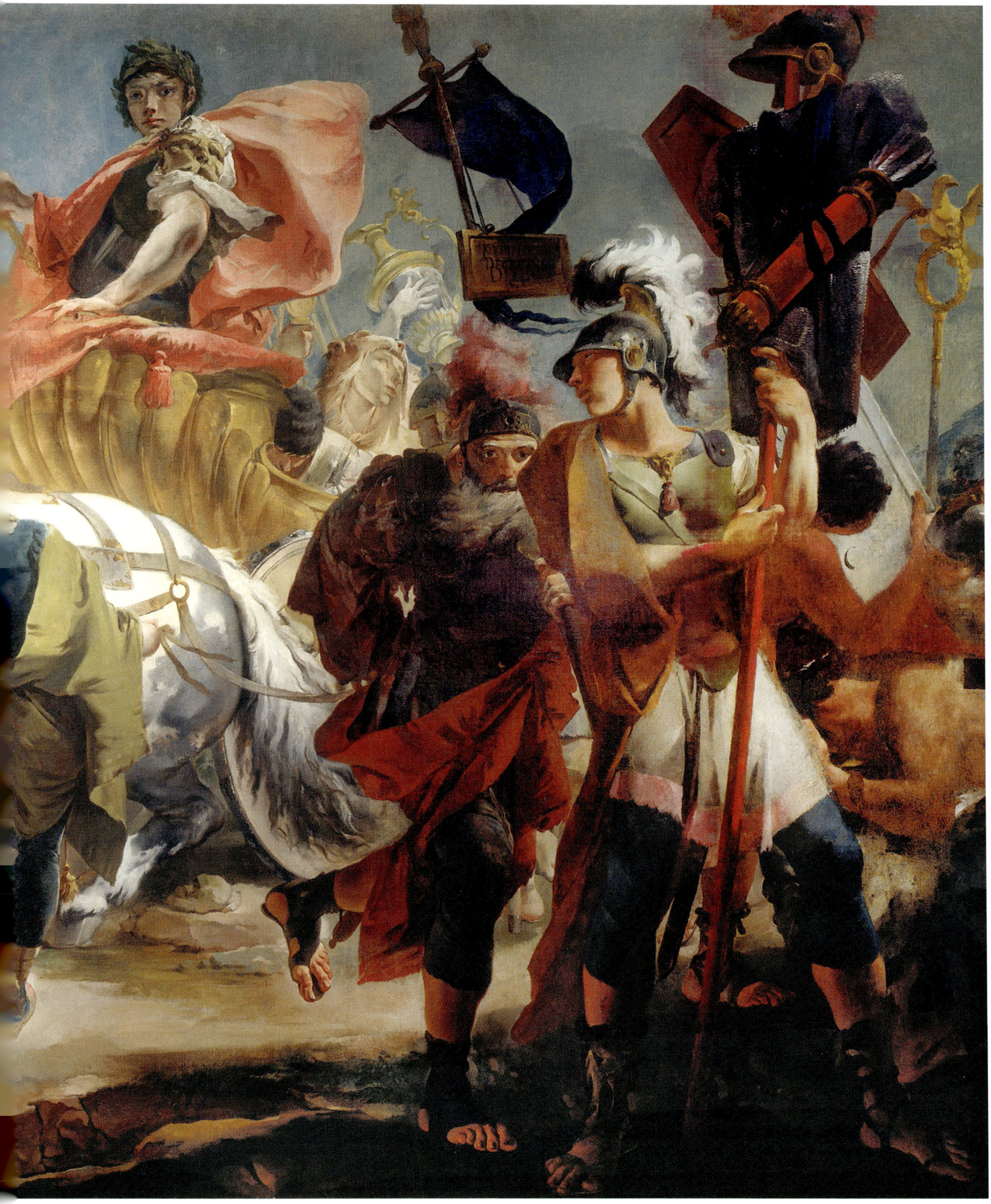

Tiepolo. Sia Antonio Morassi, nel fondamentale catalogo tiepolesco del 1962, sia Anna Pallucchini, in quello realizzato nel 1968, ritenevano che si trattasse di opere ben più tarde, e non ne intendevano pienamente il senso, non connettendoli al medesimo evento, ovvero la caduta della regina Zenobia, le cui vicende sono narrate nell'*Historia Augusta*. Dopo pochi anni alla testa del Regno di Palmira, che voleva essere in Oriente una potenza sostanzialmente indipendente da Roma, Zenobia fu pesantemente sconfitta da Aureliano, che la condusse all'Urbe esibendola in catene d'oro alle celebrazioni del suo trionfo, nel 274 della nostra era. La vicenda, quasi al termine di un ciclo imperiale stremato, era stata resa nota, se non celebre, attraverso diverse opere teatrali. La richiesta di illustrarla fu fatta a Tiepolo da Alvise Zenobio, fors'anche già in occasione delle sue nozze con Alba Grimani. Poi i dipinti dal lussuoso palazzo veneziano passarono a villa Grimani-Valmarana di Noventa Padovana, e da qui sono giunti a noi per strade diverse. Si tratta di tre grandi tele: *La regina Zenobia che arringa i soldati*, oggi a Washington, *La regina Zenobia di fronte all'imperatore Aureliano*, a Madrid, e il *Trionfo di Aureliano*, a Torino. Due tele più strette – un *Cacciatore a cavallo*, acquistato dalla Fondazione Cariplo nel 1983, e un *Cacciatore con cervo*, pannelli laterali dell'*Arringa* – completavano il ciclo. L'allievo del Lazzarini, che aveva lavorato all'inizio del secolo per Ca' Zenobio, omaggia qui il maestro nella tavolozza pienamente colorata e nei marcati contrasti chiaroscurali. C'è poi di Tiepolo lo splendido movimento, la leggerezza delle figure e appunto la gestualità tutta teatrale e grandiosa ma non magniloquente né forzata. I palcoscenici vasti, la disposizione dei gruppi, gli accostamenti cromatici drammatici, mentre l'eroina di Palmira appare in tutto il suo indomito coraggio, richiamano anche un'altra opera assai problematica quanto a datazione, ma nel suo insieme altrettanto teatrale e spettacolare: *Scipione l'Africano libera Massiva*. Episodio raccontato da Tito Livio, relativo alla liberazione di un nipote di Massinissa, forse richiesto da quei Corner che si volevano discendenti della *Gens Cornelia*. Il dipinto, datato al 1719-1721, mostra un severo Scipione che rimprovera il giovane testardo e orgoglioso che neppure l'ascolta, catene dorate ai piedi. "Ne esce infine uno 'stile eroico', che ricupera la monumentalità cinquecentesca, con in più un frivolo disincantamento tipico del secolo XVIII" (Gemin, Pedrocco 1993, p. 58). La freschezza narrativa della grande tela è già quella del Tiepolo mirabile creatore dei nervosi modelletti – "felicissimi" dovrà dire anche il feroce Longhi – che tanto affascineranno i suoi committenti.

Già virtuoso pittore di storia, Tiepolo cambia del tutto registro quando la committenza è religiosa, e dunque l'opera è destinata agli altari e alla pietà dei fedeli. Esempio di pittura d'argomento religioso è quel *Martirio di san Bartolomeo* della chiesa veneziana di San Stae (circa 1722) che ben misura l'accelerazione sia estetica sia luministica e tecnica rispetto all'Ospedaletto, ma che pure è ben lontano dalle chiarità degli affreschi e dalla narratività storica. Ma splendido è il colpo di luce sul costato del santo, che sembra abbandonarsi senza timore, nell'unica certezza del divino gradimento, all'abbraccio gagliardo di un boia la cui mano gli tasta la pelle, per saggiarne la morbidezza: e per scuoiarlo, con adamantina indifferenza e forza di braccio nerboruto. Un'idea di rara efficacia. Le mani di Bartolomeo si stendono nell'offerta definitiva, nella croce diagonale: Tiepolo ha impresso una violenta torsione spaziale al gruppo dell'apostolo e del suo boia, marcato dai due marginali *repoussoirs* della donna e dello sgherro. E ha marcato l'effetto scultoreo con i toni rossi riverberati. Sembra quasi che abbia violentemente illuminato un gruppo statuario, proprio come faceva Tintoretto con i suoi modellini illuminati da candele.

Ecco dunque che mostra di aver appreso e rielaborato molte lezioni: il patetismo di Bencovich, la grandiosità di Piazzetta, l'accademismo di Balestra, e infine e soprattutto quella rapidità di tagli di luce e quelle urgenze coloristiche proprie al Tintoretto della Scuola Grande di San Rocco. Il colloquio con i grandi maestri fattosi anche professionale per i disegni relativi a *Il Gran Teatro di Venezia*, ma poi pratica quotidiana di cui abbiamo

Trionfo di Aureliano, particolare

The Triumph of Aurelian, detail

Alle pagine 40-41

On the pages 40-41

Scipione l'Africano libera Massiva, 1719-1721, olio su tela, 279,4 × 487,6 cm. Baltimora, The Walters Art Museum

Scipio Africanus Freeing Massiva, 1719-1721, oil on canvas, 279.4 × 487.6 cm. Baltimore, The Walters Art Museum

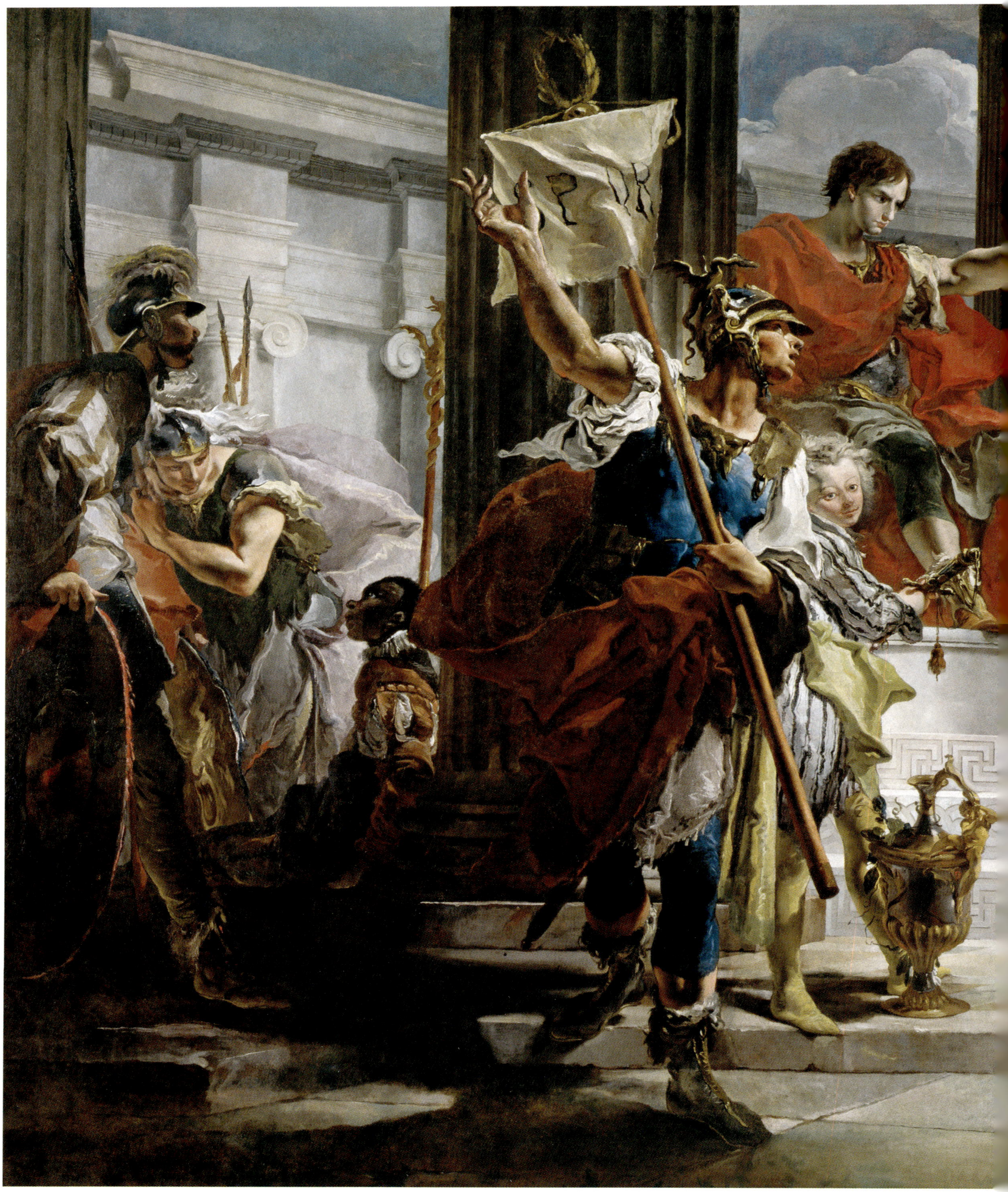

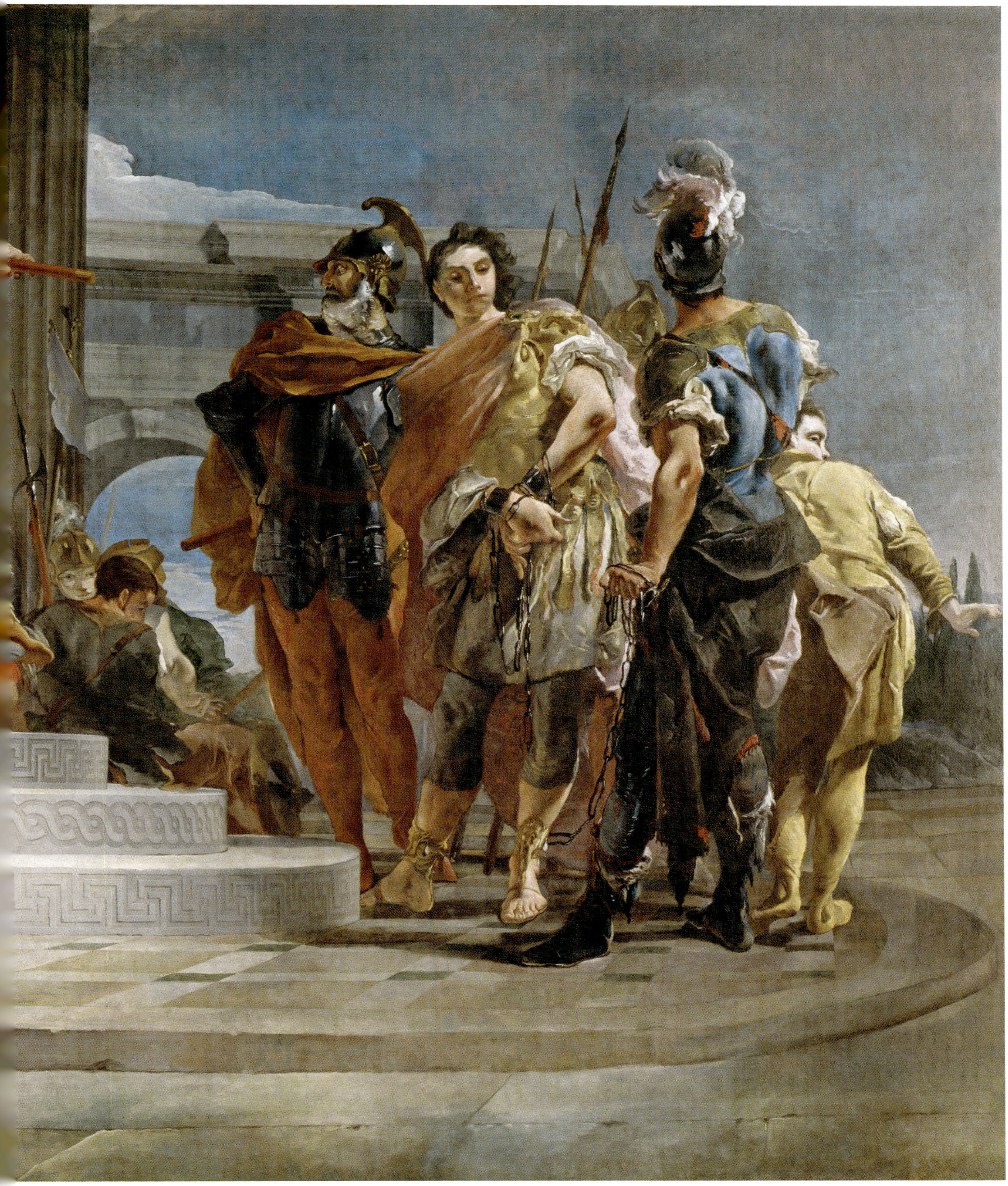

numerosi esempi, giacché sempre nuovi fogli sono riconosciuti di sua mano, permette al giovane Tiepolo di immagazzinare una straordinaria enciclopedia visiva, da cui trarrà nelle diverse occasioni i motivi più vari.

Il *Martirio* documenta anche un suo raggiunto grado di notorietà nel difficile ambiente veneziano. Infatti il *Bartolomeo* entra a far parte di una serie di dodici tele con episodi della vita degli apostoli, destinate a decorare la navata dell'edificio, e solo successivamente trasferite nel presbiterio. Gli affidi erano stati attribuiti a Giovanni Battista Piazzetta, il più celebre, nel pieno dei suoi quarant'anni, il maestro della tradizione che dai tenebrosi si affacciava alle novità del più tardo barocco; a Sebastiano Ricci, l'antagonista, il "chiarista" ormai celeberrimo non solo in patria; a Giovanni Antonio Pellegrini, l'ammirato cognato della Rosalba Carriera, già ben noto in Germania; ovviamente a Gregorio Lazzarini. Poi a Pietro Uberti, assai meno noto, a Niccolò Bambini, ormai anziano; ad Antonio Balestra e ai suoi allievi Giovanni Battista Pittoni e Giambattista Mariotti; ancora a Silvestro Manaigo, che si dedicherà essenzialmente alla miniatura; infine ad Angelo Trevisani, che di Piazzetta finisce per essere quasi imitatore. Giambattista Tiepolo sta dunque nel gruppo, e non fra i primi, ma di tutti è il più giovane: e già allora assolutamente dotato.

Martirio di san Bartolomeo, circa 1722, olio su tela, 167 × 139 cm. Venezia, chiesa di San Stae

The Martyrdom of St Bartholomew, circa 1722, oil on canvas, 167 × 139 cm. Venice, church of San Stae

All'epoca riceve anche l'incarico per una grande tela votiva: sarà la *Madonna del Carmelo* per la chiesa di Sant'Aponal, ora a Brera. La commissione, come ha accertato Moretti (1985), risale al primo dicembre 1721, da parte del farmacista Giacomo Tonini, ma sarà consegnata dopo il 4 aprile 1727. In essa Giambattista mostra con chiarezza le scelte direttrici del suo lavoro: la visione monumentale costruita sui concatenamenti luminosi e quel decentramento del gruppo principale che fornisce effetti di prospettiva ariosa, di legame fra serie con effetti di fuga. "La smisurata tela, con l'assembramento di sotto in su dei santi attorno alla Vergine immersa in luci di tramonto e in fumi acri d'incenso o di torcia, e l'angelo trasvolante spinto tutto di lato in una composizione sbilanciata ma ardita, indica chiaramente tutta l'originalità del pittore ai suoi primi esiti. Le ali urtano contro le cornici come in una stanza dal soffitto basso": effettivamente, come ha scritto Valsecchi (1954) c'è una strana sensazione di angosciante claustrofobia nell'osservare il concitato dipinto.

Ancora a Venezia, nei mesi estivi dedicati all'attività di frescante, è richiesto nella sacrestia della chiesa di San Giovanni Crisostomo (*San Gerolamo che addita la croce*: l'attribuzione è di Mariuz, Pavanello 1995) mentre nel 1722 è a Vascon presso Treviso per la chiesa parrocchiale (*Gloria di santa Lucia*), opera minore, anche rovinata da ridipinture, ma pur sempre interessante per il colore disteso e una ricerca quasi di astrattezza. La risolutezza del decoratore di razza è ulteriormente testimoniata dall'*Apoteosi di santa Teresa* della chiesa veneziana degli Scalzi, dove già compaiono le sue poi tipiche soluzioni illusionistiche con lo sfondamento della cornice e i viluppi virtuosistici in scorci arditissimi, anche se qui santa Teresa guarda in basso un po' preoccupata per l'altezza e la spinta ascensionale che le gonfia l'abito: e lei non vuole che le succeda come all'angelo, di cui si vedono assai bene le gambe poderose.

Vanno dunque in lui crescendo la passione e il gusto per l'affresco e quel godimento scenografico che si rafforza nella collaborazione con il quadraturista Gerolamo Mengozzi, detto allora il Colonna, un legame iniziato a Massanzago, cementato da stima e amicizia, e che durerà per tutta la vita. Il Mengozzi, appartenente a una famiglia di scenografi, era giunto da Ferrara a Venezia ventottenne nel 1716, e qui dimorerà gran parte della vita, stretto ma autonomo collaboratore di Tiepolo e sempre attivo come scenografo, anche a Torino. L'attività dei quadraturisti, ovvero di coloro che dipingevano su intonaco forme architettoniche a carattere illusionistico, rappresenta una delle arti e tecniche più apprezzate, e oggi più sottovalutate, dell'arte sei e settecentesca; a loro erano anche affidati i compiti di ornare sipari, fondali e quinte teatrali, nei modi più illusionistici possibili.

Poco dopo, con la *Crocifissione* per la chiesa di San Martino di Burano (circa 1724-1726)

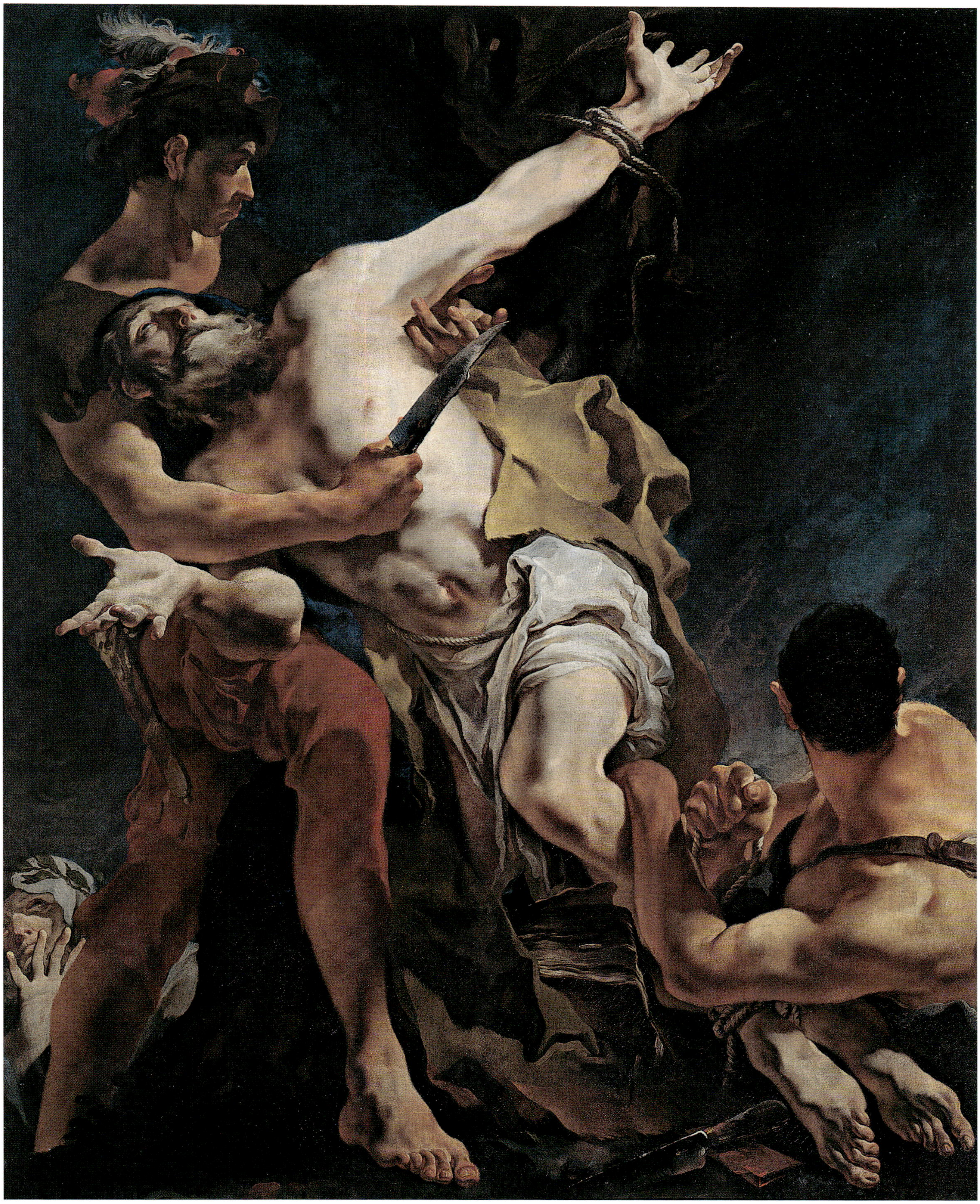

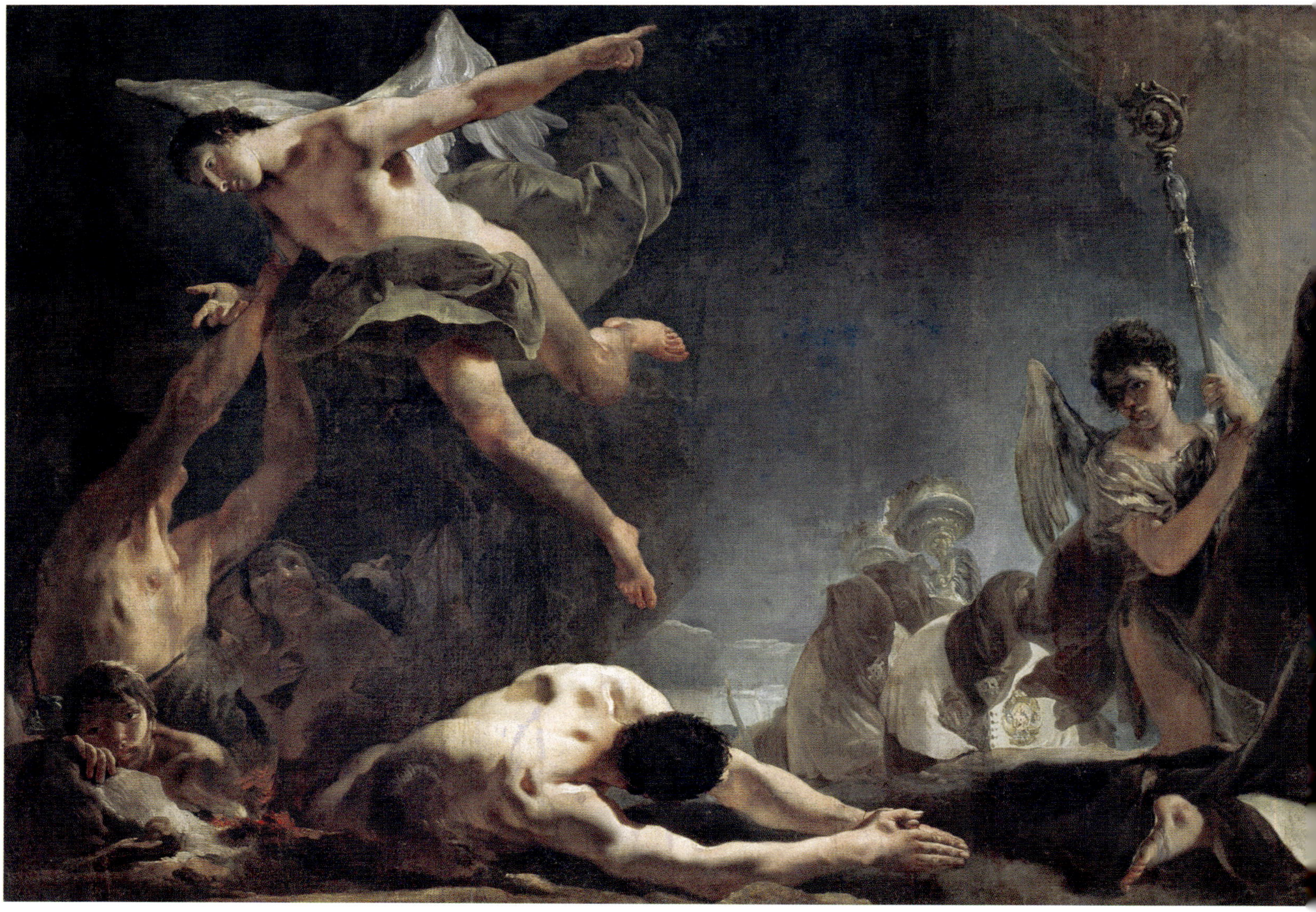

Madonna del Carmelo,
1721-1722, olio su tela,
210 × 650 cm. Milano,
Pinacoteca di Brera

La tela ha conosciuto numerose vicissitudini. Collocata originariamente in una cappella della chiesa di Sant'Apollinare (Sant'Aponal) a Venezia, subì la sorte di molti beni ecclesiastici in età napoleonica. Trasportata in Francia, fu tagliata in due ed esposta parzialmente. Tornata in Italia, ricucita e restaurata, può essere considerata l'ultimo episodio "barocco" del pittore. Suggestiva e originale la composizione scenografica disassata e "ad episodi", robusta la struttura formale, ancora marcato l'impasto dei colori che fornisce peso alle vesti. Ma soprattutto è densa di effetti luministici, maestosamente monumentale nel gruppo intorno alla Madonna, di intensità patetica nel gruppo delle anime purganti.

Madonna del Carmelo,
1721-1722, oil on canvas,
210 × 650 cm. Milan,
Pinacoteca di Brera

The canvas has had an eventful history. Originally located in a chapel of the church of Sant'Apollinare (Sant'Aponal) in Venice, it suffered the same fate as many church assets in the Napoleonic period. Transported to France, it was cut in two and only partially displayed. Once it was returned to Italy, it was put back together and restored, and can be considered the painter's last 'Baroque' work. The off-axis and episodic composition is evocative and original with a strong formal structure, and the impasto used to give weight to the clothing is still pronounced. It is especially rich in light effects, which are masterfully monumental in the group around the Madonna, and in the moving intensity of the group of souls in Purgatory.

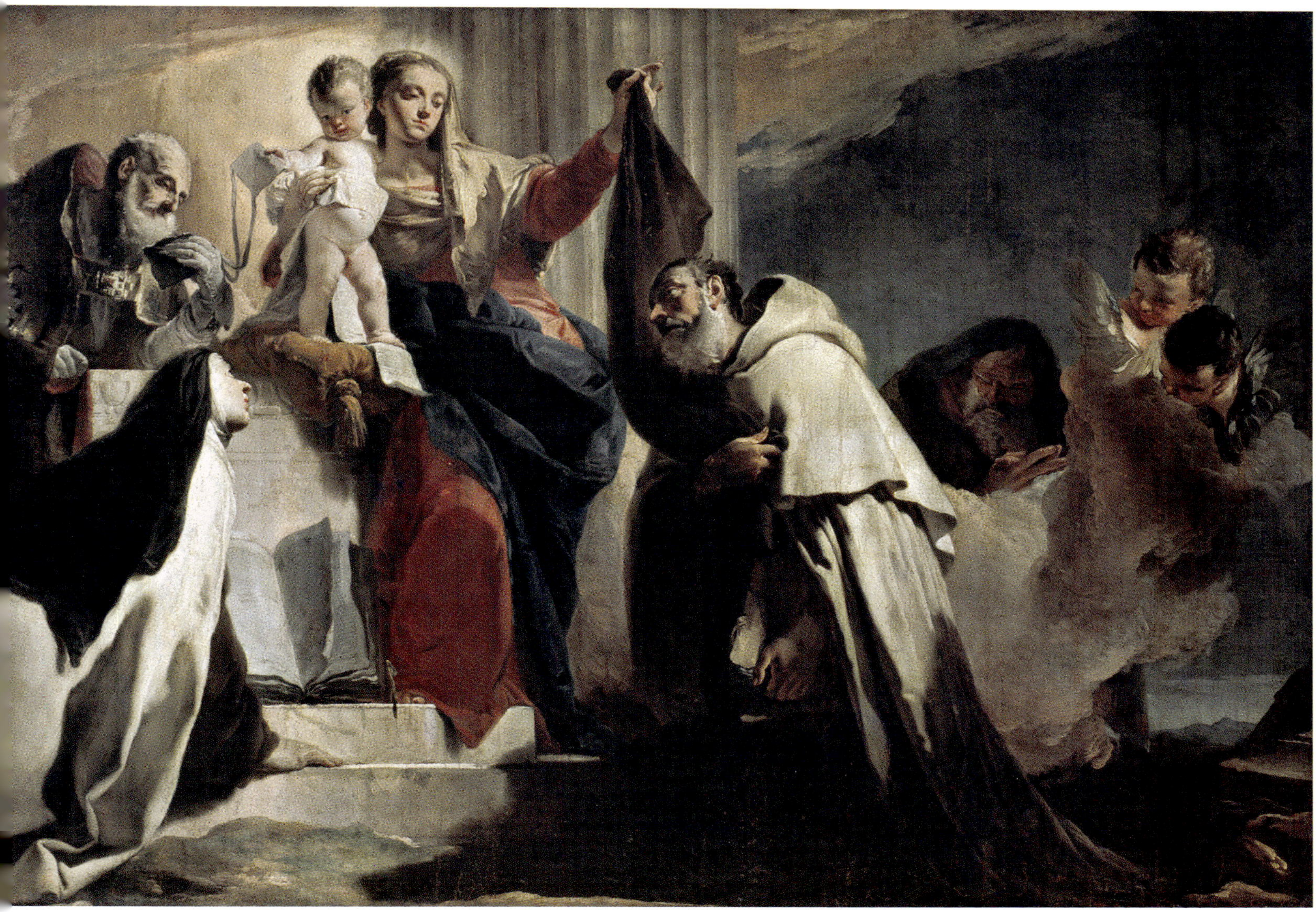

Apoteosi di santa Teresa,
1724-1725, affresco, 610 × 750 cm.
Venezia, chiesa degli Scalzi
(chiesa di Santa Maria di Nazareth)

Importante commissione religiosa per il giovane Tiepolo, già apprezzato e richiesto. L'edificio dei carmelitani scalzi, opera di Baldassarre Longhena, è forse il più importante monumento barocco della città, ove Tiepolo ritornerà ormai celebre per affrescare la volta oggi perduta. La cappella di Santa Teresa era stata realizzata dal fratello del grande architetto e pittore Andrea Pozzo, Jacopo Antonio, conosciuto come fra' Giuseppe, un carmelitano attivissimo, morto nel 1721. Il pittore mette in atto tutta l'abilità prospettica acquisita e gli elementi illusionistici di cui dispone: ma è soprattutto nella creazione di piani di colore che sorreggono l'impianto piramidale che riconosciamo l'inizio del grande affrescatore.

The Apotheosis of St Theresa,
1724-1725, fresco, 610 × 750 cm.
Venice, church of the Scalzi
(church of Santa Maria di Nazareth)

This was an important religious commission for the young Tiepolo, already appreciated and sought after. The building of the Carmelitani Scalzi, the work of Baldassarre Longhena, is perhaps the most important Baroque monument in the city, where Tiepolo returned a famous painter to fresco the now-lost ceiling. The chapel of Santa Teresa was realised by the brother of the great architect and painter Andrea Pozzo, Jacopo Antonio, known as fra' Giuseppe; a highly active Carmelite, he died in 1721. The artist employed all of his skill in creating perspectival compositions and illusionistic elements, but it is most of all in the colour planes supporting the pyramidal system that we can detect the beginnings of the great fresco painter.

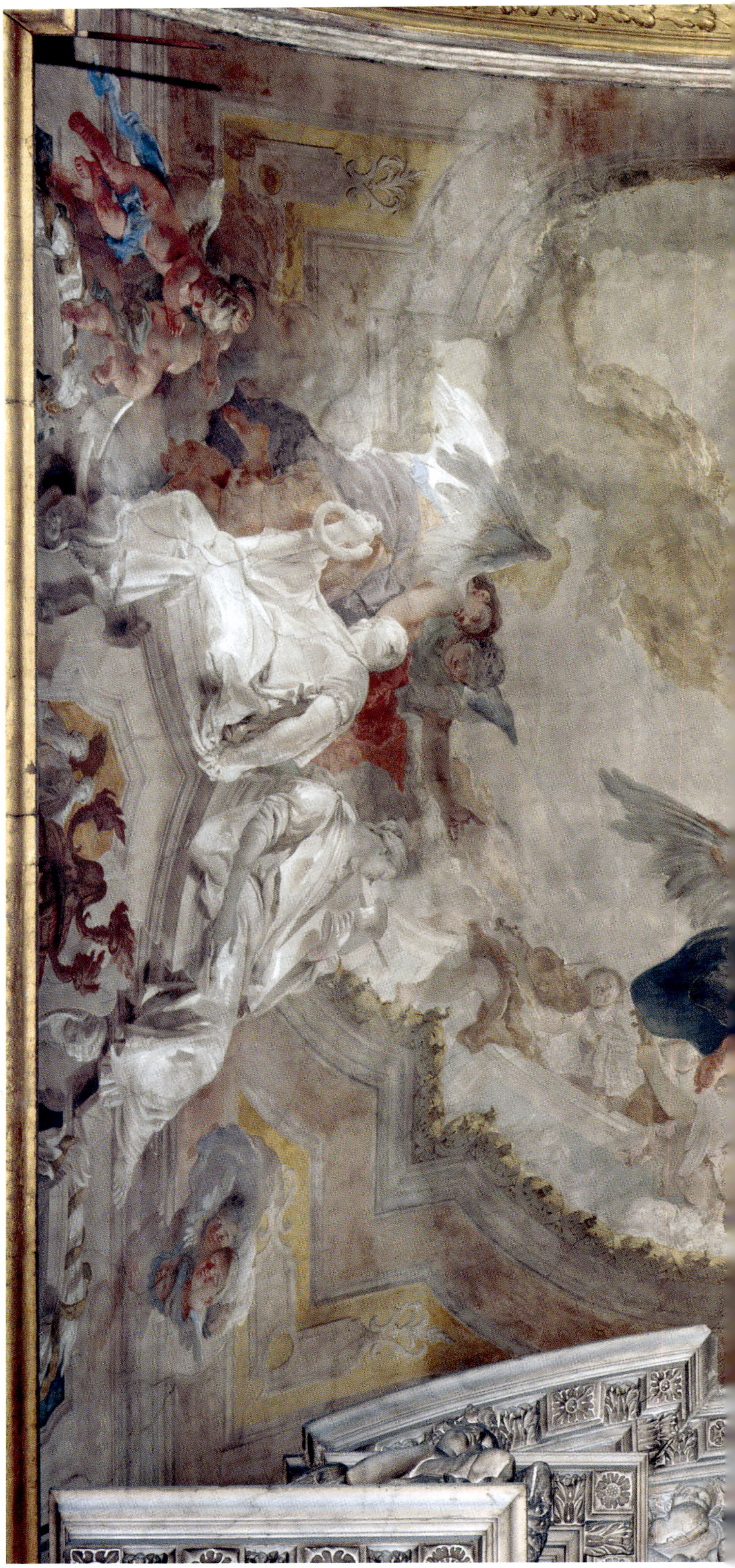

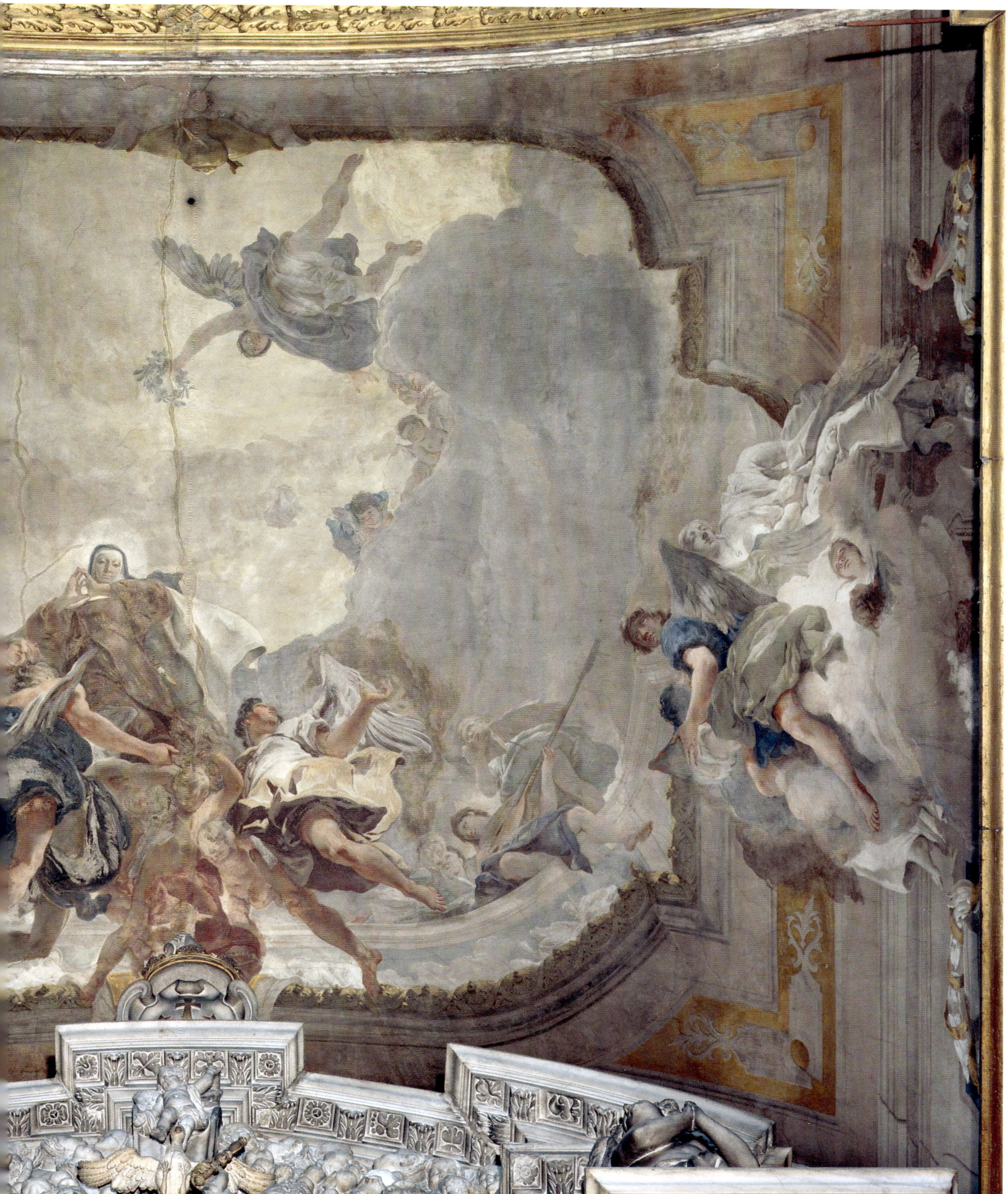

il giovane maestro organizza perfettamente superfici già grandiose: la tela ha un formato di ben 250 × 400 centimetri, misure che poi diverranno per lui usuali. Il decentramento diviene magistrale asimmetria dinamica e drammatica; il ladrone issato sulla croce a destra è già colto in scorcio acrobatico; di gusto d'epoca il ritratto incorniciato del committente donatore, forse un farmacista. "Tiepolo affronta nella *Crocifissione* di Burano, forse per la prima volta, un lavoro di regia di amplissimo respiro, destinato a essere saggiato nello stesso periodo in tele e cieli ancor più impegnativi" (Pilo 1997, p. 96).
Il 23 marzo 1723 Giovanni Maria Muti, priore di San Zanipolo, dà facoltà ai reverendi padri della chiesa di scegliere un pittore "capace di fare e di perfezionare" l'opera per la decorazione del soffitto della cappella di San Domenico. Tiepolo partecipa, Piazzetta vince: il modello di *San Domenico in gloria* è ora alle Gallerie dell'Accademia (restituitogli dal Voss nel 1922) ed è assolutamente utile per la datazione di opere coeve. Focoso, drammatico, già strutturato con la fuga aerea verso la chiarità e le figure sui cornicioni in scorci illusionistici, il confronto con il grande maestro è almeno pari, ma il giovane Tiepolo oppone al forzato illusionismo spaziale e all'affollamento dell'anziano un'ariosità e respiro del tutto nuovi. Se il virtuosismo prospettico rappresenta la tradizione del barocchismo romano, giunto in laguna attraverso Sebastiano Ricci e Louis Dorigny – presente appena un decennio prima negli Scalzi –, il decentramento delle figure, la vastità del cielo, le tinte decantate sono il contributo originale e già caratteristico di Giambattista Tiepolo.
Deve essere intorno al 1724 che il pittore ricompare all'Ospedaletto per il *Sacrificio di Isacco*, probabilmente in conseguenza dei lavori di riordino e ripristino interni diretti dall'architetto Domenico Rossi, colui che aveva portato il barocco in laguna, declinandolo con il classicismo palladiano nella bellissima facciata di San Stae, sul Canal Grande. Tiepolo trova la soluzione per inquadrare la scena in uno spazio così limitato e anomalo: fa quasi sdraiare i suoi personaggi in cima a una montagna e poi costruisce il corpo di Isacco tutto di piani di terra rossa, di volumi profondi. Sembra un manierismo esacerbato e furioso: sarà l'ultima volta che dipingerà così. Poi seguirà più dignitosamente richieste e gusti, e consigli, forse dello stesso Rossi, che già aveva lavorato con Louis Dorigny, e con cui Tiepolo inizia una collaborazione che sarà decennale e lo vede impegnato in cantieri diretti dall'architetto fino alla morte di questi, nel 1737. Fra le prime collaborazioni – collocabile tra la fine del 1724 e i primi mesi del 1726 – è l'importante ciclo di palazzo Sandi, edificio il cui cantiere di ricostruzione, fra il 1721 e il 1724, è diretto appunto dal Rossi. Qui Tiepolo realizza un affresco per il soffitto del salone che ha caratteri innovativi, sia per la sistemazione delle diverse scene sui bordi di un cielo luminosissimo, sia per la rara iconografia, su indicazione del committente e sulla base di un'attenta lettura dell'*Iconologia* di Cesare Ripa, alla voce "Eloquenza", e per Ercole alle *Immagini delli Dei de gl'Antichi* edito a Venezia nel 1556 e agli *Emblemata* di Alciati. È il *Trionfo dell'Eloquenza*, tema collegato al committente, il celebre avvocato Tommaso Sandi.
Al centro del soffitto c'è l'acme di un movimento vorticoso: le nuvole turchine, violette, grige, poi rosate, sono assorbite da un turbine giallo – che si placherà nel più delicato azzurro ove volteggiano levissimi Minerva, la sapienza e la ragione, e Mercurio, l'eloquenza come persuasione. Sul cornicione quattro episodi mitologici, rari e di non facile esegesi: *Orfeo guida Euridice fuori dall'Ade*, *Ercole gallico cattura i suoi ascoltatori incantati*, *Bellerofonte montato su Pegaso uccide la Chimera*, *Anfione con il potere della musica ottiene che le mura di Tebe si costruiscano da sole*. Poche figure al centro su nuvole nella chiarità del cielo; sul bordo i personaggi e le scene secondarie e di commento, in scorci vertiginosi. Il brano della volta, nonostante ancora alcune immaturità nella morfologia e un certo gusto per la brevità, per una caratterizzazione iconografica un po' rapida, è un passaggio importante nell'evoluzione del linguaggio di Tiepolo. Ora le figure si stagliano su un cielo aperto in tonalità rosseggianti, con buona scioltezza e pur marcato plasticismo, e già presentano ma-

rezzature luminose. L'uso delle ombre colorate è artificio tecnico prezioso per aumentare gli effetti di luce. La lezione di Louis Dorigny è attiva in particolare nella resa dei corpi, mentre l'impaginazione è decisamente brillante e alcuni brani, da Bellerofonte ai blocchi di pietra che si collocano al loro posto soltanto ascoltando Anfione, restano memorabili; in particolare il re di Tebe, a cui Tiepolo fa suonare un violino anziché l'ovvia lira, ha una sua selvaggia e primitiva attitudine guerriera nel gran manto blu svolazzante: bellissima la folla dai volti attoniti e grevi, da contadini veneti, o da arguti veneziani, altri stolidi o stupiti, quasi spaventati, come la madre di schiena col bimbo paffuto e sconcertato perché gli manca l'appoggio del braccio materno. Sono già personaggi che si meravigliano della scena dipinta, proprio come dovranno fare gli ammiratori del pittore. Delizioso poi il gruppo in rosato di Orfeo ed Euridice, abbracciati, lei nella tipica posa sinuosa che costituirà la cifra sensuale delle fanciulle tiepolesche portate nel vortice della passione. Mentre Euridice volge lo sguardo troppo curioso verso le profondità dell'Ade alle cui soglie latra Cerbero, Bellerofonte monta uno splendente Pegaso bianco con incredibili macchie d'azzurro cinerino che si riflettono sulle piume delle ali. È una pittura rapida e veloce, subito efficace e luminosa: Lanzi (1838, VI, p. 76) osserverà con esattezza: "I Veneti hanno lavorato non tanto d'impasto, quanto colpeggiando o di tocco; e posto a suo luogo ciascun colore, senza tormentarlo molto o strofinarlo, sono andati aumentando sempre, onde le tinte vergini e nette; opera che richiede non solo prontezza di mano e d'ingegno, ma educazione ancora e gusto coltivato fino da' primi anni". Il che è proprio ciò che ha fatto Tiepolo. A ciò si aggiungerà anche la particolarissima formulazione dell'intonaco veneziano, volutamente poroso, e quella sua tonalità calda, per la mescola di polvere di mattone nella calce spenta. L'affresco, tipico della "civiltà in villa", che aveva dato già esiti notevolissimi dopo l'esperienza di Veronese a Maser con Zelotti, Fasolo, Benedetto Caliari, Battista Franco, Paolo Farinati, risorgerà meravigliosamente e sarà illustrata compiutamente da Giambattista fornendo l'ultimo impulso alla tecnica e richiesta di affreschi. Che era stata mossa da Sebastiano Ricci e proseguita con le commissioni al Bellucci, al Dorigny, al Bambini e al Celesti; mentre della stessa generazione di Tiepolo sono gli affrescatori di taglia europea: Giovanni Antonio Pellegrini, Corrado Giaquinto, Carlo Carlone e Francesco Fontebasso.

Il soffitto di palazzo Sandi ha una grazia e una felicità visiva, una creatività che dovettero apparire del tutto nuove: le soluzioni narrative nacquero certamente dai suggerimenti letterari del colto e raffinato committente. In particolare è rara la vicenda riferita a "Ercole gallico"; è tratta da Luciano, in un'edizione assai fortunata per tutto il Cinquecento: *Luciani viri quam dissertissimi compluria opuscula longe festivissima ab Erasmo Roterodamo et Thoma Moro interpretibus optimis in latinorum linguam traducta*. Per la prima volta edita a Parigi nel 1506, questa traduzione a opera di Erasmo e Tommaso Moro contribuisce a diffondere un'opera su cui s'erano esercitati già molti autori dell'umanesimo, da Pontano a Enea Silvio Piccolomini, da Leon Battista Alberti a Matteo Maria Boiardo. Luciano, in effetti, nel Cinquecento è l'autore più letto e culturalmente presente: è il più adatto alla visione ironica del maturo umanesimo. Invece nel Settecento sarà già appannaggio degli eruditi l'opera minore, come quella relativa a Ercole Ogmio, ovvero l'Ercole dei Celti, che Luciano descrive a partire da una pittura immaginaria. In essa sarebbe rappresentato come:

"Un vecchione con la fronte calva, e tutto canuto negli altri capelli che gli rimangono, la pelle rugosa, arsa e nera, come l'hanno i vecchi marinai. Piuttosto lo crederesti un Caronte, o un Giapeto, o uno degl'iddii tartarei, e tutt'altro che Ercole. E benché di questo aspetto, pure ha le insegne di Ercole; la pelle del leone in dosso, nella mano destra la clava, la faretra pendente ad armacollo, l'arco allentato nella sinistra, e in tutto questo è desso Ercole. Sicché io credevo che per oltraggio agl'iddii dei Greci, i Celti guastassero così la figura di Ercole,

Crocifissione, 1724-1726,
olio su tela, 250 × 400 cm.
Burano, chiesa di San Martino

The Crucifixion, 1724-1726,
oil on canvas, 250 × 400 cm.
Burano, church of San Martino

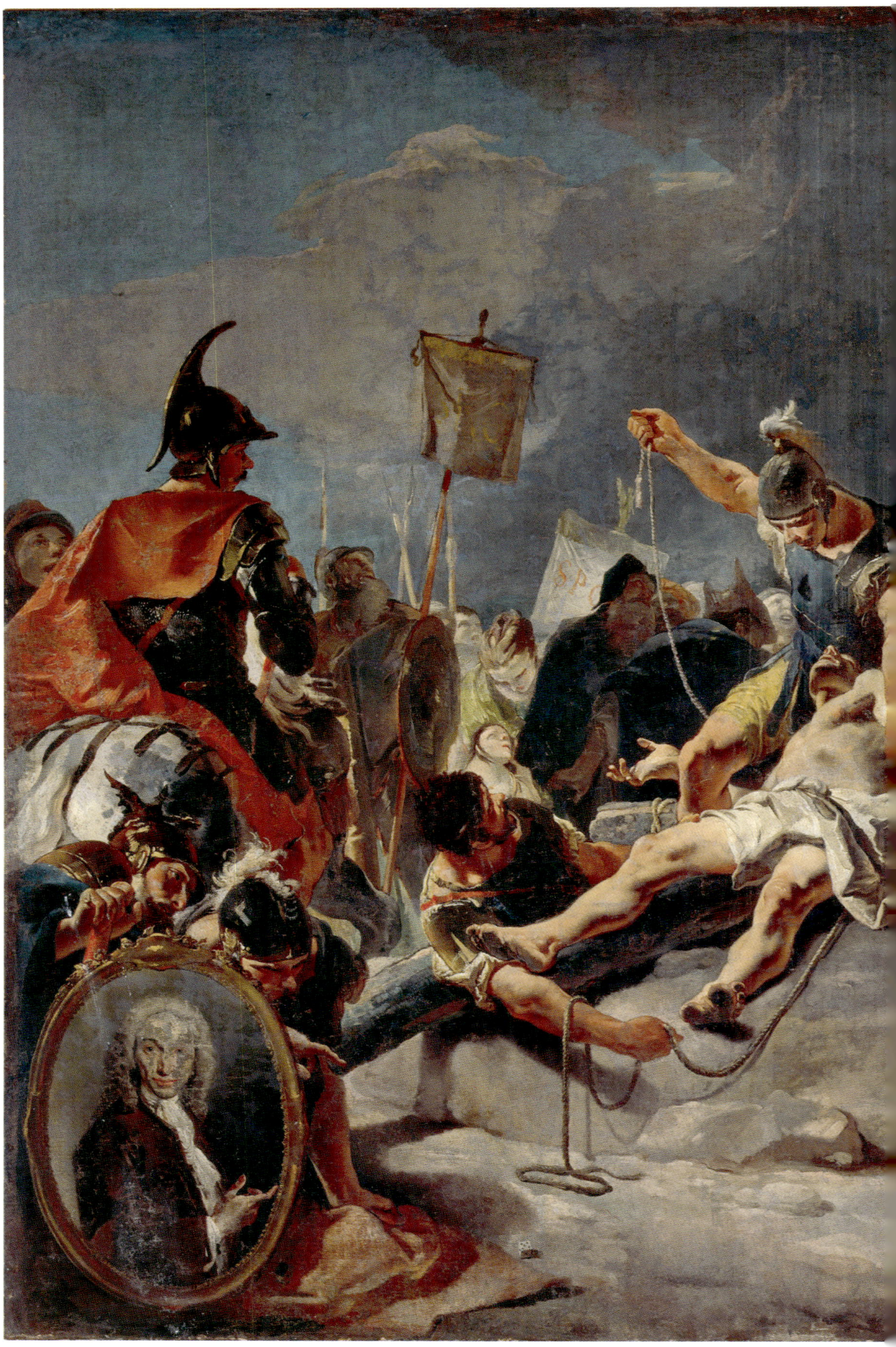

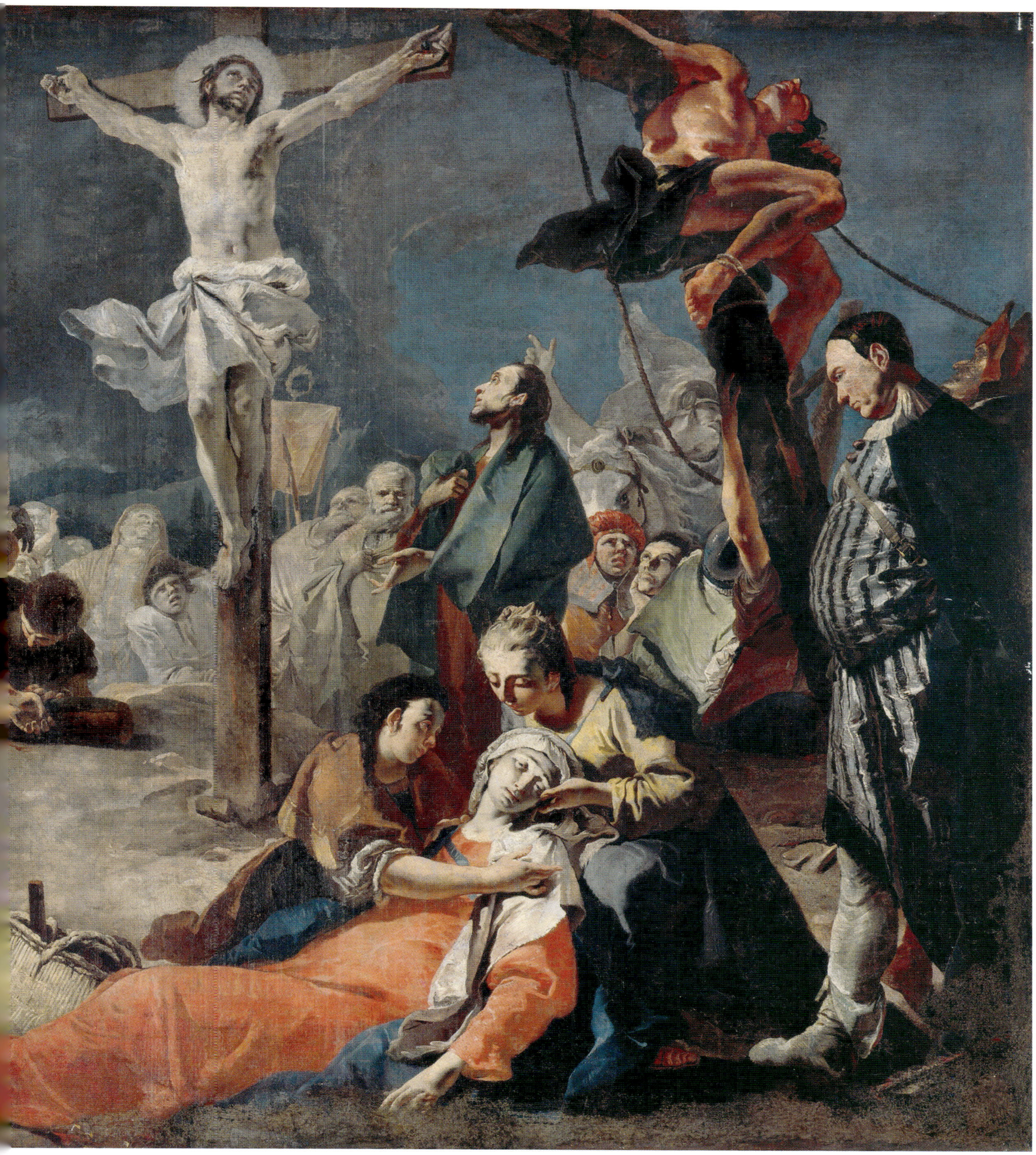

Alle pagine seguenti

Trionfo dell'Eloquenza, 1724-1725,
affresco, 650 × 1070 cm.
Venezia, palazzo Sandi

On the following pages

The Triumph of Eloquence, 1724-1725,
fresco, 650 × 1070 cm.
Venice, palazzo Sandi

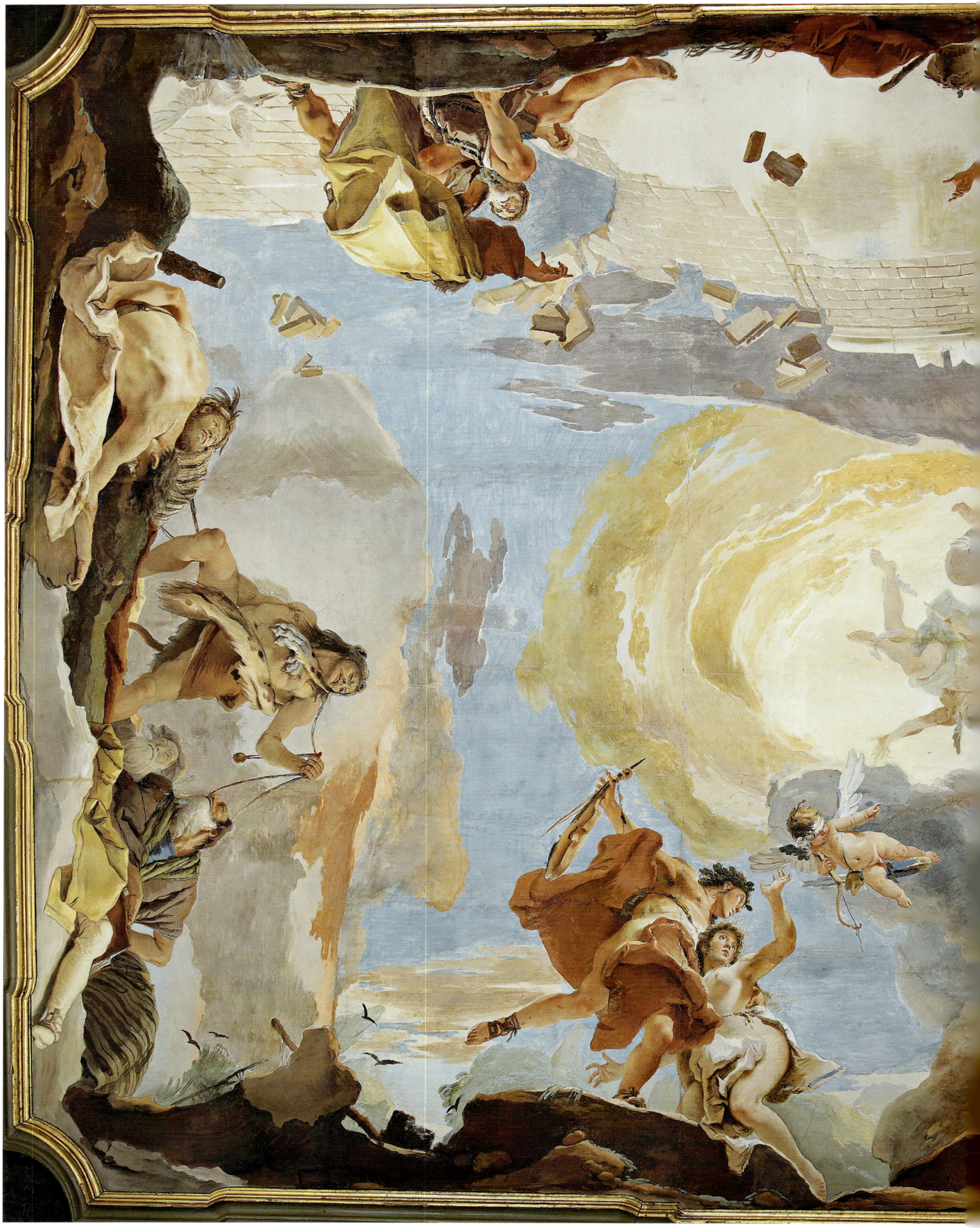

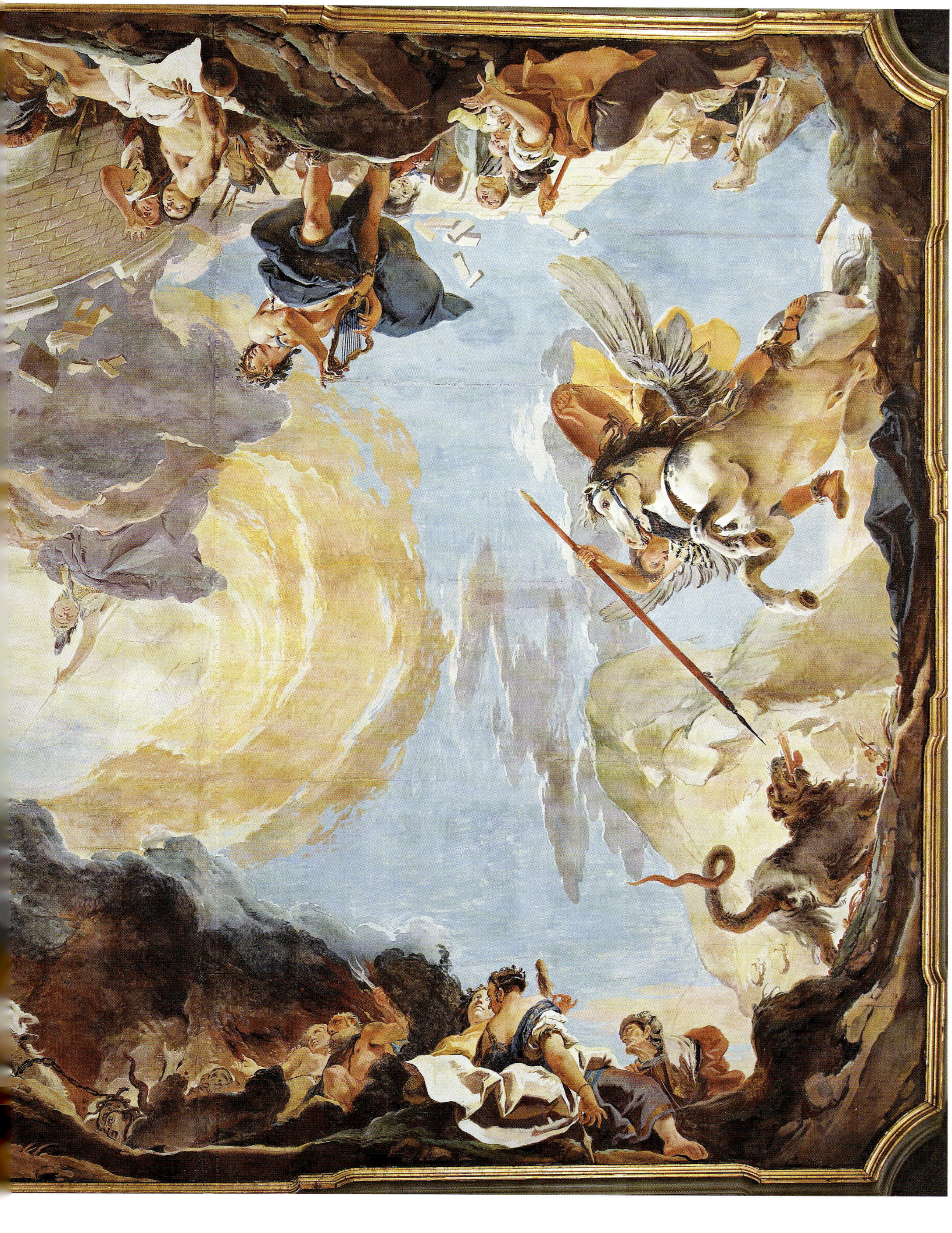

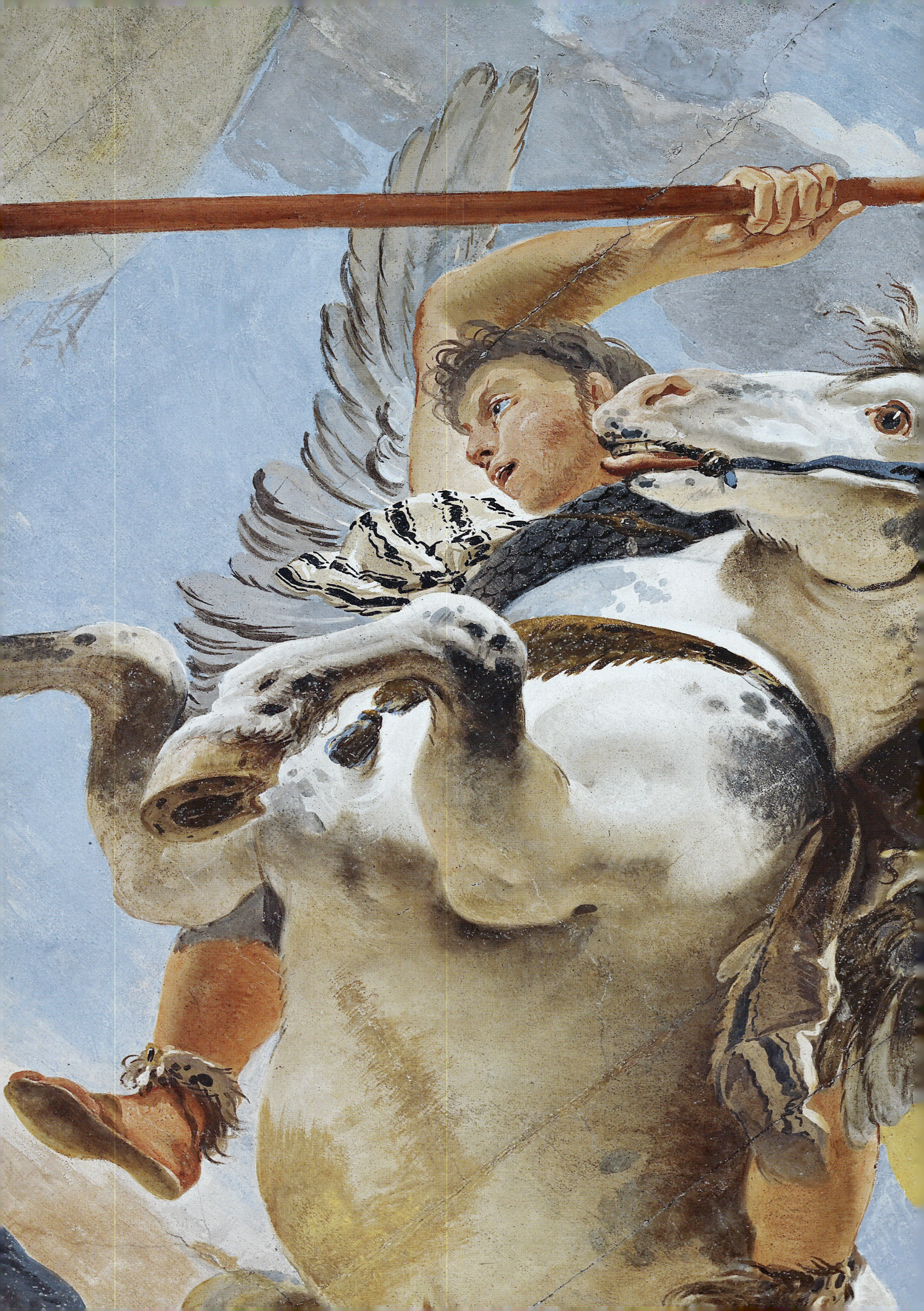

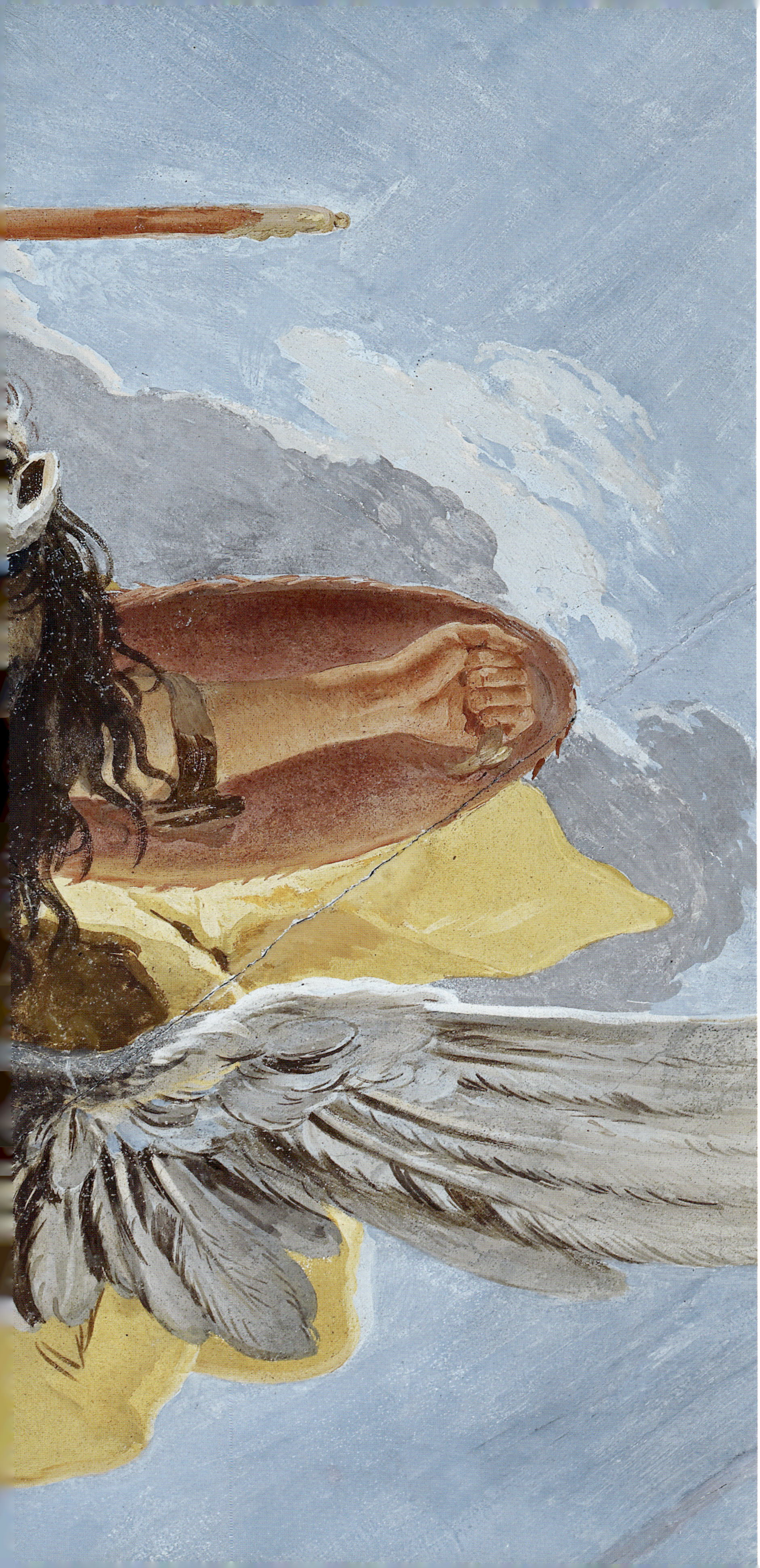

Trionfo dell'Eloquenza, particolare (*Bellerofonte montato su Pegaso uccide la Chimera*)

The Triumph of Eloquence, detail (*Bellerophon Mounted on Pegasus, Slaying the Chimera*)

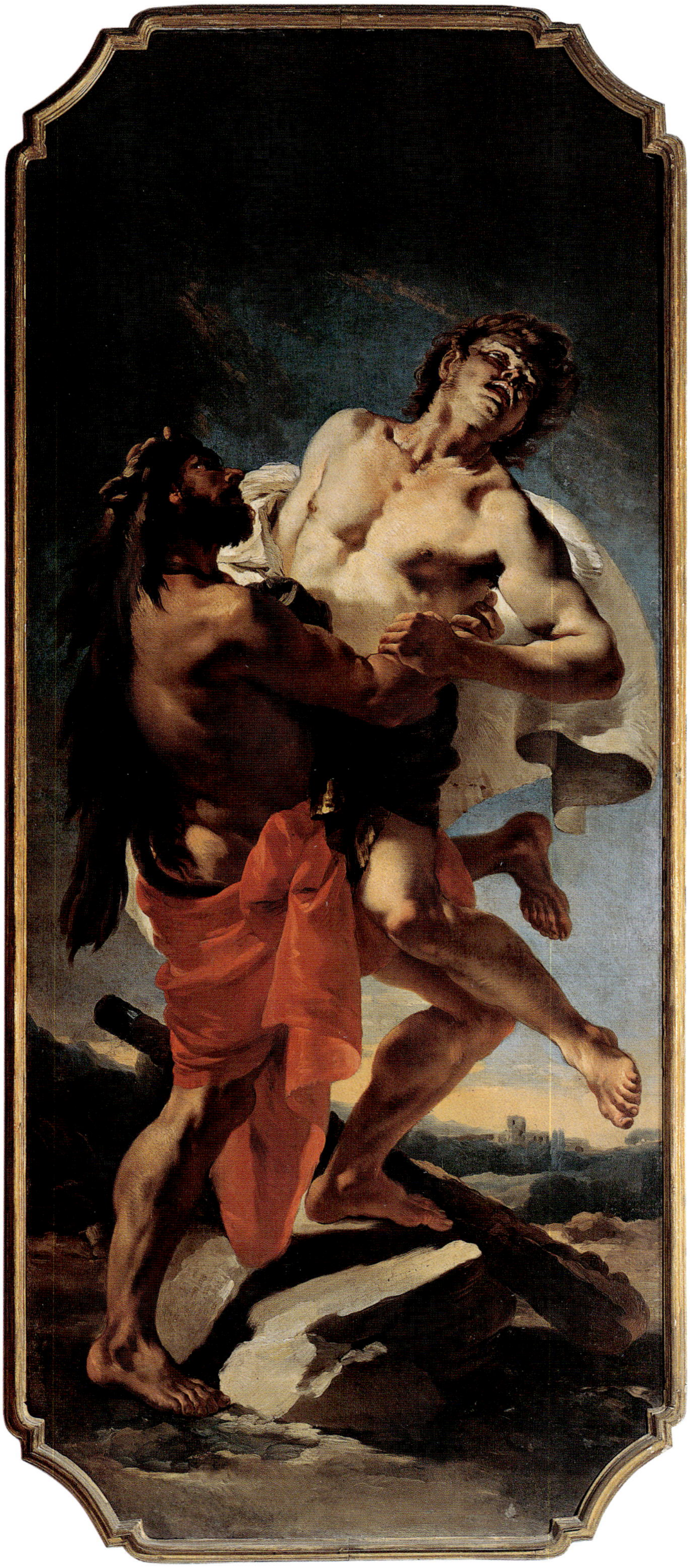

Ercole e Anteo, circa 1725,
olio su tela, 250 × 111 cm.
Castelgomberto,
collezione Da Schio

Le tele di palazzo Sandi, che erano collocate nel medesimo salone con il soffitto ornato dall'*Eloquenza*, permettevano di cogliere le differenze di stesura pittorica fra la leggera ariosità della decorazione a fresco e la sontuosità dell'impasto dell'olio su tela. La bravura del giovane pittore era evidente, anche se per noi le tele conservano ancora una traccia della pesantezza secentesca. Tiepolo resta fedelissimo al mito: Anteo è sollevato da terra, da cui traeva la forza, da un Ercole di primitiva e quasi selvaggia energia. Il gioco di luci sulla pelle e la muscolatura è ravvivato dal paesaggio lontano. Tiepolo non perde occasione, con la clava, di proporre un elemento diagonale, stilema che ritornerà anche ossessivamente.

Heracles and Antaeus, circa 1725,
oil on canvas, 250 × 111 cm.
Castelgomberto,
Da Schio collection

The palazzo Sandi canvases, which were located in the hall with the ceiling decorated with *Eloquence*, made it possible to perceive the differences in the artist's use of paint, between the light airiness of the fresco decoration and the sumptuousness of the impasto of the oil on canvas. The skill of the young painter is clear, even if to our eyes the canvases still bear traces of seventeenth-century heaviness. Tiepolo was closely faithful to the myth: Antaeus is lifted off the ground, from which he drew his strength, by a Heracles with a primitive, almost wild energy. The play of light on the skin and musculature is continued in the distant landscape. Tiepolo did not miss the opportunity to include a diagonal element, in the form of the club, a stylistic feature to which he would obsessively return.

facendo con siffatta pittura una vendetta di lui, che una volta invase e devastò il loro paese, quando cercando i buoi di Gerione, andò scorrendo tra molte genti di ponente. Eppure il più nuovo di quella pittura non l'ho detto ancora. Quel vecchio Ercole tira una gran moltitudine di uomini tutti legati per le orecchie. I legami sono catenelle sottili fatte di oro e di ambra, simili alle più belle collane. E benché per sì debil modo condotti, essi non pensano di fuggire, e potrebbero facilmente, né resistono affatto o pontano i piè mostrandosi restii d'andare innanzi, ma seguono lieti e gioiosi, e applaudiscono il conduttore, sospingendosi tutti, e volonterosi di prevenirlo allentano quel legame, e pare che si dorrebbero se ne fossero sciolti. Ma la cosa che mi parve più strana di tutte, ve la voglio anche dire. Il pittore non avendo dove attaccare gli altri capi delle catenuzze, perché nella mano destra il dio tiene la clava, e nella sinistra l'arco, gli forò la lingua in punta, e così dipinse che ei li tira, e volge ad essi la faccia, e sorride. Questo quadro io stetti un pezzo a riguardare tra la maraviglia, l'incertezza, e il dispetto".

Dunque Luciano, qui nella antiquata ma più piacevole traduzione di Luigi Settembrini, fa riferimento a una immagine: più propriamente un'ècfrasi come quelle, sempre estremamente stimolanti nell'età umanistica, di Filostrato. La soluzione retorica è offerta dall'autore più avanti: la forza (erculea) della lingua è degli anziani, che convincono e legano gli uomini più dei giovani; e l'arte dell'eloquenza lega i periodi fra loro, in una catena non interrotta di concetti e di espressioni convincenti. Questa è l'erudita versione dell'Ercole Ogmos nella costruzione dell'affresco, tutto dominato dal suono.
Nell'Apollo di palazzo Sandi, così come nel Bellerofonte o nell'Orfeo, si è anche voluto riconoscere un autoritratto di Tiepolo; così come si vorrà riconoscere il volto di Cecilia nell'Europa delle *Mitologie* o nella successiva Rachele di Udine. In realtà Tiepolo inizia a creare quei personaggi che ritorneranno per decenni nella sua "Compagnia di giro": come l'attore giovane energico e volitivo dal naso importante, e la fresca, quasi sempre stupita, attrice giovane dal volto perfettamente ovale. Quando invece vorrà farsi l'autoritratto si indicherà con precisione.
Al di sotto dell'affresco alcune tele: *Apollo e Marsia*, sottilmente crudele nel mostrare il primo lembo di pelle tirato da un Apollo così intento e impegnato da premere il divino ginocchio sulla coscia lanosa del povero satiro; *Ulisse scopre Achille tra le figlie di Licomede*, alquanto disassato nella composizione e ricco di ritratti di grande efficacia realistica; *Ercole e Anteo*, di robustissima forza espressiva. Esempi tutti della diversità nell'uso dell'olio da parte di Tiepolo, ancora condizionato, soprattutto nel riquadro centrale, dal patetismo tenebroso, pur sempre interpretato con bel gusto scenografico. Particolarmente elaborato l'effetto coloristico delle stoffe: sete e damaschi luminosi e intensi. Luce e cangiantismi mostrano però, ora, un deciso superamento delle precedenti stagioni, pur così prossime. Qui pare proprio che avvenga quel primo rimeditare sul Veronese, su quella "maniera paolesca" così a lui congeniale, determinante per la maturazione stilistica. Anche Pietro Brandolese, autore nel 1795 di *Pitture, sculture, architetture ed altre cose notabili di Padova*, scrive che "niente più belle essere le sue tinte e le sue pieghe de' panni di quelle di Paolo [Calliari], niente e meno felicemente dipinte".
Tra la fine del XIX e l'inizio del XX secolo giungono alle Gallerie dell'Accademia di Venezia quattro *Mitologie*: provengono dalle collezioni del conte Francesco Agosti e delle contessa Capponi di Belluno; sono attribuite a Sebastiano Ricci e prevedibilmente erano destinate a un unico ambiente di un palazzo nobiliare. Oggi pienamente restituite al pennello del giovane Tiepolo, rappresentano un altro importante momento del suo farsi, caratterizzate da ampi e inediti squarci di una natura fantastica, ove si svolgono scene notissime abitate da molte piccole figure. Sono tele che generano un fascino creativo e prezioso: in partico-

Alle pagine seguenti
On the following pages

Ratto di Europa, 1720-1722,
olio su tela, 100 × 135 cm.
Venezia, Gallerie dell'Accademia

The Rape of Europa, 1720-1722,
oil on canvas, 100 × 135 cm.
Venice, Gallerie dell'Accademia

Diana e Atteone, 1720-1722,
olio su tela, 100 × 135 cm.
Venezia, Gallerie dell'Accademia

Diana and Actaeon, 1720-1722,
oil on canvas, 100 × 135 cm.
Venice, Gallerie dell'Accademia

Apollo e Marsia, 1720-1722,
olio su tela, 100 × 135 cm.
Venezia, Gallerie dell'Accademia

Apollo and Marsyas, 1720-1722,
oil on canvas, 100 × 135 cm.
Venice, Gallerie dell'Accademia

Diana e Callisto, 1720-1722,
olio su tela, 100 × 135 cm.
Venezia, Gallerie dell'Accademia

Diana and Callisto, 1720-1722,
oil on canvas, 100 × 135 cm.
Venice, Gallerie dell'Accademia

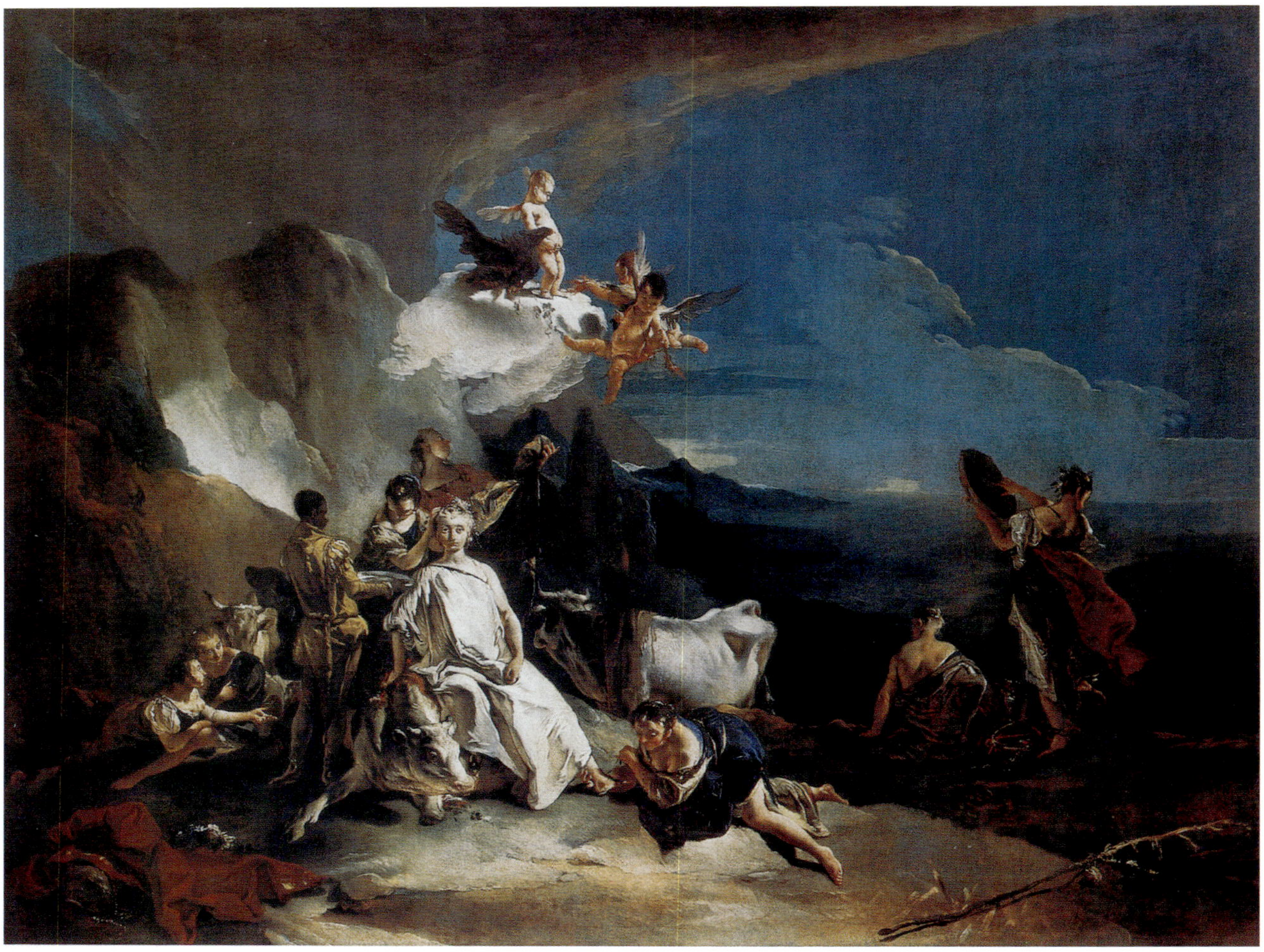

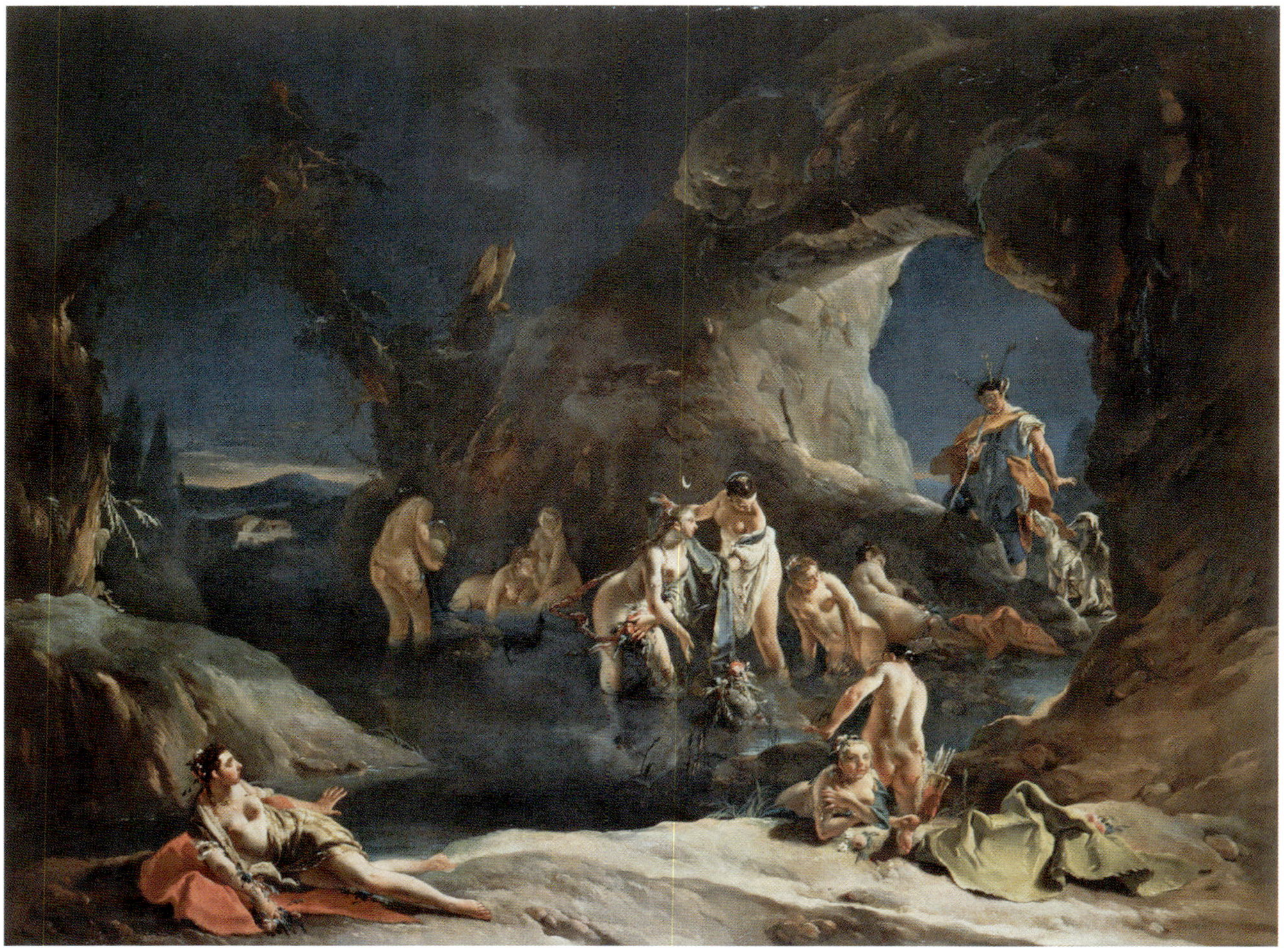

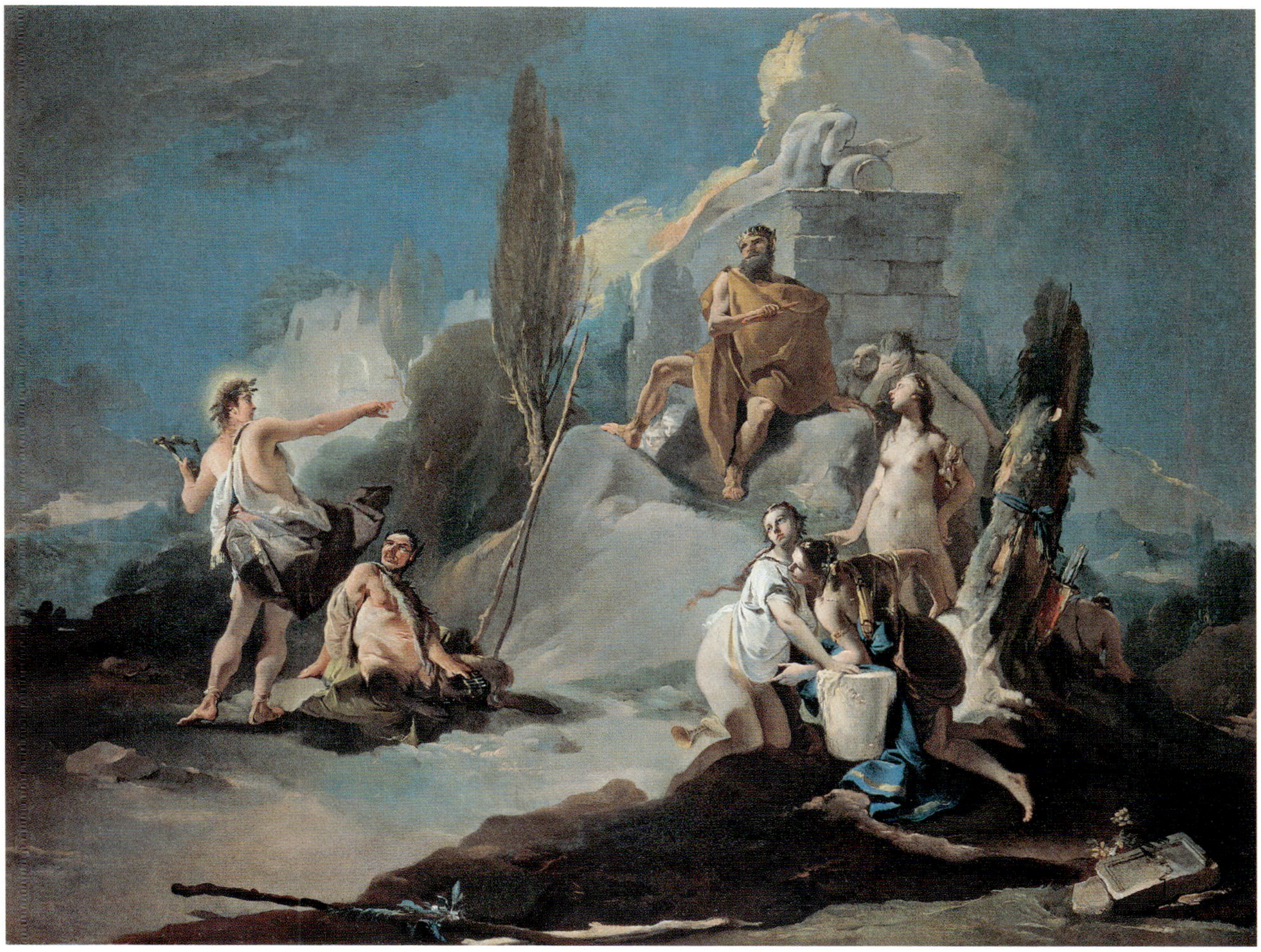

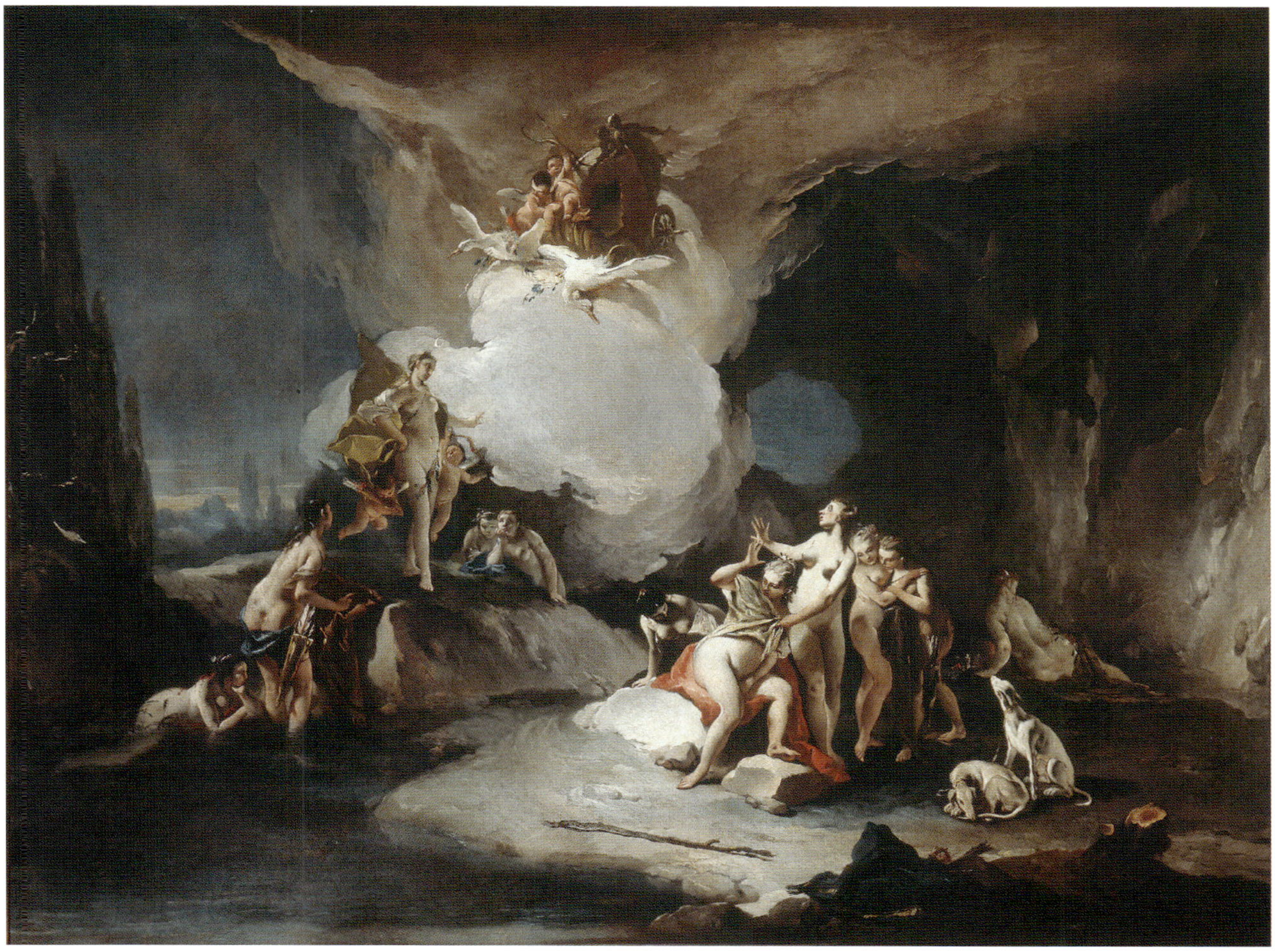

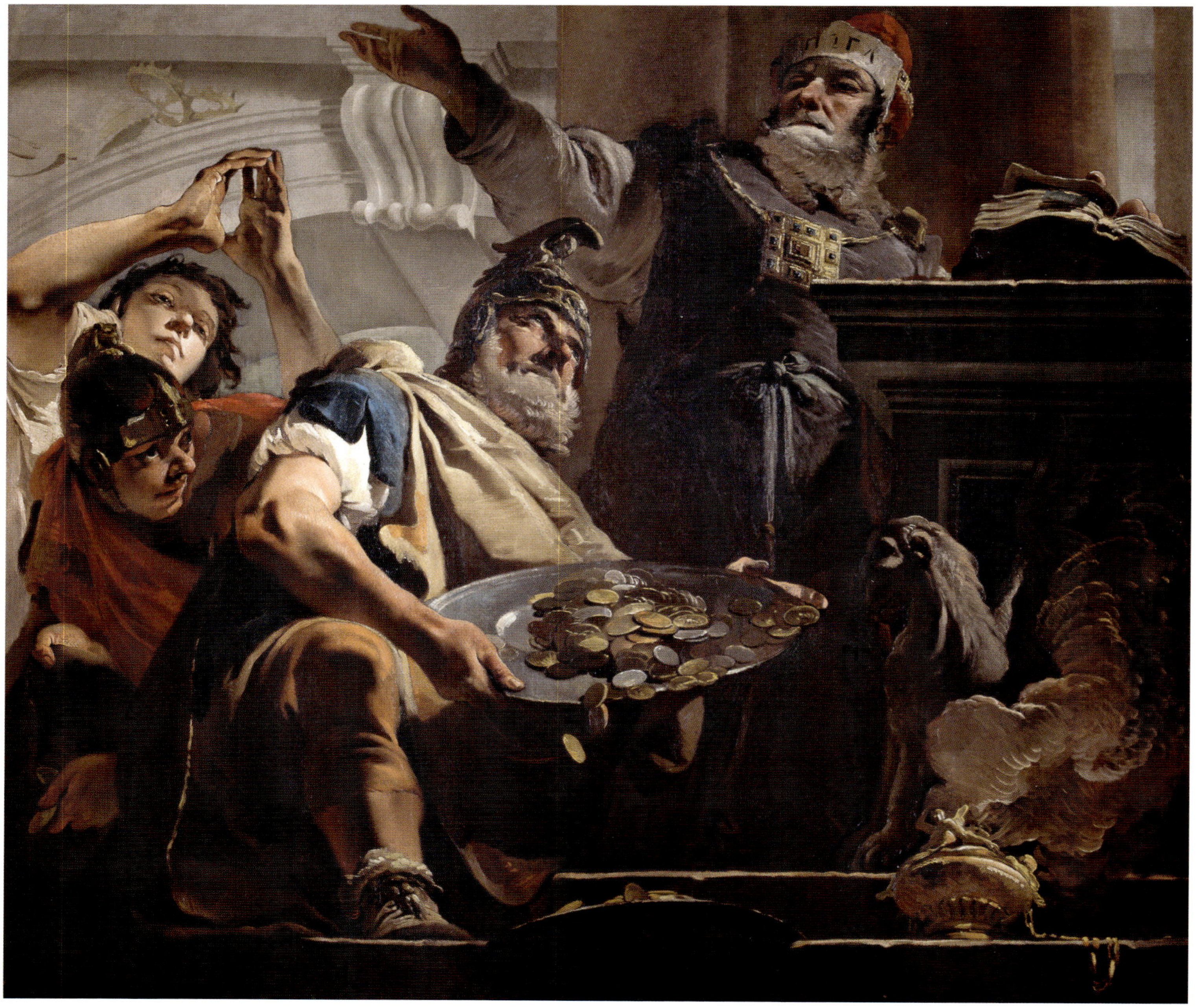

lare le nudità delle ninfe nel *Diana e Atteone*, con la loro pelle luminosissima, hanno una delicatezza che fece subito pensare, nel 1922, a Tiepolo da parte di Voss. Stese con materia pastosa, fedelissime al dettato letterario di Ovidio, le scene hanno un gusto per il fiabesco che appare evidente ad esempio nel mitissimo toro dominato dalla fanciulla Europa, nella scena del *Ratto*. Questa potrebbe davvero essere Cecilia, con il servitore moretto al suo fianco. Ironico il tutto con un *puer mingens* a fianco dell'aquila perplessa, abbandonata dal suo padrone nell'ennesima metamorfosi. Completano le *Mitologie* un *Apollo e Marsia* cui è stata sottratta ogni drammaticità, e una tela con *Diana e Callisto* immersa nella medesima luce ultraterrena di tutto il ciclo, una luce di tramonto e di alba, su mari e luoghi solo mentali. Le quattro tele sono comunemente datate al 1720-1722.
La cronologia delle prime opere di Tiepolo, che si accompagna a discusse e difficili attribuzioni, appare in ogni caso quanto mai complessa e difficile. Certamente, alla luce della produzione del terzo decennio del Settecento, quando anche i documenti si fanno più sicuri e le datazioni certe, i lavori del precedente decennio 1715-1725, così importanti per il giovane maestro, che intanto ha compiuto essenziali scelte familiari e di vita, appaiono segnati sia dalla diversità delle tele a olio rispetto alla luminosità dei primi affreschi, sia

Eliodoro saccheggia il tempio, 1724-1727,
olio su tela, 195 × 231 cm.
Verona, Museo di Castelvecchio

Heliodorus Sacking the Temple, 1724-1727,
oil on canvas, 195 × 231 cm.
Verona, Museo di Castelvecchio

dalla varietà di toni, di sceneggiatura, di trattamenti. È il caso della tela, drammatica e fortemente chiaroscurata, dell'*Eliodoro saccheggia il tempio* (1724-1727) al Museo di Castelvecchio. La narrazione biblica da cui partirà la rivolta dei Maccabei, causata dall'avidità del regno dei Seleucidi, nel 178 prima della nostra era, non è però quella che appare nel dipinto, ove un sacerdote ha dato a un anziano inginocchiato tutti i talenti d'oro e d'argento di cui dispone. Non è la scena del terrore di Eliodoro di fronte al combattente a cavallo e ai giovani che lo frustano, difendendo il sommo sacerdote Onias, guardiano del tempio. Resta dunque di ancora incerta decifrazione.
Ma ormai Tiepolo va cercando – e non affannosamente, ma con già sicuri orientamenti – la propria personale caratura, in una stagione di Venezia quanto mai attiva e dinamica, in piena riconquista delle posizioni di autonomia e di riscossa da un secolo di minore originalità. È con i suoi contemporanei che ora Tiepolo trentenne deve gareggiare in bravura, per essere riconosciuto come primo affrescatore in città. Lo farà con due cicli, di pittura sacra in affresco a Udine, di storia romana in olio su tela in un palazzo patrizio di Venezia. Due cicli che lo impongono su tutti.

CAPITOLO II

Grandiosi spettacoli di storia sacra e virtù romana per la nobile famiglia Dolfin

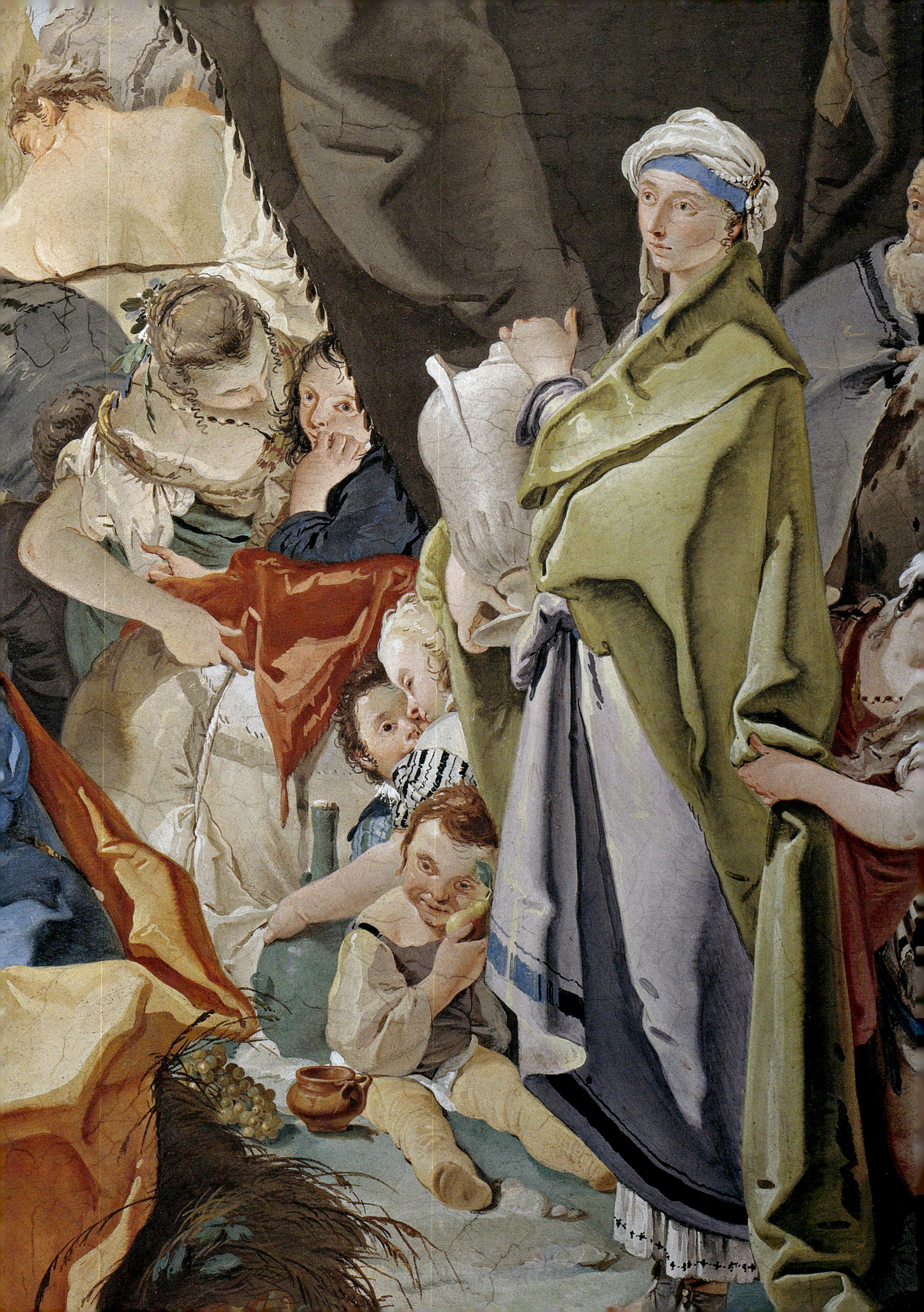

Con il trattato di Passarowitz, siglato il 21 luglio 1718 nella città serba dai rappresentanti del sultano Ahmed III e dell'imperatore Carlo VI, e pochi giorni dopo approvato dalla Repubblica di Venezia, si concludeva l'ultima fase del conflitto secolare fra Venezia e l'Impero ottomano. Nel decennio precedente le armate ottomane dell'illuminato Ahmed avevano sottratto la Morea ai veneziani, che peraltro erano riusciti nella difesa di Corfù. Ma poi Eugenio di Savoia-Carignano aveva abilmente sfruttato le debolezze ottomane, sconfiggendo i Turchi a Petervaradino, poi a Temesvár, e infine nella battaglia di Belgrado dell'agosto 1717. Con quel trattato l'Austria acquisiva la Serbia settentrionale e altri territori, mentre Venezia doveva rinunciare definitivamente alla Morea, con tanta fatica conquistata appena nel 1699, così come riconoscere la definitiva perdita di Creta, su cui aveva ancora qualche illusione; privazioni dolorose e determinanti, anche se alla Repubblica rimanevano le isole Ionie e le venivano concessi alcuni territori in Dalmazia. Iniziava comunque l'ultimo, lungo periodo di pace per Venezia. Le truppe venete, riformate nel 1729 da von Schulenburg, il difensore di Corfù e uno dei massimi mecenati d'arte a Venezia – tra l'altro pagò una regolare pensione a Gianantonio Guardi –, non saranno dunque più impegnate in terraferma, fino al tragicomico 1797. Mentre le navi armate della Repubblica, l'"Armada Grossa" con i suoi "Fanti da Mar", i leggendari fanti di marina in giacca rossa, conosceranno ancora momenti di gloria al comando di Angelo Emo, nella sua lotta contro la pirateria barbaresca.
La Repubblica che mantiene un atteggiamento di prudente neutralità nei conflitti che attraversavano le sempre più potenti monarchie europee era, per i contemporanei, esempio di saggia prudenza, per gli storici invece la dimostrazione di uno Stato ormai imbelle, sempre più distante dalla grande politica, incapace d'azione e di iniziative. Quindi in decadenza: ma la classe dirigente veneziana non si sentiva affatto tale, pur riconoscendo un passato assai più glorioso. Semplicemente riteneva di poter gustare la rendita della grandezza trascorsa. Una pace secolare, l'assenza di evidenti conflitti sociali, la stabilità istituzionale saranno vissute dai veneziani con una serenità e libertà che contrastano nettamente con le tensioni del secolo, anche e soprattutto intellettuali. Ormai ai margini del commercio internazionale, Venezia è però al centro di un ricco scambio regionale, mentre le proprietà di terraferma continuano a garantire un gettito produttivo non indifferente. È vero che la cantieristica è limitata, ma gli "arsenalotti" sono comunque più di duemila, artigiani carpentieri o marangoni, calafati e maestri d'ascia di qualità somma. Intanto si rinnova profondamente l'attività edilizia con la formazione di altre categorie di operai specializzati al livello massimo, ma soprattutto nasce una nuova "industria", fino ad allora ignota. È il turismo, ovvero una frequentazione della città che ha un solo equivalente in Europa, e cioè Parigi. L'unicità veneziana è oggetto d'ammirazione totale da parte di moltissimi viaggiatori, soprattutto inglesi e tedeschi, e condiziona subito diversi aspetti della produzione artigianale. Un esempio è la ripresa dell'industria artistica delle vetrerie o il sorgere delle fabbriche di porcellana. E poi Venezia è già nota per un Ridotto, luogo di gioco e di perdite di intere fortune, e di traffici e scambi, che scandalizzerà perfino Casanova, e che la Repubblica deciderà di chiudere nel

Rachele nasconde gli idoli,
particolare, 1727, affresco,
400 × 500 cm. Udine,
Palazzo Patriarcale

Rachel Hiding the Idols,
detail, 1727, fresco,
400 × 500 cm. Udine,
Palazzo Patriarcale

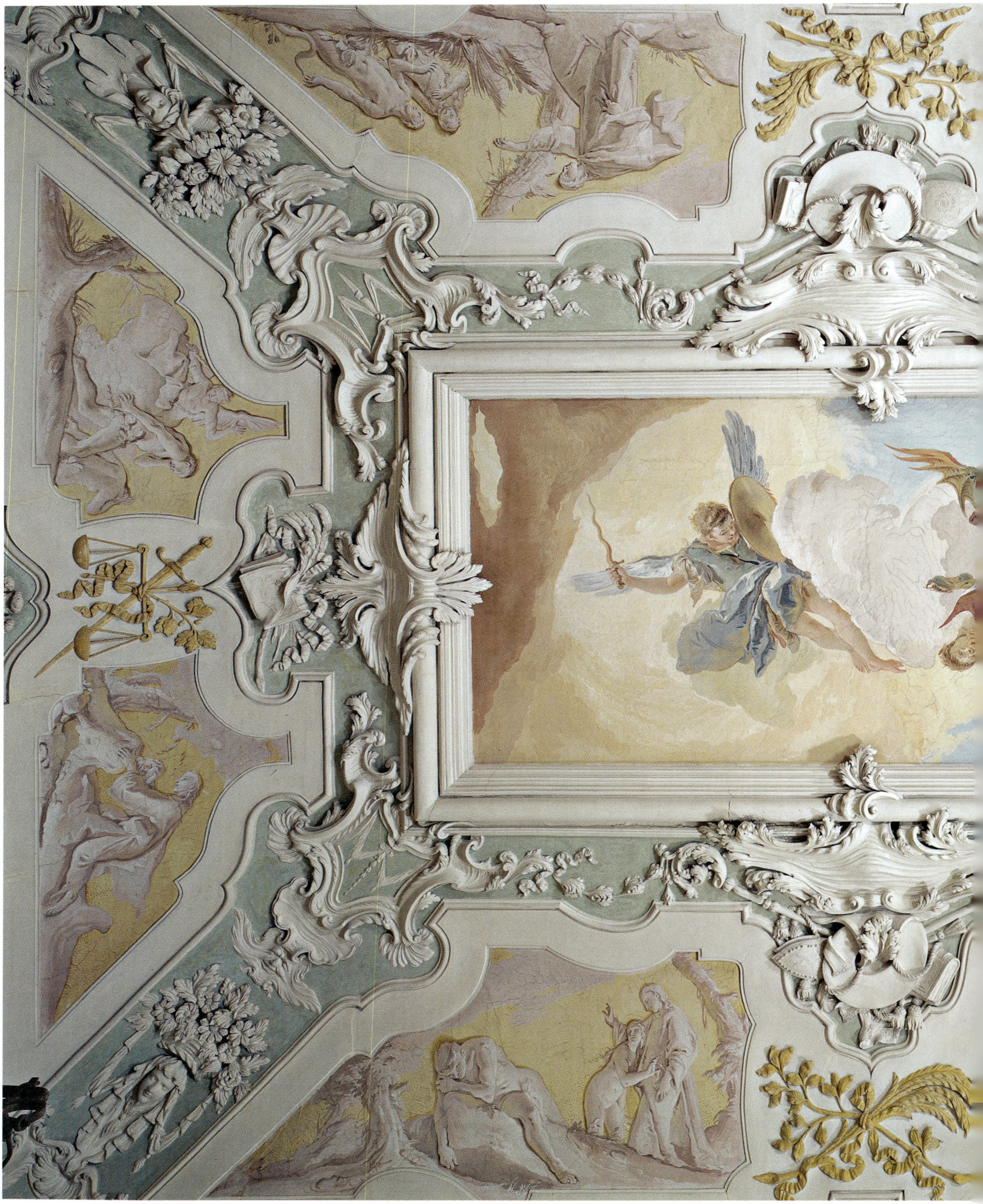

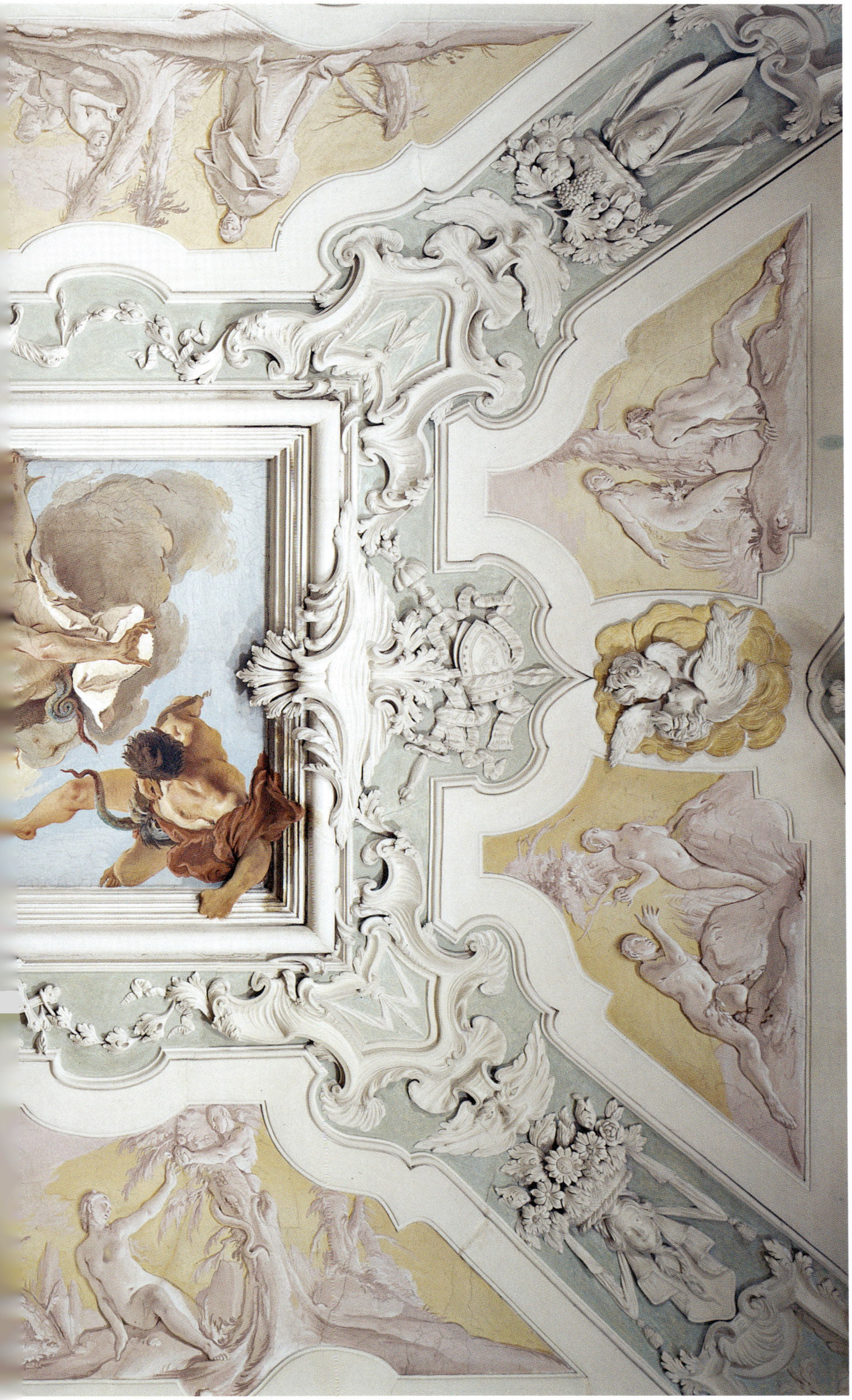

Caduta degli angeli ribelli, 1726,
affresco, 180 × 420 cm.
Udine, Palazzo Patriarcale

The Fall of the Rebel Angels, 1726,
fresco, 180 × 420 cm.
Udine, Palazzo Patriarcale

1774; ma ancor più per il Carnevale – sembra che nel 1701 con centoventimila abitanti veneziani si divertissero e festeggiassero quarantamila forestieri! –, e naturalmente per essere un piacevole, sostanzialmente economico, bordello a cielo aperto: in continuità secolare. Per i viaggiatori più seri e colti diverrà notissima per la musica, la pittura dei vedutisti, il canto e le industrie di lusso. Si compone così una miscela che da un lato permette una rinascita e un fiorire di economia artigianale, dall'altro produce singolari fenomeni artistici, per cui un Antonio Canal, un Bellotto o un Guardi sono disprezzati dai colleghi pittori accademici di figura, mentre sono apprezzatissimi all'estero e tali rimarranno anche e soprattutto in età romantica. Ma infine: la produzione pittorica veneziana è tanta e tale da permettere di poter tranquillamente affermare che il "Settecento" è, per i committenti europei, essenzialmente un secolo veneziano, senza cui nessuna collezione d'arte può essere considerata completa.

LA RISCOSSA DELLA PITTURA VENEZIANA

Il superamento dell'arte dei "tenebrosi", che s'era imposta a Venezia soprattutto dopo i soggiorni di Luca Giordano, riporta rapidamente gli artisti veneziani in dialogo con i contemporanei, essenzialmente grazie all'attività di alcuni pittori riconosciuti per il rinnovato colorismo, lo stile decorativo e il tocco leggero. Si tratta in particolare di Sebastiano Ricci (1659-1734), personalità fortissima e passionale, implicato in vicende criminali da cui deve fuggire, e quindi gran viaggiatore che, dopo soggiorni in Emilia e Roma, svolge la propria pittura in modi sontuosi, rifacendosi alla grande tradizione cinquecentesca, con una eleganza e facilità allora ignote. La sua creatività narrativa, l'impaginazione teatrale, la qualità decorativa sono fondamenti essenziali della pittura di storia per tutto il Settecento. Lavorando a Bologna, Parma, Roma, Firenze, Parigi, in Inghilterra, Ricci è il primo a restituire alla pittura veneta una nuova fama internazionale. Roberto Longhi, in celebre sintesi, ha scritto: "Sul cadere del secolo i veneziani si avvedono di esser rimasti tagliati fuori, per più di cent'anni, dalle grandi idee della pittura barocca, ormai non più romana ma europea, e cominciano a viaggiare. Il primo dei pittori veneti viaggianti, Sebastiano Ricci, ha ancora, come tutti i veneziani del Seicento, il gusto del plagio, dell'imitazione [...] dai più vari precedenti pittorici; ma intanto dilata la sua cultura fino a farsi europeo, bene intendendo che da un secolo ogni nuova idea figurativa aveva assunto validità europea. Il Ricci è [...] il primo ad accorgersi che i più validi soffitti della fine del secolo [...] sono quelli di Luca Giordano a Firenze [...]. Per questa buona via [...] riesce a inaugurare il cosiddetto rococò nella saletta di palazzo Pitti o nelle volte di palazzo Marucelli. Gli nuoce più tardi la sua incredibile rapacità culturale che dà a tanta sua pittura quel gusto di abile reportage di tutti i motivi europei". E successivamente Pallucchini ricorda come Ricci "seppe imporre, a Venezia e fuori, un gusto nuovo, formato con meditazione, ma risolto con ardimento su di un piano apertamente rococò, cioè di effetti vivaci, scintillanti, garruli di luce e di colore. Schiarendo la tavolozza, riportò nella tradizione veneziana una ricchezza di espressione cromatica risolta in una luminosità nuova e vibrante: seppe sciogliersi cioè, mediante l'intelligente interpretazione del cromatismo veronesiano e della pennellata di tocco magnaschesca, dalle remore seicentesche, prendendo posizione sia contro la moda dei 'tenebrosi', sia contro la nuova corrente Piazzetta-Federico Bencovich. Fornì quindi un nuovo valido mezzo linguistico, prezioso per tutto lo svolgimento della pittura settecentesca, anche per lo stesso Tiepolo, dopo la sua defezione dal piazzettismo".

Più giovane d'una generazione di Sebastiano era Giovanni Antonio Pellegrini (1675-1741), cognato di Rosalba Carriera, attivo con Marco Ricci, nipote di Sebastiano, a Londra, poi a Düsseldorf, Anversa, Parigi e in altre città europee. Quella di Pellegrini è una carriera di singolare successo, poco conosciuta ma assai ben ricostruibile anche attraverso la corrispondenza di Angela Carriera Pellegrini, pittrice e buona musicista, colta e abile nel supportare il marito. Il meglio della sua arte è in Germania, dove dipinge nel 1713 per l'elettore palatino Johann Wilhelm uno spettacolare ciclo decorativo. Pellegrini spinge oltre Ricci le qualità decorative della pittura veneziana, aperta e ariosa, con toni scintillanti. Quanto al poco più giovane Jacopo Amigoni (circa 1682 - 1752), è anch'egli un artista europeo: dal 1717 lavora in Baviera, dal 1730 in Inghilterra, poi è a Parigi, torna a Venezia, scende a Napoli, infine vive stabilmente a Madrid. Con lui la pittura arcadica conosce vertici di luminosità.

Ma infine non dovrà essere assolutamente dimenticato il ruolo centrale, la fama universale, la lunga attività presso le corti di Rosalba Carriera (1675-1757). I suoi pastelli, la finezza dello sguardo psicologico, l'intimità unica del ritratto furono considerati altrettanti vertici da parte dei contemporanei: a noi interessa ancora e acutamente per la capacità di autoanalisi, l'introspezione amara dei suoi autoritratti, la lucida freddezza di molti ritratti di fantasia.

Se questa linea di pittura chiara e decorativa appare in perfetta sintonia con il gusto europeo, e in breve lo determina, altri pittori veneziani di primo Settecento proseguono nello stile del chiaroscuro drammatico, in un gusto rinnovato che vede la centralità del dalmata Federico Bencovich (circa 1677 - 1753), molto apprezzato anche in Austria, e poi, soprattutto, di Giambattista Piazzetta (1682-1754), con le sue gamme di colori forti, marroni bruciati e rosso mattone. Aperto a una intensa luminosità nella produzione più tarda, Piazzetta resta un protagonista a Venezia soprattutto nel contesto della Scuola di Nudo istituita nel 1750.

Si collocano poi sulla scia di Ricci e subito di Tiepolo alcuni maestri della sua generazione, attivi in vari Paesi europei: come Gaspare Diziani (1689-1767) che vive a Dresda prima di diventare presidente dell'Accademia, oppure Francesco Fontebasso (1707-1769) che lavora a San Pietroburgo, o Giovanni Battista Crosato (1686-1758) attivo in Piemonte, per non dimenticare Giovanni Battista Pittoni (1687-1767) la cui influenza nell'area germanica sarà duratura.

Scarso sarà a Venezia il ruolo anche sociale dei "vedutisti", mentre diventa uno dei più importanti fenomeni europei, oggetto di fama e d'insegnamento in termini di luci e atmosfere, e di influenza sul gusto, di portata davvero storica. Il vedutismo è introdotto da Luca Carlevarijs (1663-1729); successivamente si indirizza verso una precisione topografica assolutamente apprezzata dai visitatori e collezionisti stranieri, che esaltano artisti come Antonio Canal, il Canaletto (1697-1768), e, in misura minore, Michele Marieschi (1710-1744). Supportato da Joseph Smith, uomo d'affari e collezionista inglese, poi console a Venezia, dal 1746 Canaletto sarà in Inghilterra, conteso e ammirato. Mentre il nipote Bernardo Bellotto (1721-1780) raggiungeva la fama a Dresda e Varsavia, Francesco Guardi (1712-1793), il fratello minore di Antonio, cognato di Tiepolo, evocava il paesaggio lagunare con accenti già protoromantici. Una vena preromantica è presente poi nella produzione pastorale di Francesco Zuccarelli (1702-1778) e di Giuseppe Zais (1709-1781).

Ma accanto a "figuristi" e "vedutisti" la pittura veneziana raggiunge un vertice nel caso particolare della pittura di genere, il cui rappresentante più originale resta Pietro Longhi (1702-1785). Nelle sue raffinate scene di interni, servendosi di una tecnica delicata, ha fornito una cronaca discreta e intima della vita veneziana, a volte con sottile vena ironica.

In questa situazione quanto mai attiva, fra numerosi e anche ormai affermati artisti, Giambattista trova una committenza per cui potrà realizzare due cicli per lui fondamentali, la svolta che determina l'avvio della sua maturità, tecnica ed espressiva. Chi lo chiama è il patriarca di Aquileia, Dionisio Dolfin. È un rappresentante della famiglia che protegge i Tiepolo, visto che un fratello di Giambattista aveva avuto un Dolfin come padrino di battesimo. E che un nipote di Dionisio, Vettor, colui a cui sono state dedicate alcune delle migliori composizioni del suo maestro di violino, Antonio Vivaldi, con l'opus 4 *La Stravaganza* del 1714, sarebbe stato, seguendo Da Canal, il primo committente di un Tiepolo frescante ("un intero appartamento e parecchie sale a fresco con varie storie") forse per la dimora di Carpenedo sul Terraglio, poi distrutta in età francese.

Alle pagine seguenti
On the following pages

Angeli cantori, 1726,
affresco. Udine, duomo,
cappella del Santissimo Sacramento

Singing Angels, 1726,
fresco. Udine, cathedral, chapel
of the Santissimo Sacramento

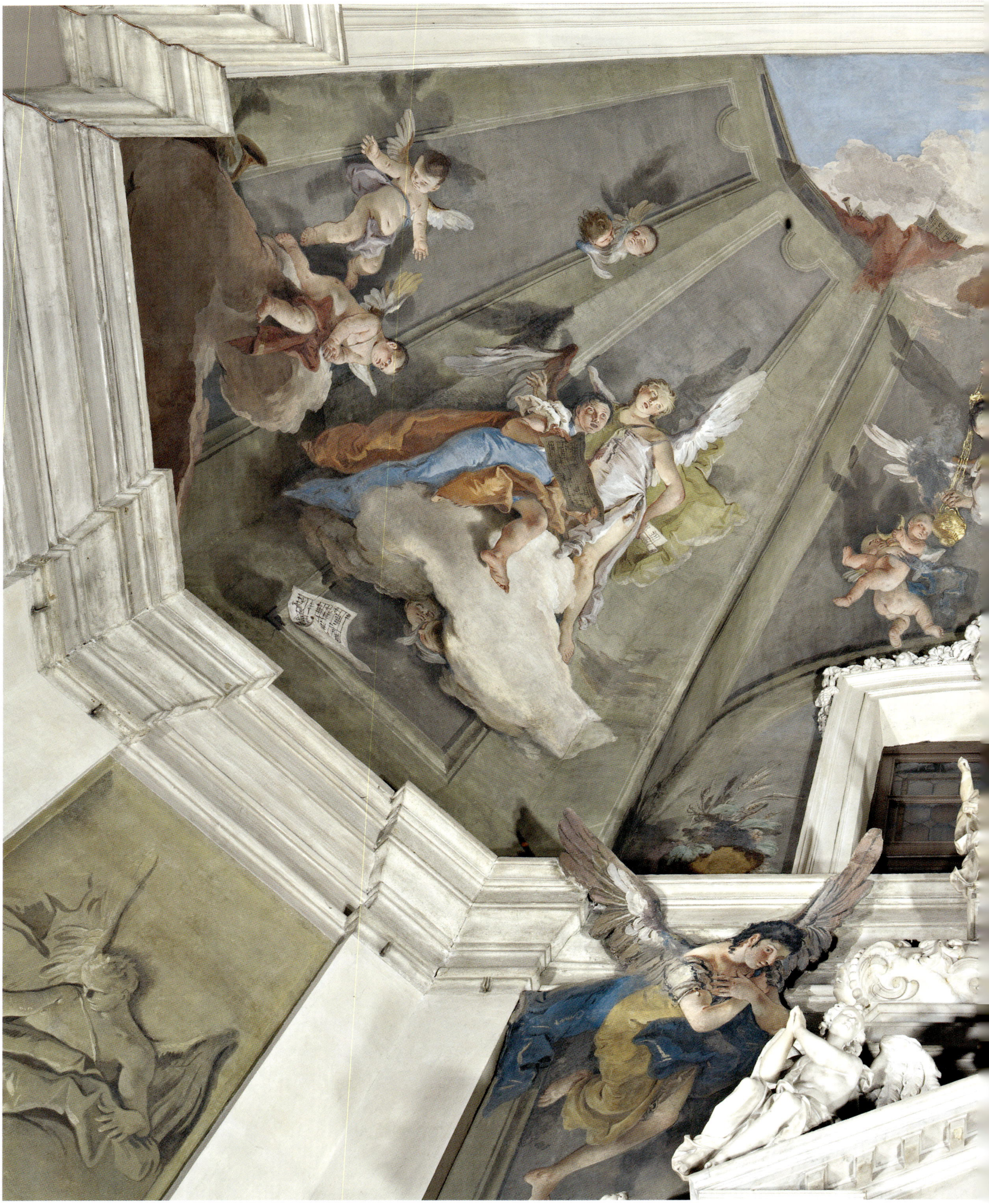

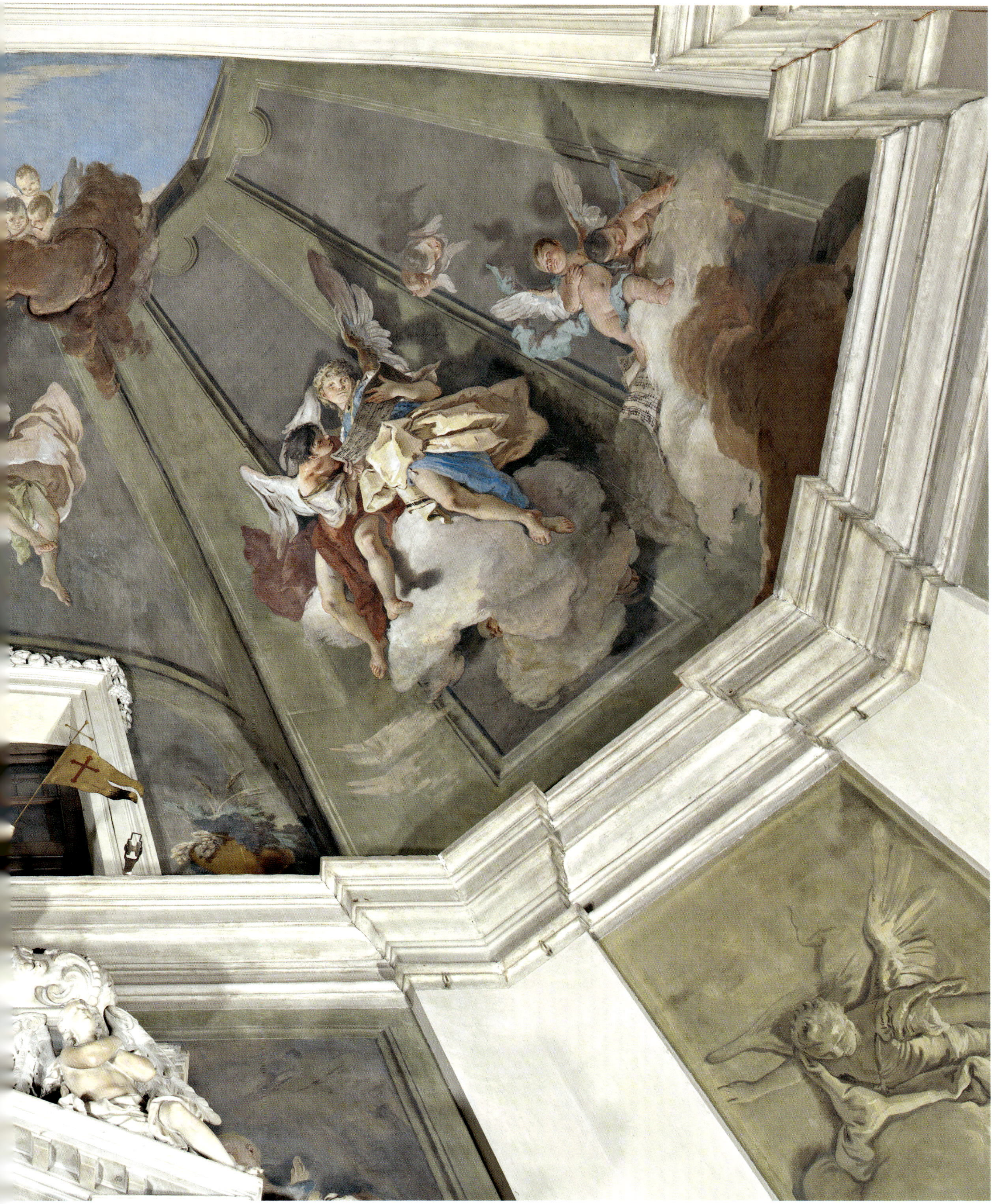

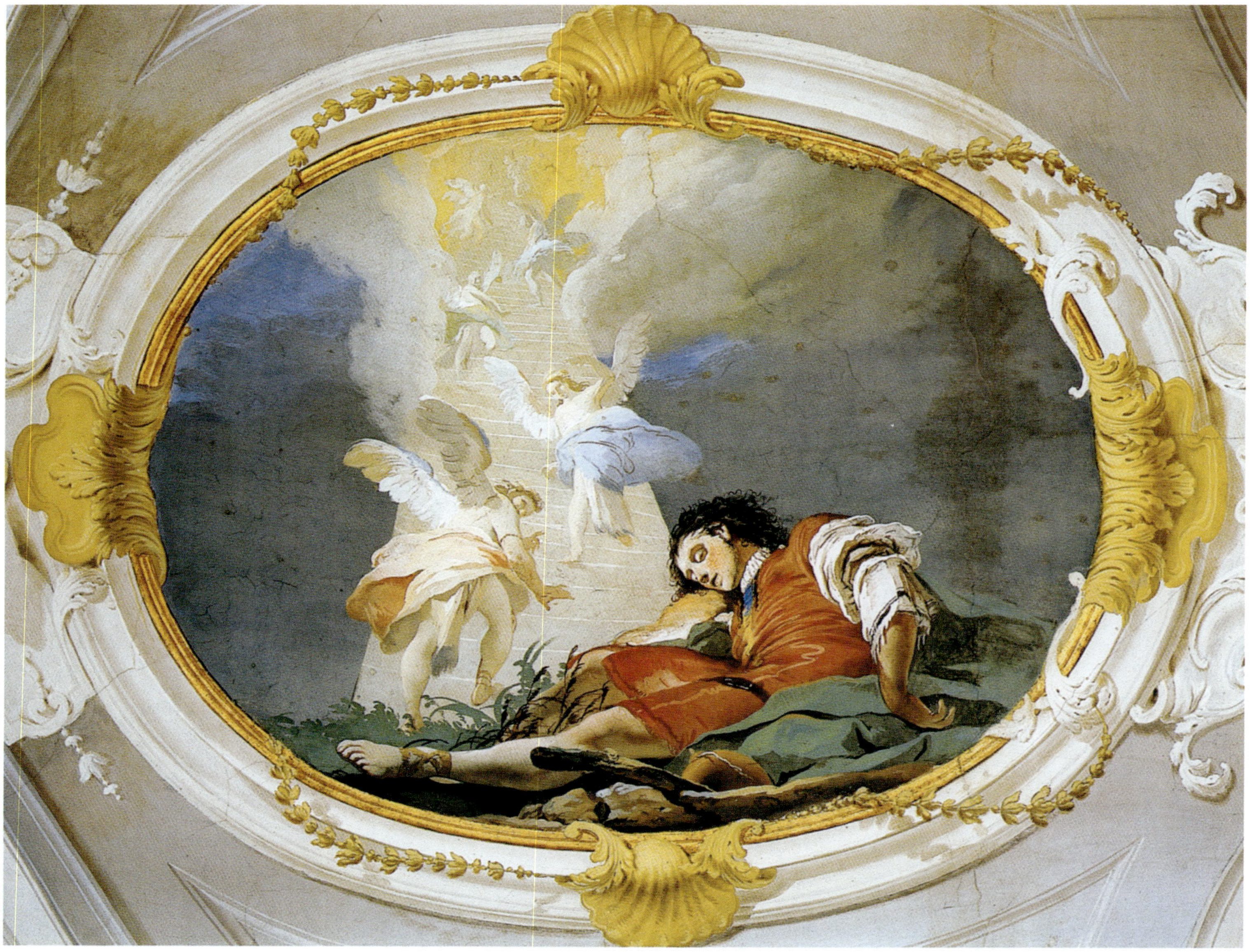

Sogno di Giacobbe, 1727, affresco, 400 × 500 cm. Udine, Palazzo Patriarcale

Jacob's Dream, 1727, fresco, 400 × 500 cm. Udine, Palazzo Patriarcale

La sede del patriarcato di Aquileia, a Udine, domina una giurisdizione che riguarda territori di lingua e cultura veneta, austriaca e slovena, aprendo contrasti e conflitti non facili con l'Impero. L'impresa richiesta è importante, e sarà poi grandiosa quando Tiepolo dovrà affrontare la decorazione di sale di prestigio nel Palazzo Patriarcale di Udine. È il 1726, Tiepolo ha trent'anni. Si prepara alla svolta decisiva del suo linguaggio pittorico, che esce dalle sperimentazioni, dai tentativi provvisori e dagli incontri fortuiti, per assumere un preciso tono di voce, in chiave di grazia luminosa, arditissime soluzioni in una scenografia pienamente rococò.
Prima prova udinese è il centro del soffitto di uno spettacolare scalone, la *Caduta degli angeli ribelli* per il palazzo oggi arcivescovile, ancora una volta affidato a Domenico Rossi per la ristrutturazione. Sarà compiuta rapidamente, con alcuni residui di natura tradizionalistica, con una certa forzatura prospettica e una cromia un poco impastata. Ma oltre l'episodio illusionistico comunque abile del Lucifero di schiena, che sembra precipitare oltre la modanatura, l'impeto di un diavolo – che riprende esattamente lo scorcio di un apostolo dell'Ospedaletto – e il terrore di un angelo dannato che si porta la mano alla bocca, vedendo la sua guida ribelle franare, sono di bella efficacia. La sapienza tecnica e la foga espressiva di questo giovane, in contrasto con la flemma e l'equilibrio di Louis Dorigny, dominatore assoluto del panorama freschistico udinese di ieri, incantano i confratelli del Sacramento, che gli affidano il compito di decorare la cappella omonima del duomo. Il 4 giugno 1726 i deputati

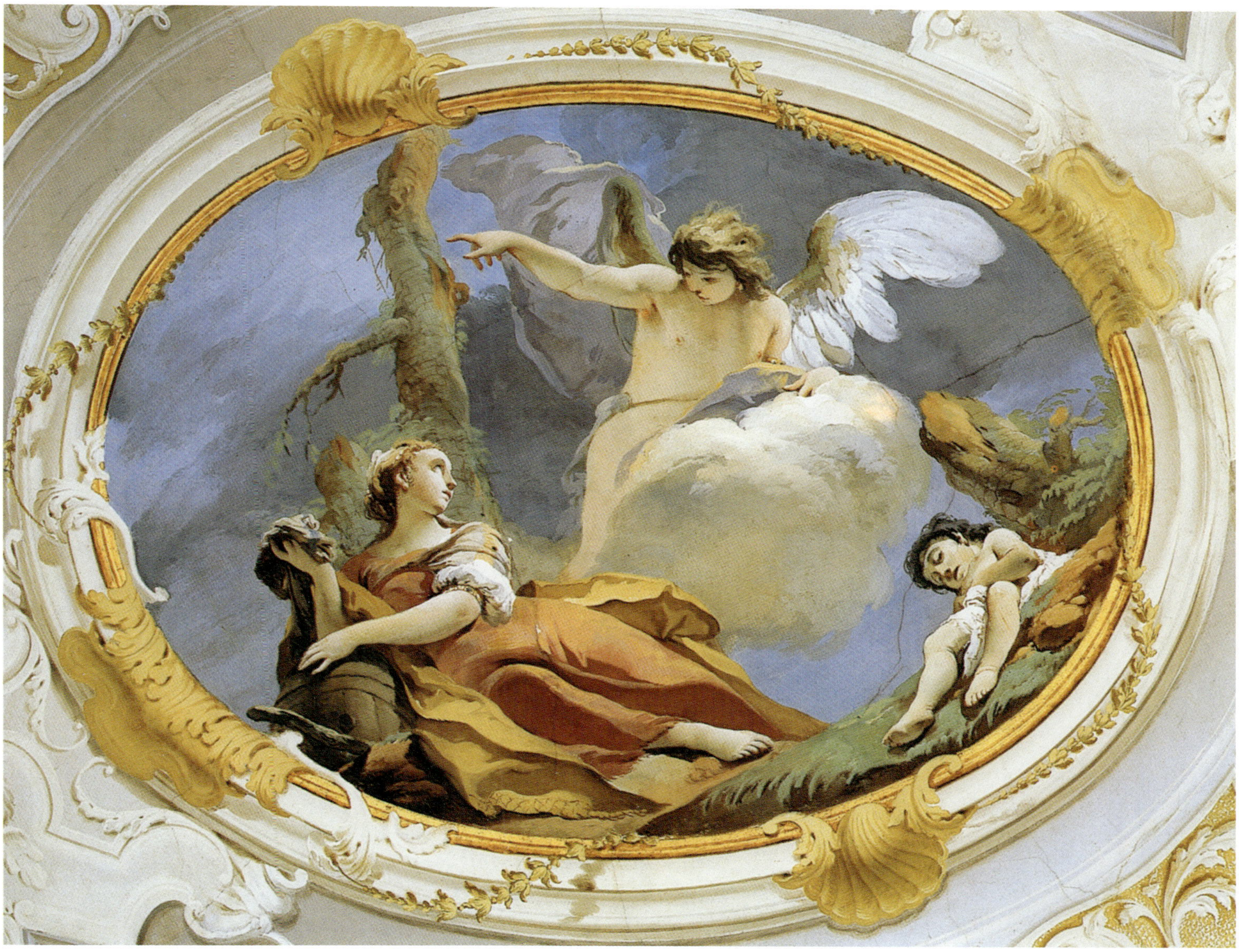

Agar nel deserto, 1727, affresco, 400 × 500 cm. Udine, Palazzo Patriarcale

Hagar in the Desert, 1727, fresco, 400 × 500 cm. Udine, Palazzo Patriarcale

cittadini concedono ai confratelli del Santissimo Sacramento il permesso "di poter abbellire con Pitture sacre di mano del celebre Pittor Tiepolo". Giambattista realizza qui un autentico capolavoro. Risolve insieme problemi di spazio e di luce, in una cappella infelicissima, stretta e buia. Fa roteare nella volta cori di angeli, di putti e di cherubini, mentre nelle zone oblunghe, ai lati dell'altare, individua due pagine bibliche che si possono dilatare verticalmente: il *Sacrificio di Isacco* e l'*Apparizione dell'angelo ad Abramo*. Lo sviluppo ascensionale dell'ambiente, la poca luce, la dimensione quasi imbarazzante dell'altare l'hanno costretto a trovare soluzioni visivamente ingegnose. Interpreta lo spazio e innesta la sua composizione nello spirito della cappella, accentuando la monumentalità e il vigore scultoreo dei messaggeri celesti, aiutandosi con i supporti plastici in stucco. E le figure, anziché finire in un fondo, ora scivolano verso il fedele, quasi dialoganti, dilatando lo spazio. Costruisce finti costoloni in corrispondenza delle brevi lesene, spalancando in cima un semicerchio illusorio, di delicatissimo azzurro, frequentato da volti ultraterreni. L'effetto tridimensionale degli angeli che scendono cantando e leggendo su celestiali spartiti è ottenuto da ombre colorate tanto precise quanto lontane, nonché da nuvole che variano dall'avorio al rossastro. È opera ammirata e ammirevole, perfetta nella sua ingegnosità e chiarezza.

E poi, nei primi mesi del 1727, Tiepolo avvia il lavoro di decorazione della galleria del Palazzo Patriarcale; è la prima volta che ha a disposizione una sala intera da affrescare. È uno spazio particolare, in realtà una stretta loggia finestrata di diciotto metri di lunghezza

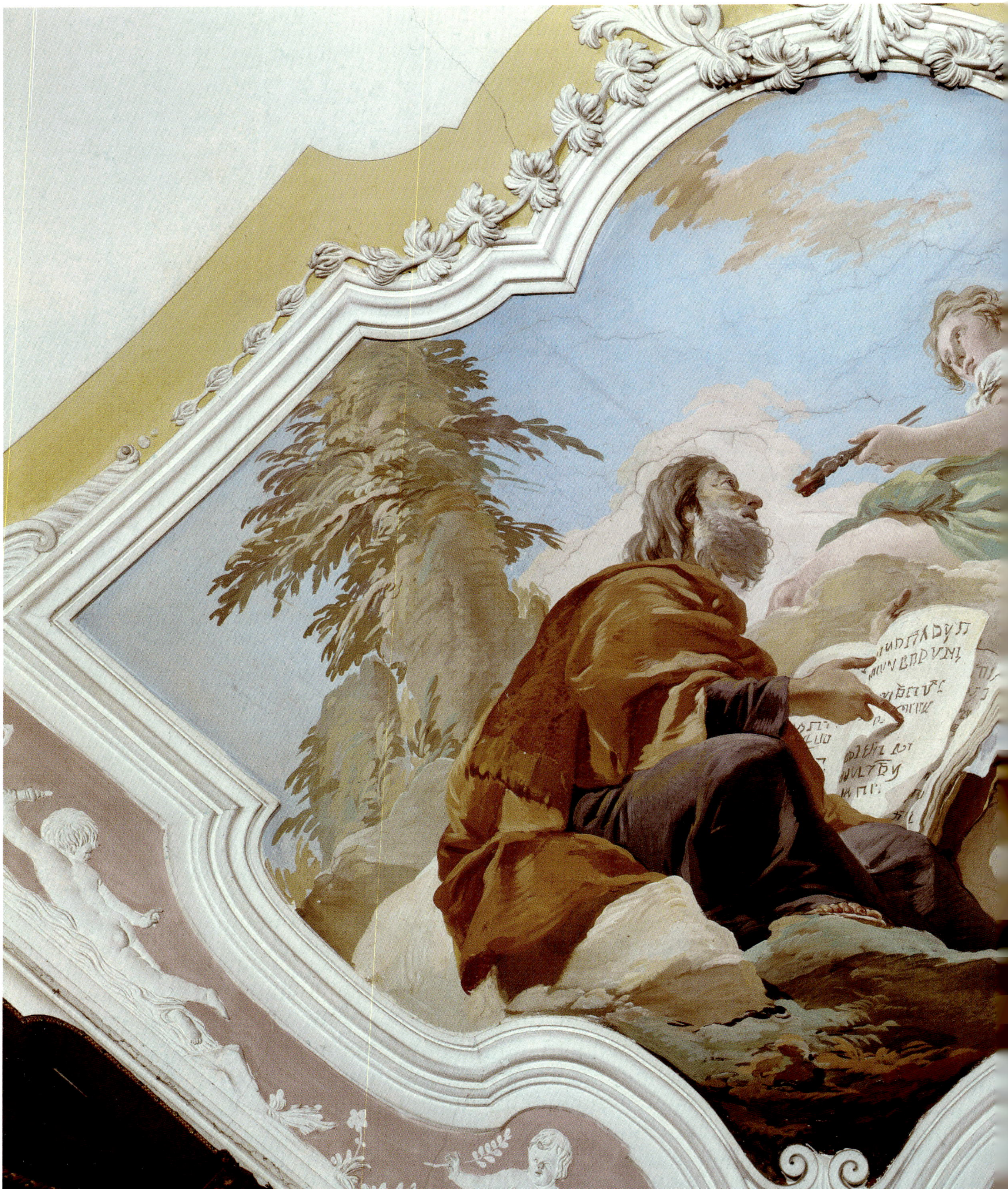

Il profeta Isaia, 1729-1730,
affresco, 200 × 250 cm.
Udine, Palazzo Patriarcale

The Prophet Isaiah, 1729-1730,
fresco, 200 × 250 cm.
Udine, Palazzo Patriarcale

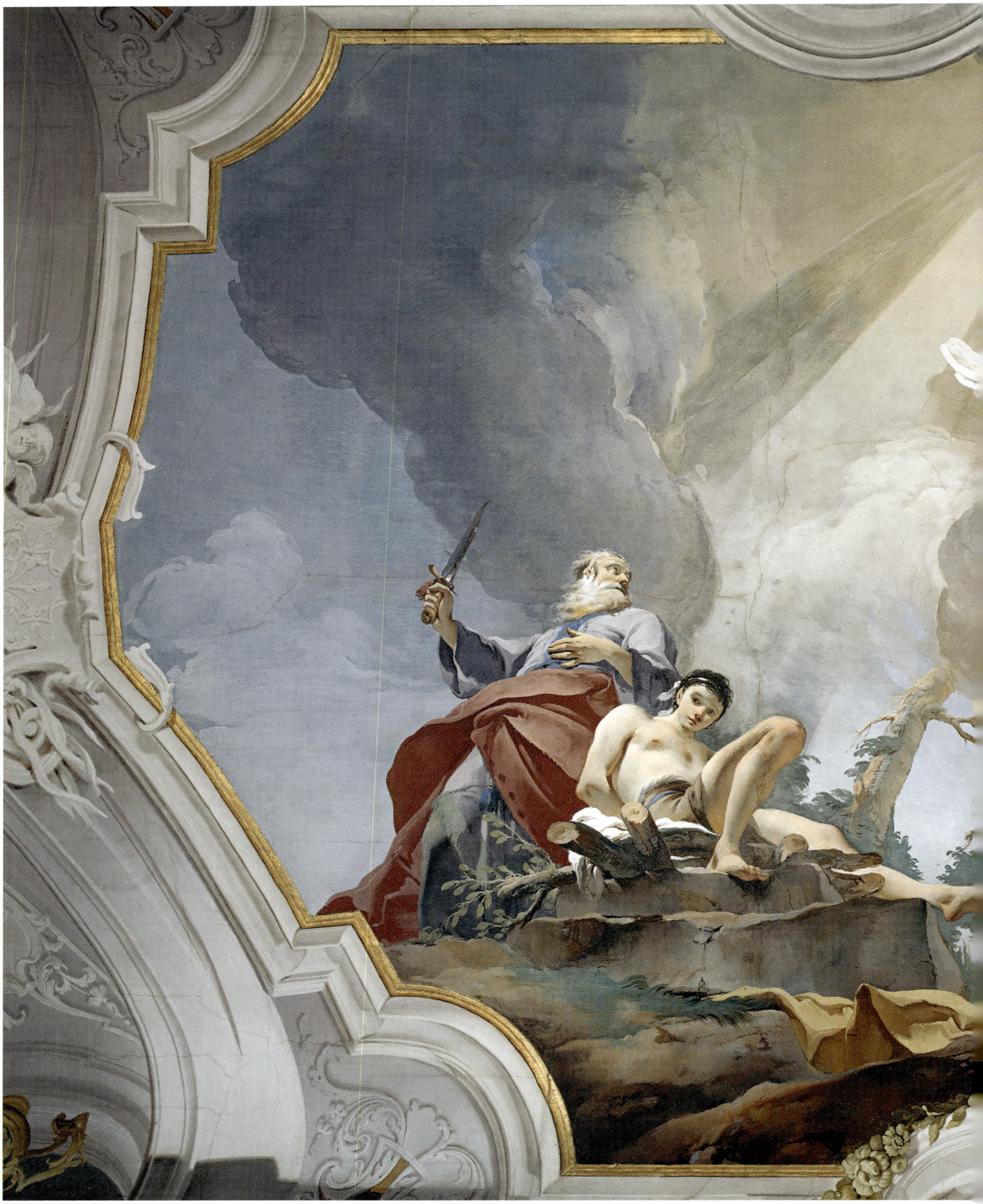

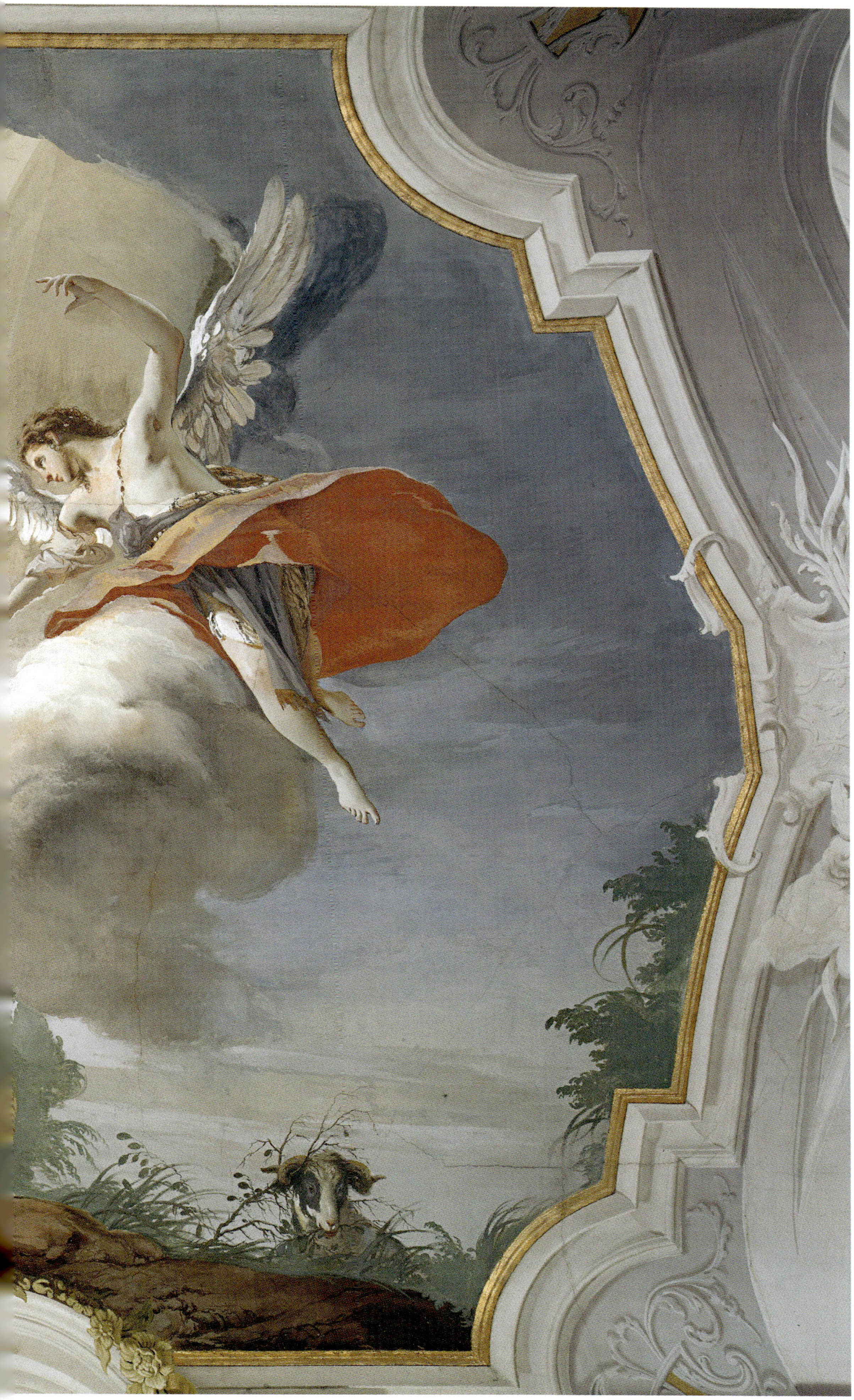

Sacrificio di Isacco, 1727,
affresco, 400 × 500 cm.
Udine, Palazzo Patriarcale

The Sacrifice of Isaac, 1727,
fresco, 400 × 500 cm.
Udine, Palazzo Patriarcale

Rachele nasconde gli idoli, 1727,
affresco, 400 × 500 cm.
Udine, Palazzo Patriarcale

Teatralità di gesti, posture, movimenti accresciuti dall'effetto della tenda che moltiplica la già scenografica decorazione in stucco; naturalità, immediatezza degli attori e comprimari, in serie ricca e dinamica; gustosa caratterizzazione dei tipi umani; delicatezza estrema e coraggio nell'accostamento di colori con tenuità di pastello; assoluta libertà d'invenzione di costumi, tessuti, acconciature. Tutto ciò che ci affascina oggi, e che mostra l'arditezza del giovane pittore, fu ritenuto a lungo, in un Ottocento prima classicista poi accademico, motivo di critica e sostanziale disinteresse verso quest'opera, di cui si discusse anche la piena autografia.

Rachel Hiding the Idols, 1727,
fresco, 400 × 500 cm.
Udine, Palazzo Patriarcale

Theatricality of gestures, poses and movements, heightened by the effect of the curtain that redoubles the already scenographic stucco decoration. Naturalism and immediacy in the lead and supporting figures, in a rich, dynamic sequence. A tasteful depiction of human character types. Extreme delicacy and boldness in the pairing of paints with pastel softness. Absolute freedom of invention in the costumes, fabrics and hairstyles. Everything that fascinates us today, and that displays the boldness of the young painter, was long considered, in a nineteenth century first characterised by classicism and then academicism, a reason for criticism and broad disregard for this work, the full authorship of which was also questioned.

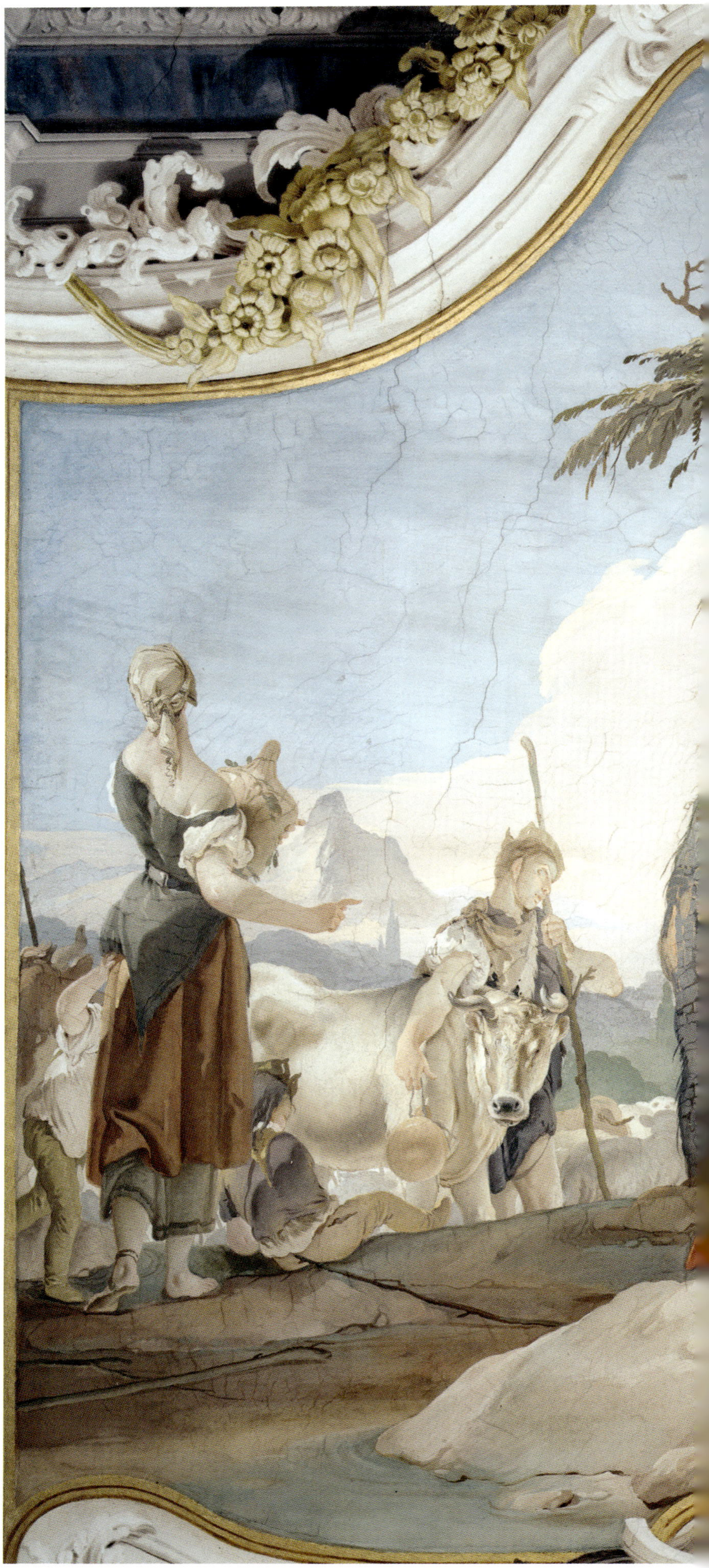

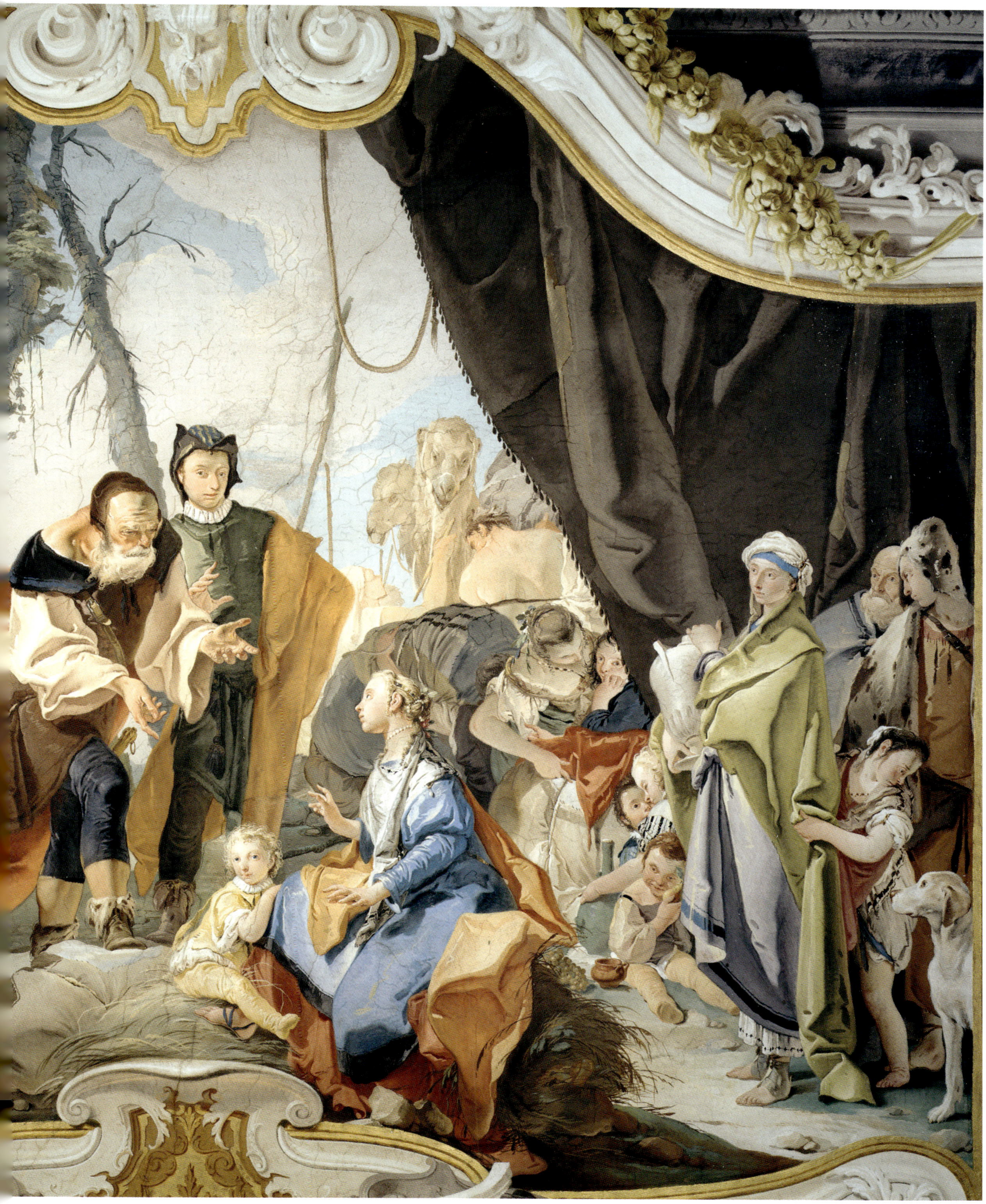

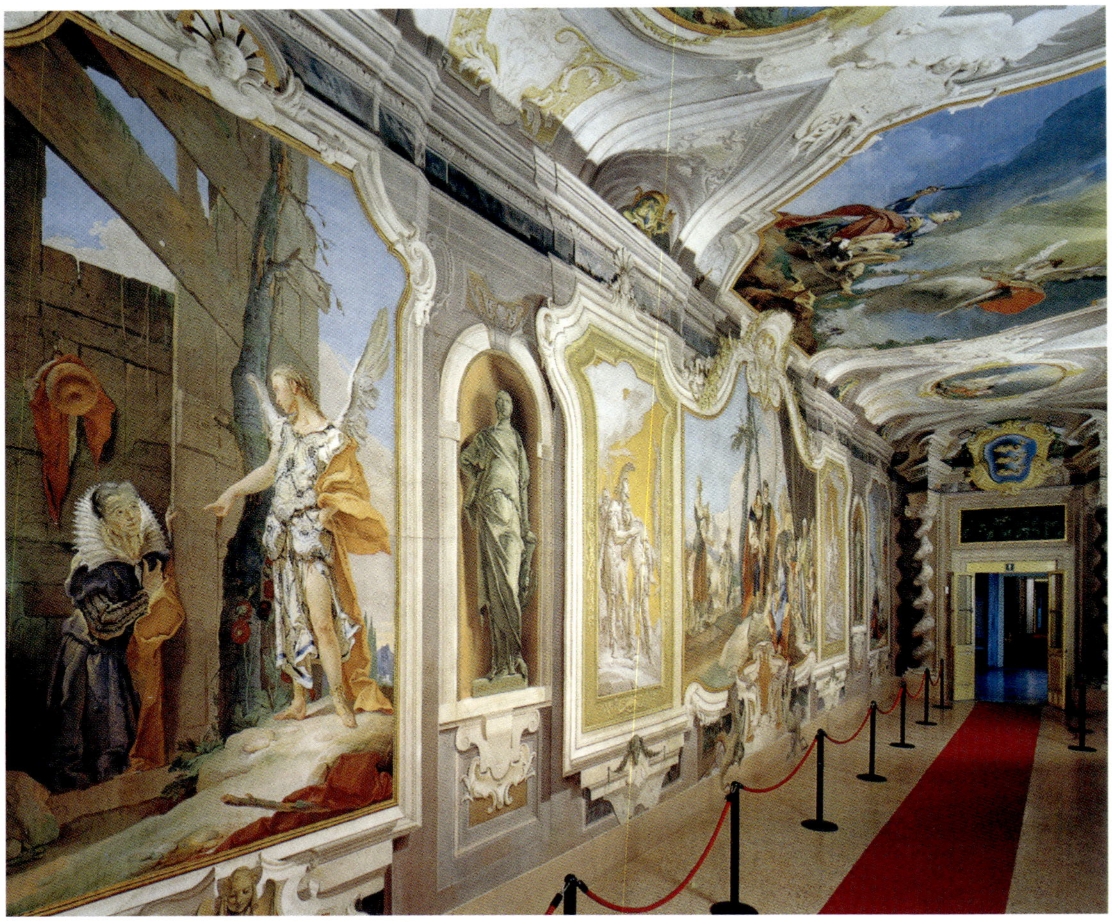

Palazzo Patriarcale, Udine, galleria

Palazzo Patriarcale, Udine, gallery

Apparizione degli angeli ad Abramo, 1727, affresco, 400 × 200 cm. Udine, Palazzo Patriarcale

The Apparition of the Angels to Abraham, 1727, fresco, 400 × 200 cm. Udine, Palazzo Patriarcale

per soli quattro di profondità, che dovrà servire per accogliere i visitatori in attesa di colloquio con il patriarca. L'indicazione globale, che gli viene certamente suggerita o fornita, riguarda il tema dell'autorità e dell'obbedienza, così come trattata negli episodi dell'Antico Testamento, nella storia dei patriarchi. Evidente l'intento apologetico per la Chiesa locale. Tiepolo scandisce un racconto in sei episodi principali, intervallandoli con scene minori in chiaroscuro, per non appesantire l'insieme e dare respiro all'episodio centrale. Con le imponenti, ai nostri occhi eccessive, ma certamente molto teatralizzate, quadrature di Mengozzi, lo spazio è dilatato ad arte con grandi colonne tortili che reggono un fastigio con lo stemma dei Dolfin; e poi nicchie simulate, sguanci nel soffitto, conchiglie spiraliformi. Tiepolo prima dipinge sul soffitto il *Sogno di Giacobbe*, con il bel brano segnato dallo svuotamento plastico degli angeli sulla scala eterea; poi il *Sacrificio di Isacco* e *Agar nel deserto*: nonostante certe tinte sorde non completamente depurate, la tecnica a lumeggiatura e il piglio sicuro mostrano come il suo linguaggio sia a una svolta.
Poi svolge gli episodi fondamentali: *Rachele nasconde gli idoli* al centro, l'*Apparizione degli angeli ad Abramo* e l'*Apparizione dell'angelo a Sara* ai lati, cui fanno da cornice i due monocromi su fondo dorato raffiguranti la *Lotta dell'angelo con Giacobbe* e l'*Incontro di Giacobbe con Esaù*, e da cuscinetto sei bronzee profetesse, in monocromo verdino. Da Canal ne aveva scritto in questi termini:

"In Udine dipinse nella galleria di mons. Patriarca Delfino a fresco la storia di Labano, di Giacobbe, il Sacrificio d'Abramo e la storia di Agar, Sara e Abramo con comparti e ornati a chiaro-scuro, opera delle più belle in tutti i numeri sì di bravura che d'intelligenza, la qual non invidia il fresco de' pittori più singolari antichi. I comparti di statue dinotanti le virtù sul disegno buono antico-romano sono divinamente dipinti con vari antichi e nobilissimi cartellami sì nel soffitto che nelle pareti; e nelle architetture ebbe un compa-

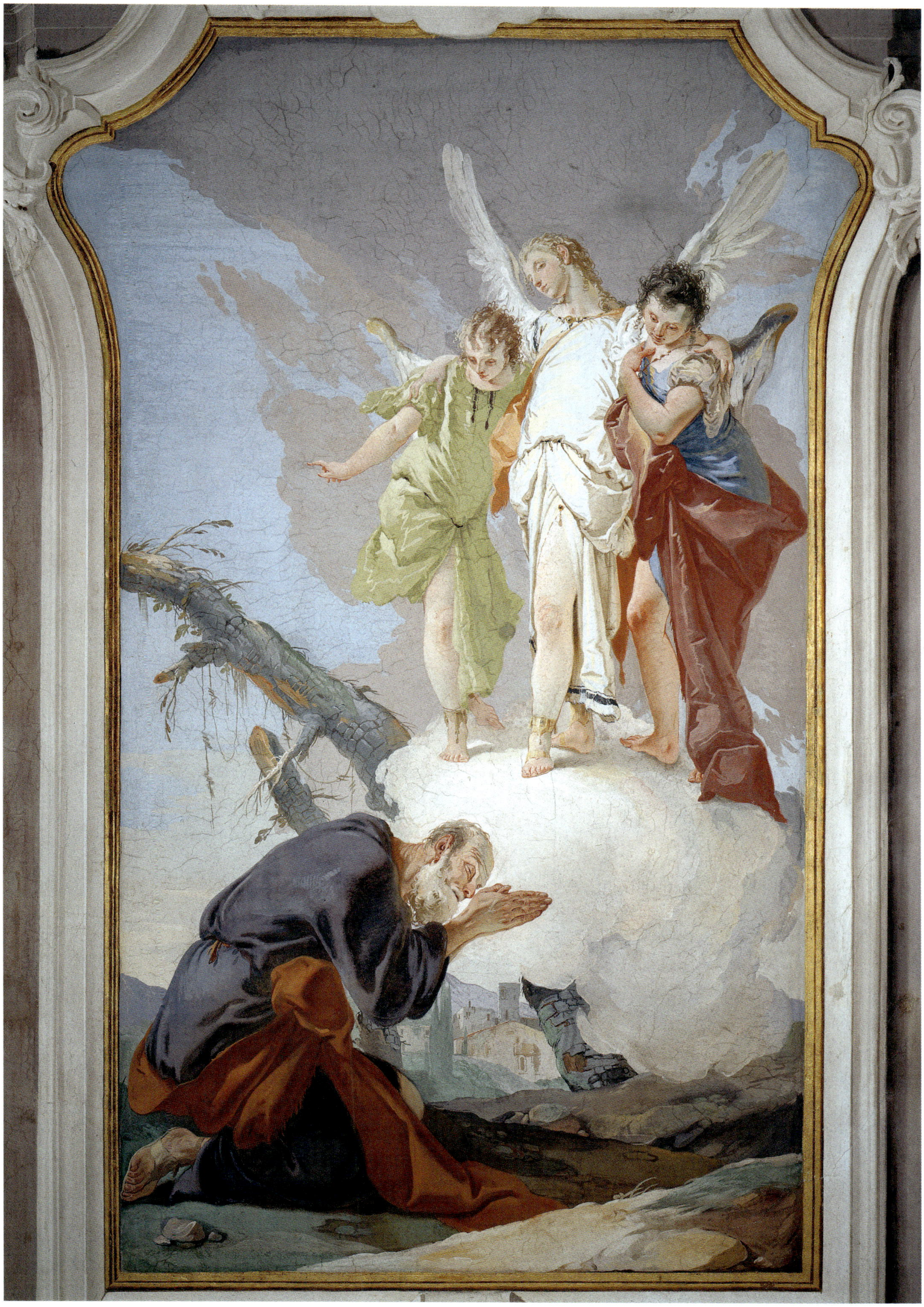

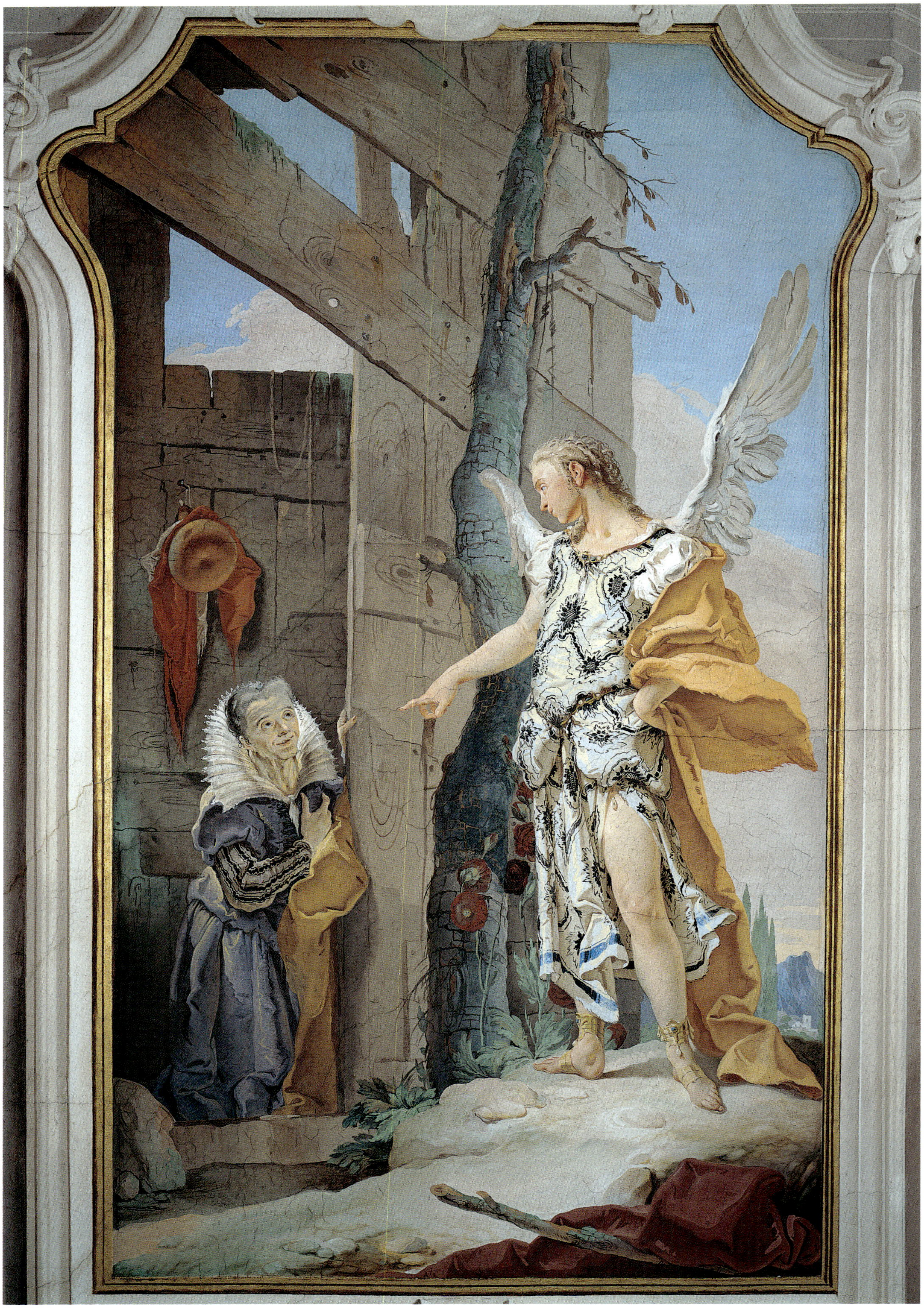

gno. Nel sotto-in-su si vede la Scala di Giacobbe, il Sacrificio d'Abramo e la storia di Agar. Nell'anticamera in soffitto a fresco v'è il Giudizio di Salomone, copioso di figure, e negli angoli della sala vi sono quattro profeti. Nel soffitto della scala v'è la caduta di Lucifero con raro scorcio, e v'an pure altri ornati di chiaroscuro" (Da Canal 1732, p. XXXIII).

Apparizione dell'angelo a Sara, 1727, affresco, 400 × 200 cm. Udine, Palazzo Patriarcale

The Apparition of the Angel to Sarah, 1727, fresco, 400 × 200 cm. Udine, Palazzo Patriarcale

Assecondato dal confronto con le luci locali, Tiepolo plasma con coerenza e misura il suo linguaggio, rileva come la luce riflessa sul soffitto obblighi a una pennellata più ampia, a colori più corposi, mentre la luce che entra a fiotti dalle grandi vetrate rende gioiosi e timbrici gli incarnati e i pastelli degli abiti. Caratterizza l'intonazione argentina della tastiera cromatica, elabora con naturalezza l'impianto scenico – utilizzando quel paesaggio agricolo e montano che prima gli era ignoto – e crea un nuovo formulario tipologico ben vivo, con personaggi di evidente e marcata personalità che gesticolano con rinnovata espressività. L'incalzare della pennellata e l'inedito coordinamento spaziale sono ulteriori prove di sicurezza, quasi impudente. Nell'episodio principale (*Rachele nasconde gli idoli*) la regia è decisamente disinvolta e quasi scanzonata, con quel Giacobbe che ci guarda come alludendo a non preoccuparsi della severa richiesta di Labano che crederà all'inganno di Rachele. Ella ha preso con sé i *terafim*, ossia gli idoletti in forma antropomorfa che rappresentavano gli antenati ed erano considerati garanzia d'eredità. Li aveva nascosti nella sella di un cammello, su cui era seduta, rifiutando d'alzarsi "perché mi capita ora la regola delle donne" (*Genesi*, 31). Oltre che decisamente antiaccademica, la distribuzione dei personaggi è quanto mai varia, e ciascuno ha pose e attitudini particolari che muovono la curiosità dello spettatore di fronte alla scena esotica. Tutti si sbracciano, "parlano" con le mani (come è italiano Tiepolo!): la Rachele che nega con gesto di diniego sincero, il padre Labano che le chiede ragione degli oggetti e la sollecita ad alzarsi; Giacobbe che osserva, ma è già pronto ad ammonire. Non manca poi una clamorosa citazione autobiografica, con l'assai probabile autoritratto di Giambattista nel giovane Giacobbe, fornito di un copricapo quanto meno estroso, una breve gorgiera e sulla veste la cinta con passamaneria pendente in un blu cangiante in verde. L'autoritratto è riconosciuto da tutti gli storici, così come l'eventuale "ritratto", peraltro necessariamente allusivo e mentale, di Cecilia, che proprio in quell'anno partorisce Giandomenico, il futuro collaboratore, assistente, alter ego e poi grande, autonomo e magistrale ultimo pittore di Venezia, colui che chiuderà settecento anni di storia gloriosa, in una sommessa melanconia di fronte al "Mondo Nuovo" che volta le spalle a tutto ciò che i secoli precedenti ci hanno insegnato. Ma questo Giambattista, padre e sposo felice, ancora non lo sa. Che Cecilia sia riconoscibile nelle vesti di Rachele fa sorgere qualche dubbio, perché difficilmente il patriarca avrebbe potuto accettare una così vistosa presenza dell'autore nell'opera sacra, ma certamente accettò la presa di distanza dai contenuti storici, il loro rifacimento in leggibilità moderna.

E ancora Tiepolo ha posto sotto la tenda una Lia dolcissima, circondata da ancelle e fanciulli, e ancora sulla sinistra armenti, pastori quasi evanescenti, una ragazza che regge un orcio per bere, colta di schiena, nel suo avanzare sicuro, quasi un idillio pastorale. La scelta dei colori è già ammirevole, su una *palette* di accordi sorprendenti, ma pur sempre misurati e armonici. Certo nuovi e musicali quant'altri mai: i verdi olivacei e i violetti, i verdi veronesi resi pallidi ed estenuati accanto ai grigi sfumati, ai bruni spenti e poi le ocre imbevute di sole e i gialli colati in oro.

Anche l'*Abramo* appare di anticonformistica scelta di colori: assolutamente clamoroso l'uso del verdino e di colori acquerellati nei tenuissimi abiti dei messaggeri celesti, l'uno con gran veste rosata abilmente mossa nella danza, e la trasparenza dei volti delicati e indifferenti, ma poi le energiche gambe adolescenziali. Intanto l'Abramo in preghiera sembra quasi schiacciato da un vecchio e pesante tronco di traverso. E poi c'è il brano di *Sara e l'angelo*: una sorta di inedita e quasi grottesca trasposizione dello schema dell'Annunciazione, con l'uso

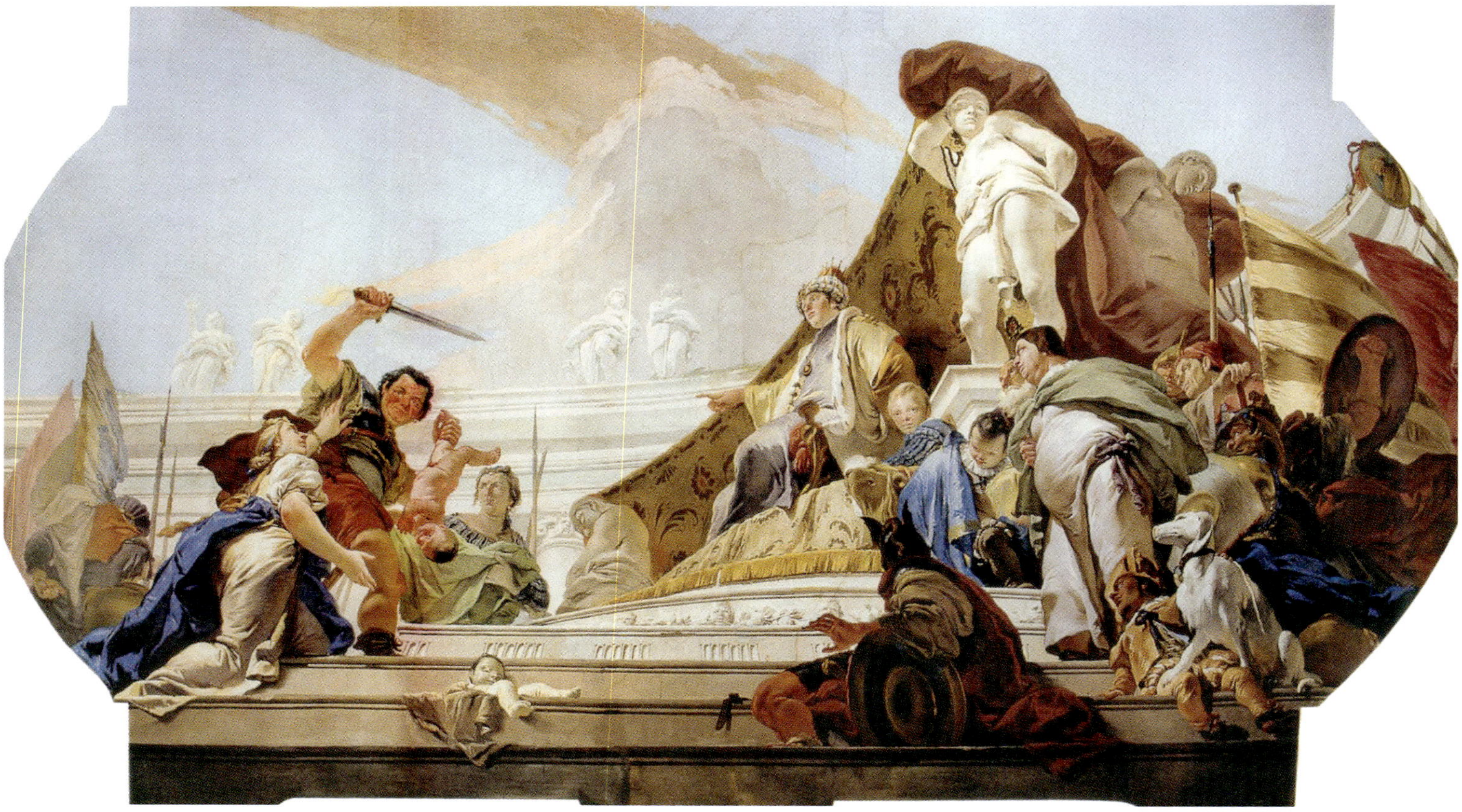

Giudizio di Salomone, 1729-1730, affresco, 350 × 650 cm. Udine, Palazzo Patriarcale

The Judgement of Solomon, 1729-1730, fresco, 350 × 650 cm. Udine, Palazzo Patriarcale

spregiudicato di moduli canonici e abiti cinquecenteschi di libera invenzione, con spunti naturalistici – quella bocca sdentata nel sorriso fra l'estasiato e l'ebete! – che mostrano un artista al limite dello sfrontato, in giovanile energia e sprezzo.

La programmatica originalità che segna gli affreschi di Udine si realizza al meglio nella piccola tela ove rappresenta *Alessandro e Campaspe nello studio di Apelle* (circa 1725-1726), ora al Museo di Montréal. La vicenda narrata da Plinio il Vecchio riguarda la favorita del Magno che, entusiasta del dipinto di Apelle, gli cede la donna di cui il pittore s'è innamorato. L'allegro Tiepolo ne dipinge una versione quasi farsesca e certamente gioiosa. Sembra il rifacimento ironico e scherzoso dell'omonimo quadro di Sebastiano Ricci (ora a Parma) pieno di sontuosità e seriosità classicheggiante. Tiepolo lo rovescia, ambientando l'improbabile studio del pittore su un praticabile di teatro, poi lo addobba con una ancora più improbabile palandrana di pelliccia, la reinvenzione del robone cinquecentesco, e un cappello a colbacco che gli fa ombra sul volto, girato di scatto per cogliere con maggior precisione l'esattezza del capezzolo, sul seno che va dipingendo, tra l'altro mostrando la preparazione del supporto, in bolo d'Armenia. Lo sguardo di Apelle-Tiepolo coglie l'attimo di desiderio rivolto al seno della fanciulla, mentre Alessandro lo osserva con altrettanto improbabile sguardo mezzo stupito. Osservano attentamente il pittore un cagnetto, uno dei tanti sempre benissimo ritratti da Tiepolo, e un giovane moro. Sembra si chiamasse Alim o Selim, ed era il servo di Giambattista, che ricomparirà sovente nella produzione del maestro. Forse ne ebbe diversi al suo servizio e diversi ne ritrarrà, poiché Giuseppe Marino Urbani de Gheltof asserisce che nei registri di Santa Ternita, in data 18 dicembre 1741, fosse registrato un "Alim turcho schiavo del Ecc.mo sig. Gio. Batt. Tiepolo pittor di circa anni 17 fu battezzato da me piovan et postoli nome Zuane Domenico Martin". Sempre secondo Urbani questo servitore moro sarebbe morto nel 1749: ma l'Urbani i documenti li inventava, anche.

Alle pareti imponenti tele: certamente sue, visto il segno del grande pino piegato, mentre un altro rappresenta l'*Adorazione del serpente*. Due tele di grandi dimensioni mai realizzate, ma che esprimono le sue due ossessioni, su cui molto si potrebbe elucubrare, giacché la simbologia del

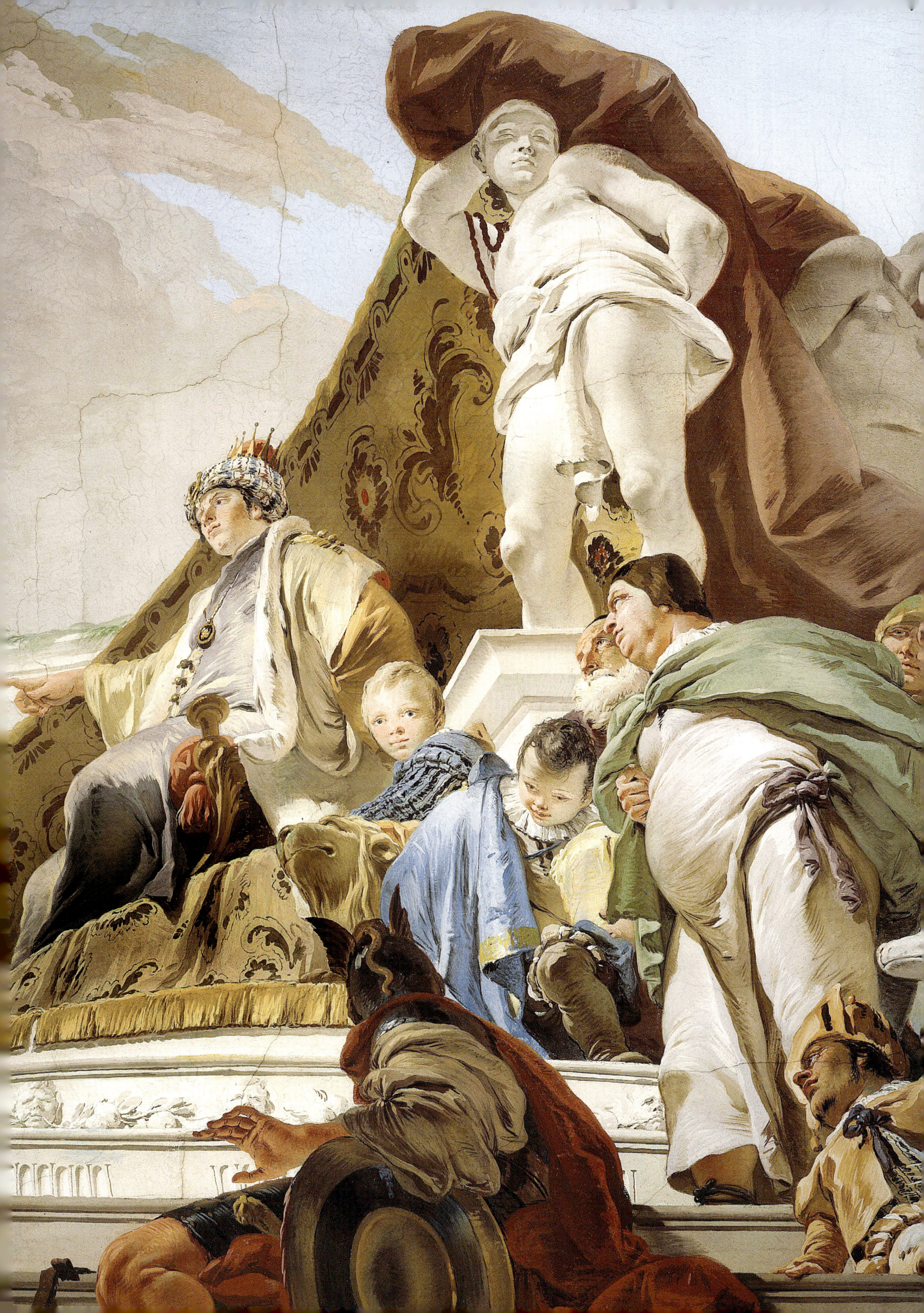

serpente che si attorciglia sul palo – comunque di matrice biblica – offre diverse possibilità di lettura, da simbolo della virilità e vitalità a quello della natura che si autoriproduce. Mentre l'albero contorto e piegato è anche simbolo del tempo che consuma e si consuma, di una virilità che si esaurisce; non dimenticando il senso che gli darà il poeta: "L'albero secco non dà riparo", e le profezie di Ezechiele. La tela è comunque poco più di un bozzetto svolto con bizzarria e gran gusto del gioco, da un giovane che è ben cosciente di tutte le sue virtù, è spaccone quanto basta ed è certamente ancora molto innamorato della sua Cecilia, l'improbabile modella.

Il suo mondo artistico è alla continua ricerca di nuove formule. Così, nella Sala Rossa dell'arcivescovado, un tempo adibita a tribunale ecclesiastico, coerentemente raffigura fra il 1729 e il 1730 il *Giudizio di Salomone* e i *Profeti*, Isaia, Geremia, Ezechiele e Daniele, individuando una struttura compositiva che utilizza appieno l'effetto scenografico e la forza del colore. In una fuga di quinte prospettiche, con tinte accese e sensuali che la luce esalta nel valore timbrico, pone i personaggi in pose teatrali che anticipano le grandiose soluzioni di palazzo Labia e Würzburg. È una vera e propria accelerazione di molte scelte compiute in galleria, qui sottolineate dall'impaginazione fortemente e arditamente scalata, con il trono in forte scorcio dominato dalle bellissime statue in monocromo, e soprattutto dalla scelta di "tipi" umani. Tiepolo lavora su una grandiosa scelta di figure: il boia è quanto di più sapido, popolare, veneto si possa immaginare, è un contadino che viene da lontano, dalla Commedia dell'arte; mentre il gruppo di cortigiani alla sinistra dell'aulico giudice ha tutti i caratteri morfologici del patriziato. E poi ci sono i fanciulli: forse Tiepolo non riuscirà più a rappresentare così perfettamente dei bambini, dal lattante grassottello afferrato per un piede al piccolo smorto, cadaverino già irrigidito. E ancora lo splendido ritratto di ragazzino a fianco di Salomone, che ci guarda appoggiato negligentemente al leone alla base del trono mentre l'altro, il fratellino più piccolo, con lucente mantello azzurro, appare molto interessato all'armato ai piedi della scalea, tutto sui toni carichi di terre rosse. E c'è poi il brano, che certo è "veronesiano" d'ispirazione, ma poi tutto tiepolesco nell'esecuzione, del nano che osserva con un certo gusto la minaccia di tagliare in due il pupo, indifferente allo stupendo levriero che lo va calpestando con intima e amichevole dimestichezza. È scenografia, è teatro, è commedia con tutti i ruoli ben distribuiti, in un vortice di realismo.

Udine gli resterà nel cuore, e sarà ricambiato; vi lavorerà negli anni. Vi farà giungere la paletta con la *Resurrezione*, olio su tela sull'altare della cappella del Santissimo Sacramento in duomo, con la bella figura del soldato che s'appoggia al masso, scosso dall'apparizione celestiale, nel colore del vento sacro. Poi la pala della *Trinità* saldata il 20 maggio 1738, di pasta cromatica turgida, quasi con barbagli dorati. E ancora l'olio su tela con i *Santi Ermacora e Fortunato*, saldati dal nuovo patriarca Daniele Dolfin il 25 giugno del 1737, con la bella evidenza delle pianete che risplendono d'oro e broccato. E infine tornerà con il figlio grande per l'oratorio della Purità. Ma intanto, nei mesi invernali, quando non è possibile lavorare agli affreschi di Udine, Tiepolo ha condotto a Venezia, nella sua bottega, un'altra formidabile serie di opere. Un vero spettacolo, questa volta tutto di virtù e drammatiche vicende romane.

Sul rio di Ca' Foscari, parrocchia di San Pantalòn, si affaccia Ca' Dolfin. Per la sala di ricevimento, che misura diciassette metri per undici, Giambattista Tiepolo prepara dieci grandi tele, che lo imporranno come il maggior pittore di storia dei suoi anni. Saranno ammirate *in loco* fino al 1872, quando le acquista un barone austriaco, Eugen von Miller zu Aichholz. Il loro destino sarà ai capi del mondo: cinque all'Ermitage, tre al Metropolitan di New York, due al Kunsthistorisches di Vienna. La fonte comune è la *Storia di Roma* di Tito Livio, ridotta nell'*Epitome* di Lucio Anneo Floro.

Entrando il visitatore poteva ammirare subito ai lati dell'ingresso la *Presa di Cartagine*, una delle più vivaci e insieme equilibrate e drammatiche rappresentazioni di battaglia, con l'eccellente gestione fra primo e secondo piano e il drammatico scorcio di un giovane soldato morto;

Giudizio di Salomone,
particolare

Il particolare del nano che si appoggia a un cane altrettanto confidente appartiene a una lunga e apprezzata tradizione pittorica veneziana, il cui capostipite era Paolo Veronese. I cani, levrieri e bracchi, molto amati da Tiepolo e molto da lui ritratti, tanto da generare aneddoti, avevano una valenza particolare nella tradizione lagunare, ove interpretavano qualità nobili come fedeltà, pazienza, dignità. Rappresentavano in vario modo la natura, nella sua impulsività e immediatezza, in un mondo di figure allegoriche e metaforiche. Tiepolo ha dipinto i cani variandone continuamente le funzioni e i ruoli, e quindi sovente fornendoci una chiave di lettura. In questo caso il nano e il cane che pendono dal giudizio di Salomone rappresentano l'equilibrio e la perfezione di giudizio, che tutti, anche gli inferiori, riconoscono.

The Judgement of Solomon,
detail

The detail of the dwarf leaning on an equally trusting dog is part of a long, well-appreciated Venetian painting tradition, the founder of which was Paolo Veronese. Dogs, particularly hounds, much beloved by Tiepolo and often the subject of portraits by the artist, to the point of generating anecdotes, had a special significance in Venetian tradition, interpreting noble qualities like loyalty, patience and dignity. And representing nature in various ways, with impulsiveness and immediacy in a world of allegorical and metaphorical figures. In painting dogs, Tiepolo continuously varied their functions and roles, thereby often providing us with an interpretive key. In this case, the dwarf and the dog leaning toward the judgement of Solomon represent the balance and perfection of judgement, which everyone, even the 'inferior', can recognise.

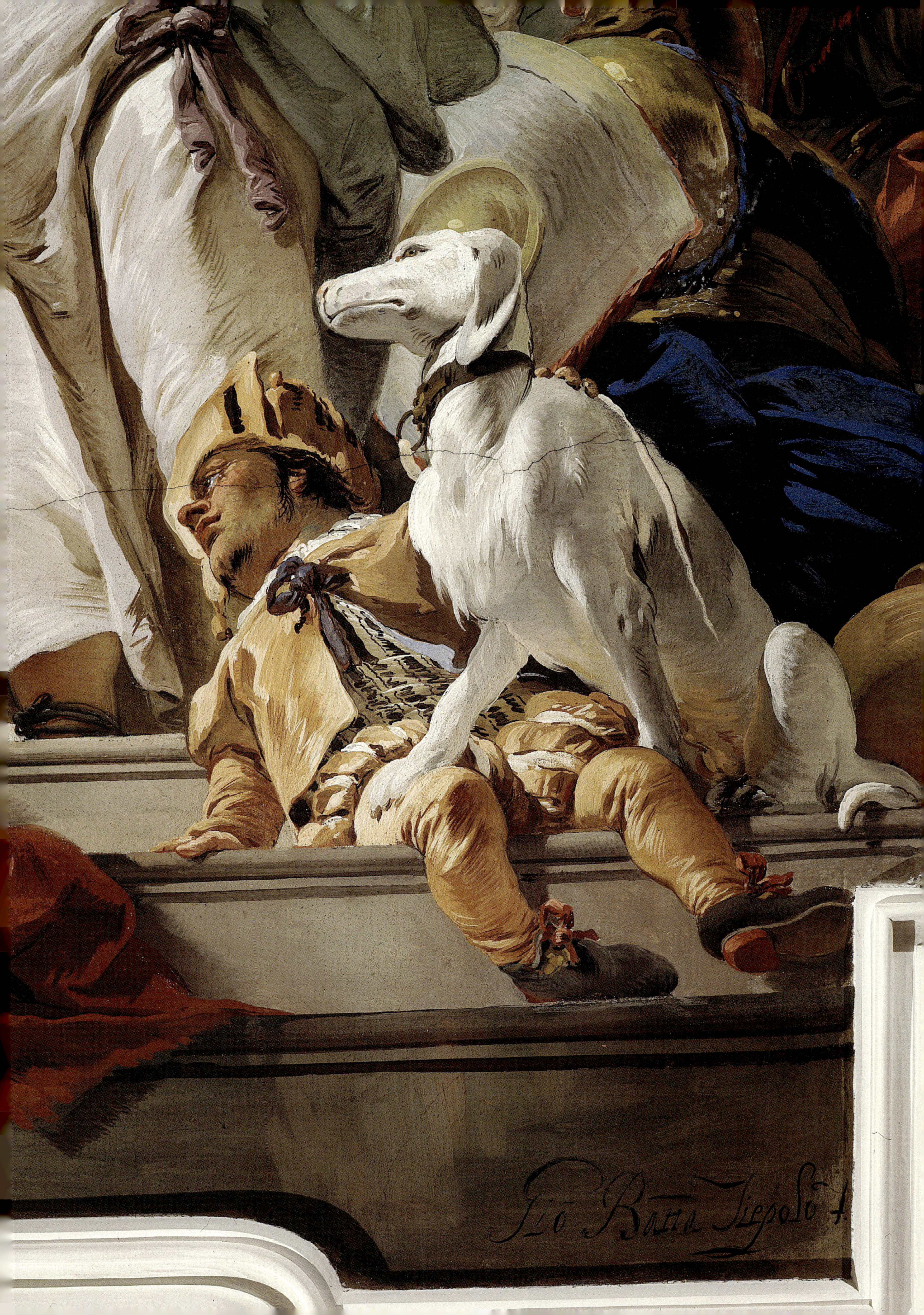
Gio Batta Tiepolo f

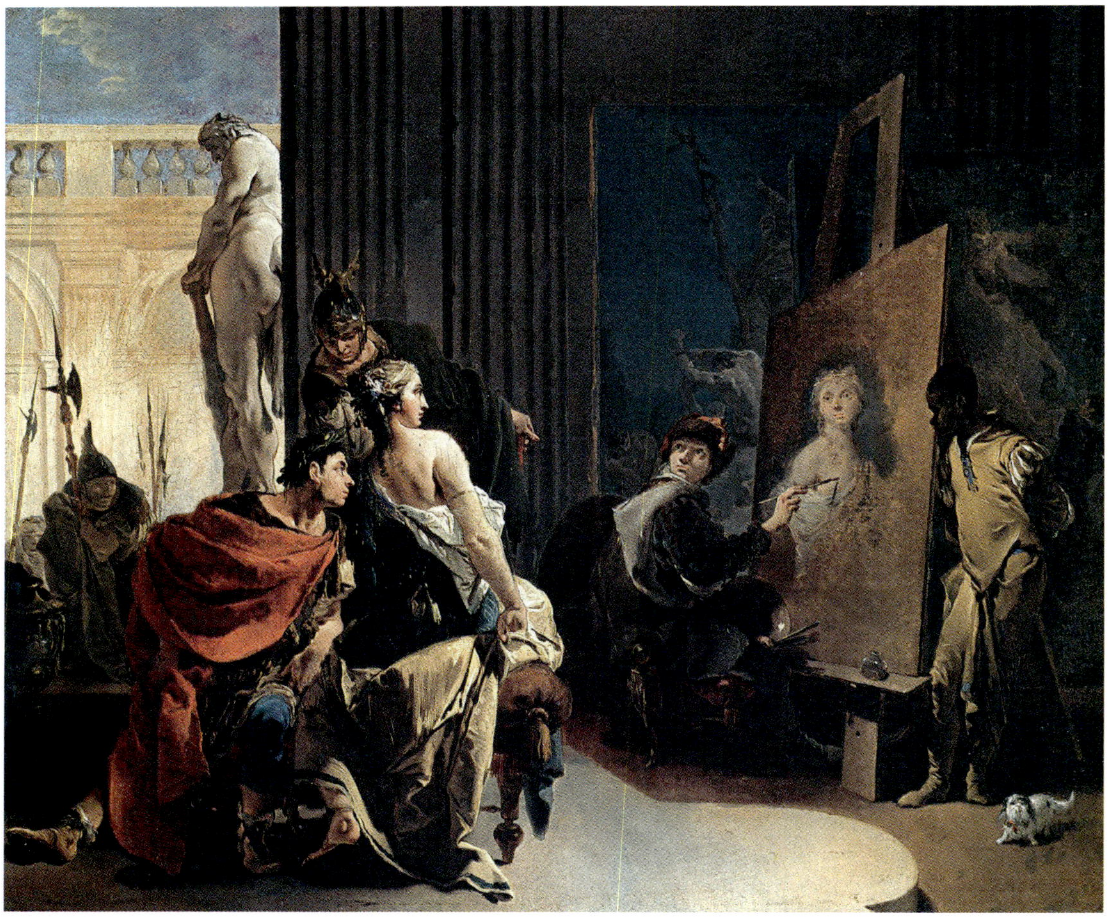

Alessandro e Campaspe nello studio di Apelle, 1725-1726, olio su tela, 57 × 74 cm. Montréal, Museum of Fine Arts

Alexander and Campaspe in the Studio of Apelles, 1725-1726, oil on canvas, 57 × 74 cm. Montréal, Museum of Fine Arts

Trionfo di Mario, particolare, 1726-1728, olio su tela, 559 × 327 cm. New York, The Metropolitan Museum of Art

The Triumph of Marius, detail, 1726-1728, oil on canvas, 559 × 327 cm. New York, The Metropolitan Museum of Art

e la *Battaglia di Vercelli*, vivacissima rappresentazione dello scontro fra un turbinare d'armi e cavalli. Sono sfide di storia militare che Tiepolo non rifarà: la sua felicità narrativa, tutta di trionfi e giochi mitologici, rifuggirà dagli scontri bellici; eppure qui aveva dato prova egregia. Di fronte, negli spazi fra due grandi finestre, erano le tele ora a Vienna: *Bruto e Arrunte*, in duello feroce ma ormai deciso, con le mosse teatrali dei contendenti e le grandi masse degli scudi che accentuano le profondità e i rapporti fra i personaggi. Mentre il corpo del console Bruto, il Maggiore, fondatore della Repubblica, trafitto da una lancia lorda di sangue sta per rovinare su Arrunte Tarquinio, il figlio del Superbo, alleato con gli Etruschi contro Roma, questi è ormai a terra, mortalmente ferito. A lato *Annibale contempla la testa di Asdrubale*. Tema macabro, ma risolto ancora eroicamente, sia nel gesto di stupore e sconforto del generale cartaginese, sia nell'implicita esaltazione del proprio destino che Roma persegue senza tentennamenti. Sulle pareti più brevi del salone, in simmetria perfetta: il *Trionfo di Scipione* e il *Trionfo di Mario*; seguivano *La dittatura offerta a Cincinnato*, *Fabio Massimo di fronte al Senato di Cartagine*, *Muzio Scevola davanti a Porsenna*, *Veturia ammonisce Coriolano*, oggi all'Ermitage con l'iscrizione latina "Filiu(m) /mater Vituria exarmavit"; un'opera esemplare: "con quel nobile ardimento nel fitto compaginare i corpi nella composizione ellittica accentuato dallo scorcio di sotto in su; il vigore dei timbri cromatici, siano squillanti com'è nel giallo degli abiti del fanciullo di schiena o smorzati nell'indicibile, densa descrizione della sopravveste della matrona; il serrato dialogo affidato alla mimica delle mani: la pelle spessa e affocata dei soldati; e quegli sguardi liquidi d'azzurro: il tutto reso anche più fortemente icastico dalla disposizione diagonale dell'ambientazione, lontanante nella fredda luce che tutto permea sotto il cielo percorso dall'avvitarsi del vortice della grande nube lambita dalla luce colorata" (Pilo 1997, p. 126).
All'origine della commissione un documento scoperto da Valentina Conticelli: Daniele III (Giovanni) Dolfin, ambasciatore in partenza per Costantinopoli, il 30 aprile 1726 volle testare presso un notaio che "se Dio me darà vita farò dipingere dalli più celebri pittori li quadri che sono nella

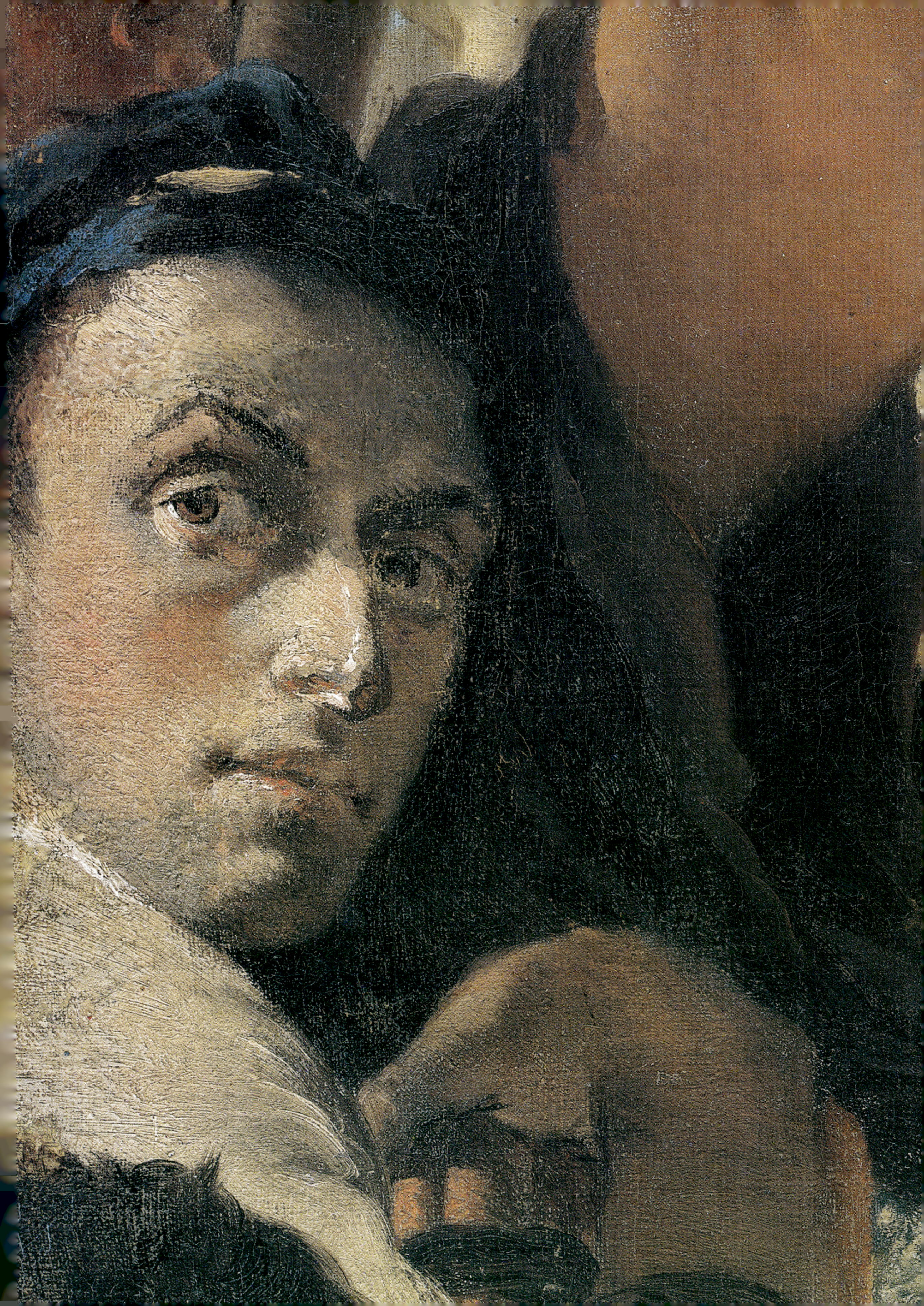

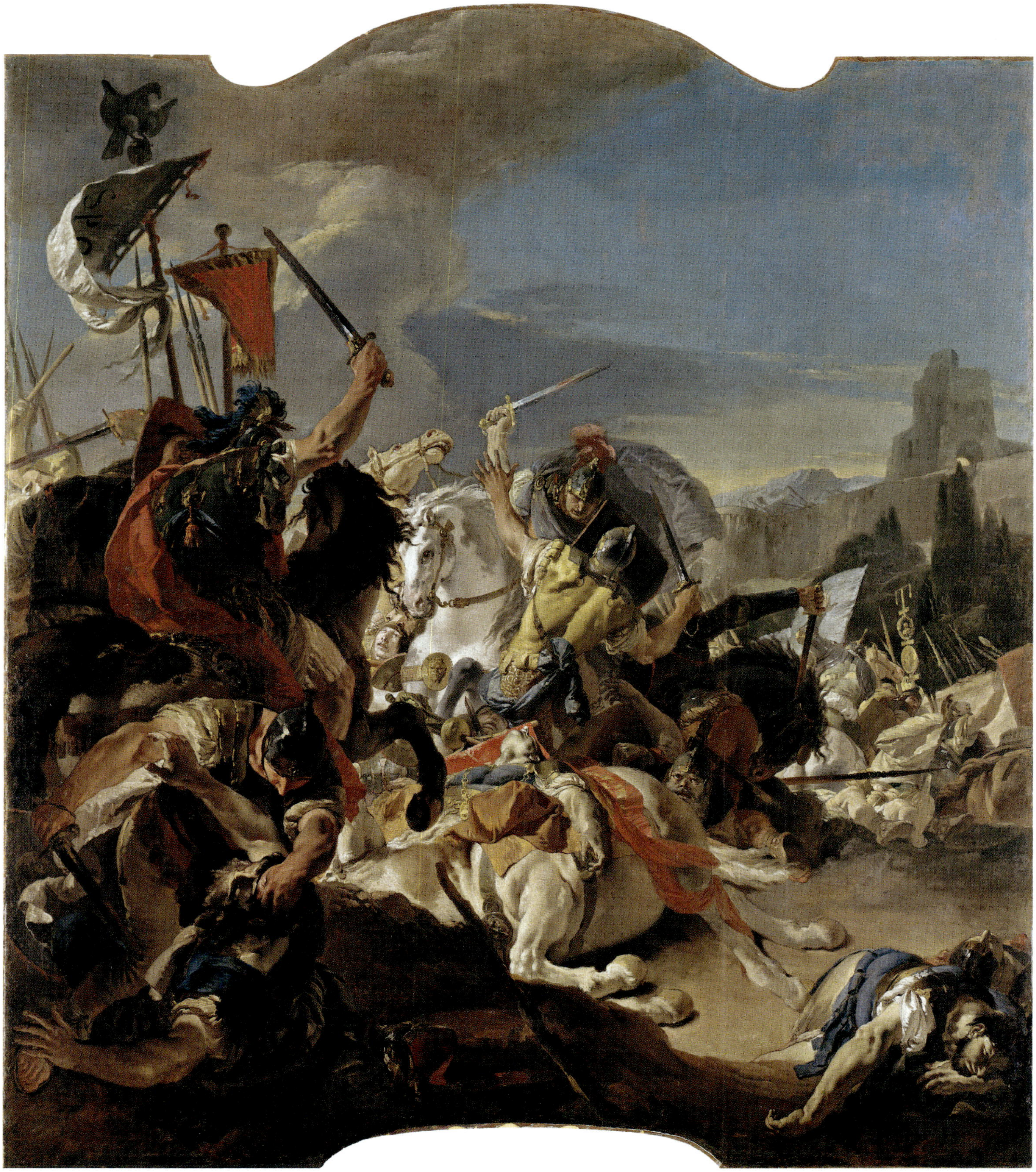

Battaglia di Vercelli, 1726-1728, olio su tela, 412 × 377 cm. New York, The Metropolitan Museum of Art

The Battle of Vercellae, 1726-1728, oil on canvas, 412 × 377 cm. New York, The Metropolitan Museum of Art

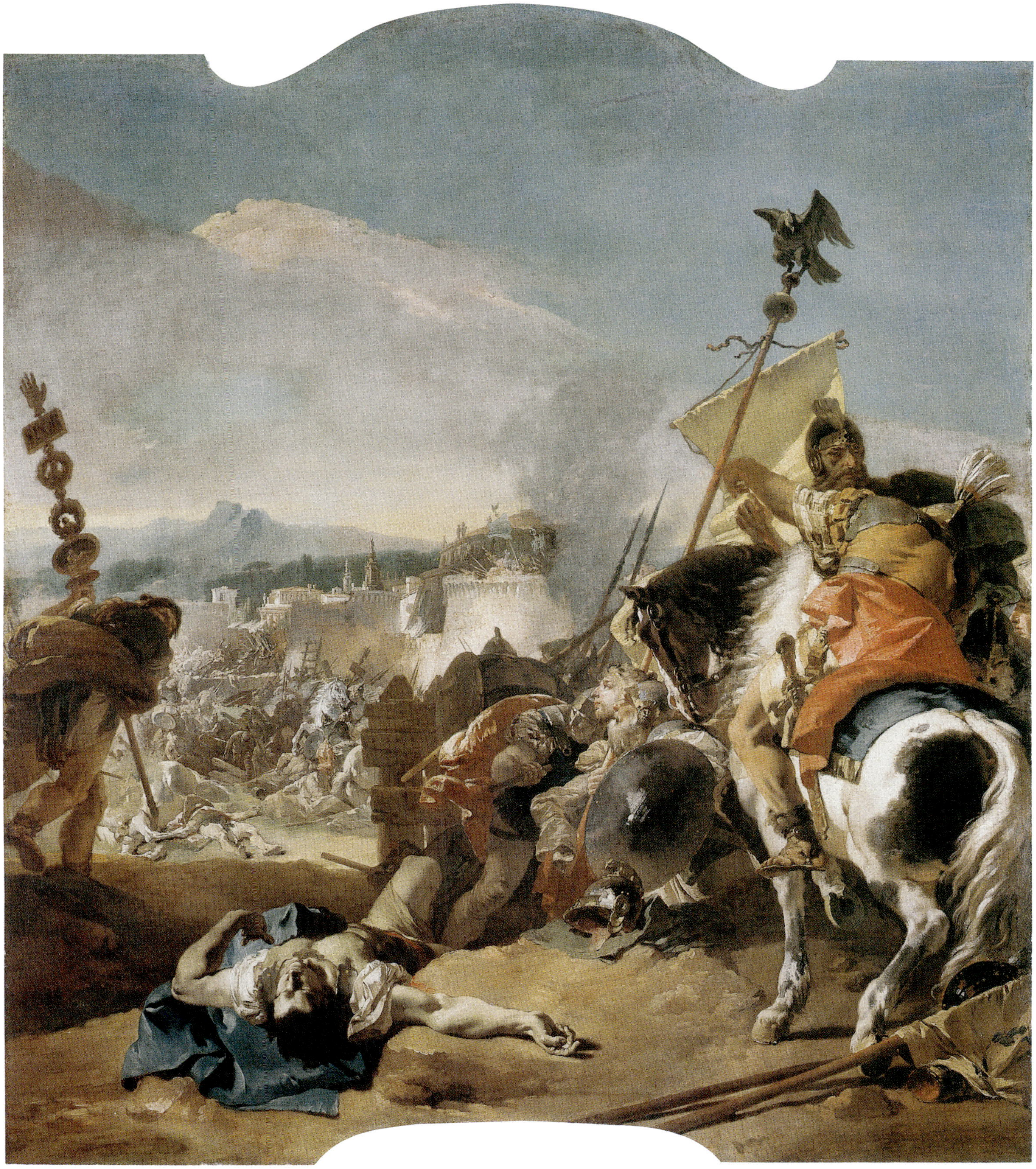

Presa di Cartagine, 1726-1728,
olio su tela, 412 × 377 cm.
New York, The Metropolitan
Museum of Art

The Capture of Carthage, 1726-1728,
oil on canvas, 412 × 377 cm.
New York, The Metropolitan
Museum of Art

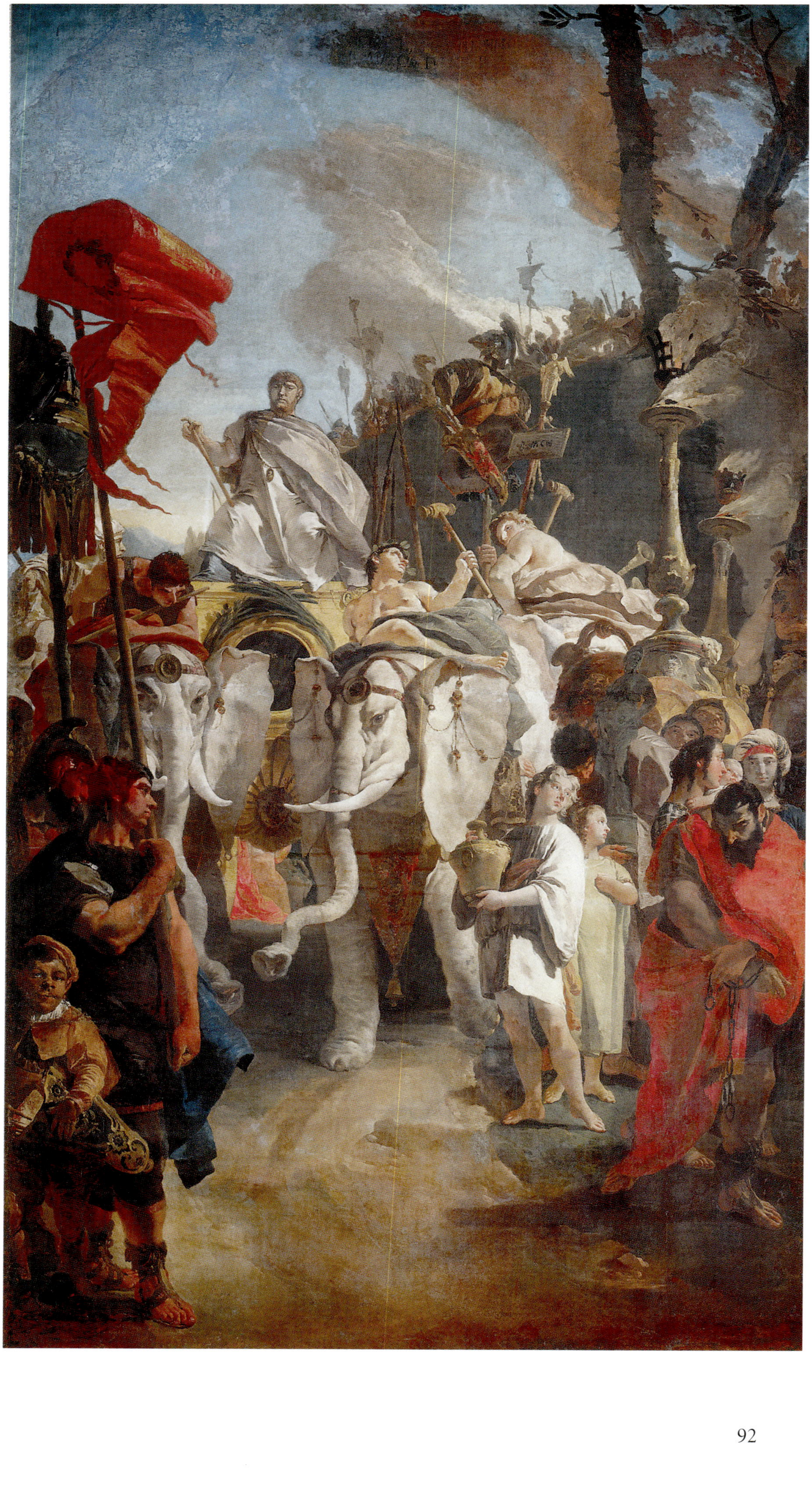

Trionfo di Scipione, 1726-1728, olio su tela, 546 × 322 cm. San Pietroburgo, The State Hermitage Museum

The Triumph of Scipio, 1726-1728, oil on canvas, 546 × 322 cm. St Petersburg, The State Hermitage Museum

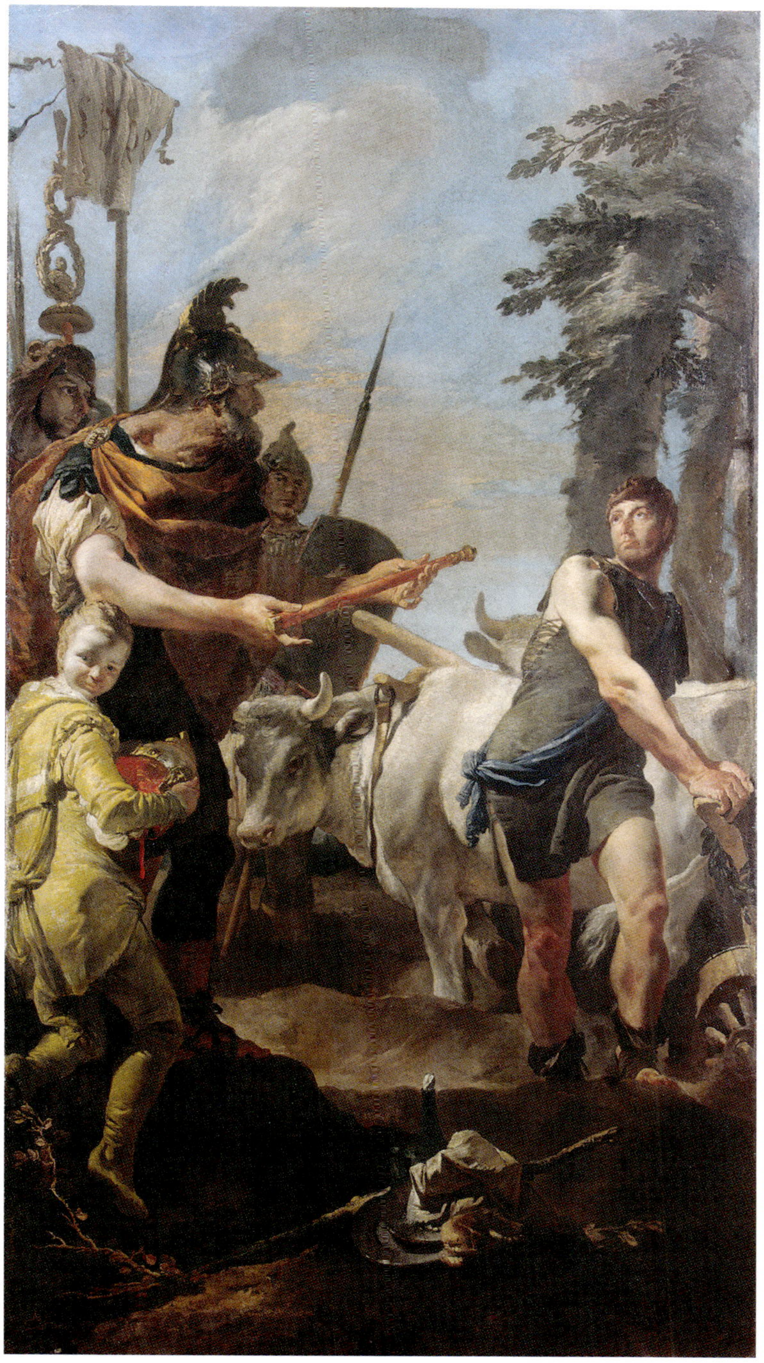

La dittatura offerta a Cincinnato, 1726-1728, olio su tela, 387 × 224 cm. San Pietroburgo, The State Hermitage Museum

The Dictatorship Offered to Cincinnatus, 1726-1728, oil on canvas, 387 × 224 cm. St Petersburg, The State Hermitage Museum

sala". Come se l'avesse temuto, nel 1529 Giovanni morirà nella capitale d'Oriente, senza aver potuto fare ritorno a Venezia; il suo desiderio sarà perciò esaudito dal fratello Daniele IV (Gerolamo), maggiore del patriarca Dionisio, il più giovane. Gerolamo era stato a fianco di Francesco Morosini – a cui la Repubblica aveva dedicato l'unico arco trionfale, dipinto da Gregorio Lazzarini – nelle grandi battaglie navali contro i Turchi. Riceve probabilmente dal generoso maestro il suggerimento di ingaggiare Giambattista, che si mette immediatamente d'impegno. Il pittore ci lascerà ancora una volta la sua immagine guardandoci, vicino alla data un tempo leggibile come "1729", al bordo sinistro del *Trionfo di Mario*. Qui ha sfruttato al meglio la tela alta e stretta, centrando l'attenzione sul grande mantello rosso-arancio di Giugurta, il prigioniero in catene, che avanza fra due folle di popolani, mentre alle spalle incalzano i tre cavalli aggiogati al carro del vincitore, fra un tripudio di labari e insegne, e spoglie e trofei: e lo stendardo giallo puro di Mario, alacremente mosso dal vento benevolo. La scena sembra riversarsi verso di noi, il pittore ci guarda proprio per vedere l'effetto ottenuto. Che è marziale, come accompagnato dal rullo dei tamburi e dallo squillo delle trombe che si moltiplicano in scena.

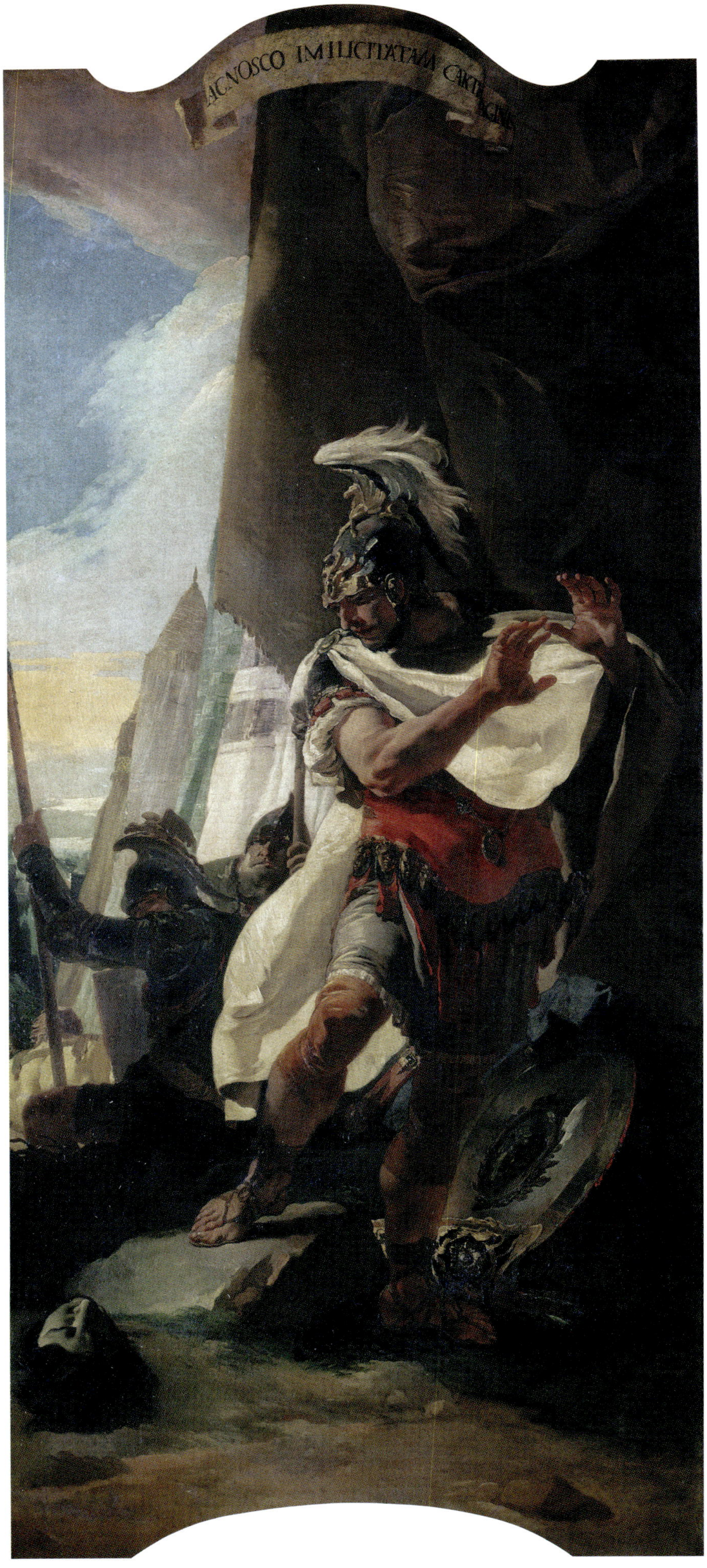

Annibale contempla la testa di Asdrubale, 1726-1728, olio su tela, 383 × 182 cm. Vienna, Kunsthistorisches Museum

Avendolo sconfitto nella battaglia del Metauro, i Romani tagliarono la testa di Asdrubale, lanciandola nel campo del fratello Annibale. Episodio di terribile ferocia che Tiepolo illustra con evidente partecipazione alla sofferenza e quasi stupore del condottiero cartaginese di fronte alla nefandezza romana. Tuttavia l'episodio va iscritto nel ciclo, che esalta la tenacia romana, ma anche le vendette di una storia il cui corso non cede alla pietà. Allora questo è il contrappeso dell'ambasceria a Cartagine di Fabio Massimo che chiede al Senato le ragioni dell'aggressione a Sagunto, da cui deriverà la seconda guerra punica.

Hannibal Contemplating the Head of Hasdrubal, 1726-1728, oil on canvas, 383 × 182 cm. Vienna, Kunsthistorisches Museum

Having defeated Hasdrubal in the Battle of the Metaurus, the Romans cut off his head and launched it into the camp of his brother Hannibal. This was an episode of terrible ferocity that Tiepolo illustrated with clear participation in the suffering and near astonishment of the Carthaginian captain faced with the Romans' atrocious act. But the episode must be considered in terms of the cycle, which exalts Roman tenacity as well as the vendettas of a history whose course ceded nothing to piety. And so the episode is counterbalanced by Fabius Maximus's diplomatic mission to Carthage to ask the Senate for justification of the assault on Saguntum, which gave rise to the Second Punic War.

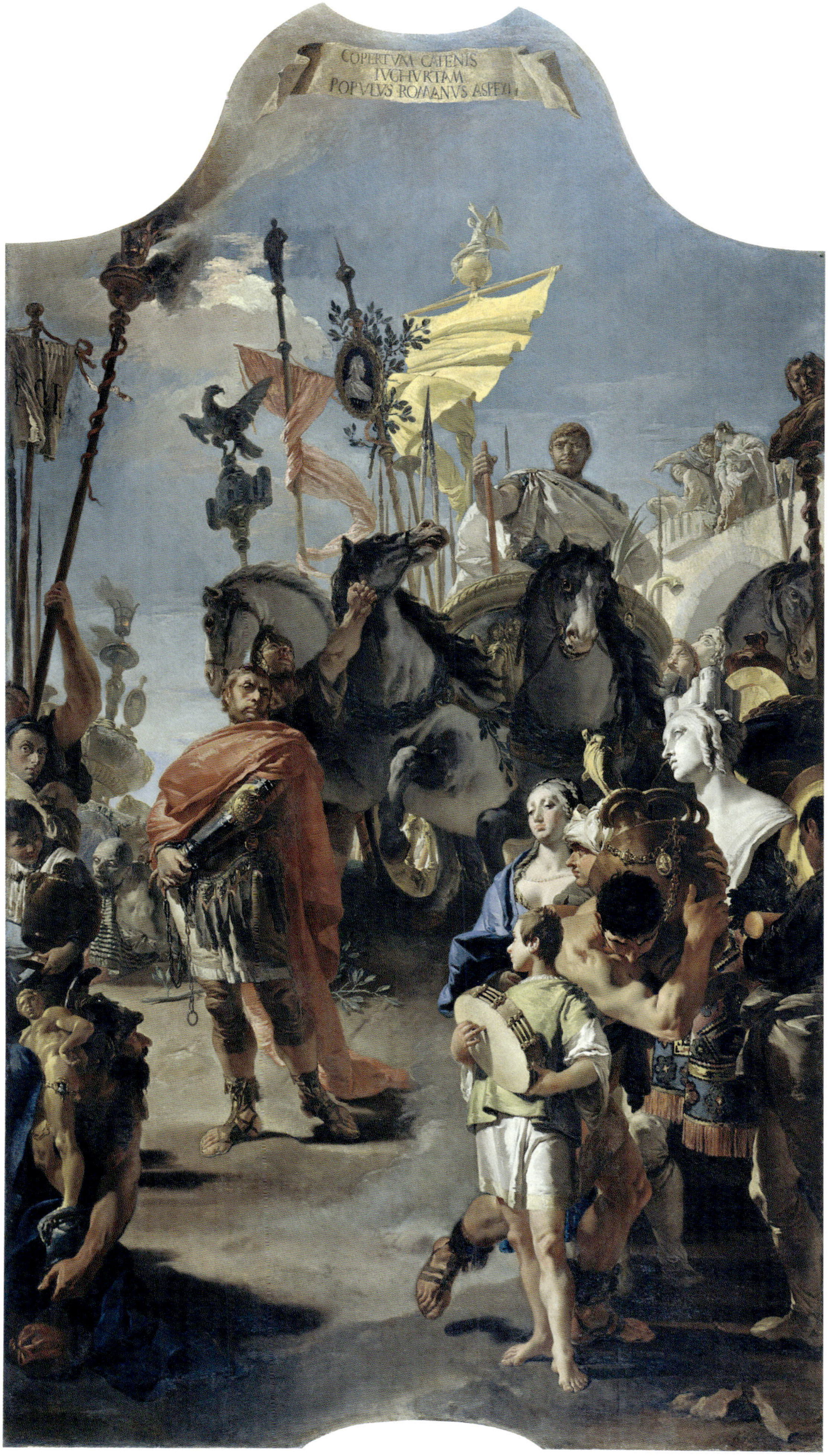

Trionfo di Mario,
intero

The Triumph of Marius,
full view

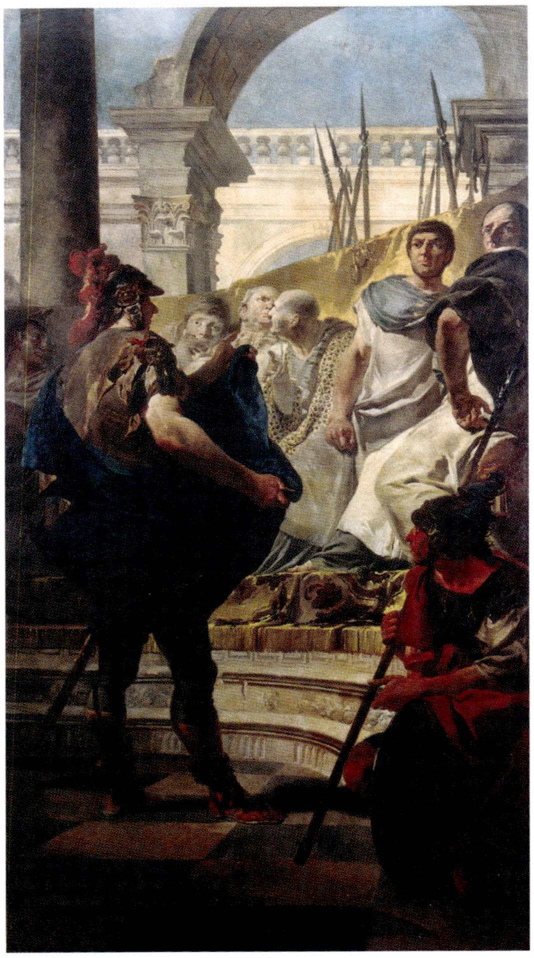

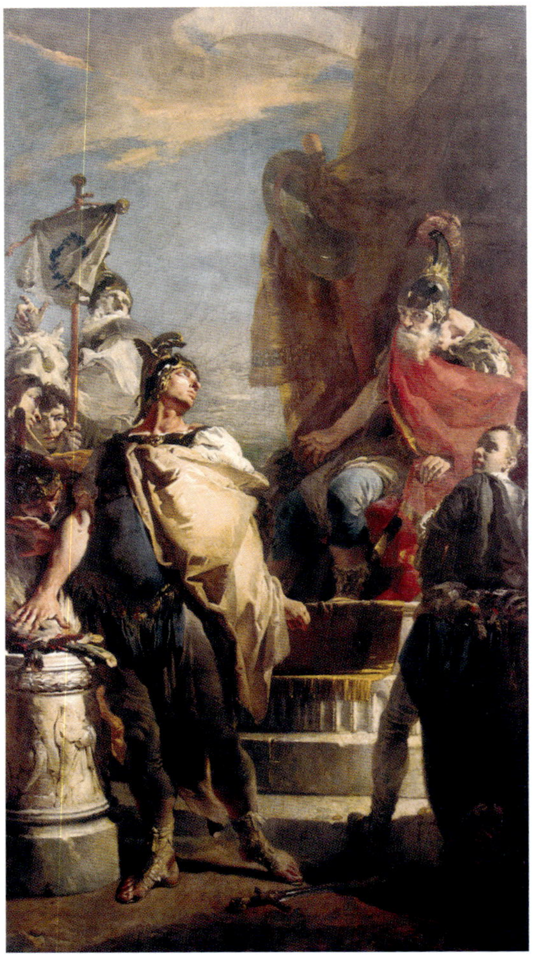

Fabio Massimo di fronte al Senato di Cartagine, 1726-1728, olio su tela, 387 × 224 cm. San Pietroburgo, The State Hermitage Museum

Fabius Maximus before the Senate of Carthage, 1726-1728, oil on canvas, 387 × 224 cm. St Petersburg, The State Hermitage Museum

Muzio Scevola davanti a Porsenna, 1726-1728, olio su tela, 387 × 227 cm. San Pietroburgo, The State Hermitage Museum

Mucius Scaevola before Porsenna, 1726-1728, oil on canvas, 387 × 227 cm. St Petersburg, The State Hermitage Museum

È un ciclo di matura potenza pittorica, di sagacia d'invenzione, che Da Canal vide splendente e nuovissimo, e ne scrisse: "La sala maggiore di ca' Dolfino a S. Pantaleone disposta in dieci quadri assai grandi di più altezze, ne' quali vengono rappresentati le battaglie e i trionfi di Coriolano con altre storie romane, opera delle più singolari". Certo, ogni personaggio è incarnazione di virtù: Muzio Scevola davanti a Porsenna è volontà e fermezza oltre il dicibile, Cincinnato rappresenta la nobiltà e la generosità; l'audacia di Fabio Massimo è somma. Si configurano altrettanti *exempla virtutis* cui i Dolfin, che avevano dato alla Repubblica diplomatici e militari, richiamavano a sé stessi la gloria avita, nel riscatto dai tempi – ovviamente, come sempre! – calamitosi e "decaduti". Ma il committente del ciclo, Gerolamo Dolfin, sentiva di aver riassunto queste virtù nelle diverse sue cariche: procuratore "de Citra", cavaliere di San Marco, provveditore generale "da Mar", aveva perso quattro dita della mano (sinistra) a Metellino nel 1690. Gran battaglia: l'8 settembre nel canale fra il continente e l'isola di Mitilene la nave ammiraglia, Il Redentore, era stata attaccata dalle galere turche, resistendo e guidando la riscossa veneziana. Otto anni dopo nelle medesime acque, il 20 settembre, la galeazza Rizzo d'oro, ancora capitanata da Dolfin, sarà immobilizzata e attaccata da quattro vascelli turchi della flotta di Mezzomorto. "Un combatto breve, vicino e feroce, e perciò sanguinoso" lo definirà icasticamente lo stesso "Capitano da Mar". Sarà l'ultimo atto di una guerra che terminerà con la pace di Carlowitz e l'acquisto della Morea per Venezia. Del Dolfin farà raro e bel ritratto postumo il nostro Giambattista (nella seconda metà del sesto decennio), con berretto a tagliere e bastone di comando.
Così, per una delle famiglie più prestigiose del patriziato veneziano, Tiepolo ha apparecchiato le sue abilità in olio e a fresco, in chiaro e scuro, in storia sacra e romana. E da allora il suo primato sarà indiscusso.

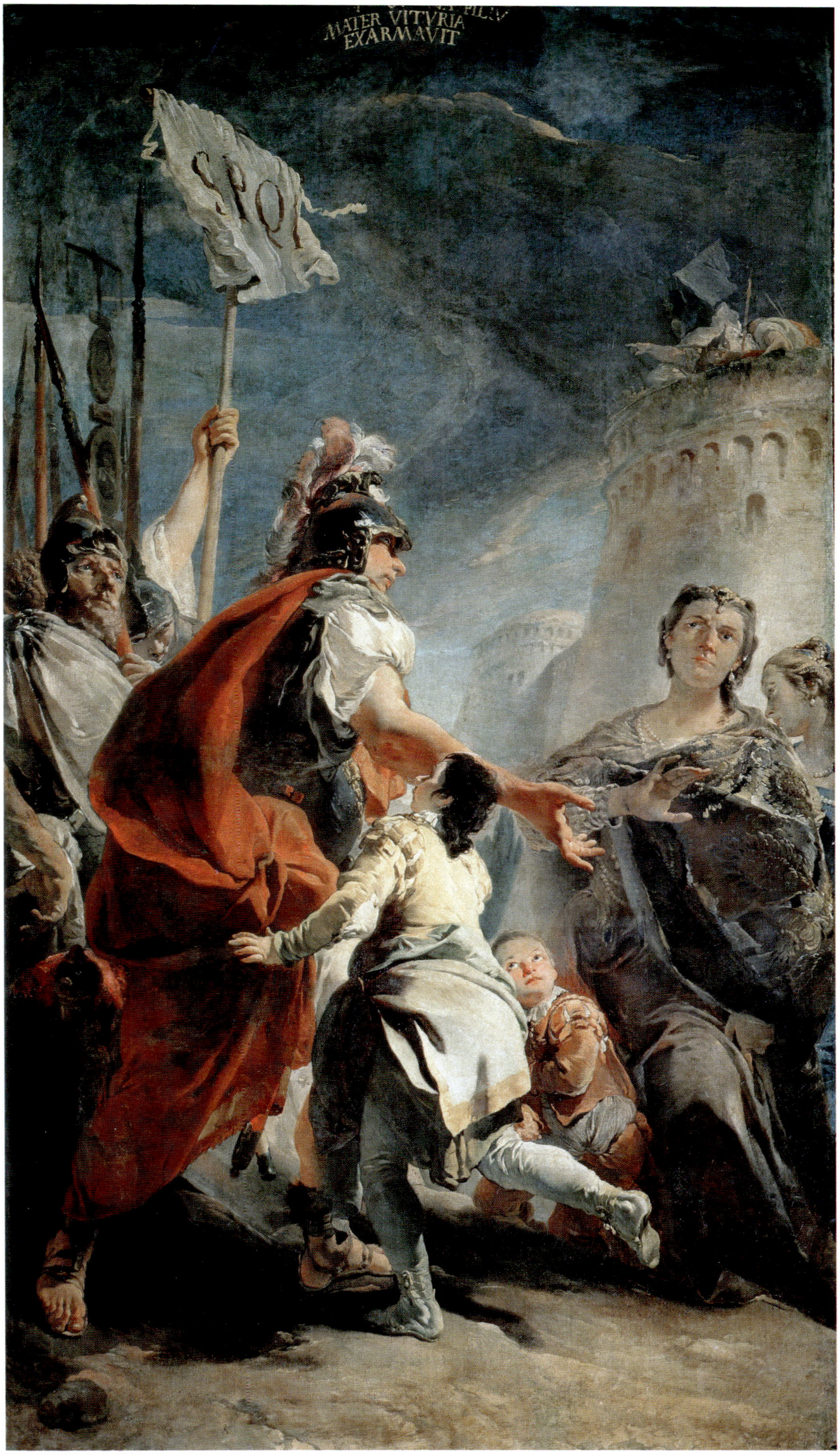

Veturia ammonisce Coriolano, 1726-1728, olio su tela, 387 × 224 cm. San Pietroburgo, The State Hermitage Museum

Veturia Admonishing Coriolanus, 1726-1728, oil on canvas, 387 × 224 cm. St Petersburg, The State Hermitage Museum

CAPITOLO III

L'eccellente abilità del Signor Tiepoletto e della sua Compagnia

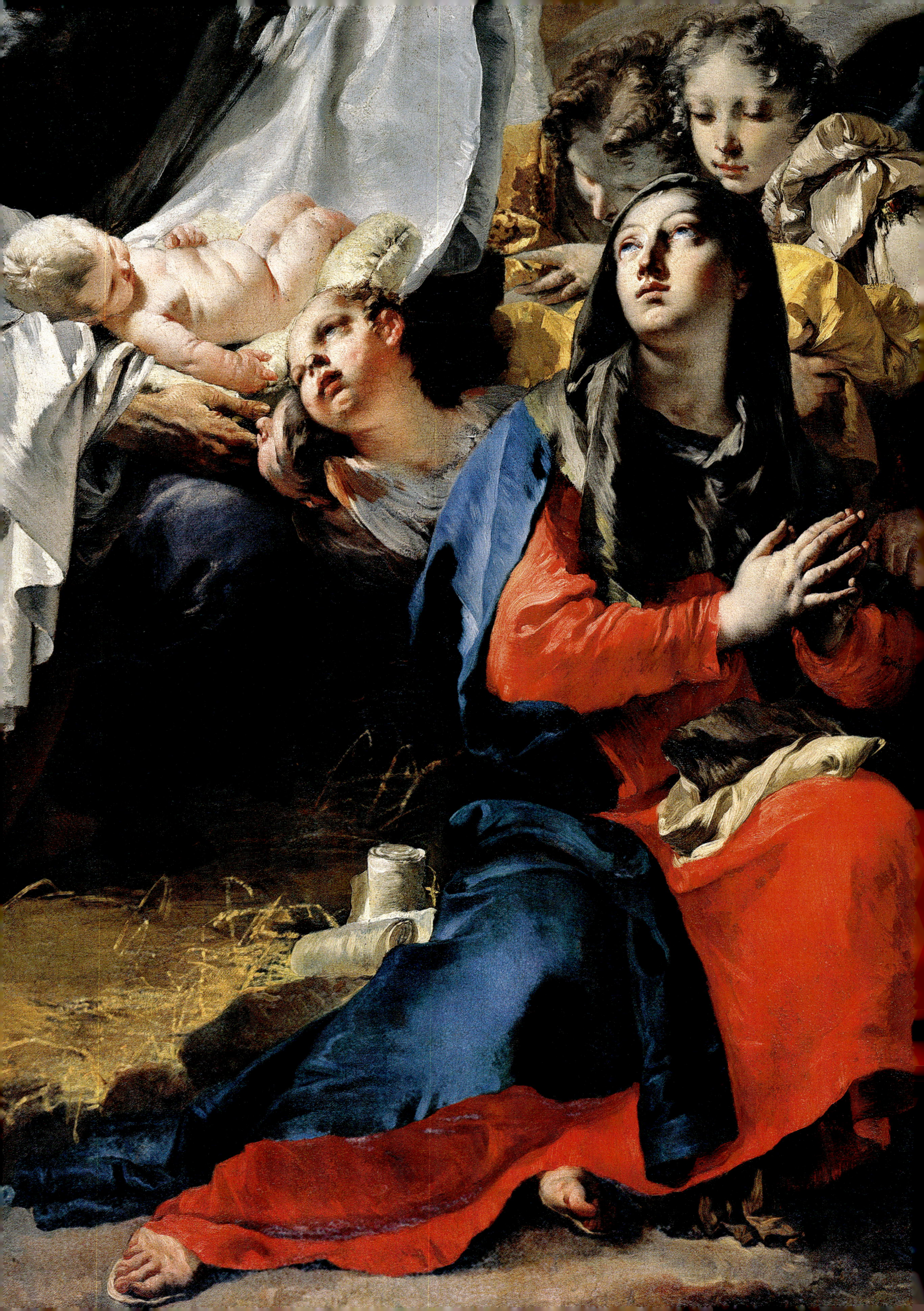

Dopo Udine la fama del pittore che recupera la grande tradizione freschistica veneziana, mettendovi "una vivacità [...] un sole, che forse non hanno uguali" – sono parole del Lanzi –, si propaga ben presto oltre i confini della Serenissima. La quale, intanto, appare molto soddisfatta di sé e della sua fortuna: nell'anno 1730, una solennissima processione accompagna il doge Alvise Mocenigo a Santa Maria della Salute; la Madonna ha protetto da un secolo Venezia e non si è più avuta alcuna epidemia di peste. Tanto basta per festeggiare, e a lungo.
L'attività frenetica del pittore era anche dovuta al crescere delle esigenze familiari. I coniugi Tiepolo-Guardi avevano provato gioie e dolori, come si suol dire, della vita familiare, allietata da figlie e figli. Seguendo i documenti raccolti al tempo da Giuseppe Marino Urbani de Gheltof, l'erudito autore di *Tiepolo, e la sua famiglia: note e documenti inediti*, pubblicata a Venezia nel 1879 e dedicata a Pompeo Molmenti, appunto in Santa Ternita viene battezzata la prima figlia, Anna Maria, il 23 maggio 1722; l'anno dopo nasce un Giovanni Domenico, morto piccolo; poi Elena Maria nel 1726, che andrà sposa diciannovenne. Un nuovo Giovanni Domenico, il figlio che oggi recuperiamo nella sua grandezza di pittore, nacque poi nell'estate del 1727, il 30 agosto. Ne seguirono altri quattro: Giuseppe Maria, nato nel 1729, seguirà una vocazione ecclesiastica, prendendo la tonsura a diciassette anni, accolto fra i padri somaschi; Angela Maria nascerà nel 1731; Francesco Antonio Baldissera (1732) e Orsetta Gaspara (1734). Infine, dopo il trasferimento dei Tiepolo a San Silvestro, l'8 agosto 1736 nascerà Lorenzo Baldissera, l'ultimo artista di famiglia; suo padrino è Lorenzo Pezzana, editore fra i più noti. Giambattista ha ora quarant'anni, e Cecilia trentaquattro.
Le prime a essersi interessate al giovane pittore sono ovviamente le città lombarde. Filippo IX Archinto, unitosi in matrimonio con Giulia Borromeo, il 22 aprile 1731 fornisce l'occasione al padre Carlo per chiamare Tiepolo. Il bibliotecario del conte, Filippo Argelati, era in contatto con Scipione Maffei, per la cui *Verona illustrata* Tiepolo aveva realizzato importanti disegni, ritenuti dal Maffei non soltanto "eruditi" ma perfetti: il contatto è quindi immediato. Carlo Archinto intende immortalare l'evento familiare con un ciclo di affreschi, contatta Tiepolo e ottiene che raggiunga Milano per eseguire la decorazione dei soffitti di cinque sale. Una prima fase si svolge nel 1730, una seconda è ancora attiva il 14 aprile 1731, quando Tiepolo scrive al conte Giuseppe Casati di dover prima terminare la decorazione degli Archinto per poter procedere alle nuove, pressanti richieste: "Ma quanto a dar principio a detta opera, Lei sa benissimo che se prima non è terminata in casa Archinto, ove mi corre il mio primo impegno, io non posso" (Morazzoni 1918, p. 11). Potrà affrontare il lavoro, spera, prima della fine della stagione, cioè nell'autunno del 1731. Per realizzare un simile vasto e impegnativo lavoro, Tiepolo non è solo: gli sono stati forniti sicuramente operai per la carpenteria, assistenti e aiuti; resta comunque un lavoro di molte settimane, nel periodo dalla primavera meno umida all'autunno.
Carlo Archinto era collezionista di cristalli e cultore di scienze. Aveva fondato l'Accademia

Adorazione del Bambino, particolare, 1732, olio su tela, 228 × 160 cm. Venezia, basilica di San Marco, sacrestia dei Canonici

The Adoration of the Christ Child, detail, 1732, oil on canvas, 228 × 160 cm. Venice, basilica of San Marco, sacristy of the Canons

dei Cavalieri tentando di interessare ai piaceri delle scienze una nobiltà milanese ancora tutta arcadica. Ne avrà pochi esiti, e darà poi vita alla Société Palatine sostenendo tra l'altro l'impresa di Ludovico Antonio Muratori. Il soggetto proposto è consono al suo gusto e alle sue passioni: il *Trionfo delle Arti e delle Scienze* e Tiepolo lo interpreta costruendo due grandiosi archi di trionfo, scorciati, verso cui si dirigono Musica e Pittura, i Saperi e le Discipline, su nuvole convergenti. Le imponenti quadrature sono forse di Stefano Orlandi. Nella seconda sala compare *Fetonte chiede ad Apollo di guidare il carro del Sole*, di cui è forse più difficile cogliere il significato allegorico: la necessità di una guida sicura per i figli, non come quella che Apollo concesse allo scriteriato giovane, l'avventura mortale. E il Tempo alato e feroce con pronta falce è già lì che lo minaccia, mentre le Ore aggiogano i cavalli. Nella terza sala è *Perseo che libera Andromeda*, nella quarta *Giunone, la Fortuna e Venere*, infine nella quinta *Sapienza e Nobiltà*. Nei cieli si fonde così una vera cosmogonia che collega la Terra e lo Spazio: le Stagioni e le Ore, poi Flora e Cerere, Bacco e Apollo. Oltre lo Zodiaco appare, drammatico, immutabile ed eterno, il Signore del Tutto: Crono.

Il Tempo, appunto: che ha distrutto ogni cosa. Nulla possiamo più ammirare da che le centinaia di quadrimotori Lancaster, i bombardieri pesanti della Royal Air Force levatisi in volo dagli aerodromi britannici, con il compito preciso di creare un vortice di fuoco in cui bruciare e annientare Milano, nelle notti del 7 e 8, 12 e 13, 14 e 15 agosto 1943, riuscirono anche a distruggere i Tiepolo di palazzo Archinto.

Ciò che ci resta è un banale frammento, con la data "1731" portata da un qualche re. E poi i modelletti: Accademia delle Belle Arti di Vienna, Bowes Museum di Barnard Castle, per il *Fetonte*; Museu Nacional de Arte Antiga di Lisbona e Frick Collection di New York, bellissimo, con *Perseo e Andromeda* ben nuda su un Pegaso che in grandioso slancio sfugge al mostro che da basso ha ancora un occhio d'odio; in alto Giove è invitato alla clemenza. Documentano l'evoluzione stilistica di un pittore che conferma l'orditura plastica degli anni giovanili, ma ora opera una dilatazione degli spazi, costruita sul ritmo zigzagante delle figure e la scansione dei piani. Innesta rami su un albero ancora barocco, e i frutti avranno un colore fresco e sgranato.

Nell'autunno del 1731 Giambattista, dunque, appena liberatosi, inizia subito il lavoro nel palazzo Casati, affrescando anche qui il salone principale, entro finte cornici di pietra, molto elaborate e molto pesanti. Le esalta e le giustifica, lavorando in termini di energia scultorea le diverse figure. Il soffitto presenta la *Magnanimità* o *Apoteosi di Scipione*, mentre sulle pareti sono narrati episodi celebri che videro le virtù del condottiero romano. La *Continenza di Scipione* che propone, nell'elegante centralità della giovane e bella prigioniera restituita al fidanzato, un tipo femminile a cui Tiepolo rimarrà sempre fedele. Poi *Sofonisba riceve il veleno da un inviato di Massinissa*, e lo fa con un gesto elegante e sicuro, mentre le ancelle sono accorate e sconvolti gli uomini di corte. Infine *Scipione libera lo schiavo* (o anche *Scipione rende la libertà a Massinissa*), di bella scelta per la circolarità della scena coerente con l'andamento della cornice, a valva su zoccolo alto; elegantissima la soluzione coloristica, tutta giocata sui toni dell'azzurro e del grigio, da tonalità violette a grigio più metallico. Ma la tavolozza di Tiepolo a palazzo Casati trova anche toni di albicocca e di malva, prima ignoti. Al termine le allegorie dell'*Abbondanza* e della *Potenza*. Si esalta dunque Scipione l'Africano, ovvero Publio Cornelio Scipione il Vecchio, mentre si rimproverano le passioni di Massinissa e si riconosce la nobile grandezza della moglie, cui già Gian Giorgio Trissino aveva dedicato la celebre, ai suoi tempi, tragedia *Sofonisba*. Giambattista riprende qui anche alcuni spunti del *Giudizio di Salomone* udinese, sviluppandoli in chiave più melodrammatica e teatrale, anche per i finti boccascena sagomati che incorniciano i brani delle pareti, per l'enfasi dei gesti e i caricati sotto in su.

Le lezioni tiepolesche a palazzo Archinto e a palazzo Casati saranno subito ammirate,

Apoteosi di Scipione, 1731-1732, affresco trasportato su tela, 950 × 1110 cm. Milano, palazzo Casati

L'imponente affresco subì gravi danni nel 1943, poi fu trasportato su tela, restaurato e ricollocato. L'effetto scenografico complessivo è dato dall'elaboratissima quadratura, cui Tiepolo collabora con quattro *grisailles* in ocra. L'intervento pittorico vero e proprio crea un marcato effetto illusionistico, con la caduta oltre il bordo del dipinto, riprendendo e migliorando la caduta di Lucifero sullo scalone del Palazzo Patriarcale di Udine. Piuttosto faticosa l'allegoria, che dovrebbe comunque collegarsi al ciclo di Scipione sulle pareti laterali.

The Apotheosis of Scipio, 1731-1732, fresco mounted on canvas, 950 × 1110 cm. Milan, palazzo Casati

The monumental fresco endued major damage in 1943, and was then transferred to canvas, restored and put back in place. The overall scenographic effect is created by the highly elaborate framing, to which Tiepolo contributed with four ochre grisailles. The painting proper creates a marked illusionistic effect through the fall beyond the edge of the picture, picking up and improving on the fall of Satan in the stairwell of the Palazzo Patriarcale in Udine. The allegory is demanding, and should in any case be linked to the Scipio cycle on the side walls.

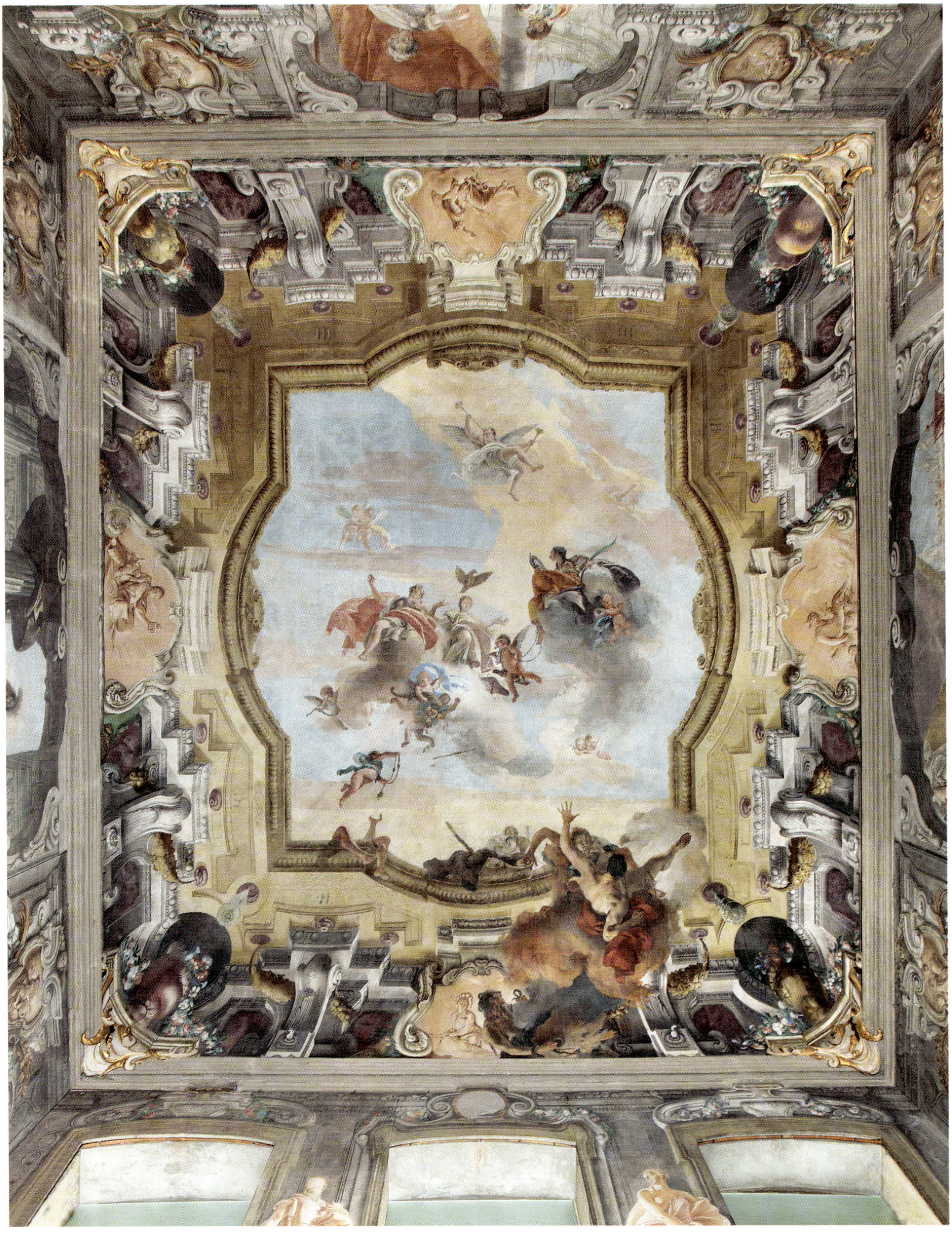

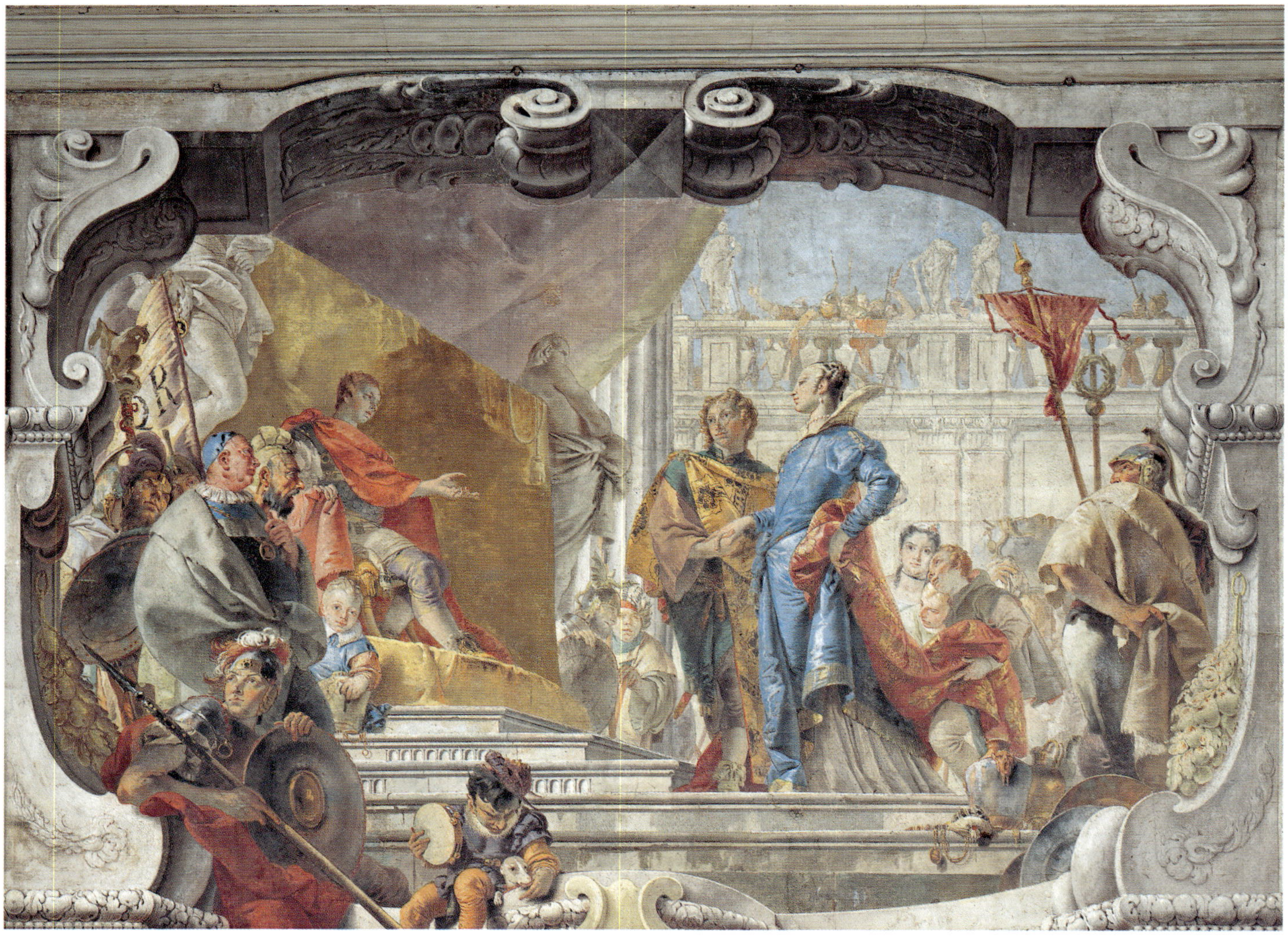

Magnanimità di Scipione, 1731-1732, affresco, 520 × 650 cm. Milano, palazzo Casati

The Magnanimity of Scipio, 1731-1732, fresco, 520 × 650 cm. Milan, palazzo Casati

ma non avranno che un ruolo assai relativo sull'evoluzione della pittura lombarda. Tuttavia, sono attivi anche come decoratori di altre stanze nei palazzi resi celebri da Tiepolo numerosi pittori che subiranno nettamente la sua influenza, e lavoreranno a Milano e in altre città lombarde. Primi fra tutti Pietro Maggi e Ferdinando Porta, poi il varesino Pietro Antonio Magatti, il biellese Giovanni Antonio Cucchi, il cremonese Giovan Angelo Borroni, e Mattia Bortoloni, nato a Rovigo, che fino a qualche decennio fa è stato a volte scambiato per Tiepolo.

Rientrato a Venezia, come sempre negli autunni inoltrati, Giambattista è subito impegnatissimo in una serie di commissioni religiose. Realizza l'*Orazione di Cristo nell'orto* nella chiesa di Santa Maria di Nazareth, o degli Scalzi, poi l'*Educazione di Maria* in Santa Maria della Consolazione, o della Fava. Qui aveva di fronte una tela di Piazzetta, e una conseguente sfida resa più difficile dal soggetto che, pur adatto a una chiesa oratoriana, rappresentava una situazione senza drammaticità e possibilità di invenzioni. Così Tiepolo costruisce un percorso sinuoso per riempire tutta l'alta e stretta tela, percorso che parte dal profilo di una vecchia sant'Anna che segue l'intensa lettura della piccola Maria – centro luminoso del dipinto – del gran libro sorretto da una nuvola gentilmente proposta da angioletti. Quindi un Gioacchino che si rivolge al cielo, e ancora angeli, adolescenziali e fluttuanti, che ristabiliscono l'equilibrio strutturale della tela. Di tutte la figura più debole è proprio Maria, troppo compunta e senza espressione. Dell'opera abbiamo una serie di redazioni diverse, a cominciare da un modelletto ora a Digione.

Licenzia poi l'*Adorazione del Bambino* della basilica di San Marco (1732) e le due tele della Scuola Grande di San Rocco, contrassegnate da un'accentuazione del viraggio chiaroscu-

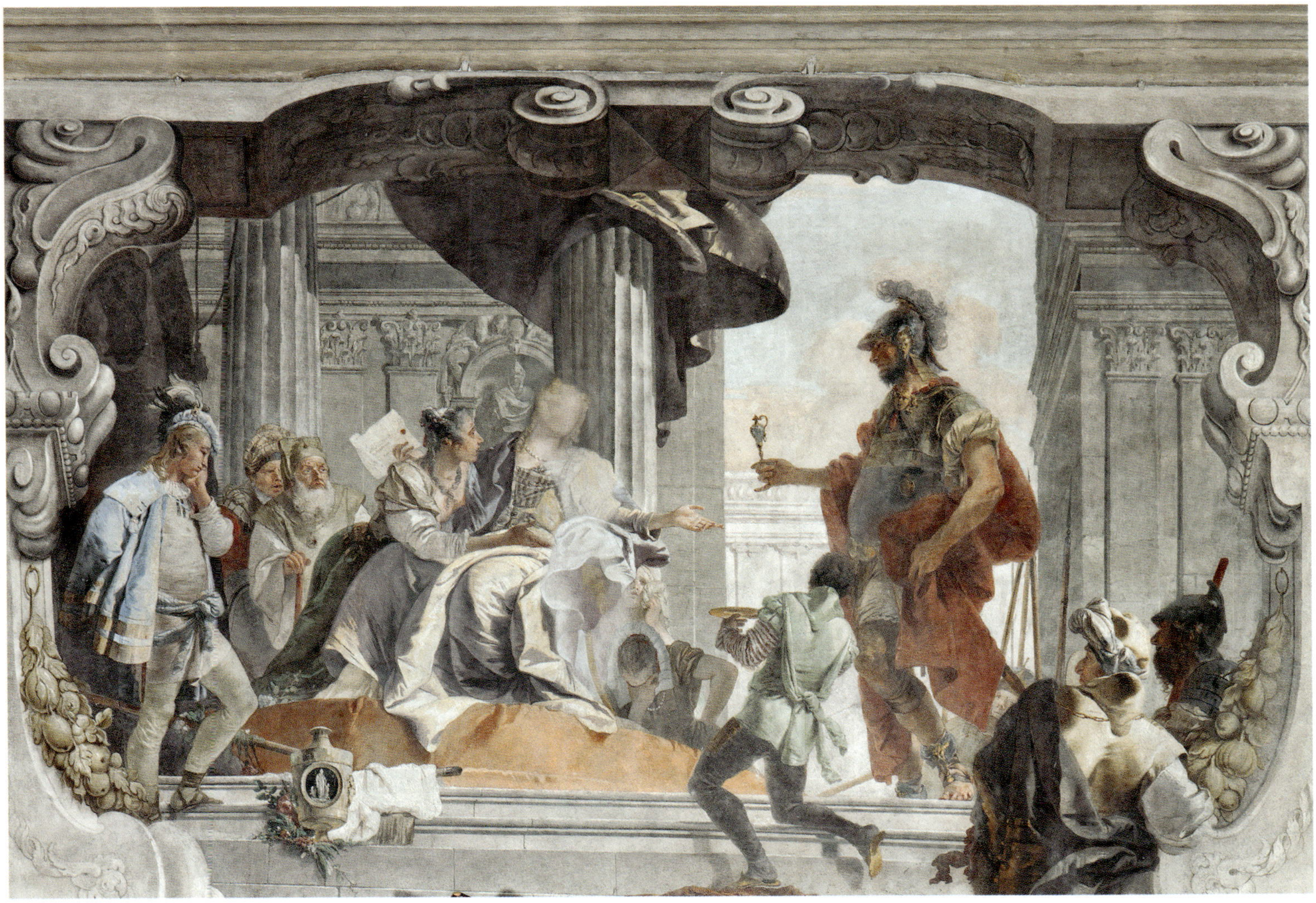

Sofonisba riceve il veleno da un inviato di Massinissa, 1731-1732, affresco, 520 × 650 cm. Milano, palazzo Casati

Sophonisba Receiving the Poison from Messenger of Massinissa, 1731-1732, fresco, 520 × 650 cm. Milan, palazzo Casati

rale e della tornitura plastica: l'*Abramo visitato dagli angeli* e *Agar con Ismaele nel deserto confortata da un angelo*, ove si esercita in un patetismo ben lontano dai trionfi storici e dalle felicità mitologiche, cercando soluzioni che nell'iridescenza del colore soddisfino gusti più schietti e semplici rispetto alla grande committenza. Come l'incredibile *Serpente di bronzo*, già sotto il coro della chiesa dei Santi Cosma e Damiano alla Giudecca, ora alle Gallerie dell'Accademia; un telo lungo tredici metri e mezzo, segnato da traversie che l'hanno profondamente guastato, a cominciare da un cinquantennio di maldestra arrotolatura. Però un'opera grandiosa e a suo modo affascinante, un tentativo di costruire una mitologia religiosa eroica, ove compaiono ossessivi i motivi del serpente – qui taumaturgo – e dei pali contorti e storti. Alcuni grigi e colori freddi di cadaveri e appestati restano intatti nell'efficacia, come il disegno anatomico di piedi e gambe.

Il ritorno alla felicità coloristica lo sentiamo di nuovo squillante nel *Trionfo di Zefiro e Flora* per la camera nuziale di palazzo Pesaro, in occasione del matrimonio, nel 1732, fra Antonio Pesaro e Caterina Sagredo. Epitalamica l'unione del vento e dei fiori, delicatissima l'invenzione delle ali di libellula di uno Zefiro perfetto nel ruolo del robusto amante per una bellissima Flora appena gioiosamente spogliata, dal bel fianco morbidamente rotondo. Deliziosa la freschezza coloristica: stoffe arancio e verdi, infinite variazioni di rosa – caldo, vivo, profondo, scuro – e azzurro dolce del cielo.

Nell'anno, fra fine agosto e settembre del 1732, compie una prima puntata a Bergamo, per la decorazione della cappella Colleoni: i membri della Misericordia l'avevano invitato l'anno prima – documento del 4 settembre 1731 – per decorare l'insigne monumento. Dopo la conferma nel febbraio, aggiungevano anche la decorazione delle lunette. Così,

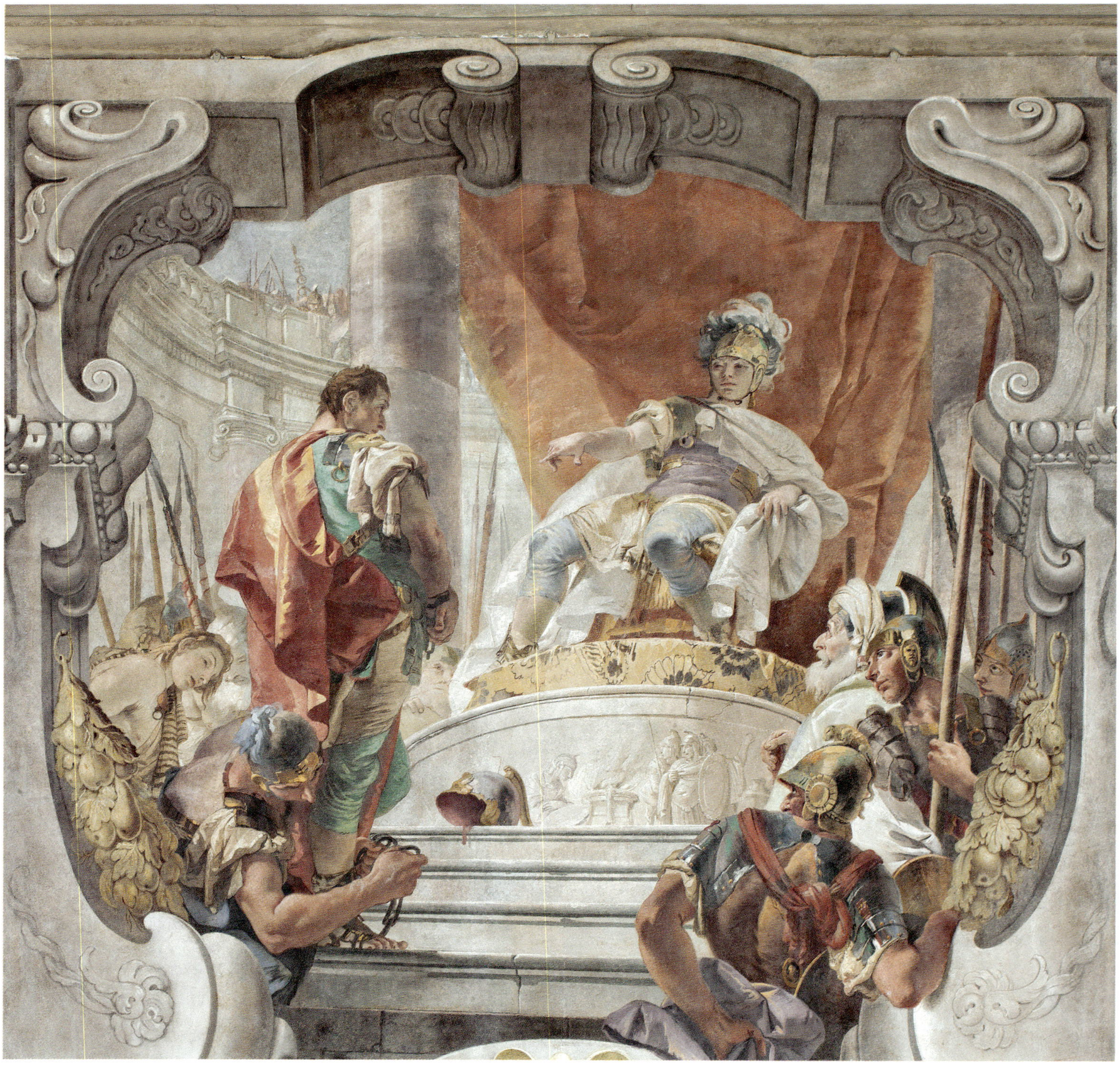

giunto in città alta nel settembre del 1732, affresca nelle vele le allegorie della *Giustizia* con spada e bilancia, della *Prudenza* con il serpente attorcigliato al bastone, della *Fede* con un gran manto, e della *Carità* in scorcio illusionistico; poi le lunette con *San Marco* e il *Martirio di san Bartolomeo*. L'anno successivo, da luglio, realizza sempre nella prestigiosa cappella la *Predicazione di Giovanni Battista*, il *Battesimo di Cristo*, la *Decollazione del Battista*, firmandosi e datando. Si tratta di opere di altissima qualità pittorica, purtroppo sempre di difficile leggibilità per l'altezza notevole. Tiepolo adotta una narratività drammatica, segnata da un'encomiabile naturalezza e da quella frontalità che vedremo poi nelle sue prove grafiche. Colpisce soprattutto nel *Battesimo* il gruppo degli osservatori, di qua da un argine alberato. Sono i paesaggi e i volti contadini, le fanciulle e gli anziani e i cani che Tiepolo ha visto venendo verso la città sulla Rocca, quasi che abbia trasferito a colori l'appunto grafico colto a volo. La *Predica* propone un san Giovanni con agnellino, in

Scipione libera lo schiavo, 1731-1732, affresco, 520 × 450 cm.
Milano, palazzo Casati

Scipio and a Slave, 1731-1732, fresco, 520 × 450 cm.
Milan, palazzo Casati

controluce, che va annunciando la Verità a un gruppo di personaggi, in piena luce. È una piccola comunità che rappresenta bene la "naturalezza" di volti e sottolinea psicologie che Tiepolo sa rendere al meglio. C'è un vecchio attento, in grande mantello giallo, con il fido cane addormentato ai piedi; una mamma con neonato al seno (Cecilia che allatta l'ultimogenito Francesco, nato nell'ottobre del 1732?), che segue rapita, mentre un'altra con il delizioso bimbetto grandicello in braccio sembra più distratta e indaffarata. Hanno tutti le fisionomie degli abitanti di quella campagna grigioverde appena accennata sul fondo, un'eco della Val Brembana. C'è poi a destra, in attento ascolto, un personaggio in ombra che è appena uscito da una Compagnia dell'arte, anche per il calzone stretto, la marsina semplice e i calzari adatti al buon cammino.
Articolata e volutamente scenografica è invece l'ambientazione carceraria della *Decollazione*: torna in scena la vecchia serva con ampio bavero all'antica, portando il piatto destinato all'oscena e macabra e terribile offerta, su cui sembra di cogliere già i barbagli rosseggianti del sangue sgorgato dalla testa, ora alzata da un boia soddisfatto per la precisione del taglio. Il corpo morto è ancora piegato su sé stesso, un attimo prima di cadere riverso, ed è già di un pallore fatale. Indifferente lo sguardo della Salomè interpretata dalla solita attrice giovane dal profilo molto classico, e sempre molto assente emotivamente. Fra un attimo si rivolgerà più interessata al cagnetto che le va saltellando intorno per afferrarsi alla gonna, in disperato bisogno di coccole; o forse vuol sapere se potrà leccare quel sangue ancora caldo. Il che fa, nel modelletto, il solito bracco: quello che dormiva alla *Predicazione* e lappava l'acqua del Giordano nel *Battesimo*. Per ora la sua padrona è ancora ferma nel breve gesto di richiesta, e attenta a portare l'abito curatissimo senza scompigliare l'acconciatura così elaborata. Bellissimi alcuni particolari, la luce che proviene dalle inferriate, la porta aperta sul lungo corridoio. L'opera, "nella sua teatralità insieme drammatica ed elegante, si impone come uno dei pezzi di pittura più importanti nel corso del XVIII secolo" (Bossaglia 2002).
Ci sono nei gruppi che assistono alle scene anche anziani orientali e bambini che ci guardano con curiosità: Tiepolo fa recitare tutta la sua Compagnia di giro. Ha ormai trovato gli attori per tutti i ruoli principali, e qualche comprimario e caratterista di razza. Volevano i committenti "le maggior figure possibili"? Eccoli accontentati, e di tutto punto, compresi i preziosi abiti di scena con marezzature varie. Negli stucchi la data e la firma. I prelievi veronesiani, d'ordine e iconografico e cromatico, sono riqualificati dalla nervosità del tocco – visibile particolarmente nei modelletti di Milano e del Nationalmuseum di Stoccolma, ove la *Decollazione* registra una prima idea, poi profondamente modificata nella postura del Battista – e dall'uso di tinte cromatiche fredde, immerse in una luce spettrale.

L'AFFERMARSI DEL MELODRAMMA A VENEZIA

Si è fatto più volte riferimento, in relazione all'arte di Tiepolo, alle rappresentazioni teatrali. Le scenografie dipinte dal quadraturista Mengozzi Colonna sono quelle tipiche dei sipari, dei fondali e delle quinte teatrali; gli abiti, le gestualità, gli arredi e l'impaginazione delle scene tiepolesche sono teatrali; e teatrale è la sua "Compagnia", ovvero i ruoli che di volta in volta interpreta un gruppo assai omogeneo, negli anni, di "figure": la vecchia, l'attrice giovane, i diversi paggi, il giovane moro; l'attore giovane che sarà di volta in volta Antonio o Rinaldo. E poi naturalmente l'attore anziano che interpreta il "mago", l'"orientale", il "saggio". Tiepolo fa assumere loro caratteri diversi, con fisionomie assai simili.
Quando si pensa al teatro nella Venezia del Settecento, si pensa a una città che di luoghi per le rappresentazioni e gli spettacoli recitati – e anche accompagnati dalla musica – ne conta numerosi, e assai differenziati: per commedie, drammi in musica, spettacoli di ballo e musica e

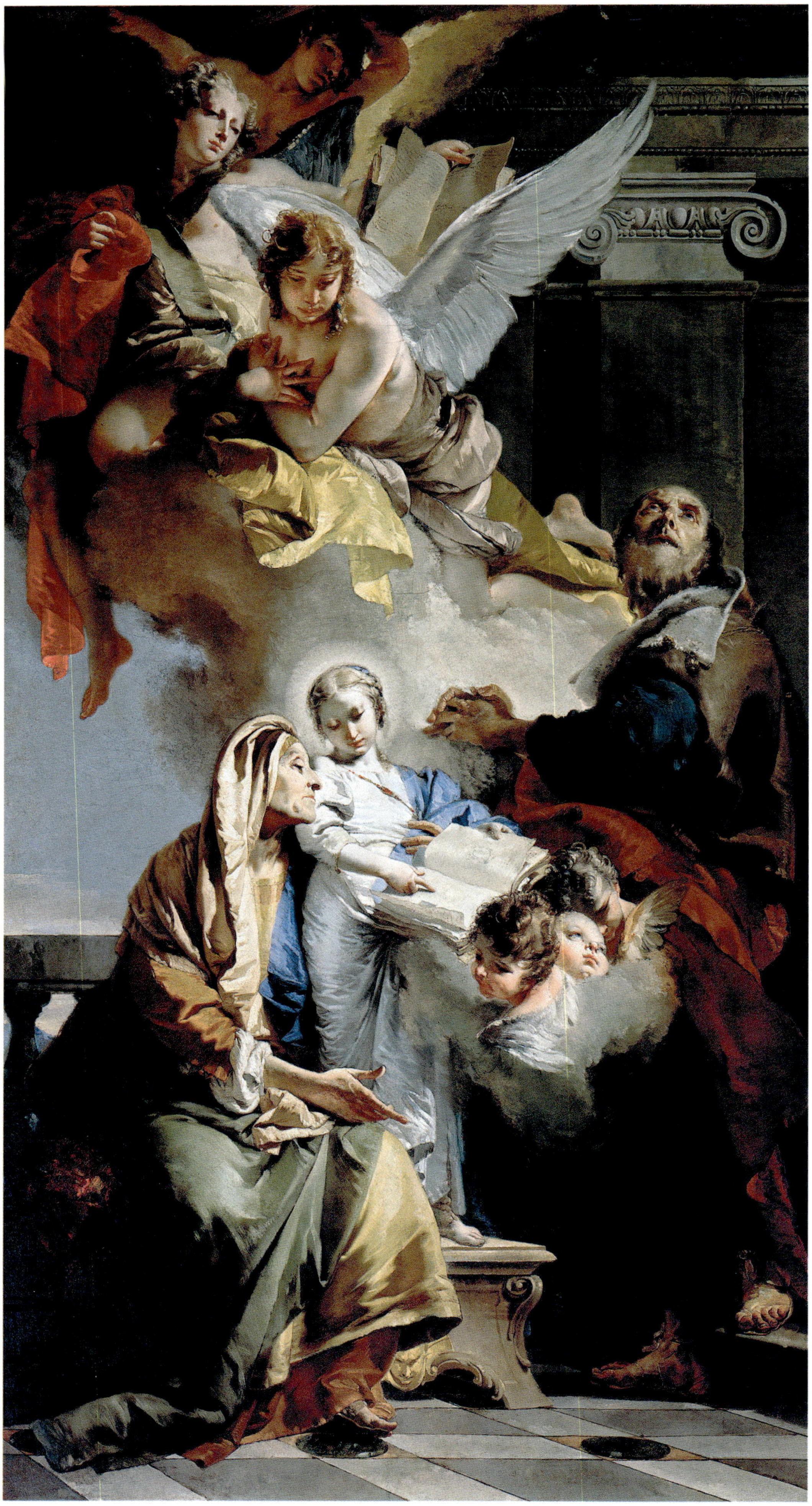

Educazione di Maria, 1732,
olio su tela, 362 × 200 cm.
Venezia, chiesa di Santa Maria della Consolazione (chiesa di Santa Maria della Fava)

Il soggetto era caro a Tiepolo, che nell'arco di un decennio lo svolse con varianti anche notevoli. La prima idea – ora a Digione – fu definita da Argan di "perfetta realtà figurativa" e mostra un'attenzione e grazia anche naturalistica lontana dalla soluzione più aulica di dieci anni dopo. Mentre l'angelo di Digione è prossimo a quello della *Madonna del Carmelo*, la soluzione di Venezia è del tutto prossima alle tele di San Rocco e all'*Adorazione* di San Marco. Opere che certamente risentono ancora del confronto con Piazzetta. Resta l'invenzione della manina che segue le lettere, di immediata presa sentimentale.

The Education of Mary, 1732,
oil on canvas, 362 × 200 cm.
Venice, church of Santa Maria della Consolazione (church of Santa Maria della Fava)

The subject was dear to Tiepolo, who rendered it in variations, sometimes significant ones, over the span of a decade. His first version – now in Dijon – was described by Argan as 'perfect figurative reality' and demonstrates a kind of attention and even naturalistic grace far removed from the more lofty solution of ten years later. While the Dijon Angel is close to the one in the *Madonna del Carmelo*, the Venetian solution is close to the canvases of San Rocco and the San Marco *Adoration*. Works that of course still bear traces of his influence by Piazzetta. The conceit of the small hand that follows the letters remains, exercising immediate emotional pull.

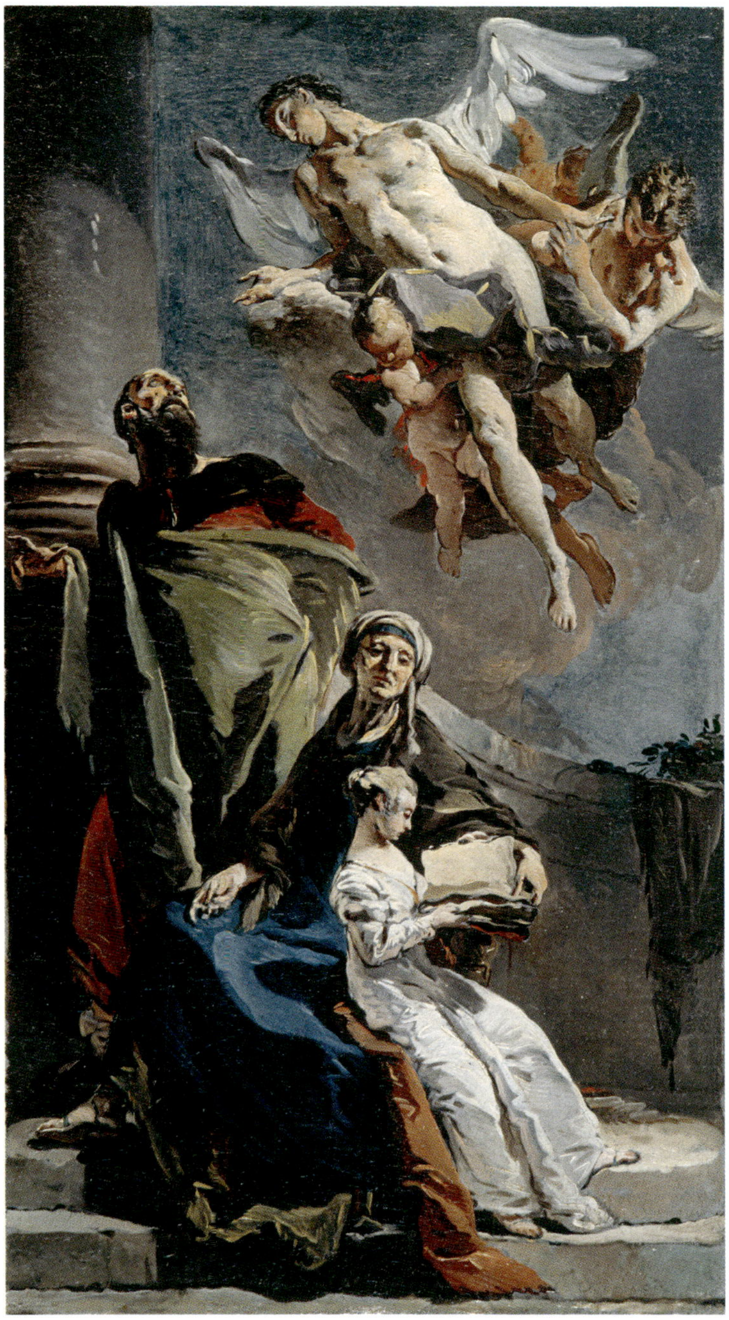

Educazione di Maria, 1720-1722,
olio su tela, 48 × 27,2 cm.
Digione, Musée des Beaux-Arts

The Education of Mary, 1720-1722,
oil on canvas, 48 × 27.2 cm.
Dijon, Musée des Beaux-Arts

Alle pagine seguenti
On the following pages

Abramo visitato dagli angeli,
circa 1730-1732,
olio su tela, 140 × 120 cm.
Venezia, Scuola Grande
di San Rocco

Abraham Visited by the Angels,
circa 1730-1732,
oil on canvas, 140 × 120 cm.
Venice, Scuola Grande
di San Rocco

Agar con Ismaele nel deserto confortata da un angelo, 1732,
olio su tela, 133 × 112 cm.
Venezia, Scuola Grande
di San Rocco

Hagar and Ishmael Rescued by the Angel, 1732,
oil on canvas, 133 × 112 cm.
Venice, Scuola Grande
di San Rocco

recitazione; e ancor più differenziati per pubblico, costo, arredo. Groppi, in *Notizia generale de' Teatri della Città di Venezia scritta l'anno 1766*, ne elenca varie decine, peraltro non tutti in regolare attività, per usura o evidente inagibilità. Si trattava di edifici progettati e gestiti da famiglie nobiliari, a più ordini di palchi, sovente decorati da pittori prestigiosi, come il teatro San Cassian affrescato dal tiepolesco Giustino Menescardi, o il più bello di tutti, il teatro San Giovanni Grisostomo, il più prestigioso teatro d'opera seria di Venezia, fondato e finanziato dalla potente famiglia Grimani. O il teatro a San Zanipolo, ove per il Carnevale del 1694 era stata messa in scena, su libretto di Antonio Marchi, la *Zenobia* musicata da Tommaso Albinoni, poi ampiamente usata per gli affreschi di Ca' Zenobio. Albinoni e Antonio Lotti, d'una generazione precedente Tiepolo, continueranno a comporre opere fondamentali negli anni venti e trenta; e almeno va ricordata un'*Armida* del 1726, per segnalare ancora una volta i continui passaggi tematici fra pittura e testi per il teatro in musica. I testi messi in scena erano poi frequentemente rinnovati: nei circa quindici teatri operanti a Venezia, in contemporanea nell'arco del secolo, furono rappresentate almeno 600 opere nuove, quasi tutte offerte come novità in occasione delle settimane del Carnevale, la cui stagione iniziava il 26 dicembre.

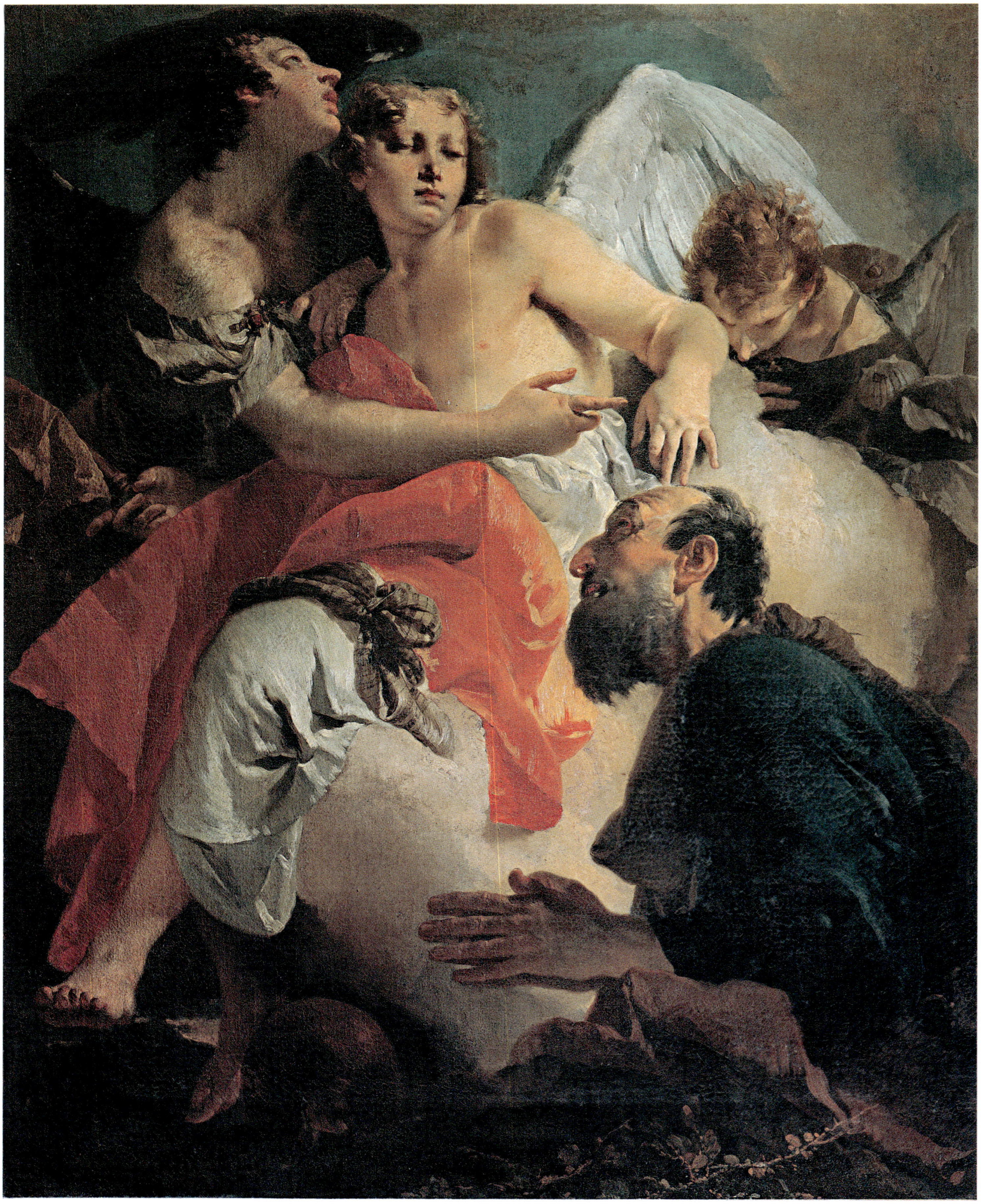

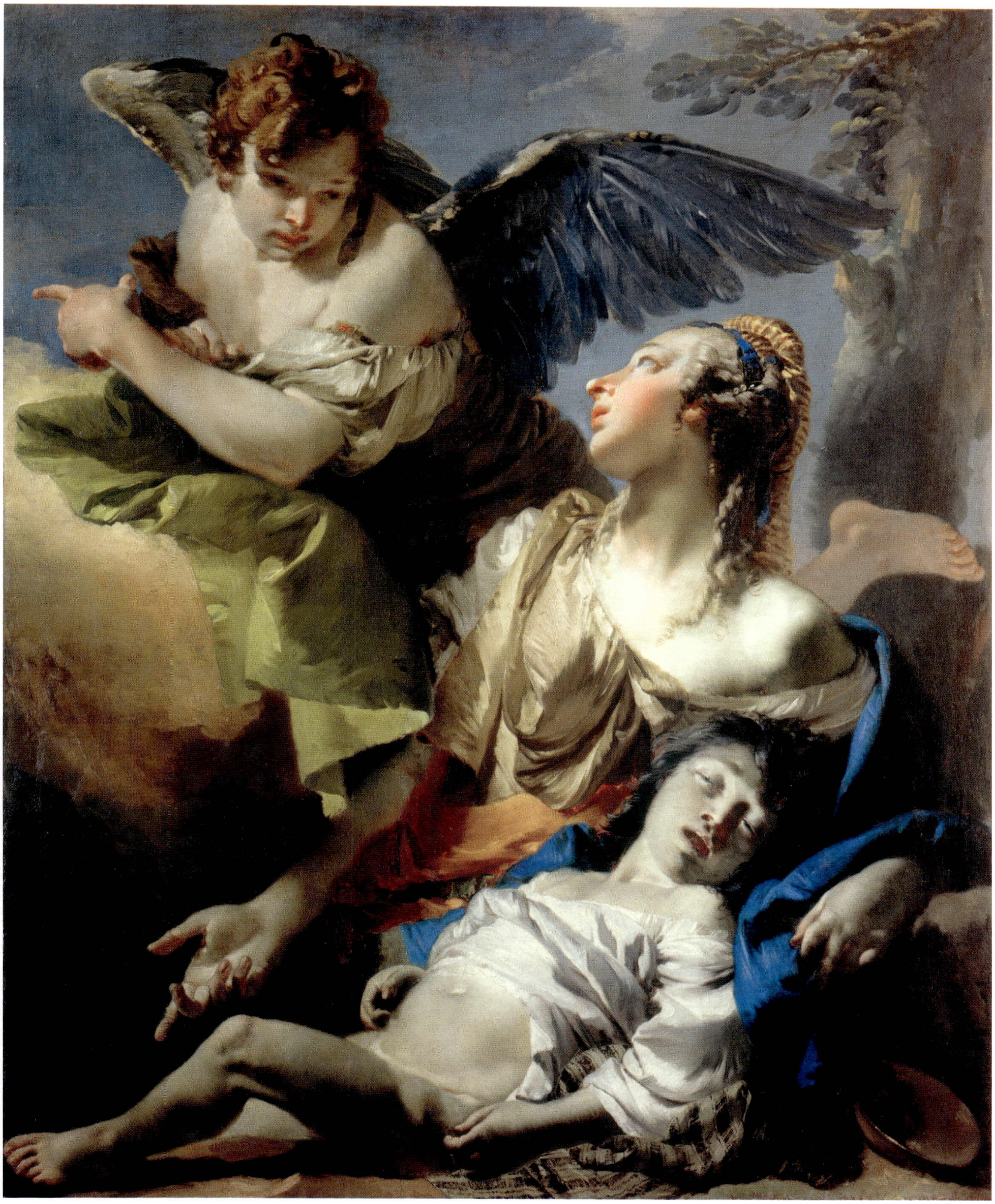

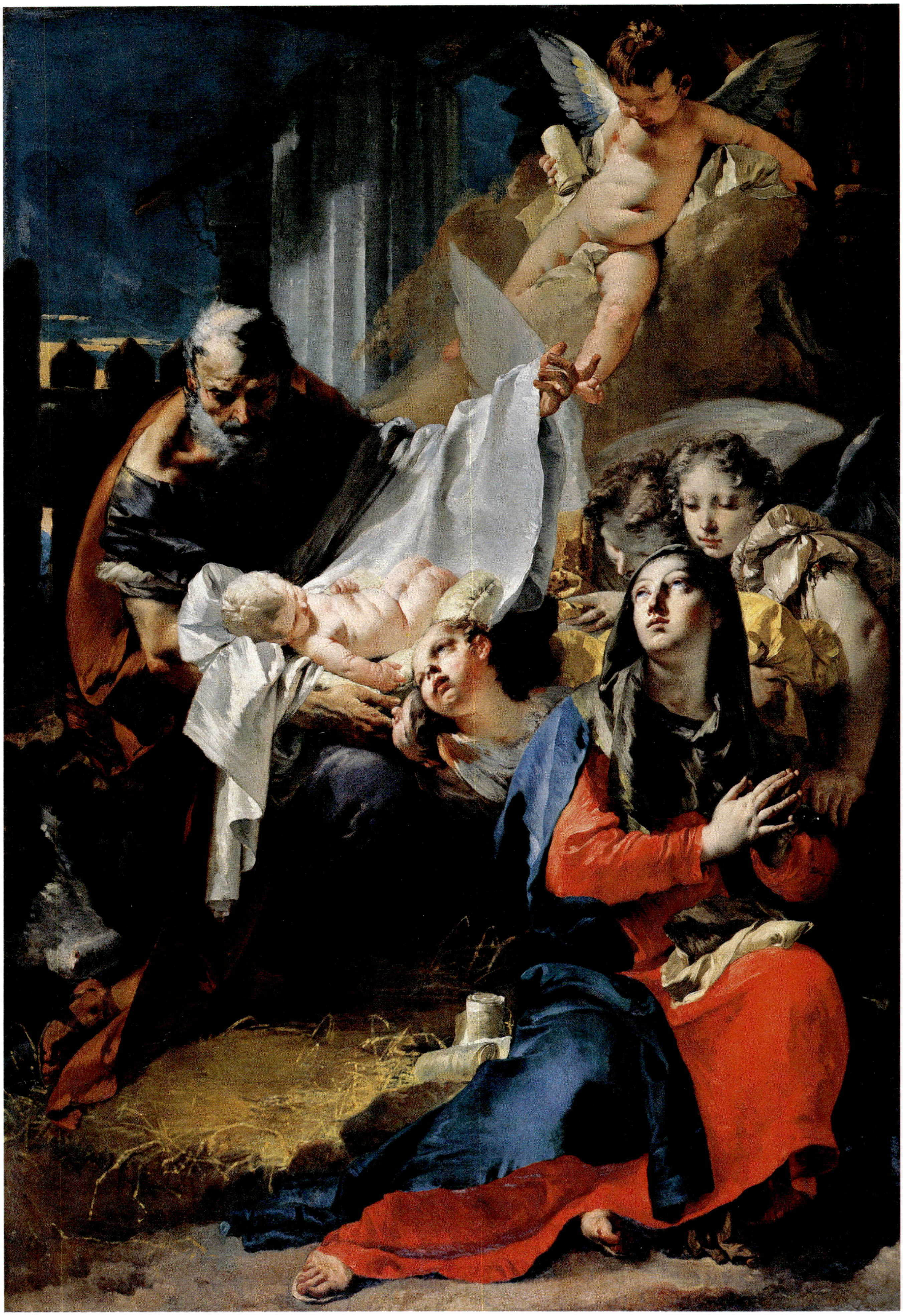

Adorazione del Bambino, 1732, olio su tela, 228 × 160 cm. Venezia, basilica di San Marco, sacrestia dei Canonici

The Adoration of the Christ Child, 1732, oil on canvas, 228 × 160 cm. Venice, basilica of San Marco, sacristy of the Canons

Nel Settecento veneziano si accentua e definisce la distinzione fra opera seria e opera comica, con scelte narrative, linguistiche e drammaturgiche progressivamente differenziate. Ma le commistioni fra le varie possibilità di ciò che indichiamo oggi come "melodramma", ovvero dramma in musica, proseguono nei fatti, al di là dei diversi tentativi di riforma. Si mantengono senza rigide compartimentazioni anche perché le compagnie sovente mescolano fra loro autori e opere differenti. Invece le differenze di pubblico si accentuano: Metastasio, Zeno, Frugoni, Calzabrigi, Varesco si rivolgono a un pubblico più colto, tendenzialmente aristocratico; per esso tornano continuamente su quei soggetti di storia romana e sacra che costituiscono il materiale narrativo su cui si esercita Tiepolo. L'impegno principale, comune a quegli autori, è seguire quei principi di ordine e pulizia, quell'"elegante semplicità" che è la divisa originaria dell'Arcadia; particolarmente interessante, in riferimento ai soggetti e alle tipologie gestuali, e dunque narrative, utilizzate da Tiepolo, sarebbe il confronto con un librettista napoletano, poi poeta cesareo, Silvio Stampiglia, arcade anche attivo a Vienna e rappresentato a Venezia, che è pure il primo che tende a espungere le parti comiche dal melodramma. Sarà la linea poi attuata con maggior coerenza nella produzione di Apostolo Zeno. Essa ci appare anche come una vera e propria raccolta di *exempla* morali: la magnanimità, la moderazione, la fortezza, l'amore coniugale, l'amicizia, la generosità, così come la complessiva virtù della temperanza sono esaltati sovra ogni altro attributo, né più né meno di quanto farà iconicamente in gran parte delle sue grandiose rappresentazioni il nostro pittore. Senza dimenticare mai l'assunto principale: fornire una dimensione assoluta all'espressione delle passioni, per ottenere ciò che Didone canta nei versi di Metastasio:

"E forse diverranno
soggetti miserabili e dolenti
alle tragiche scene i miei tormenti".

Secondo la poetica arcadica, in Metastasio dominano "i colori del vero", ovvero il "buon gusto", che poi altro non è che la possibilità di concepire e rappresentare un universo intelligibile, emotivo e di per sé evidente, se non razionale. Di qui lo stile genericamente indicato come rococò, caratterizzato, secondo la definizione di Roger Laufer, dall'aver riunito con eleganza elementi opposti, con la semplice forza del loro contrasto. Concedendo anche una libertà all'arte rispetto al dogma dell'obbedienza alla natura. A ciò si aggiunge il ritorno alla tradizione, analiticamente proposto anche attraverso il "Giornale de' letterati d'Italia" fondato a Venezia dai fratelli Apostolo e Pier Caterino Zeno, edito fra il 1710 e il 1740, cui collaborò potentemente anche il Maffei, ammiratore di Tiepolo, e già autore di una *Fida ninfa* musicata da Vivaldi.
La sorpresa, l'effimero, l'istante, l'improvviso segnano la drammaturgia di Metastasio, ma segnano altrettanto il gusto di Tiepolo. Non ci sono tragedie, ma drammi, e all'esemplarità delle vicende si accompagna sempre il piacere, la felicità narrativa, il gioco coloristico. E il celeberrimo sonetto di Metastasio si ritrova nel gusto di Tiepolo di "guardare fra le quinte" i propri sogni:

"Sogni e favole io fingo; e pure in carte
mentre favole e sogni orno e disegno,
in loro, folle ch'io son, prendo tal parte
che del male che inventai piango e mi sdegno".

"Ah che non sol quelle ch'io canto o scrivo
favole son: ma quanto temo o spero,
tutto è menzogna, e delirando io vivo!".

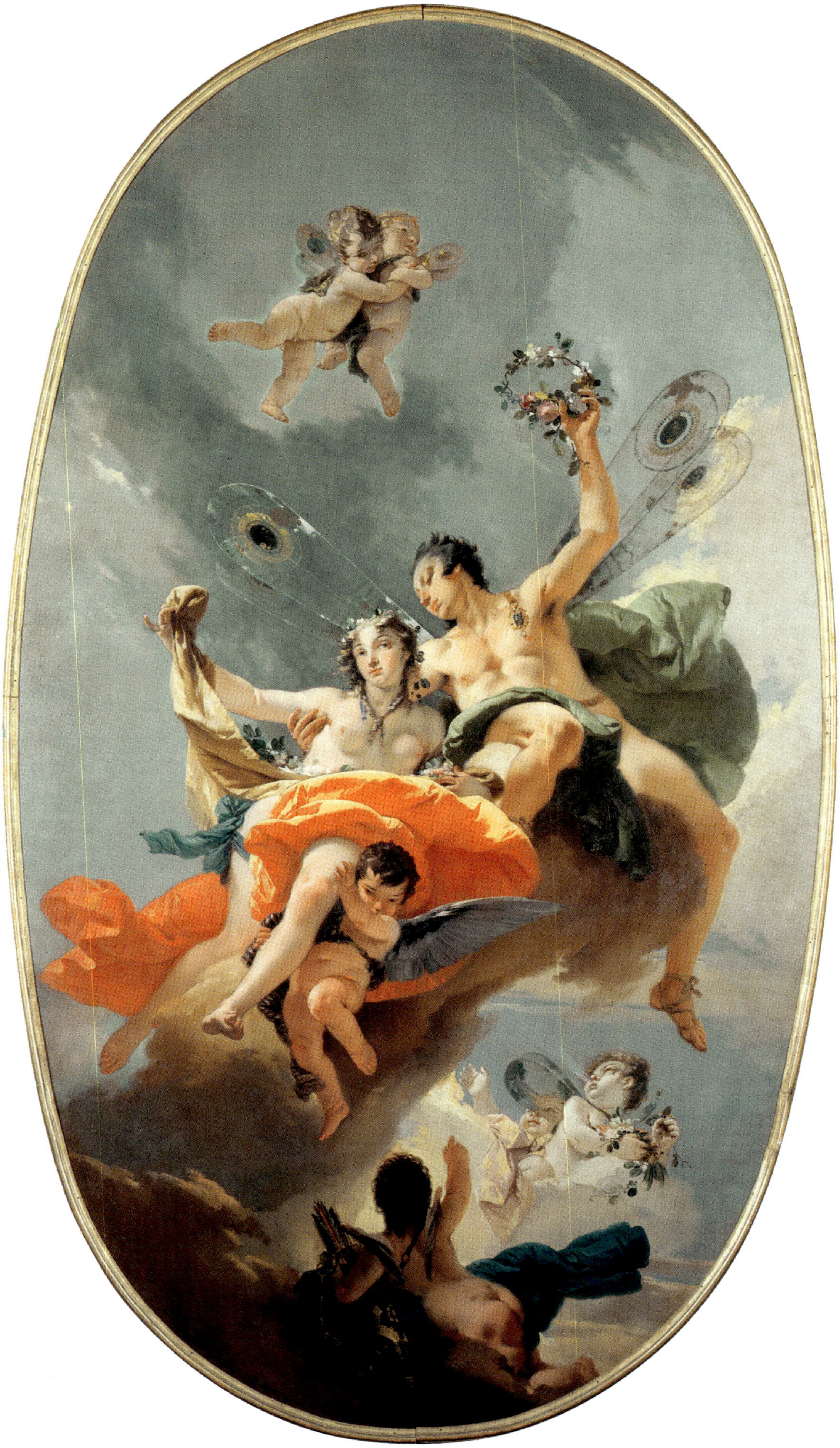

Trionfo di Zefiro e Flora, 1734-1735, olio su tela, 395 × 225 cm. Venezia, Ca' Rezzonico, Museo del Settecento Veneziano

The Triumph of Zephyrus and Flora, 1734-1735, oil on canvas, 395 × 225 cm. Venice, Ca' Rezzonico, Museo del Settecento Veneziano

Intanto Giambattista a "Berghem" s'è trovato o portato un aiuto, Giovanni Raggi, "Giovannino", forse di meno di vent'anni, il primo sicuro allievo. E ha omaggiato più volte il vecchio Vittore Ghislandi, il celebre Fra' Galgario, poiché "in occasione che faceva le bellissime e mai abbastanza lodate pitture nella Cappella del famoso Capitano Bartolomeo Coleone, portasi frequentemente nella sua stanza per vederlo a dipignere". Il quale Fra' Galgario quasi ottantenne "cominciò a dipingere col dito anulare tutte le carnagioni, la qual cosa continuò fino alla morte" dice Francesco Maria Tassi (1793, II, pp. 66-68): proprio come Bellini e Tiziano, che da anziani non volevano più la mediazione del pennello, e cercavano una tattilità di colore che riuscì in esiti altissimi.
Ma quanto è bravo ormai il Tiepoletto! Il pennello è velocissimo e risponde a un variare d'invenzioni mai stanco. E com'è elegante il tocco, e come è luminoso! E sa far di tutto: dipinge di storia sacra e profana, e mitologie e arabeschi allegorici! Ma anche: quanto è impegnato, subissato dal lavoro che lo costringe a un *tour de force* angoscioso. Sicuramente non è solo: nel 1733 uno svizzero, Johann Balthasar Bullinger, entrato nella bottega di Tiepolo, ci fa sapere di avervi trovato già una decina di praticanti, e come il lavoro ferva fino a sera. Ma della sua bottega ben poco sappiamo, non avendo documentazione diretta.
Certo è però che i ritmi di lavoro di Giambattista Tiepolo sono assolutamente assillanti: e questa volta è lui stesso a dircelo. Il 17 novembre 1734 scrive all'amico Lodovico Ferronati di Bergamo, informandolo di essersi fermato "mesi tre in Vicenza per un forte impegno, che da molti anni avevo, che per distrigarmi ò dipinto si può dire giorno e notte senza respiro" (Fogolari 1942). L'impresa di "forte impegno" è la decorazione della villa Loschi poi Zileri Dal Verme al Biron di Monteviale presso Vicenza, per il conte Nicolò Loschi.
Ha trovato la soluzione che soddisfi il conte nell'*Iconologia* del Ripa edizione 1611. Salendo le scale il visitatore incontra il monocromo del *Merito* e l'eleganza adamantina e distaccata della *Nobiltà*. Nel soffitto dello scalone il pittore rappresenta l'allegoria del *Tempo che scopre la Verità e caccia l'Invidia* (programmatico avvertimento per tutti coloro che mettevano in discussione la nobiltà dei Loschi) e nelle pareti *L'Innocenza scaccia l'Inganno*, *L'Operosità trionfa sulla Pigrizia* (o anche *La Vigilanza trionfa sul Sonno*); in entrambi i casi donne severe impongono vigorose lezioni morali su giovani: l'Innocenza è confermata da un bianco agnellino (come è sempre abile Tiepolo – e come è "naturale", ovvero realistico – nella rappresentazione degli animali!) e l'Inganno è un vecchio ormai privo d'energia. Quanto all'Operosità, confermata da un garrulo gallo, la scena ha una sua equilibrata classicità, come tutto a villa Loschi, ma per noi la Signora Allegoria ha un'aria vagamente ebete, e illumina il proprio incedere con una specie di cono gelato infiammato, mentre un giovane ubriaco ai suoi piedi non accenna minimamente a svegliarsi. Il fatto è che a volte le soluzioni eccessivamente allegoriche e rigide finiscono per assumere rischiosi toni da commedia.
Nelle volte del grande salone rettangolare si possono ammirare *Fortezza*, *Temperanza*, *Giustizia*, *Verità*, *Fama* – in realtà alquanto scomposta mentre con energia soffia la sua tromba naturale – con ai lati *Valore* e *Ingegno*, ovvero un'*Allegoria delle Virtù*. Nelle pareti la *Concordia maritale*, *La Liberalità dispensa doni*, con la solita efficacia tiepolesca nel cogliere i bambini, e qui anche un arguto paggetto – probabile ritratto, ma secondo i modi abituali –, e poi ancora *L'Umiltà scaccia la Superbia*, *La Virtù incorona l'Onore*. Le creazioni più nuove di Tiepolo sono la *Concordia maritale* e *La Virtù incorona l'Onore*. Nel primo caso la coppia che si tiene per mano è molto curiosamente addobbata alla moda secentesca, ed è legata da una doppia catena fermata al centro da un caldo cuore vitale. Ai piedi un cagnolino con cui gioca un bimbo. È una composizione che sembra quasi ironica, finendo per apparire una parodia delle metafore secentiste e dell'esasperazione barocca. L'altra mostra una Virtù del tutto angelica, con un delizioso pendaglio solare,

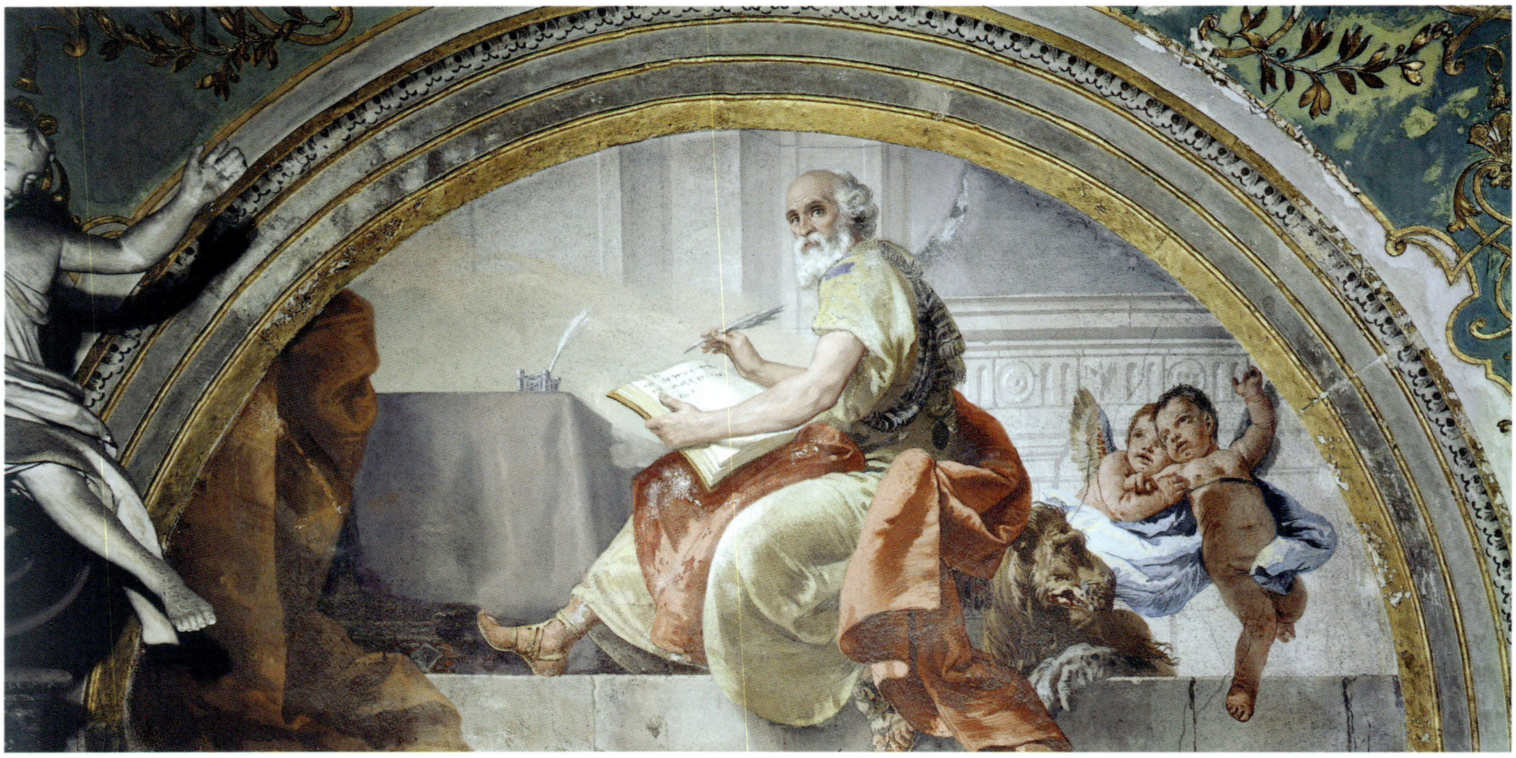

San Marco Evangelista, 1733, affresco, 150 × 350 cm. Bergamo, cappella Colleoni

St Mark the Evangelist, 1733, fresco, 150 × 350 cm. Bergamo, cappella Colleoni

che incorona il più aggrottato e spavaldo degli adolescenti. Questi si prepara a difendere con ogni possibile puntigliosità – il braccio sinistro puntato in vita con energia, il destro già con l'indice ammonitore – un Onore di cui ci chiediamo l'origine e che lui stesso impersona. E anche in questo caso dovremmo riferirci a un mondo secentesco, che Tiepolo illustra con una dose di sana ironia.

In definitiva, villa Loschi è una delle più prestigiose rassegne dei valori cui un'intera società aristocratica avrebbe dovuto fare riferimento. Un'esposizione che evita il moralismo: pur obbedendo alle richieste del committente, Tiepolo si esprime con un linguaggio superficialmente permeato di aspirazioni classiche, ma poi introduce quasi surrettiziamente, proprio attraverso l'esasperazione del linguaggio, un tono arcaico e critico. Ovvero sembra fare il verso alla semplicità delle xilografie del buon vecchio Ripa e considerarlo, di fatto, l'esponente di un mondo che non c'è più, attraverso il delizioso arcaismo delle composizioni. D'altra parte il pittore conosceva bene la vicenda nobiliare dei Loschi: il titolo comitale era recentissimo – 28 settembre 1729 –, mentre nel loro passato c'era anche un avo bandito. In fondo, per un veneziano valeva l'adagio: "No ga Venezia tanti gondolieri, quanti Vicenza conti e cavalieri".

Certo è che se si passa da villa Loschi a villa Cordellina e poi a villa Valmarana, in un breve spazio fisico, ma con una scansione decennale nella produzione di Tiepolo, ci si rende conto di quanto sia stato pittore innovativo e creativo, di quante possibilità stilistiche abbia avuto questo straordinario narratore di figurazioni che non volle mai ripetersi, se non negli argomenti che i committenti proponevano per i loro impossibili soffitti.

L'*Immacolata Concezione* (circa 1734), oggi al Museo Civico di Vicenza, è la realizzazione di quel tempo: ammirevoli i guizzi dell'argentea veste della Madonna, l'ampiezza e la complessità del gran manto svolazzante, con tratti di puro illusionismo. È una figura quasi sdegnosa, fissata in un gesto altero, colta nell'istante del definitivo distacco dagli umani. Si notino i gigli reclinati, a destra in basso, quasi sul punto di avvizzire: rappresentano lo stacco da una natura che è vinta e trasfigurata dal segno divino posto in un corpo che si mantiene umano, e transumanato.

Attivo anche in Friuli, nel 1736 conduce gli affreschi del palazzo Corner di San Maurizio

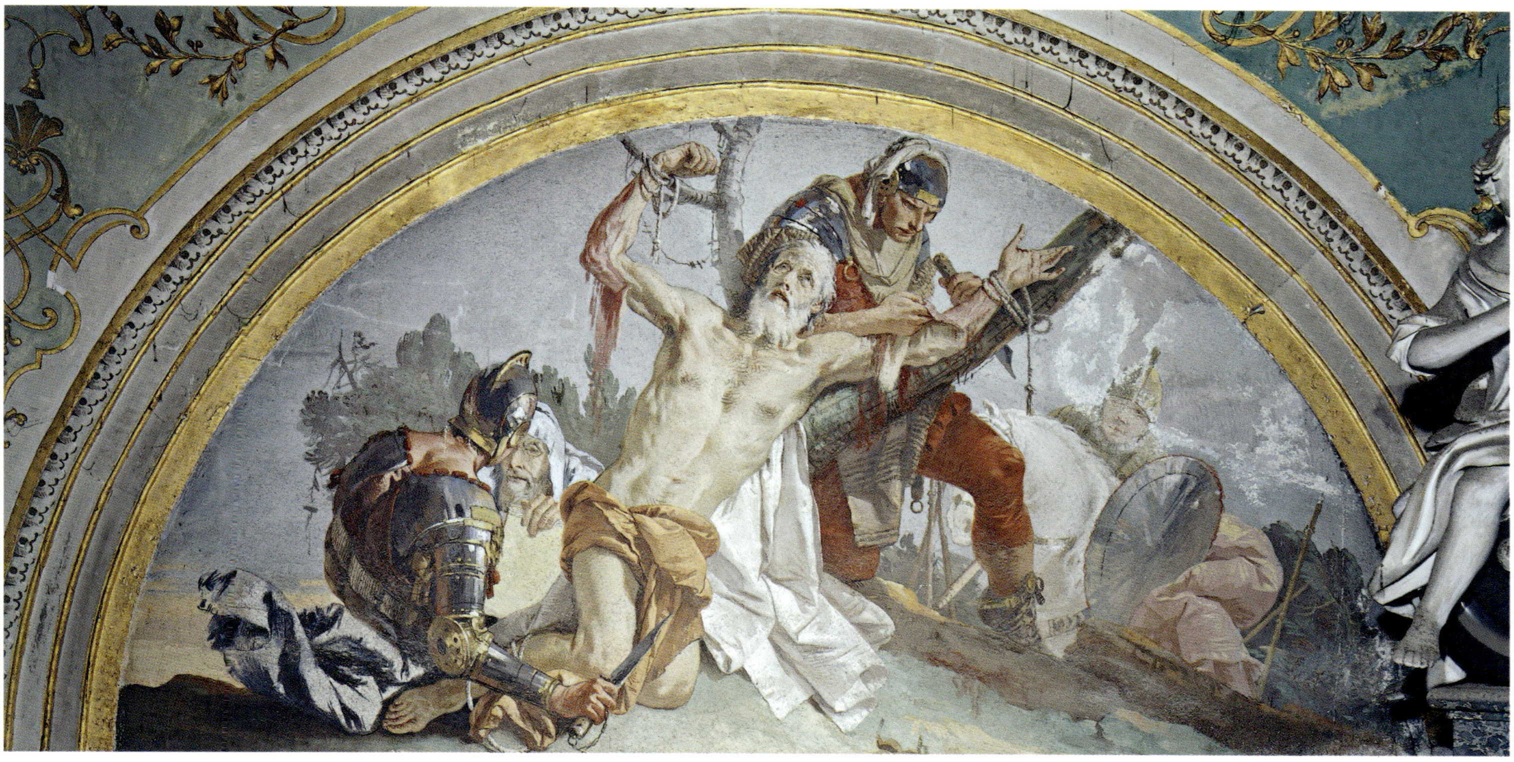

Martirio di san Bartolomeo, 1733, affresco, 150 × 350 cm. Bergamo, cappella Colleoni

The Martyrdom of St Bartholomew, 1733, fresco, 150 × 350 cm. Bergamo, cappella Colleoni

a Merlengo, con le *Storie di Ifigenia*, oggi illeggibili: a metà Ottocento il vescovo di Treviso, acquistata la villa, non trovò di meglio che ordinare a un pittore locale di coprire le "vergogne" dei nudi. Dopodiché i suoi eredi o scalpellarono gli affreschi, o cercarono di strapparli per venderli. È l'anno in cui nasce Lorenzo, l'ultimo figlio che sarà dotato nell'arte pittorica. La notorietà del padre quarantenne, dopo essersi propagata nell'Italia settentrionale, ora sembra rimbalzare anche all'estero. In effetti il conte Carl Gustaf Tessin, ministro del re di Svezia, incaricato di ingaggiare un pittore per il Palazzo Reale di Stoccolma, costruito su progetto del padre, Nicodemo il Giovane, nel 1736 scrive: "Tiepolo, chiamato Tiepoletto, è fatto su misura per noi [...]. È un seguace di Veronese [...] pieno di spirito [...] con un fuoco inesauribile, colori smaglianti e prestezza incredibile. Fa un quadro mentre un altro arriva appena a stemperare i colori". È il più rapido ritratto di un pittore che ormai supera in fatto di velocità anche Luca "fa presto" Giordano e Pietro da Cortona. Tiepoletto sa organizzare al meglio il lavoro e condurre a termine in poche settimane, qualche mese, i più vasti soffitti. Ma per trasferirsi in Svezia non esita a chiedere un compenso di duemila zecchini l'anno, una cifra ritenuta esorbitante, e le trattative falliscono sul nascere. La reazione del conte Tessin è rabbiosa: "Quest'uomo impudente vuol farsi pagare sei volte quello che guadagna a Venezia! [...] E pensare che noi gli davamo l'occasione di guadagnarsi il titolo di pittore del Re e professore dell'Accademia Reale di pittura e scultura. Tanto peggio per lui: Tiepolazzo lo chiameremo, d'ora in avanti!".
L'invito a Stoccolma, ovviamente sottolineato da tutti i biografi, apre tuttavia una maggiore questione: perché Tiepolo ebbe così pochi inviti all'estero? Nessuno lo chiamerà in Inghilterra, e neppure in Francia, dove pure si affrescavano metri quadri di soffitti, e un'opera così modesta qualitativamente come l'*Apoteosi di Ercole* di François Lemoyne a Versailles era tanto ammirata. E perché Tiepolo andò a Würzburg a realizzare i suoi capolavori, e non a Vienna, la capitale che pure era ai piedi di Metastasio? Mentre un Bernardo Bellotto dal 1747 è a Dresda, e poi dipinge a Vienna e Varsavia, con successo. Perché Tiepolo non è convocato ad Amsterdam? Perché non a San Pietroburgo? Perché non seguì le orme di Pellegrini e di tutti gli altri? Ma infine: perché riceverlo a Madrid con la stessa paga e fama di Corrado Giaquinto? In effetti il nome di Tiepolo sembra, in

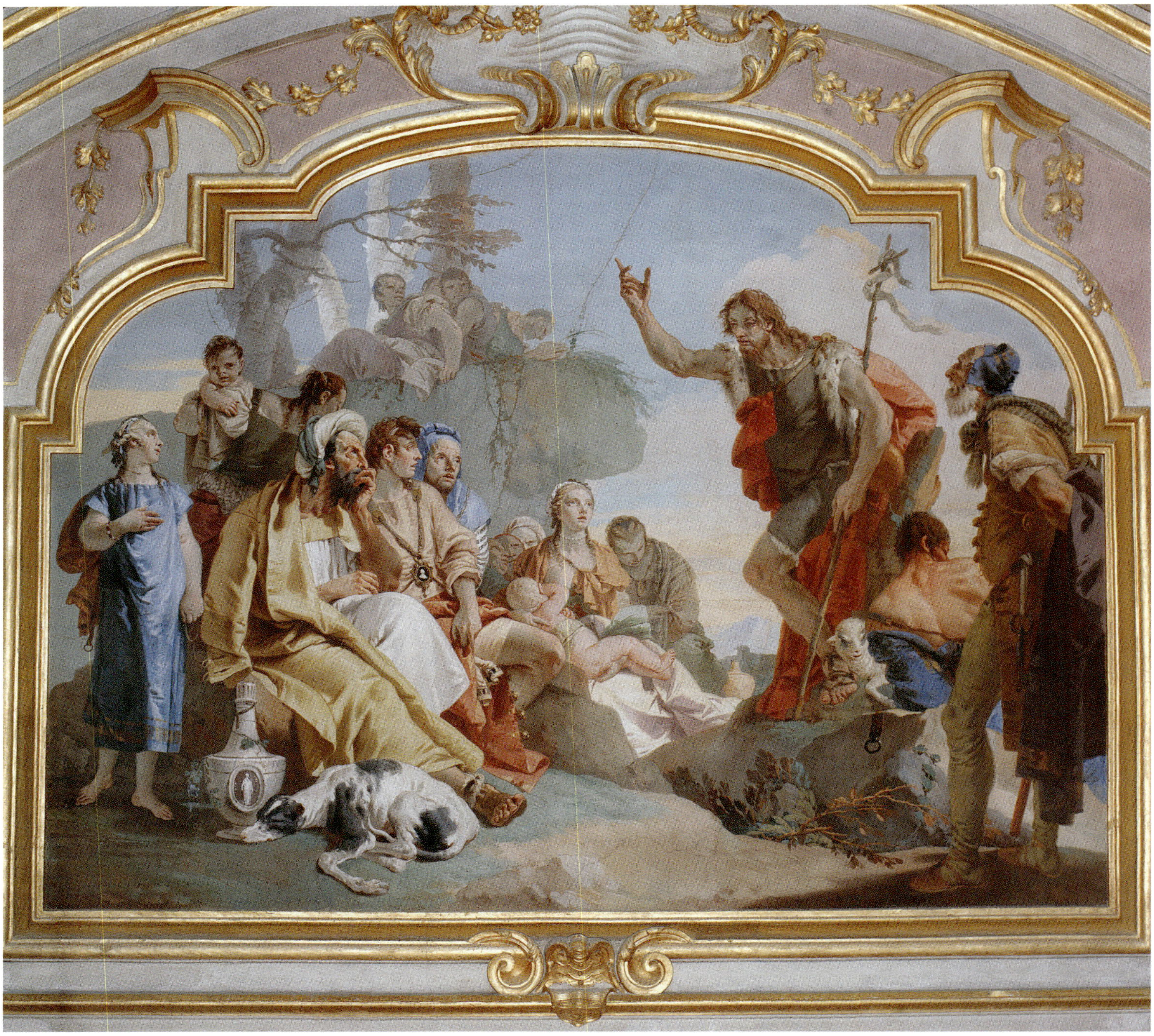

Predicazione di Giovanni Battista, 1732-1733, affresco, 350 × 500 cm. Bergamo, cappella Colleoni

The Prayer of John the Baptist, 1732-1733, fresco, 350 × 500 cm. Bergamo, cappella Colleoni

molte città d'Europa, meno conosciuto di quello di Marco Ricci, Canaletto e Zuccarelli, che hanno avuto Londra come cassa di risonanza, e di Rosalba Carriera ricevuta con ogni onore a Vienna. È meno noto di Pellegrini a Düsseldorf e l'Aja, di Amigoni impegnato in *tournées* tedesche e inglesi, di Bernardo Bellotto prolifico nei suoi lunghi soggiorni a Dresda, Monaco e Vienna. La circolazione d'idee, gli interscambi e le osmosi che qualificano la stagione culturale settecentesca vedono i pittori veneziani in prima linea, non solo quelli che si fanno pellegrini, ma anche i sedentari che esportano le loro opere in gran copia (Carlevarijs, Longhi, i due Guardi), contribuendo, non meno dei primi, alla straordinaria evoluzione del gusto.
Ma Tiepolo è nettamente staccato da loro, è "veneziano" non "internazionale". A metà secolo il francese Charles-Nicolas Cochin, visitando a fondo Venezia, concludeva che i pittori veneziani erano troppo "coloristi" e che Tiepolo era troppo "chiaro" per i gusti francesi che preferivano l'esausto "naturalismo" di Boucher alle più vigorose e veronesiane ambientazioni di Tiepolo. Certamente da questo punto di vista, comparando le opere

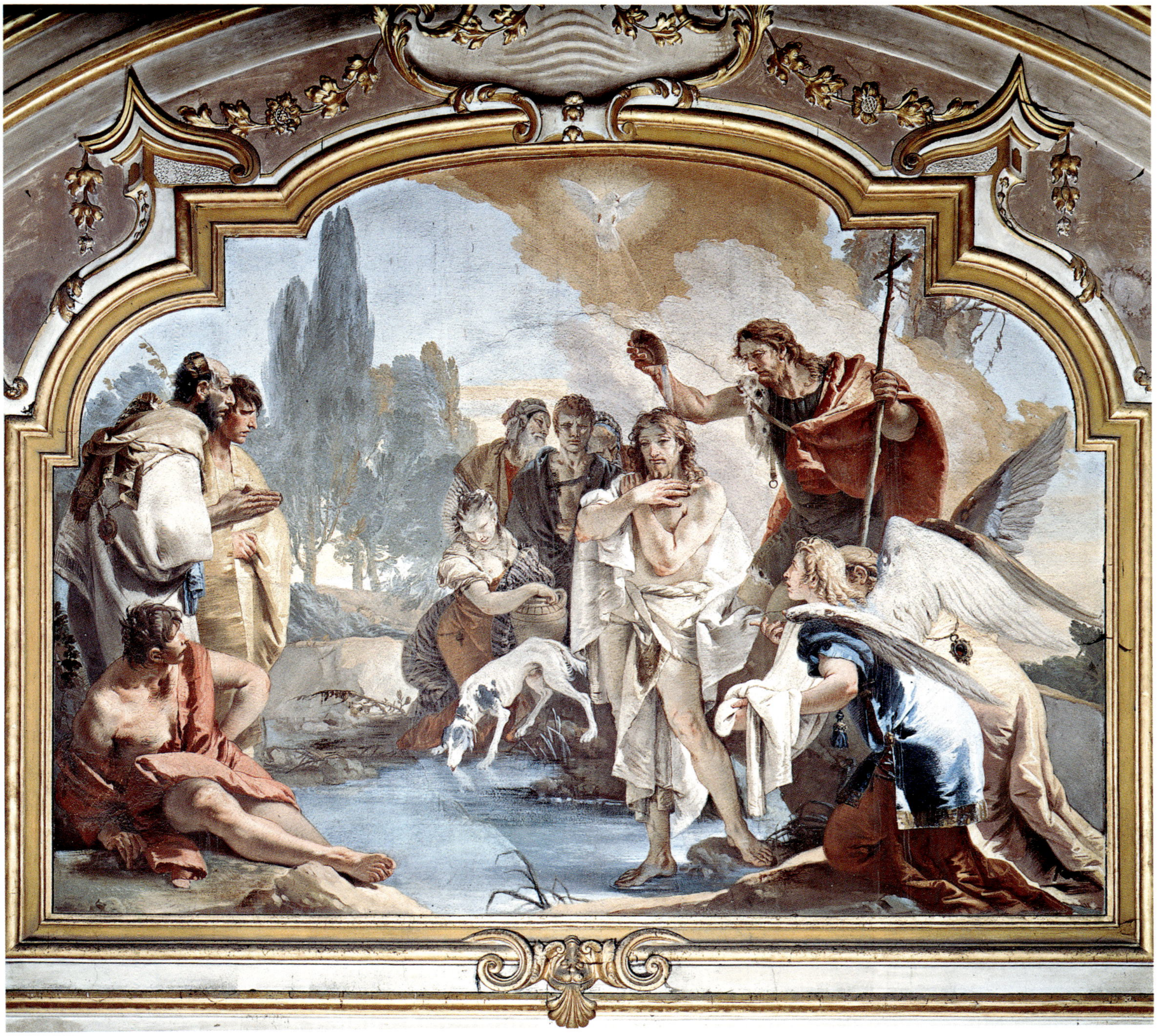

Battesimo di Cristo, 1732-1733, affresco, 350 × 500 cm. Bergamo, cappella Colleoni

The Baptism of Christ, 1732-1733, fresco, 350 × 500 cm. Bergamo, cappella Colleoni

di Tiepolo con quelle di tanti altri pittori europei suoi contemporanei, si coglie assai meglio la sua cultura pittorica tutta veneziana, con una forma espressiva ben più solida e robusta, ben più "classica" rispetto ai più svenevoli rappresentanti dello stile *rocaille*. Comunque il conte Tessin, buon collezionista, si affretta ad acquistare per le raccolte svedesi il bozzetto con la *Decollazione del Battista* e la *Danae e Giove*, forse ancora fresca di vernice, oggi al Museo dell'Università di Stoccolma. È una tela di ironia feroce, a cominciare da una indolentissima e apatica Danae, cortigiana che esibisce con totale indifferenza un posteriore carico di cellulite messo in mostra da un Cupido già grandicello – e dunque piuttosto interessato – mentre la solita vecchia con gorgiera raccoglie la "pioggia d'oro", in realtà le poche monete che il vecchio Giove ha a disposizione (o è disposto a spendere?). Vecchio per la schiena già curva e la pelle cadente – il classico "culo flaccido" –, ma ancora una traccia d'espressione lasciva. Ai piedi del letto un cagnolino, un cucciolo di Spaniel, abbaia all'aquila che il padre degli dei s'è portato dietro: e questa allunga il collo con acrimonia, sempre tenendosi i suoi modesti fulmini negli artigli, allargando

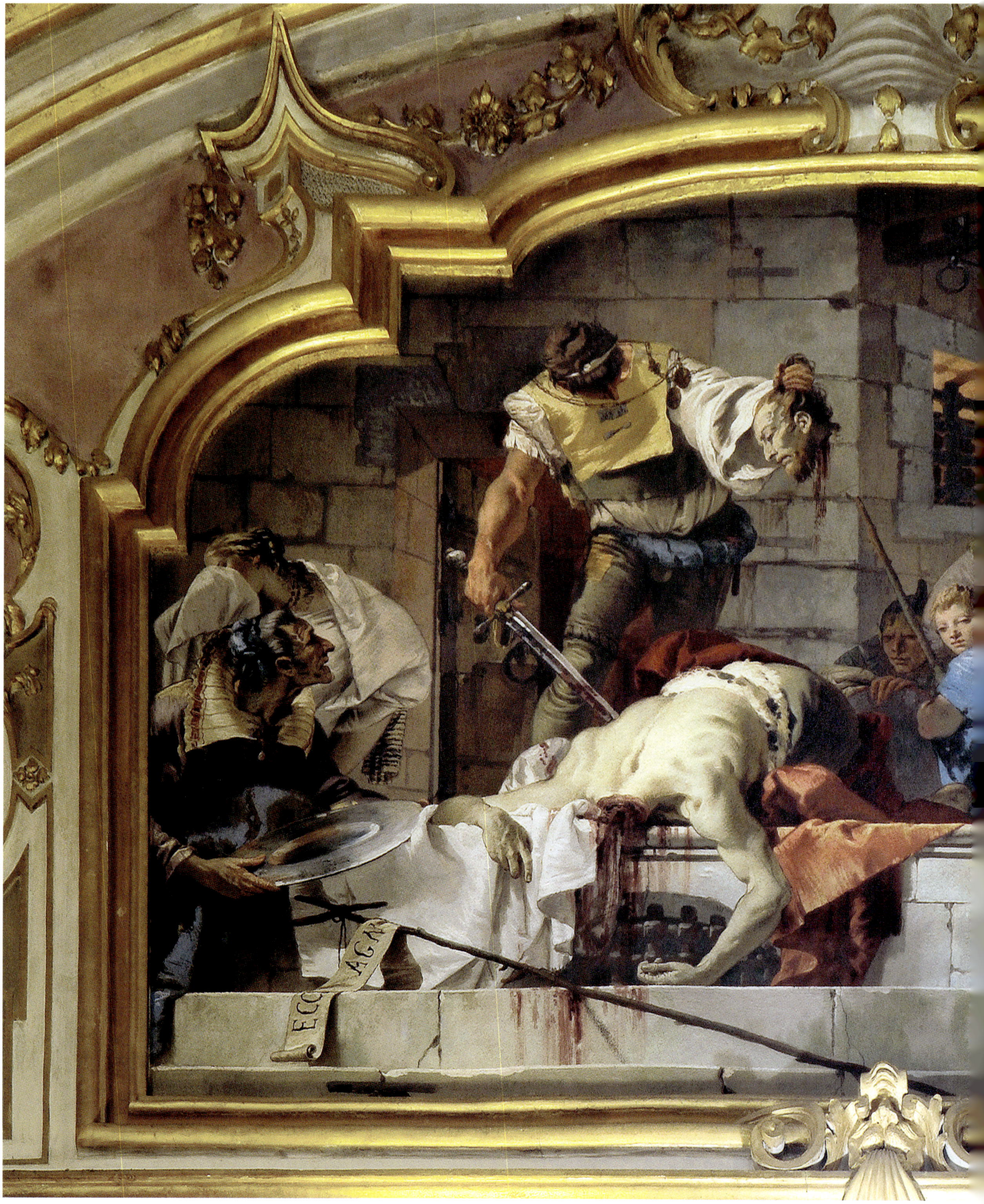

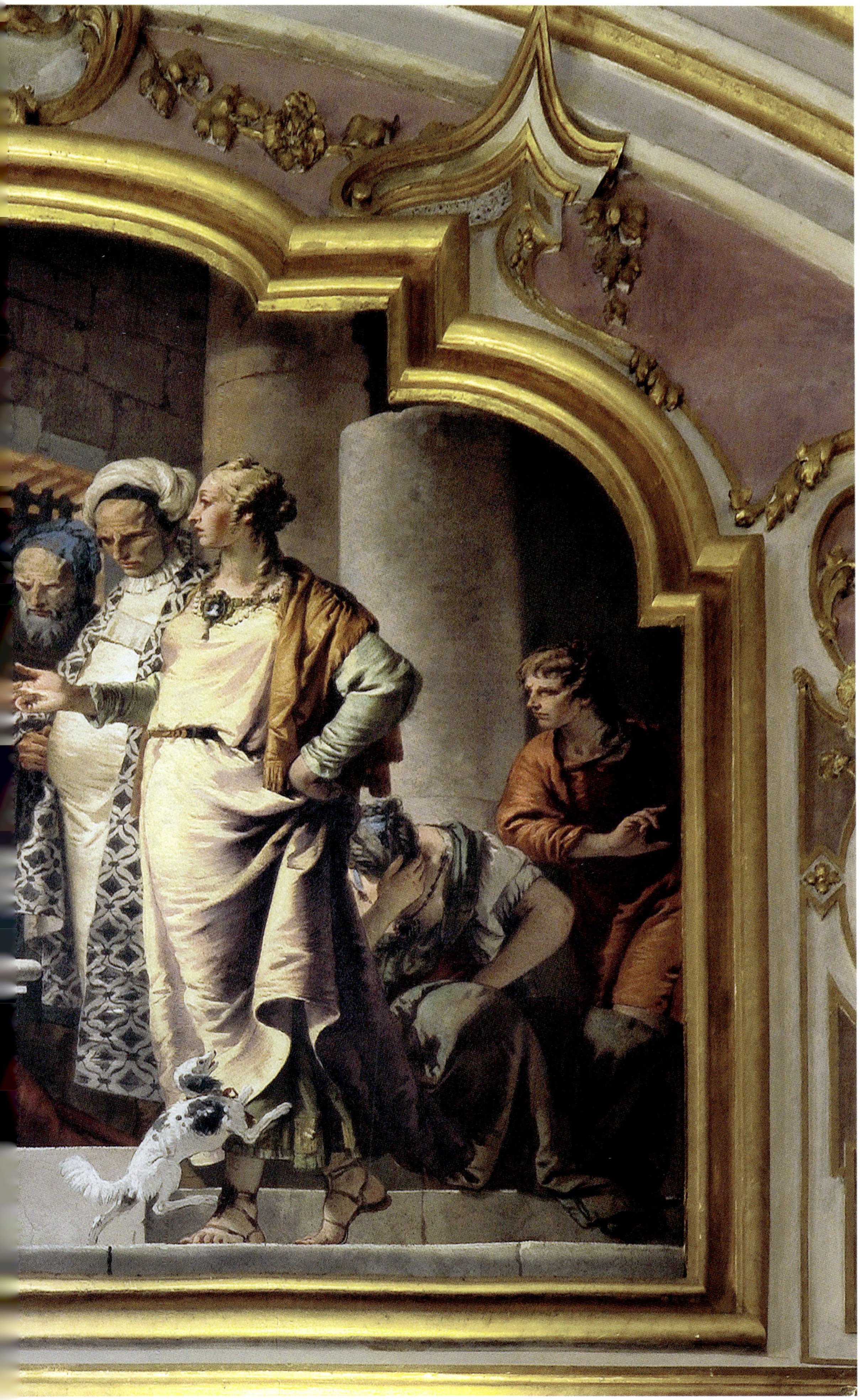

Decollazione del Battista, 1732-1733, affresco, 350 × 500 cm. Bergamo, cappella Colleoni

The Beheading of John the Baptist, 1732-1733, fresco, 350 × 500 cm. Bergamo, cappella Colleoni

Alle pagine seguenti
On the following pages

Concordia maritale, 1734, affresco, 230 × 180 cm. Monteviale, villa Loschi

Marital Harmony, 1734, fresco, 230 × 180 cm. Monteviale, villa Loschi

La Virtù incorona l'Onore, 1734, affresco, 230 × 180 cm. Monteviale, villa Loschi

"Honore. Giovane bello, vestito di Porpora, e coronato d'alloro, con un'hasta nella mano destra, e nella sinistra con un Cornucopia, pieno di frutti, fiori, e fronde: Honore è nome di possessione libera, e volontaria, degl'animi virtuosi, attribuita all'huomo per premio d'essa virtù, e cercata col fine dell'honesto". Giovane e bello perché si fa desiderare, di porpora perché ornamento regale; incoronato d'alloro per alludere alla scienza; e ricchezza (la cornucopia) e l'armi (l'asta) ne completano il quadro. È Cesare Ripa, nell'*Iconologia*, edizione senese del 1613. Tiepolo si affida totalmente nella lettura dell'intero ciclo al testo che tutti conoscono e che svela il significato delle immagini. Una grammatica iconografica indispensabile per più di due secoli.

Virtue Crowning Honour, 1734, fresco, 230 × 180 cm. Monteviale, villa Loschi

"Honour. A handsome youth, dressed in Crimson, and crowned with laurel, with a staff in one hand and a Cornucopia in the other, filled with fruit, flowers and foliage: Honour is the name of free, voluntary possession of virtuous thoughts, attributed to the man to reward this virtue, and sought with the aim of the honest." Young and handsome because desirous, crimson because a regal ornament and a laurel crown to allude to science, with riches (the cornucopia) and weaponry (the staff) completing the picture. This was Cesare Ripa's description of honour in the Sienese edition of *Iconologia* of 1613. For the interpretation of the entire cycle, Tiepolo entrusted himself fully to this text, which was known by all and revealed by meaning of the images. It was an iconographical grammar that remained indispensable for more than two centuries.

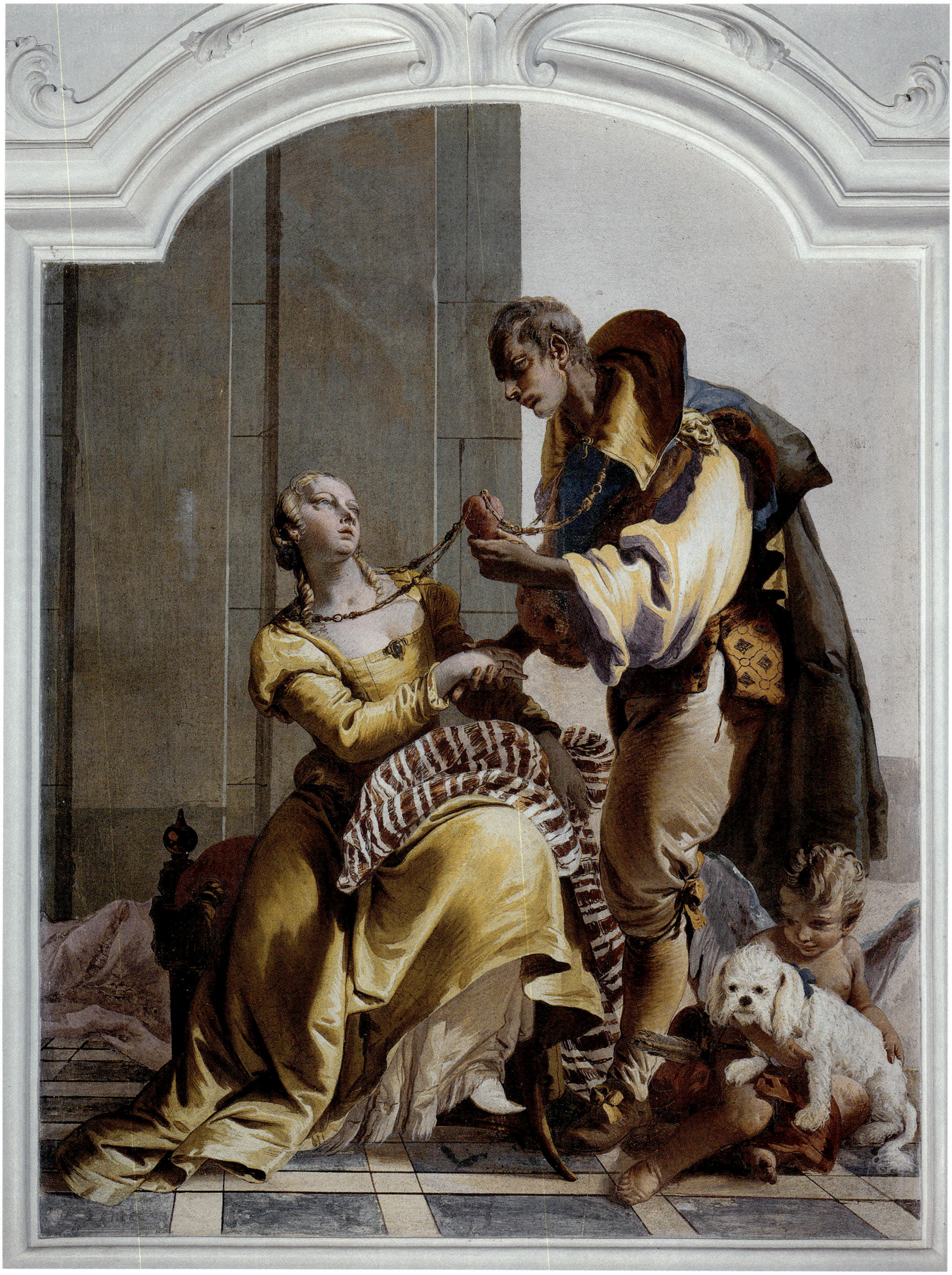

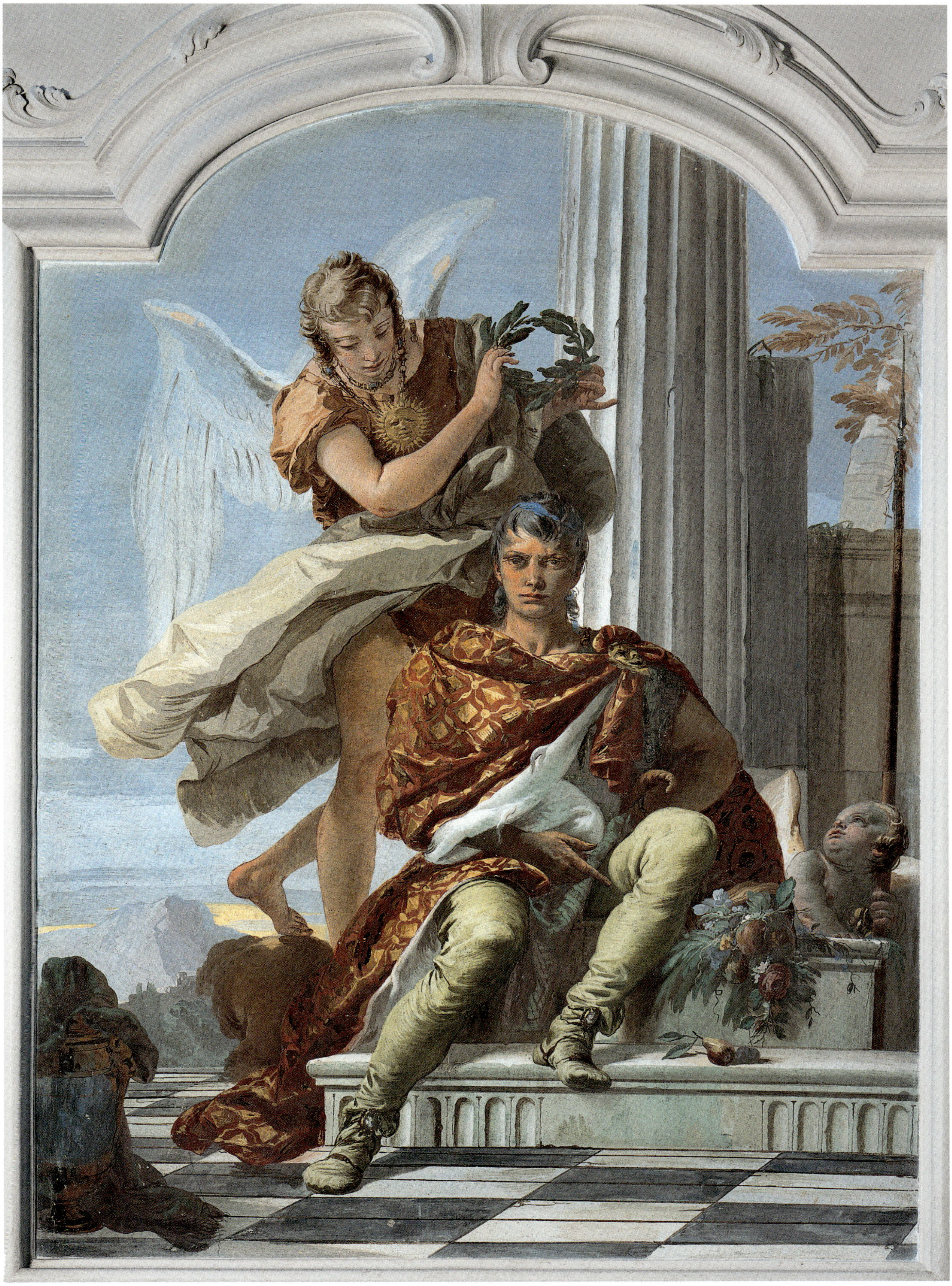

Allegoria delle Virtù, 1734,
affresco, 330 × 530 cm.
Monteviale, villa Loschi

Allegory of the Virtues, 1734,
fresco, 330 × 530 cm.
Monteviale, villa Loschi

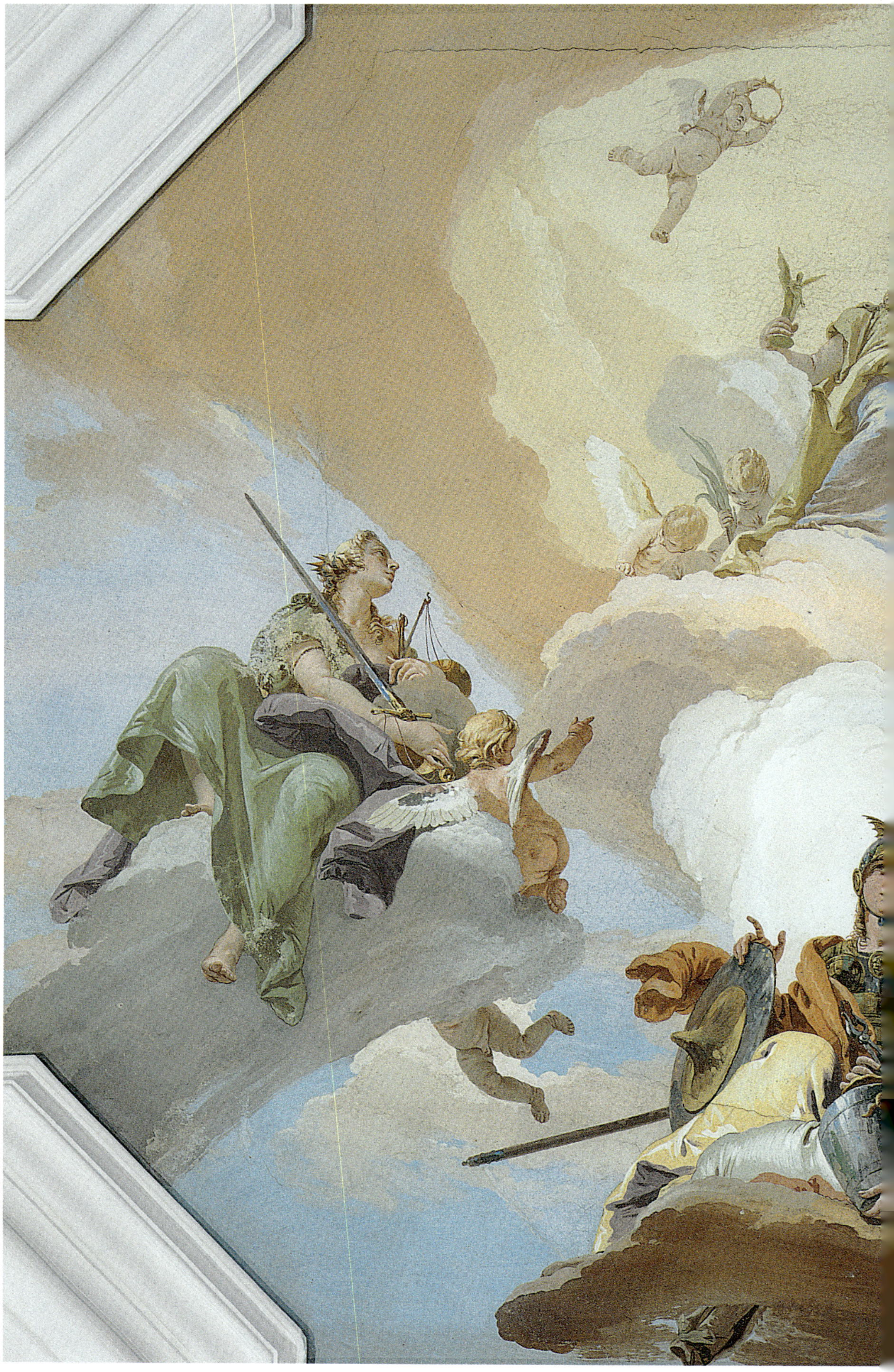

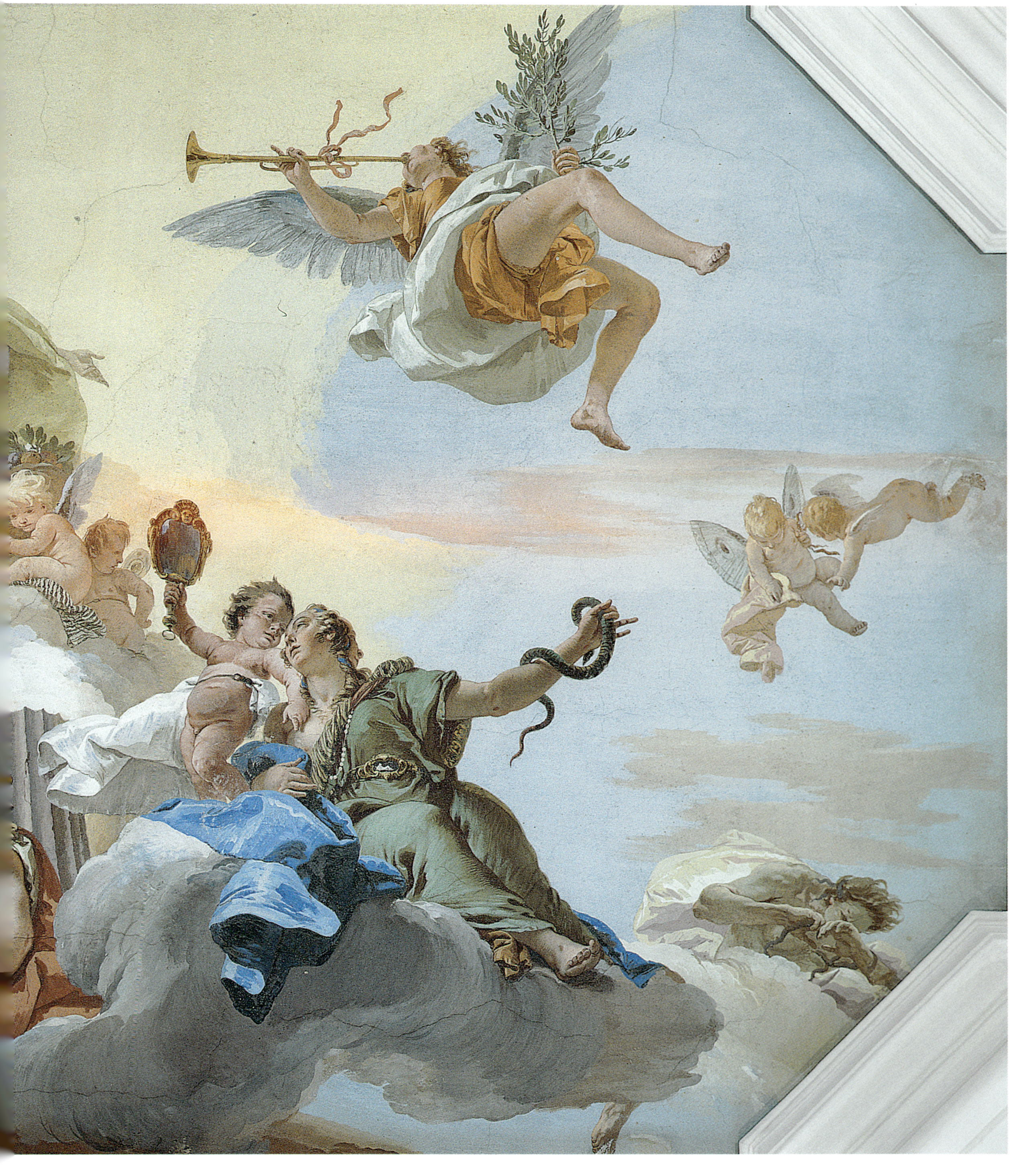

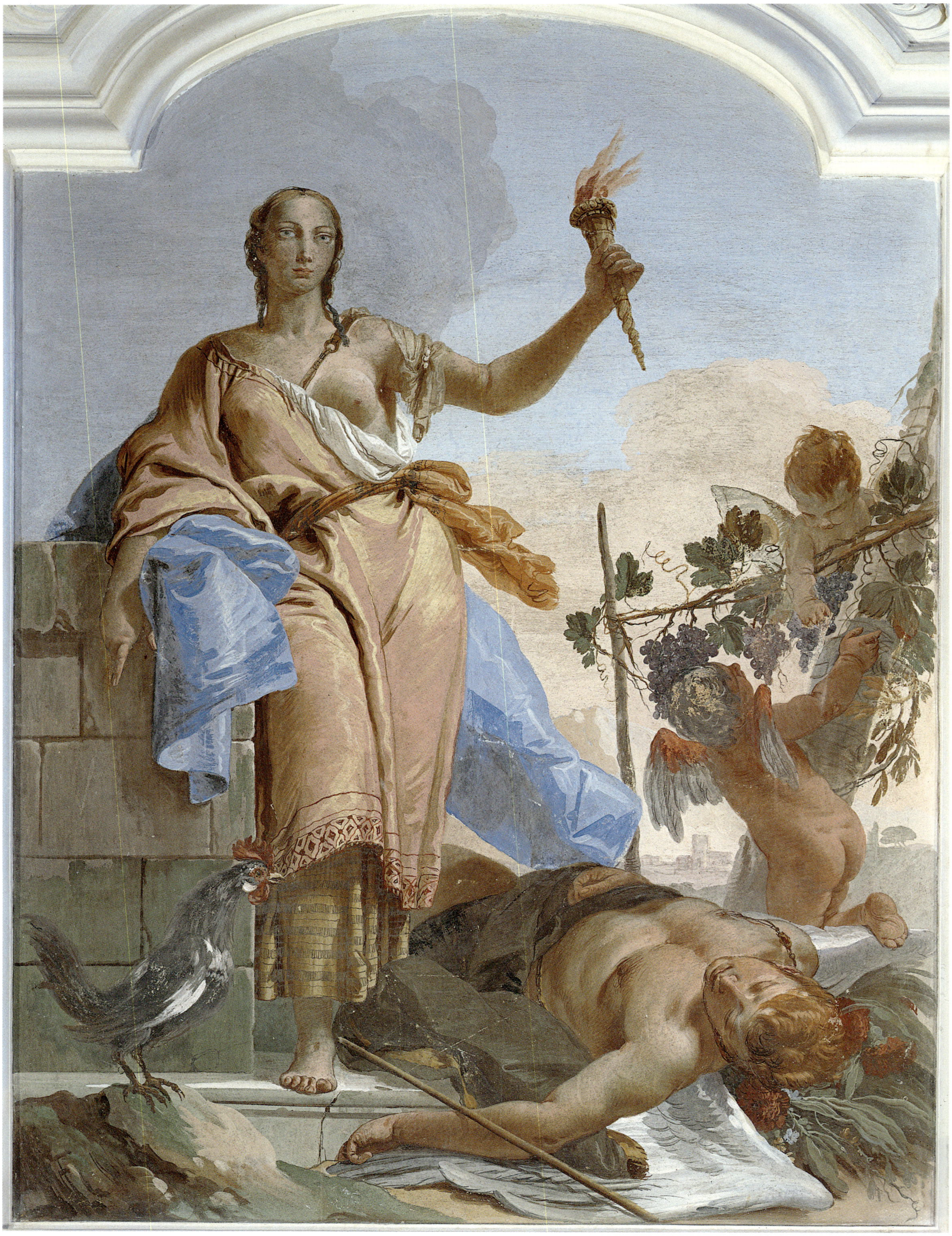

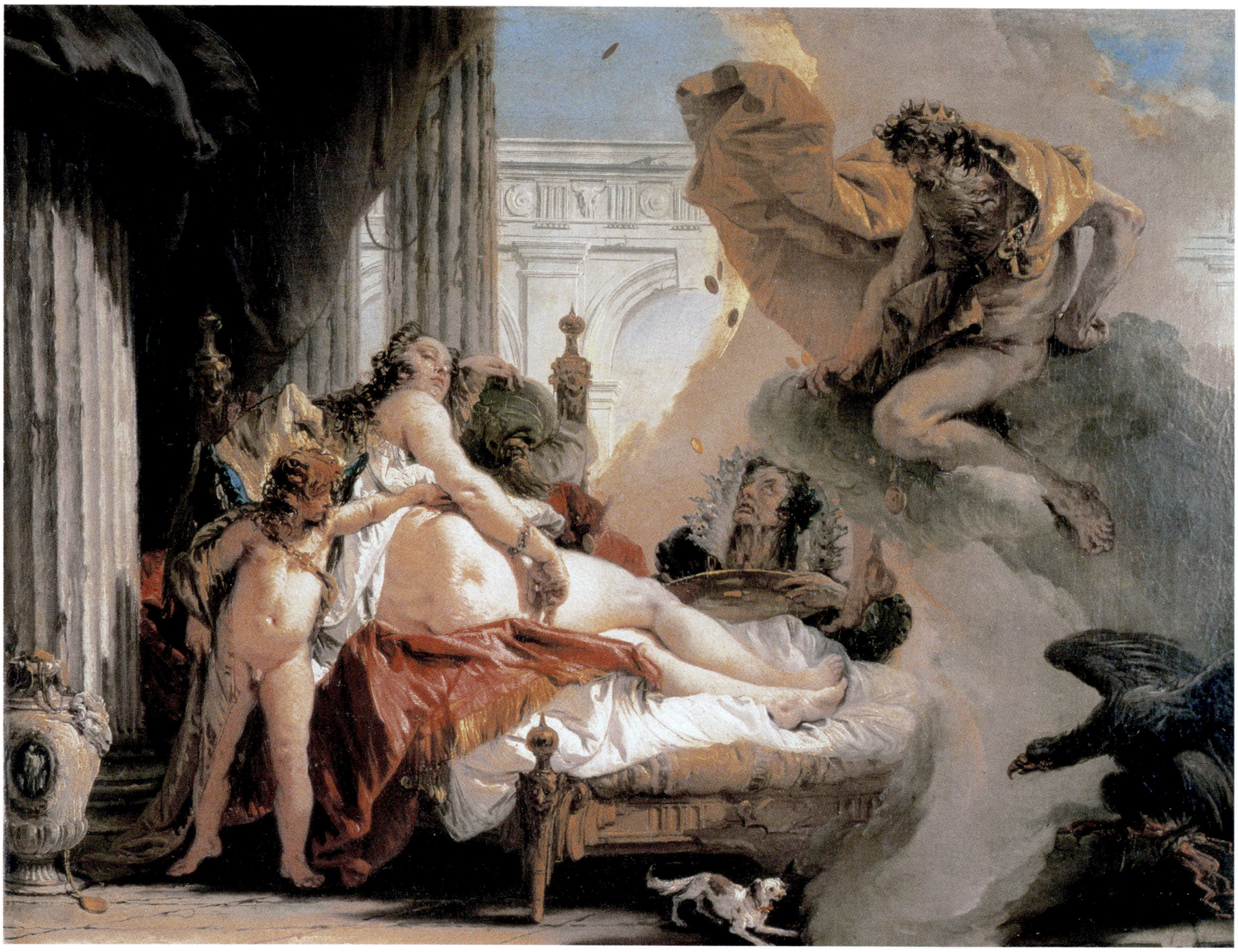

due alucce che non sembrano spaventare la petulante bestiola. Evidente quanto Tiepolo si sia divertito a rifare con il gusto dell'ironia un tema che tutti i pittori veneziani avevano nel repertorio; e questa volta, in fatto di scherno, supera di molto la già nota cortigiana di Tiziano.

Maestro di regia, pittore aulico, scenografo virtuoso come imponeva la classe aristocratica del tempo; ma anche artista sensibile alla percezione del vivo, dell'attuale, agli stimoli che suggerivano le costanti novità teatrali. Lo ribadisce il vasto repertorio di caricature, un diario segreto in cui Tiepolo osserva senza pregiudizi la società e il mondo ufficiale, smitizzandolo.

Danae e Giove, 1734-1736,
olio su tela, 41 × 53 cm.
Stoccolma, Universitet
Konsthistoriska Institutionen

Danae and Jupiter, 1734-1736,
oil on canvas, 41 × 53 cm.
Stockholm, Universitet
Konsthistoriska Institutionen

L'Operosità trionfa sulla Pigrizia,
1734, affresco, 230 × 189 cm.
Monteviale, villa Loschi

Industry Triumphing over Sloth, 1734,
fresco, 230 × 189 cm.
Monteviale, villa Loschi

CAPITOLO IV

Il Veronese redivivo

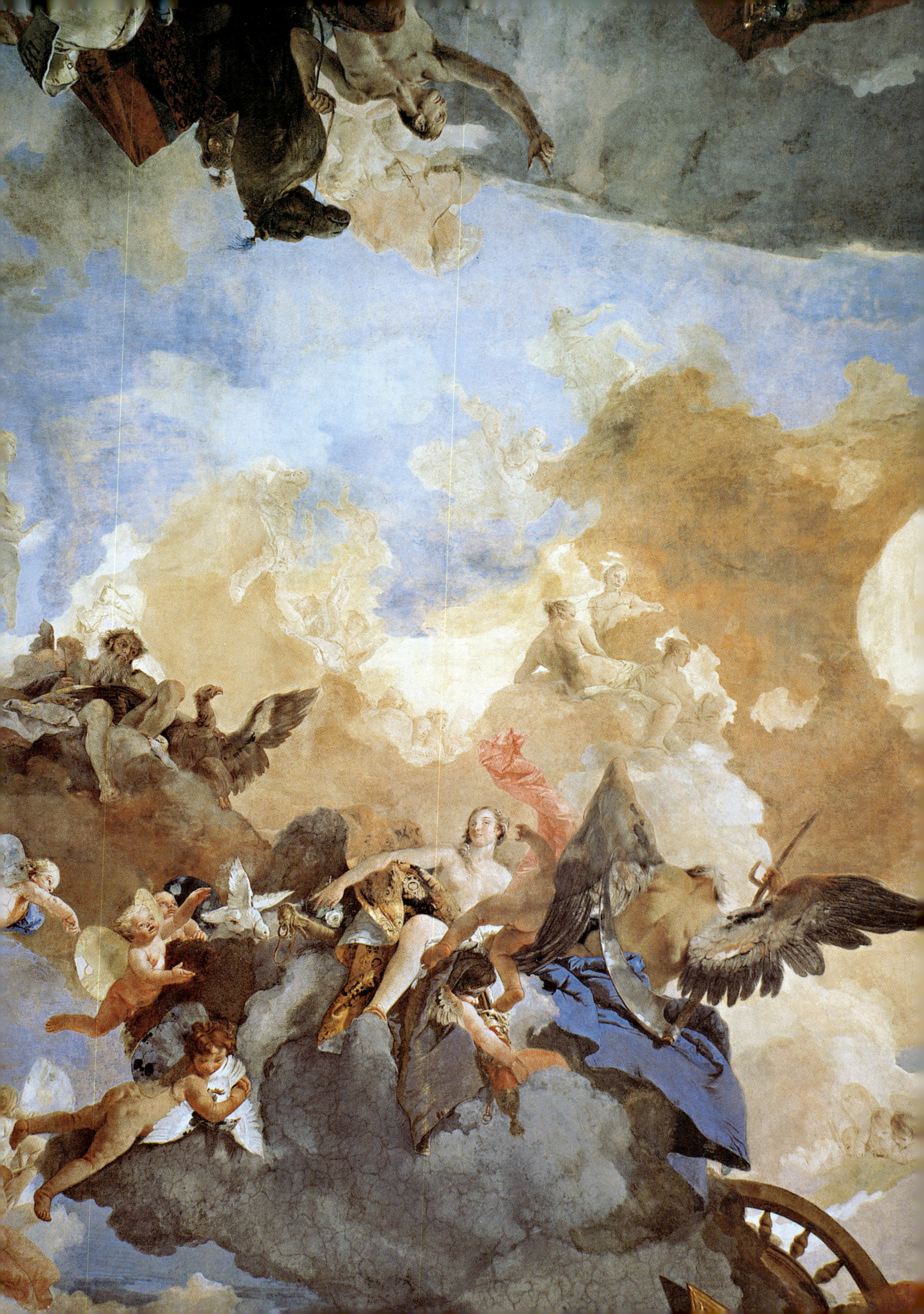

Poi, come sempre, Giambattista Tiepolo indossa un'altra maschera: non più l'ironia, il melodramma, l'ariosa Arcadia. Nel 1736, sull'altare della parrocchiale di Ognissanti a Rovetta, in Val Seriana, colloca la pala con la *Madonna in gloria venerata da apostoli e santi*, il cui modelletto è al Poldi Pezzoli. "Una luminosità calda, a ombre leggere, articolata con straordinaria vivacità di contrappunti formali, suggeriti dal raduno movimentato dei santi in terra, attorno alla colonna scanalata, e di quelli sulle nubi. Anche qui la pasta del colore è molle, rugiadosa, sprizzante vibrazioni sottili di luci: si direbbe che Paolo Veronese qui è meditato proprio attraverso la lezione di Sebastiano Ricci, che in quel torno di tempo s'imponeva anche sul Piazzetta" (Pallucchini 1960).

A testimoniare l'ammirazione del Tiepolo per Paolo Veronese, e il suo attento studio, è l'elaborato *Ritrovamento di Mosè*: grande tela realizzata in studio a Venezia, da quasi due secoli è amputata della parte destra (l'*Alabardiere*, ora alla Pinacoteca Agnelli di Torino), che ammiriamo alla National Gallery of Scotland di Edimburgo. Opera forse commissionata da Andrea Antonio Giuseppe Corner per il palazzo Corner della Regina, edificato nel 1725 da Domenico Rossi. Giambattista riprende quasi fedelmente il supporto figurativo paolesco, ma poi lo muta completamente, del tutto allontanandosi da ogni significato pur vagamente sacro: la scena diventa una graziosa passeggiata di figurine elegantemente abbigliate, ma anche una curiosa, e forse strana e complicata, macchina gestuale di cui non riusciamo completamente a decrittare il senso, voltato in termini di pura eleganza formale. La composizione all'origine presentava un tale disassamento che è probabile fosse stata studiata per essere posta su una parete in un ambiente relativamente stretto, e visibile anzitutto da destra, così chi si poneva quasi a fianco dell'*Alabardiere* – che per molti anni abitò un appartamento torinese di Gianni Agnelli – poteva ammirare la gran scena che si svolge a sinistra, e ora osserviamo compiutamente standole di fronte. La ricomposizione dopo il taglio ottocentesco della tela, in occasione di una mostra a Udine nel 2012, è stata particolarmente importante per fugare ogni dubbio sull'ardito equilibrio finale ottenuto da Tiepolo. Il solito movimento sinusoidale lega una catena di volti: quello di una bellissima giovane donna – uno dei più intensi, netti, piacevoli volti femminili di Tiepolo, con intenti occhi da cerbiatta – che si piega leggermente per ascoltare il suggerimento della solita vecchia con gorgiera – ma qui non è nella parte della megera della *Danae*, né in quella della confusa e stupita *Sara* di Udine – sotto la cui mano c'è un'altra giovane, che si china, commossa e affettuosa, verso un'ulteriore giovane che tiene sulle ginocchia il bimbo nudo e piangente, ma robusto e vispo, appena tratto dal cesto di vimini, lì vicino. Intorno è un corteggio tiepolesco: un orientale con vistoso turbante spia le scelte della principessa osservato da un elegantissimo levriero; una fanciulla avanza indicando forse il luogo in cui ha visto avviarsi la cesta; un paggetto biondo vestito di seta avorio e rosa è il portatore del cuscino con passamanerie varie, destinato al riposo sull'erba. Tutti attendono indifferenti, mentre un nano buffone porge vistosamente una ciambella a un odioso cagnolino infiocchettato, che la principessa ha accolto nell'alzato della gonna. La veste è in seta cruda ocra, bellissima e riccamente decorata: catena di perle, gran medaglione al collo, perle anche a girocollo e coroncina fra i capelli.

Apollo sul carro del Sole e le quattro parti della Terra, particolare, 1740, affresco, 220 × 540 cm. Milano, Galleria Grande di Palazzo Clerici

Apollo on the Chariot of the Sun and the Four Parts of the Earth, detail, 1740, fresco, 220 × 540 cm. Milan, Galleria Grande di Palazzo Clerici

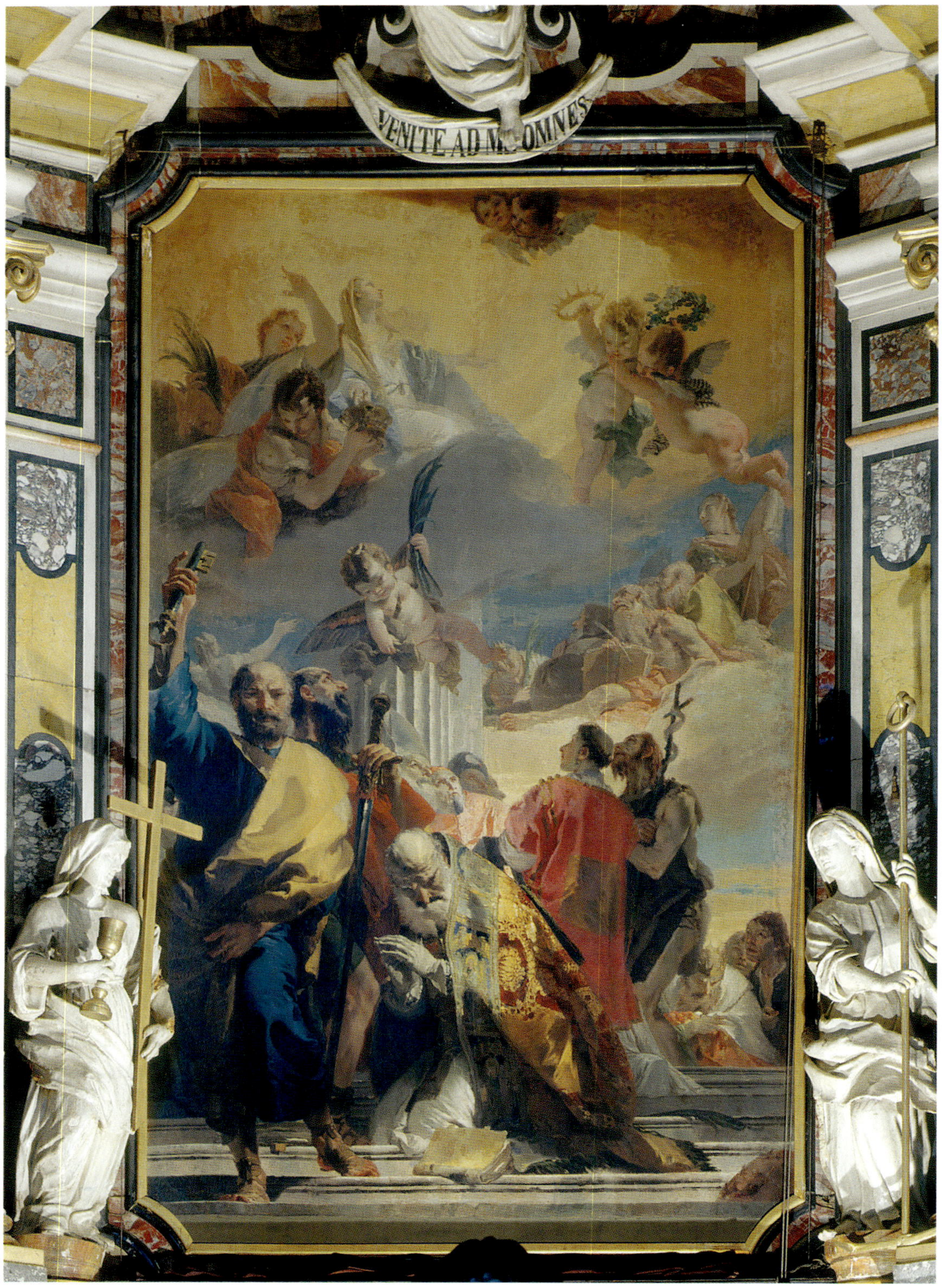

Madonna in gloria venerata da apostoli e santi, 1734, olio su tela, 378 × 234 cm. Rovetta, chiesa parrocchiale di Ognissanti

"Giustamente celebrata dalla critica, concorde nel ritenerla opera importante della prima maturità, per l'orchestrazione coloristica ricchissima, in cui si sente che le armonie cromatiche, le sapienti legature, le colorate cesure d'ombra del Veronese sono studiate di prima mano, oltre che sulle interpretazioni di Sebastiano Ricci. Anche la composizione è abilmente risolta in ritmi solenni e complessi, che riprendono il motivo, caro al Barocchi, del trionfo, dell'apoteosi" (Anna Pallucchini).

Madonna in Glory Venerated by the Apostles and Saints, 1734, oil on canvas, 378 × 234 cm. Rovetta, church of Ognissanti

"Justly celebrated by the critics, agreed to be an important work of his early mature period for its rich colouristic orchestration in which one senses that Veronese's chromatic harmonies, masterful connections and colourful interruptions of shadow have been carefully studied first-hand, as well as the work of Sebastiano Ricci. The composition is also ably resolved in solemn, complex rhythms, which pick up the motif, dear to the Baroques, of the triumph and apotheosis" (Anna Pallucchini).

Una scena tanto ricca quanto di abile regia: ove Tiepolo scompone gli elementi del *Mosè* di Paolo Calliari – l'alabardiere, il nano, l'abito sontuoso – per poi ricomporli non soltanto in una scena tutta sua, con il differentissimo fondale di natura e non di città, ma cambiandone completamente il segno, per teatralità, sottile ironia e ribaltamento compositivo di quella che resta una delle sue opere più ammirabili, e subito colta al volo da un estimatore che gli diverrà amico, Francesco Algarotti. Il quale certamente ne ammirò anzitutto la tecnica, la ricchezza tonale, la varietà coloristica, la sensualità della stesura. E forse ancor più quella sorta di gelida e aristocratica indifferenza della principessa, circondata da una piccola corte popolaresca e vivace, gesticolante ed emotiva, che lei domina da un'altezza di raffinata eleganza.
Nel 1737 Giambattista torna di nuovo a Milano per decorare il sacello di San Vittore, impresa

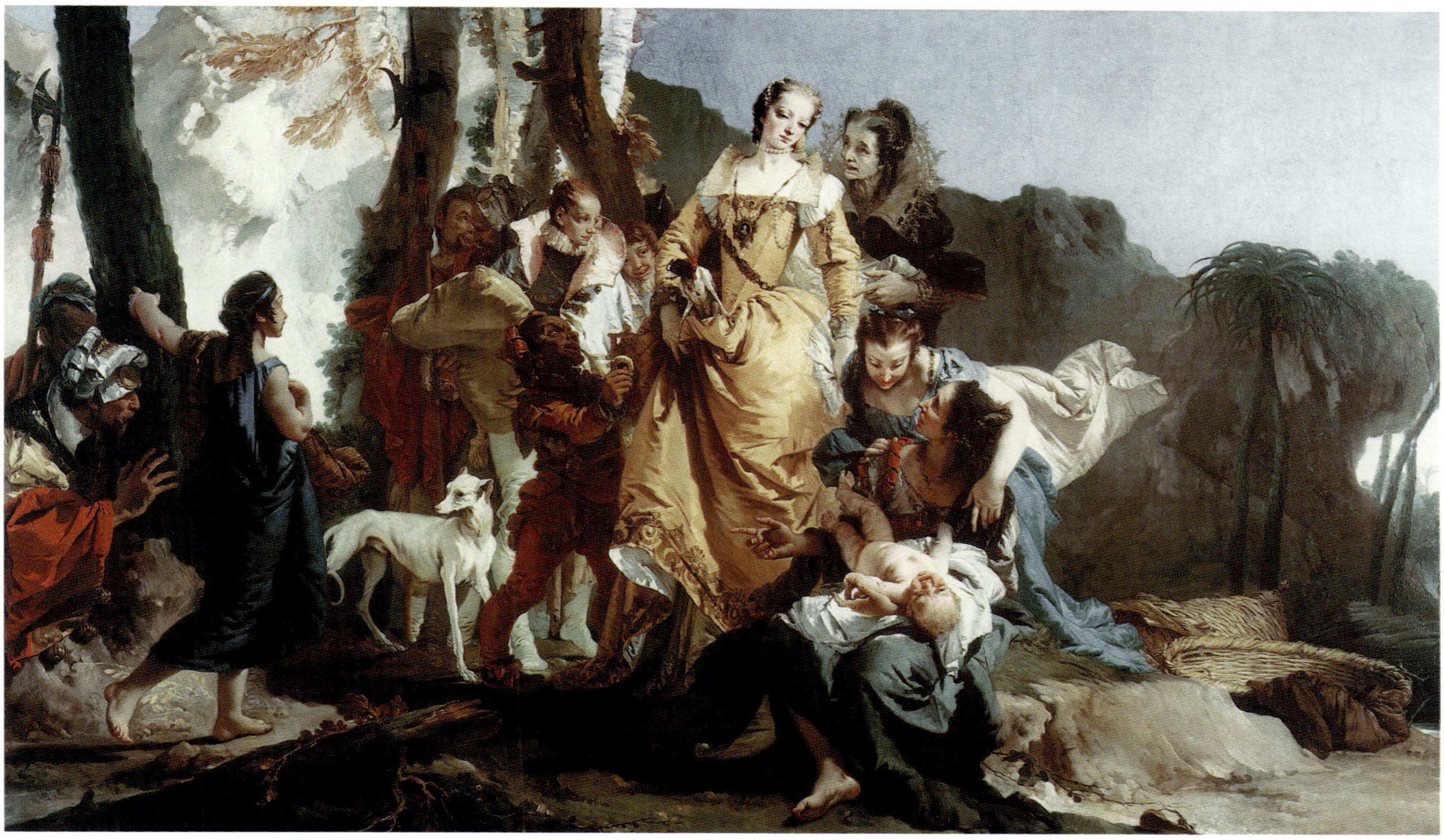

Ritrovamento di Mosè,
circa 1736-1738, olio su tela,
202 × 342 cm. Edimburgo,
National Gallery of Scotland

The Finding of Moses,
circa 1736-1738, oil on canvas,
202 × 342 cm. Edinburgh,
National Gallery of Scotland

di rinnovamento nel gusto del tempo voluta dal cardinale Erba Odescalchi nella basilica di Sant'Ambrogio. Vi raffigura il *Martirio di san Vittore*, il *Naufragio di san Satiro* e la *Gloria di san Bernardo*; anche queste opere andranno distrutte dalle bombe e da spezzoni incendiari sganciati dai Lancaster inglesi nelle calde notti dell'agosto 1943. Le prime due scene, nonostante i danni subiti, sono impaginate con respiro drammatico, in un colore caldo e vaporoso. Poco dopo – la consacrazione avverrà nel 1739 – realizza la pala per Nostra Signora di Nymphenburg, presso Monaco – oggi nella Pinacoteca di Monaco, mentre il modelletto è alla National Gallery di Londra –, commissionata da Clemente Augusto principe elettore di Colonia. È il *San Clemente I papa in atto di adorare la Trinità*, caratterizzata da un'architettura grandiosa, alla Rubens, tutta giocata sul ritmo antiorario di una maestosa nuvola in cui si manifesta la visione celestiale, per prima ammirata da due angeli in giallo cromo e azzurro brillante, biondo l'uno, bruno l'altro, mentre un angioletto a terra sostiene le insegne pontificali: mediazione necessaria – e tuttavia sempre sommessamente ironica – fra cielo e terra. La pesante croce in diagonale – pericolosamente piazzata proprio sulla testa dell'anziano pontefice – accompagna un Cristo che non potrebbe essere più indifferente, e controbilancia l'altro incredibile anziano: un Dio Padre che nella resa finale – rispetto al più generico modelletto – è un vero e proprio ritratto di vecchio rugoso e pressoché disinteressato al mondo. Un'altra, ci pare, testimonianza del laicismo ironico del Tiepolo "religioso", in piena sintonia con i tempi. Probabilmente committente e fedeli ne apprezzarono più i colori, la composizione, l'abilità nel trattamento di tessuti, al limite la gestualità, di quanto potessero apprezzare la distanza rispetto all'intenzione. La tavolozza risentita e sensuale marca effettivamente un'avventura iconografica di rara invenzione. Poi Tiepolo si adatta alla cultura e sensibilità dei committenti: un'altra *Trinità* come quella di Udine per Daniele Dolfin, realizzata uno o due anni dopo il *Clemente*, presenta ben altra intensità sacra, nella carne livida di un Cristo che non mostra l'evidenza del martirio; ma il suo è un dolore assoluto, mentale, come risucchiato e inverato nelle carni rese con una pastosità quasi oleosa

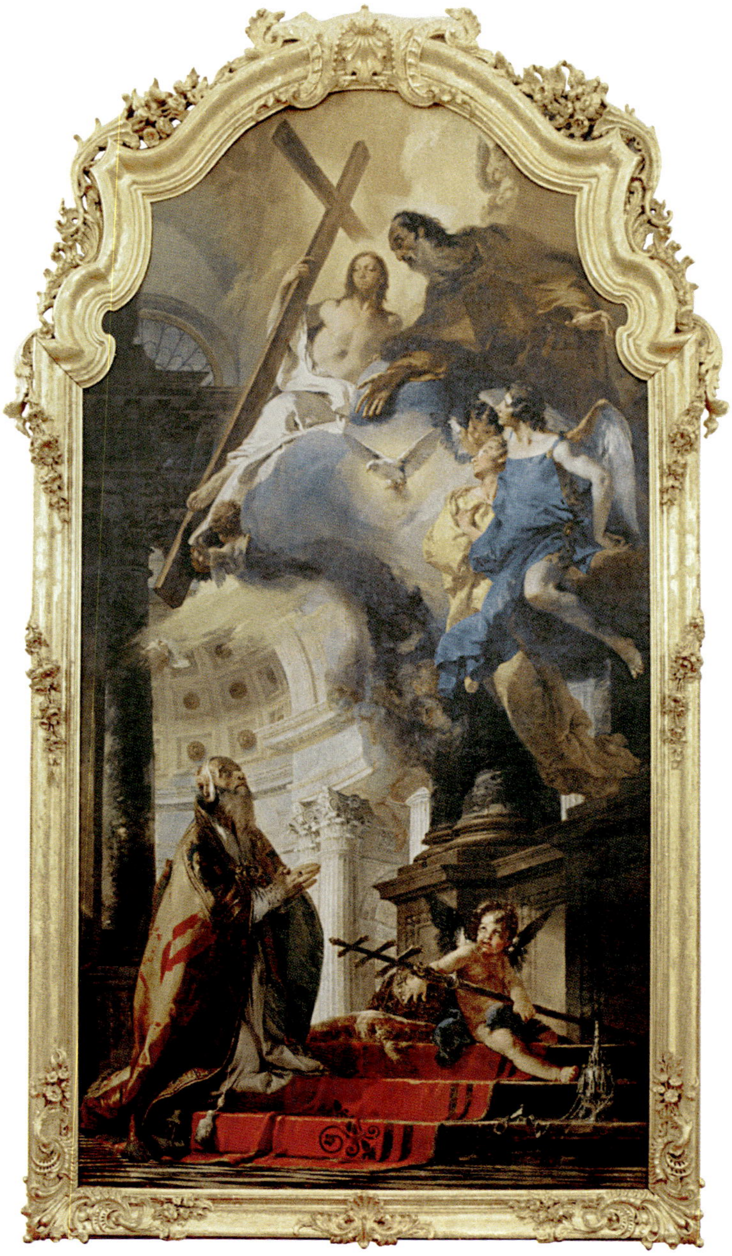

San Clemente I papa in atto di adorare la Trinità, 1737-1738, olio su tela, 488 × 256 cm. Monaco, Alte Pinakothek

St Clement I in Adoration of the Holy Trinity, 1737-1738, oil on canvas, 488 × 256 cm. Munich, Alte Pinakothek

con sugosità di impasti, lievitati nella luce. E spicca sul paesaggio friulano, sul cielo autentico che avvisa tempesta.

Nel maggio del 1737 Tiepolo ha ricevuto l'incarico di decorare il soffitto della chiesa di Santa Maria del Rosario o dei Gesuati, ovvero dei domenicani riformati, alle Zattere. È una chiesa nuova, la cui prima pietra era stata posta, con ogni solennità, il 17 maggio del 1726, in anni di grandioso rinnovamento architettonico. Il progettista Giorgio Massari aveva creato una nobile facciata che non stonava nella centrale posizione di fronte agli edifici palladiani, non rinunciando però alle soluzioni barocche dei quattro nicchioni abitati dalle Virtù cardinali. Tiepolo lavora sui praticabili nelle estati del 1738 e 1739. Al centro della volta dipinge l'*Istituzione del rosario* e alle testate la *Gloria di san Domenico* e l'*Apparizione della Vergine a san Domenico*. Non bastava: i domenicani chiedono anche di completare la cupola dell'altare maggiore con i simboli degli evangelisti, e poi una serie di monocromi nel coro. Il contratto stipulato, saldato il 7 ottobre 1739, ha impegnato attivamente tutta la bottega di un pittore sempre ammirato e riconosciuto come il migliore in città.

I domenicani davano estrema importanza alla recita del rosario: non a caso era stato un papa di quell'ordine – Pio V – a decretare la festa del Rosario nel 1572 legandola strettamente alla vittoria cristiana di Lepanto. E la festa della Vergine del Rosario era stata proclamata in occa-

sione delle vittorie navali sui Turchi del 1710. Quanto perciò significativa fosse la scelta così "veneziana" della festa legata al culto mariano si manifesta anche nell'iconografia. I committenti vollero sottolineare il legame dell'ordine con la città, e per questo richiesero il ritratto del doge in carica, Alvise Pisani, così come del patriarca Francesco Antonio Correr. L'impostazione prospettica che Tiepolo dà alla composizione è forzata al massimo, con un degradare di piani e una sequenza di scorci arditissimi, che riprendono supporti figurativi già usati, a cominciare dall'imponente scala, ma ora in una dimensione quasi surreale.
Sono il risultato di una lenta elaborazione documentata da ben tre modelletti, in cui la Vergine che dona il rosario a un san Domenico incappucciato appare progressivamente sempre meno dominante rispetto alla scena principale illusionisticamente sottolineata: ovvero l'alabardiere che vigila perché non torni un'eresia che precipita fragorosamente sui fedeli. Si fornisce così una soluzione iconica al messaggio voluto dai domenicani: la centralità della preghiera a Maria, la recita del rosario come espressione della battaglia contro ogni disobbedienza al dettato della Chiesa. La scena della caduta dell'eresia appare nella zona più ombreggiata, poiché Tiepolo ha saputo utilizzare al meglio le fonti di luce: per l'area della Vergine, ove giunge più luce esterna, ricorre ai toni più chiari, ai pastelli, ai rosa tenui, ai celesti trasparenti, ai grigi perlacei.
L'*Istituzione* fu realizzata in appena ventuno giornate di lavoro: il che ha dell'incredibile per la complessità del tutto e la varietà delle figure. Per operare così velocemente dobbiamo ricostruire la complessa e perfetta macchina organizzativa. Occorre premettere che tutta una serie di elementi, dal ponteggio alle preparazioni dei colori, era ovviamente affidata a garzoni di bottega e che una parte consistente del lavoro, ovvero i cartoni, era delegata ad assistenti. Se non si sono mai trovati cartoni di Tiepolo è perché questi in gran parte venivano distrutti, o rimanevano in bottega, ma non rivestivano pressoché alcuna importanza. Fondamentale era la prima intuizione, quella da proporre al committente: ovvero il modelletto, quella tela che per molti è il succo stesso dell'arte veloce, colorata, rapida, efficacissima, di Giambattista Tiepolo. Fissato con il committente il modello, Tiepolo realizzava molti disegni dei particolari più importanti: i visi, le mani gesticolanti, come per definire e imprimere nella mente il tratto che verrà riprodotto, ingrandito in scala, su fogli di carta spessa, i cartoni. Il passaggio dal modelletto ai disegni era d'autore, mentre il lavoro di trascrizione in scala delle figure principali era certamente seguito dal maestro, che poteva intervenire, ma non era necessariamente suo compito, così come il successivo spolvero – tamponando con un sacchetto pieno di polvere di carbone il cartone finemente bucherellato in corrispondenza del profilo del disegno – ovvero, in numerosi altri casi, come a Würzburg, ove furono usate entrambe le tecniche, quella sequenza di lievi incisioni che seguivano il profilo del cartone ritagliato, che è possibile vedere in luce radente. E naturalmente altri, in bottega con il fido Colonna, avevano preparato, come ai Gesuati, le preliminari quadrature di architettura illusionistica. Solo a questo punto sullo spolvero o sull'intonaco inciso interveniva la mano, peraltro velocissima, del maestro, che poteva lasciare però alcune campiture allo sviluppo dei collaboratori, tranne poi rifinire "a secco" l'intonaco già decorato. Va da sé che l'intera preparazione del muro, prima con l'arricciatura su cui si trasportava l'originario disegno, attraverso i forellini a punta di spillo, segnando i contorni con il tampone oppure lievemente incidendo, e poi con l'intonachino fine, non era neppure seguita da lui, se non controllandone la qualità. Insomma, gli affreschi, soprattutto quelli di decine di metri quadri, erano il risultato di un lavoro molto lungo, da doversi eseguire al meglio in tempi rapidi e coinvolgendo la bottega o aiuti. Per evitare eccessive differenze fra le diverse parti era opportuno lavorare di seguito, ininterrottamente per più giorni, possibilmente secchi e caldi. In ogni caso ai Gesuati sappiamo che collaborarono – in particolare ai monocromi in gran parte a loro affidati – Francesco Zugno e Giovanni Raggi.
Ancora per i Gesuati, Tiepolo ricevette la commissione per una pala d'altare che completa a fine 1739, con le tre domenicane *Santa Caterina da Siena, santa Rosa da Lima e sant'Agnese da*

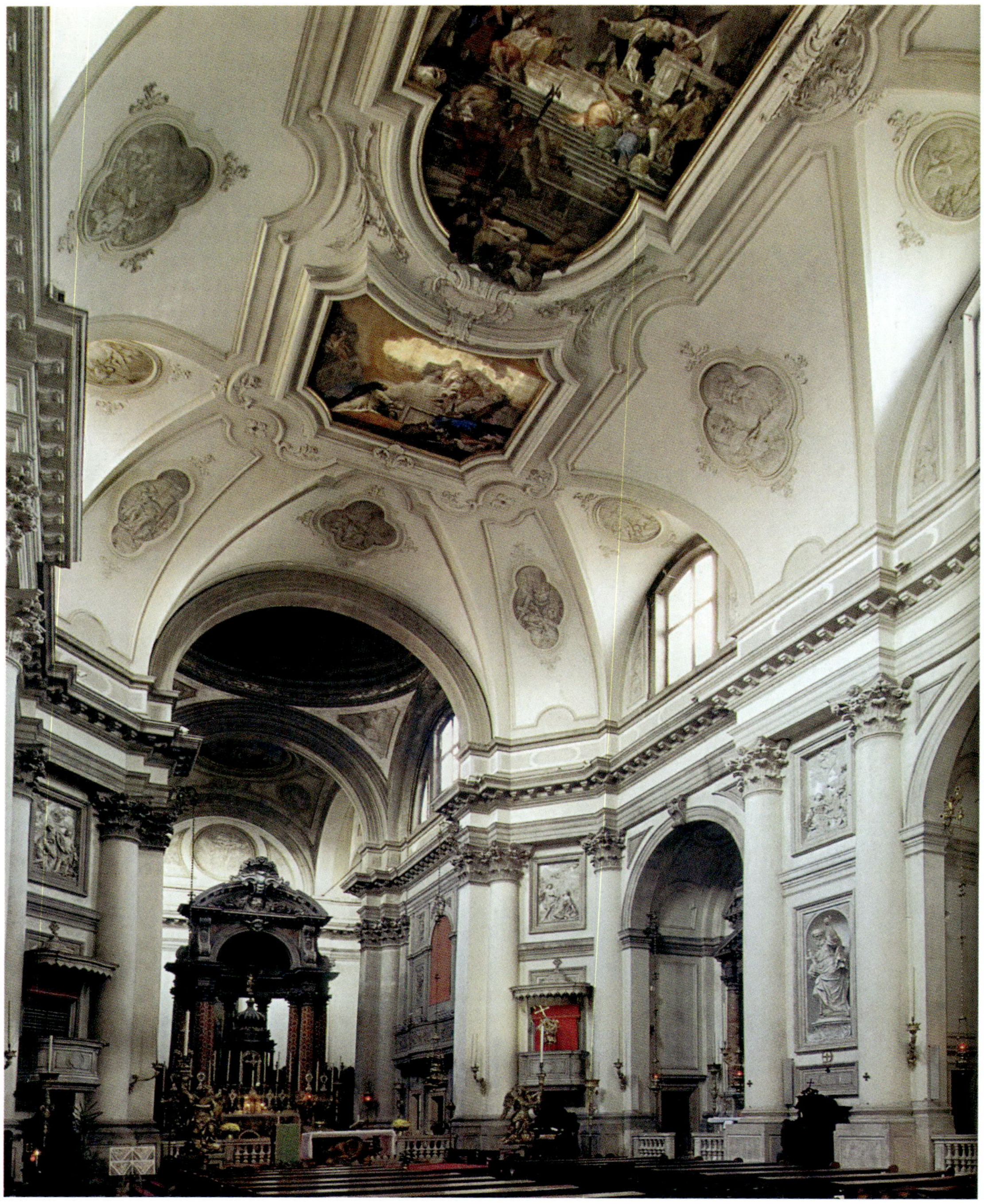

Chiesa di Santa Maria del Rosario (chiesa dei Gesuati), Venezia, volta con *Istituzione del rosario*

Frutto di volontà di riforma di gusto e di costumi voluta dai domenicani, eretta sul canale della Giudecca, Santa Maria del Rosario è il capolavoro architettonico del Settecento veneziano, disegnato da Giorgio Massari, progettista di palazzo Grassi e neopalladiano. I rilievi di Gian Maria Morlaiter e gli affreschi di Tiepolo si completano e dialogano armoniosamente. La navata unica a pianta rettangolare, circondata da semicolonne giganti che inquadrano le cappelle, è vibrante di luce: Massari disegnò ogni particolare d'arredo; Tiepolo a sua volta studiò con estrema attenzione gli effetti di luce creati dalle grandi finestre sulla volta, ottenendo il massimo effetto spettacolare dagli affreschi.

Church of Santa Maria del Rosario (church of the Gesuati), Venice, vault with *The Institution of the Rosary*

The fruit of the reform of taste and traditions commissioned by the Dominicans, built on the Giudecca Canal, Santa Maria del Rosario is an eighteenth-century Venetian architectural masterpiece, designed by Giorgio Massari, the Neopalladian designer of Palazzo Grassi. The reliefs by Gian Maria Morlaiter and frescoes by Tiepolo complete the work and harmoniously interact. The single, rectangular-plan nave, surrounded by giant half-columns that frame the chapels, is filled with light. Massari designed every detail of the furnishings. In his turn, Tiepolo meticulously studied the light effects created by the large windows on the vault, investing the frescoes with the maximum possible spectacular effect.

Montepulciano. Al centro della composizione un Gesù Cristo infante, luminosissimo, mentre una Madre in alto, in penombra, sembra vegliare tra il crucciato e l'apprensivo. In effetti le tre sante sono assai vezzose. La tela, peraltro di grande eleganza coloristica, in gran parte giocata su variazioni di tonalità bianco crema, ha un aspetto languido, "grazioso", da immaginetta devozionale che non convince.

L'AMICIZIA CON FRANCESCO ALGAROTTI

Il rapporto con Francesco Algarotti e le sue teorie classiciste sono sembrate ad alcuni orientare almeno in parte la fase più "classicista" di Tiepolo, prima dell'esperienza in Sassonia. Algarotti è il massimo esponente di quel cosmopolitismo settecentesco che farà osservare ad Antonio Gramsci che esso è "per gli italiani in funzione di una particolare posizione che viene attribuita all'Italia a differenza di altri Paesi, come produttrice di bellezza e di cultura per tutta l'Europa". Gran viaggiatore, gran conversatore, delizioso in società, attraente e seduttore, per Francesco Algarotti persero la

Istituzione del rosario, 1737-1739, particolare, affresco, 1200 × 450 cm. Venezia, chiesa di Santa Maria del Rosario (chiesa dei Gesuati)

The Institution of the Rosary, detail, 1737-1739, fresco, 1200 × 450 cm. Venice, church of Santa Maria del Rosario (church of the Gesuati)

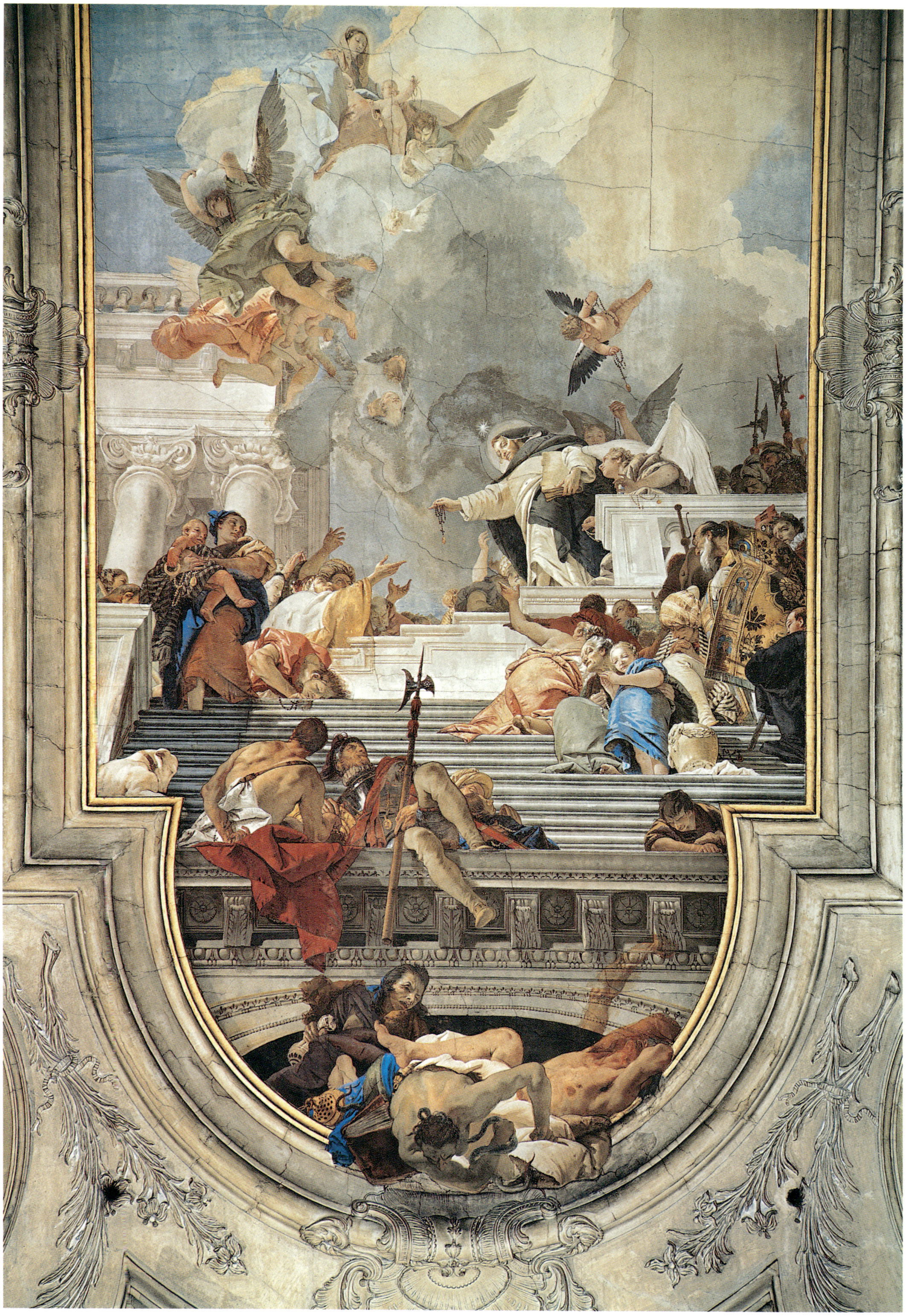

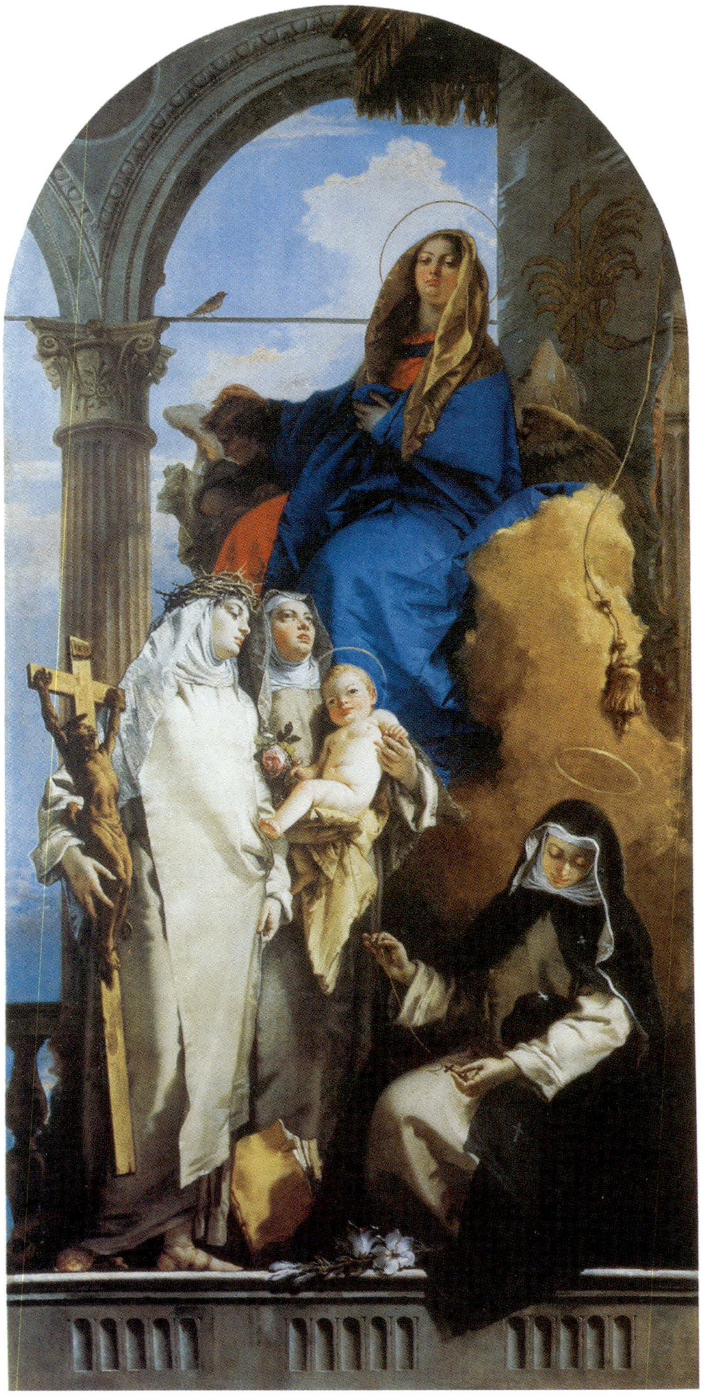

Madonna con le sante Caterina da Siena, Rosa da Lima e Agnese da Montepulciano, 1747-1748, olio su tela, 340 × 168 cm. Venezia, chiesa di Santa Maria del Rosario (chiesa dei Gesuati)

Quindici come i Misteri del Rosario sono i dipinti della chiesa dei Gesuati, tutti orientati al medesimo programma iconografico di esaltazione della Madonna e della preghiera. Il gioco cromatico creato da Tiepolo, il bianco, il nero e l'azzurro, è in perfetto colloquio con le vibrazioni dei marmi, degli stucchi e delle elegantissime cornici. Il rococò frenato dal rigore scenografico del classicismo palladiano riesce in risultati di perfetto equilibrio, in cui la pittura si accoglie e si esalta.

Madonna with Saints Catherine of Siena, Rose of Lima and Agnes of Montepulciano, 1747-1748, oil on canvas, 340 × 168 cm. Venice, church of Santa Maria del Rosario (church of the Gesuati)

Fifteen, like the Mysteries of the Rosary, are the paintings in the church of the Gesuati, all oriented toward the same iconographic programme celebrating the Madonna and prayer. The chromatic play created by Tiepolo, white, black and blue, is in perfect conversation with the vibrations of the marbles, stuccoes and elegant frames. Rococo harnessed by the scenographic rigour of Palladian classicism achieves results of perfect balance, within which the painting accommodates and exalts itself.

testa Lord John Hervey, la più aristocratica viaggiatrice del Settecento, Lady Mary Wortley Montague, e notoriamente Federico il Grande. Algarotti fu ai suoi tempi un vero nume, comunque chiacchieratissimo – gustose allusioni si trovano in Voltaire e Casanova – e sempre affascinante scrittore di novità europee: i diciassette volumi delle sue *Opere*, pubblicati fra il 1791 e il 1794 dall'editore Palese di Venezia, costituiscono in effetti un brillante esempio di facondia da parte del figlio di un droghiere di Rialto, nobilitato da Federico II di Prussia. Giramondo instancabile, di lui apprezziamo ancora i *Viaggi di Russia* e non soltanto per la sua più duratura invenzione: quella dell'orso russo che ha il posteriore nei ghiacci del Nord e della Siberia e il muso rivolto alle calde acque del Mar Nero, mentre le zampe – che cominciano a essere fornite di unghie assai robuste – sono rivolte ai territori bagnati dal Baltico, e ai Carpazi.

"Filosofo leggiadro e util poeta" fu l'espressione quanto mai precisa – e non ironica nell'intenzione – di un altro "utile poeta", Saverio Bettinelli. Ma poi Giuseppe Maffei, già nel 1836, scrive: "Egli aspirò alla fama di scrittore enciclopedico; ma quantunque ricca fosse la sua vena, poche

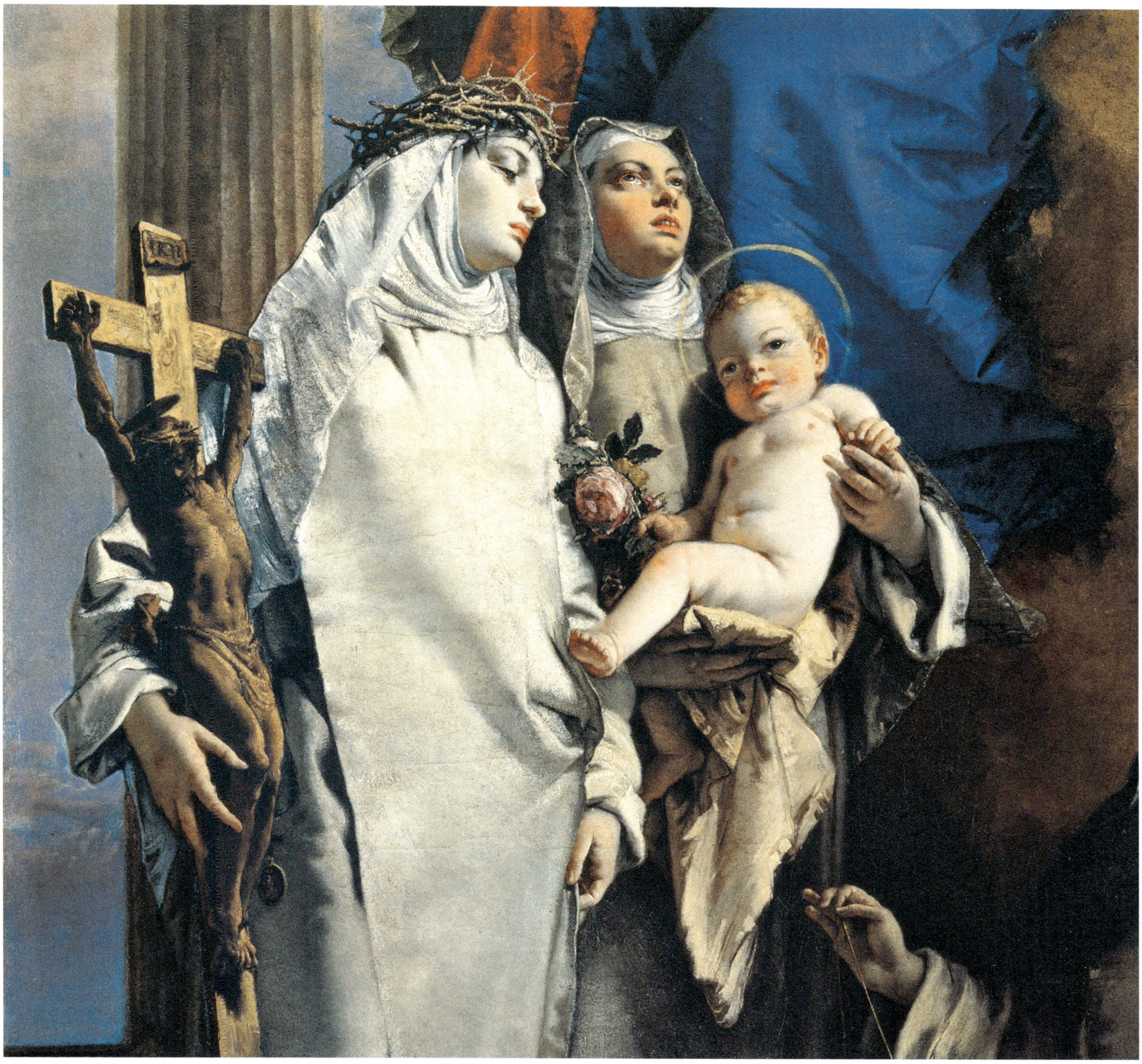

sono le sue opere che ora generalmente si leggono". Nel 1737 era stato pubblicato, seguito da forti polemiche a opera dei più attenti seguaci di Santa Madre Chiesa, il *Newtonianesimo per le dame*, brillante opera del venticinquenne superficiale conoscitore delle dottrine più recenti, pratico e rapido nel divulgarle. I vortici di luce giallo ocra che risucchiano dei e santi così caratteristici di Tiepolo dai tempi di palazzo Sandi sembrerebbero proprio la traduzione visiva dei tentativi di Algarotti di spiegare la luce nella teoria di Newton. "La materia ond'è composto l'Universo, divisa da principio in particelle [...] che altre girino intorno a un punto, e altre intorno a un altro, e nello stesso tempo girino tutte intorno a sé medesime, come una ruota, che nell'avanzarsi ch'ella fa verso una qualche parte fa molte rivoluzioni intorno a sé medesima. Questi punti [...] sono le Stelle; punti [...] i più luminosi e più splendidi dell'Universo [...] tutto ripieno di *Vortici*, che questo è il nome che si dà a una massa di materia che giri intorno a un punto o centro comune". I vortici di luce in cui sono risucchiate le figure mitologiche di Apollo o Minerva rappresentano la personale forma divulgativa con cui Tiepolo traduce una cosmogonia scientista? In realtà il pit-

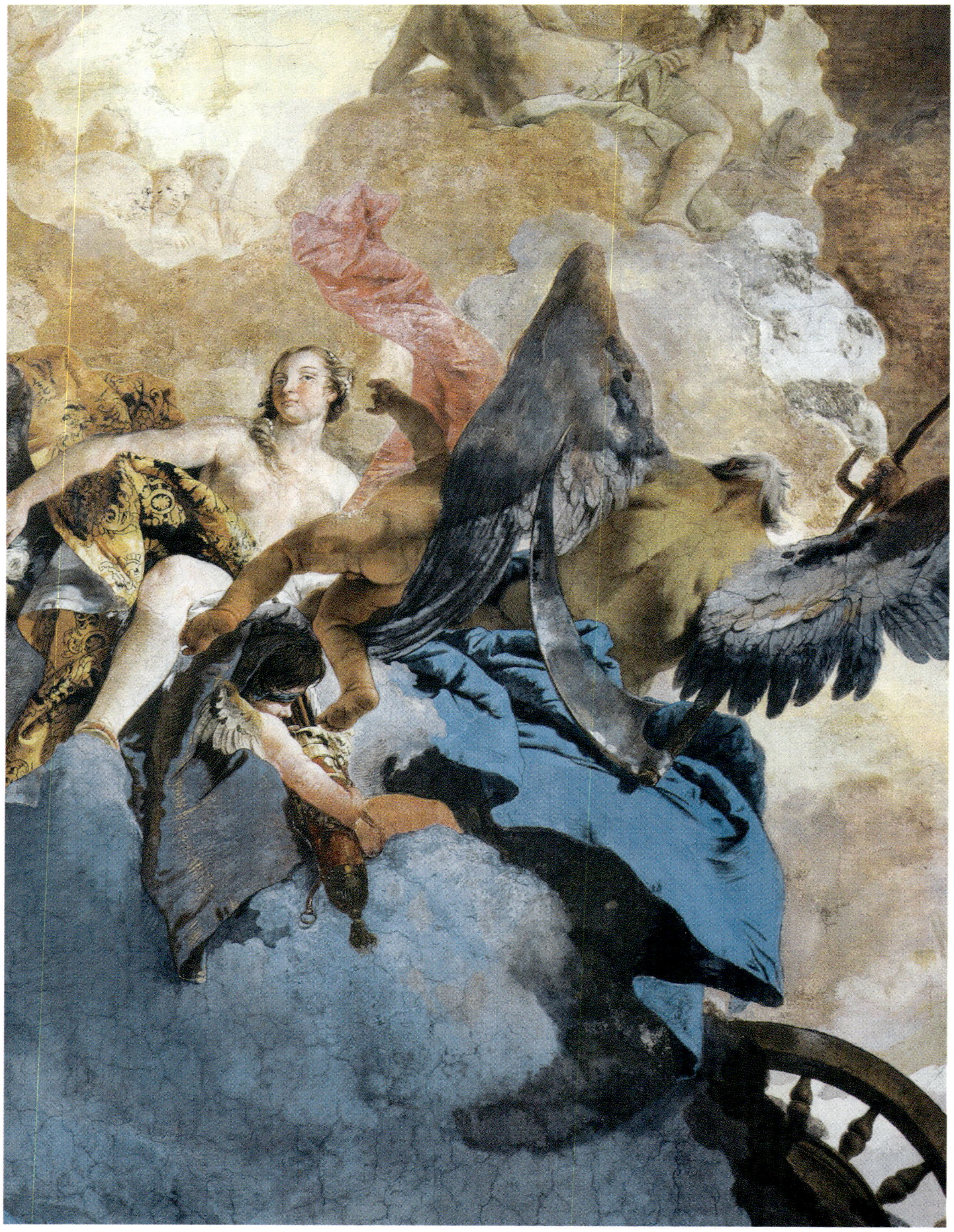

Apollo sul carro del Sole e le quattro parti della Terra, particolari, 1740, affresco, 220 × 540 cm. Milano, Galleria Grande di Palazzo Clerici

Apollo on the Chariot of the Sun and the Four Parts of the Earth, details, 1740, fresco, 220 × 540 cm. Milan, Galleria Grande di Palazzo Clerici

tore aveva intuito visivamente ciò che la scienza inizia a comprendere. Ma Tiepolo segue la moda e si ritrova in sintonia con il brillante giovane che vorrà spiegargli le basi scientifiche del suo dipingere accostando colori complementari, e giustapponendo "l'intensità cromatica e luminosa delle campiture rende vibrante lo spazio e verosimile che la luce, filtrando, circoli veridicamente fra le figure" (Pilo 1997, p. 23). Algarotti scriverà nel *Trattato sopra la pittura* del 1762: "La pittura è quell'arte in cui la mano dee francamente eseguire quanto di più bello e peregrino può apprendere la fantasia, che si propone di giugnere a dar rilievo alle cose piane, luce alle scure, lontananza alle vicine, vita ed anima ad una tela".

Algarotti torna a Venezia nel maggio 1743, dopo più di cinque anni di assenza. Ha appena formulato per Augusto III il *Progetto per ridurre a compimento il Regio Museo di Dresda*. Gli acquisti per Federico Augusto II, principe elettore di Sassonia e re di Polonia, l'hanno reso un intenditore e un mercante, e colui che per primo, ricorda Francis Haskell (1966, p. 532), volle che "la galleria

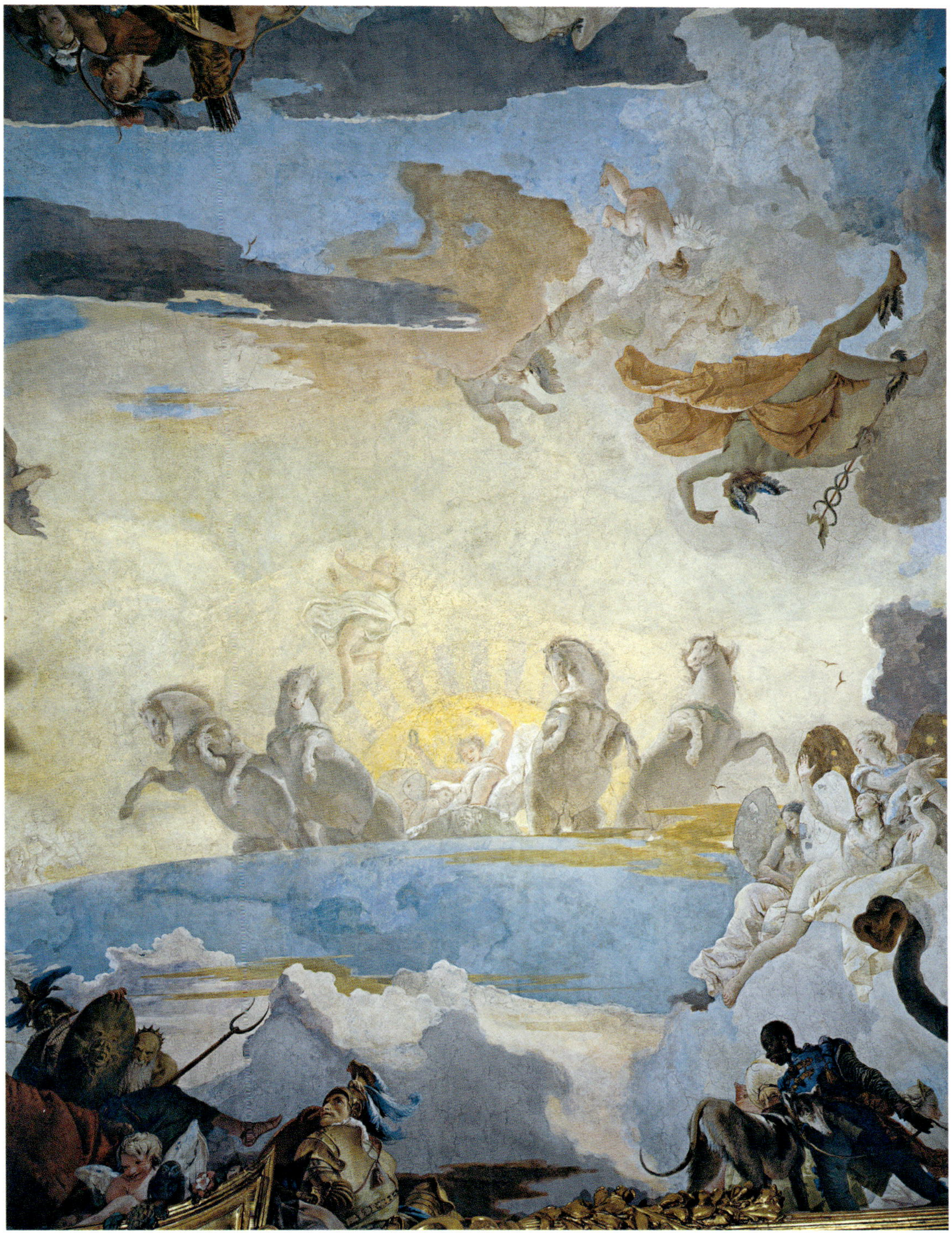

riflettesse la storia della pittura nel suo complesso e comprendesse i migliori esempi di tutte le varie scuole". Vuole reclutare, per un museo che accolga in ordine e coerenza di stili le diverse epoche della pittura di storia, una serie di pittori contemporanei: veneziani (Pittoni, Balestra, Piazzetta, Tiepolo), bolognesi (Creti e Lelli), romani (Pannini e Mancini) e d'area napoletana (Solimena e Francesco de Mura). Pensava di commissionare a ciascuno un soggetto storico, seguendo le loro indoli: per il "Tiepoletto, pittore di macchia e spiritoso [...]. La notturna vittoria, al lume delle faci che nascose erano dentro vasi di terra, riportata da Gedeone". Dunque l'episodio della vittoria dei trecento guidati da Gedeone sui Madiani, narrata nel *Libro dei Giudici*: una scena semmai piazzettesca. Evidentemente dei risultati di Tiepolo, Francesco Algarotti, solo informato dal fratello Bonomo, sa assai poco. Appena lo conoscerà le sue idee cambieranno, riconoscendolo subito come il Veronese redivivo: e gli propone un altro soggetto tanto "gli ornamenti e le espressioni nasceranno agevolmente dalla feconda fantasia del sig. Gio. Batista, il quale

con tanta gloria di Venezia fa risorgere à dì nostri la grazia, la vaghezza e tutta la magnificenza del gran Paolo".
Da allora l'amicizia con Tiepolo, uomo notoriamente di buon carattere, sarà assai viva, comprendendo anche l'aiuto per i piccoli esercizi grafici del contino. Questa amicizia, suffragata da alcune lettere e alcuni rinvii nei saggi di Algarotti, è stata sovente sopravvalutata, fors'anche perché della cultura letteraria di Tiepolo sappiamo poco, e tendiamo a considerare i pittori alquanto ignoranti, quindi ben disposti ad ascoltare gli intellettuali. Il che a Venezia, da Bellini a Tiziano e Tintoretto, non era cosa vera. In definitiva ci sentiamo di condividere il giudizio di Filippo Pedrocco e Massimo Gemin per cui il rapporto Algarotti-Tiepolo fu del tutto importante per il "signor contino", mentre il buon Tiepoletto non poteva ricavare quasi nulla da quel personaggio sicuramente facondo e spocchioso, e privo di talenti, oltre la superficialità del poligrafo. Però ricco di buoni contatti, alcuni dei quali furono utilizzati dal pittore, peraltro non privo di commissioni.

Incoronazione di spine, 1737-1740, olio su tela, 450 × 135 cm. Venezia, chiesa di Sant'Alvise

The Crowning of Thorns, 1737-1740, oil on canvas, 450 × 135 cm. Venice, church of Sant'Alvise

Flagellazione, 1737-1738, olio su tela, 450 × 135 cm. Venezia, chiesa di Sant'Alvise

The Flagellation, 1737-1738, oil on canvas, 450 × 135 cm. Venice, church of Sant'Alvise

Nel 1740 Tiepolo giunge per la terza volta a Milano per decorare una volta del palazzo Clerici. Ove realizzerà con *Apollo sul carro del Sole e le quattro parti della Terra* una delle sue più luminose, sfolgoranti invenzioni visive: il Sole, immerso in una luce affocata, domina lo spazio centrale, mentre ai bordi si accampano le divinità del mito e le allegorie dei quattro continenti. Il potente e ricco maresciallo Giorgio Antonio Clerici, appena ammesso al patriziato milanese con il titolo di marchese di Cavenago, con ogni probabilità non aveva comunicato a Tiepolo le particolari caratteristiche del soffitto della galleria, una volta a botte in un ambiente piuttosto stretto e relativamente basso, per cui il modelletto ora a Fort Worth, Kimbell Art Museum, è diverso dalle soluzioni che Tiepolo dovette adottare *in loco*, e adattare a ben centodieci metri quadrati. Ma Clerici aveva fretta, volendo il soffitto terminato in occasione delle sue nozze con Fulvia Visconti, fissate per il 1741.
Nell'opera troveranno posto una quantità di particolari di fattura virtuosistica, a cominciare dai tessuti e dalle bellissime ali cinerine di un vigoroso Tempo che nasconde la lama della falce dietro la schiena per non spaventare troppo una Bellezza con rosa in mano, che non sembra affatto turbata dall'abbraccio del vecchio poderoso, anzi, gli lancia un'occhiata di straforo, come per valutare le potenzialità dell'amante immortale. E c'è poi una serie di divinità e mostri marini: naiadi inghirlandate di corallo prossime a una vecchia esangue e come levigata dalle acque, e ancora un pesce enorme con muso di porco. Le forzature illusionistiche, il respiro atmosferico, la luminosità astratta e la continua sequenza di trovate iconografiche fanno di questo brano pittorico uno dei capolavori dell'artista e una svolta che prelude ai risultati dei Carmini e di Würzburg. Tiepolo approda qui a una nuova realtà figurativa, ove i personaggi non gravano più negli spazi col loro peso materiale e la loro solennità, ma si librano diafani in un vortice atmosferico che ne esalta la bellezza: è la conquista dei cieli aperti, l'estate poetica, intessuta di sole. Eppure resta quella vena realistica che percorre diverse figure femminili e alcuni animali, e soprattutto un gioco erotico neppure tanto velato in quella che diventerà l'ossessione di Tiepolo: l'abbraccio di divinità fluviali a volte anche decrepite e di giovani naiadi, piene di ironia e bel garbo condiscendente.
Al lavoro per Clerici ben si adattano le parole conclusive di Zanetti (1771, p. 463) per cui le opere più belle di Tiepolo "sono le pitture a fresco. In quel modo di dipingere, che ricerca appunto prontezza e facilità, andò inanzi il Tiepolo a qualunque altro pittore; e introdusse con arte meravigliosa nelle opere sue una vaghezza un sole che non ha forse esempio. Per arrivare a quel grado si studiano tutti di mettere in opera i più bei colori che possono adoperarsi a fresco; e si sforzano di trovarne di nuovi. Ma il Tiepolo per il contrario si servì molto di tinte basse e sporche e dei colori più ordinari, cosicché mettendo poi ad esse vicine

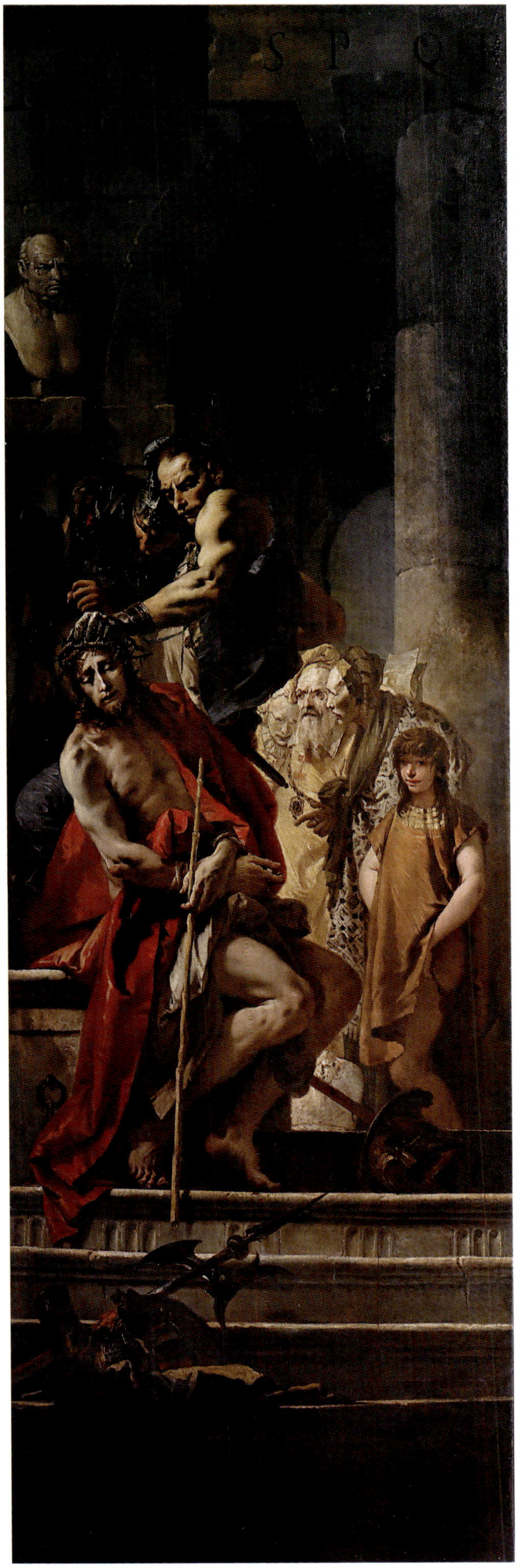
S P Q

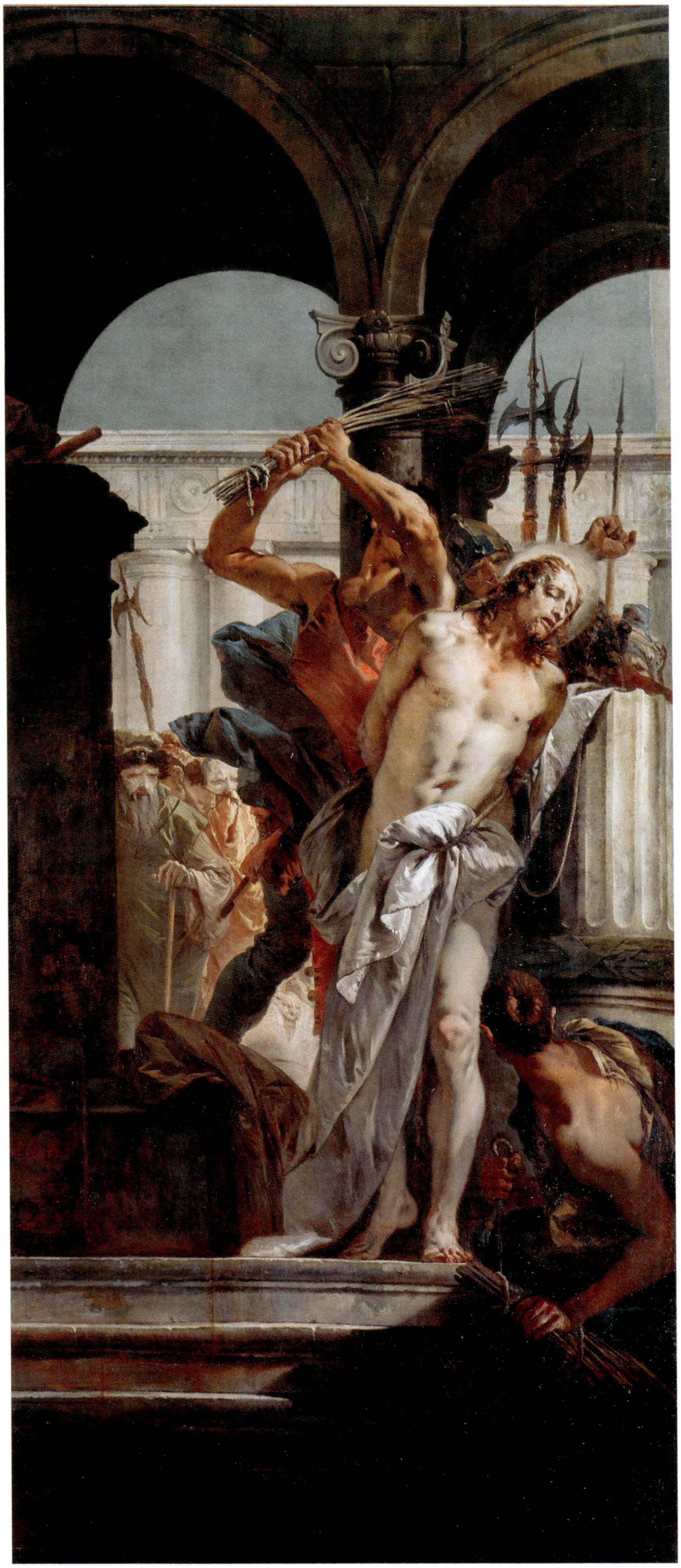

altre tinte belle alquanto e nette con quel suo pronto pennello, ne sortia quell'effetto che negli altri certamente vedere non si suole".

Apollo sul carro del Sole e le quattro parti della Terra resta in ogni caso l'opportunità per un omaggio agli dei olimpici che legano fra loro le quattro parti del mondo conosciuto. Una ideazione che tornerà ancora più in grande. Ma qui c'è un afflato panteistico, un ridestarsi alla vita nella luce del sole, un'energia della natura come raramente Tiepolo saprà ritrovare. La coreografia cromatica è poi sorretta da lungo lavoro – i disegni per la decorazione milanese sono ora alla Fondazione Horne di Firenze, al Metropolitan Museum of Art di New York e al Museo di Trieste – ove Tiepolo "individua forme e atteggiamenti dipanando un filo mobile e sottile, rialzato con ombreggiature a strappi: un prodigio di sintesi figurativa e di abilità grafica" (Rizzi 1971).

In effetti sappiamo dal Da Canal che già prima del 1732 i "di lui disegni sono in tanta estimazione, che ne spedì de' libri a' più lontani paesi". L'esercizio del disegno accompagna tutta la carriera di Giambattista: obbedisce a un'esigenza di sperimentare, di progettare, di fissare, di riprodurre ciò che la mente e l'occhio vedono. E ancor più è l'esercizio della mano che "memorizza" i tratti che poi diventeranno grandioso segno negli affreschi. La produzione grafica di Tiepolo, tuttora amplissima e dispersa fra vari musei del mondo, deve ancora essere studiata e catalogata convenientemente: poi di certo Tiepolo sarà riconosciuto uno dei più grandi disegnatori della storia della pittura, accanto a Rubens e a Rembrandt.

Con palazzo Clerici Tiepolo conquista definitivamente la grandiosità spaziale con i cieli vertiginosi e infiniti, ove ambienta il racconto sacro e l'episodio mitologico. Il marchese Clerici, maresciallo di Maria Teresa, è dunque il lodato committente esaltato da un GDBP – forse Giovan Battista Dal Pozzo – che pubblica le *Poesie dedicate al merito singolarissimo del Sig. Gio. Battista Tiepolo celebre pittore veneto, imitatore di Paolo Veronese, in occasione che si trova a Milano a dipingere nella casa di S.E. il sig. Marchese D. Giorgio Clerici nell'anno 1740*, ove leggiamo questi versi, pur faticosi, ma evidenti:

"D'Arte demea da cruda morte infranto
Di Paolo immortal il gran penello
Mai stanca a lagrimar sul' fosco avello
Del famoso Pittor il dolce incanto
Quando il veneto ciel pietoso in tanto
Con un prodigio in faccia, e vago, e bello
Mira, disse, se questi è l' suo modello
Mira il Tiepoli, e poi rasciuga il pianto
Poco disse però quel, ch'alle stelle
Gode l'opre innalzar del Veronese
Meno disse di te, che sian gemelle".

L'autore della decorazione assai ammirata e commentata a Milano – una guida del 1829 dirà "è la più stupenda opera, massime per il governo magico della luce" – non sarà però più chiamato in città. L'avvento di Maria Teresa corrisponde a un mutare di equilibri anche politici e nobiliari, oltre che culturali e di gusto, per cui nessun nobile riterrà più opportuna una decorazione così grandiosa, e così legata a quel Sole che subito fa pensare al sovrano francese con tutto il seguito di significati. Va ricordato che la guerra di Successione austriaca, che occupa gli anni fra il 1740 e il 1748, rappresenta uno spartiacque anche culturale. Tutti quei valori che s'erano radunati nel modello assolutistico francese appaiono subitamente invecchiati, mentre Milano vuole essere città esemplare per il regno già riformatore di Maria Teresa. Quando si progettano e costruiscono edifici di pubblica utilità, si esalta il

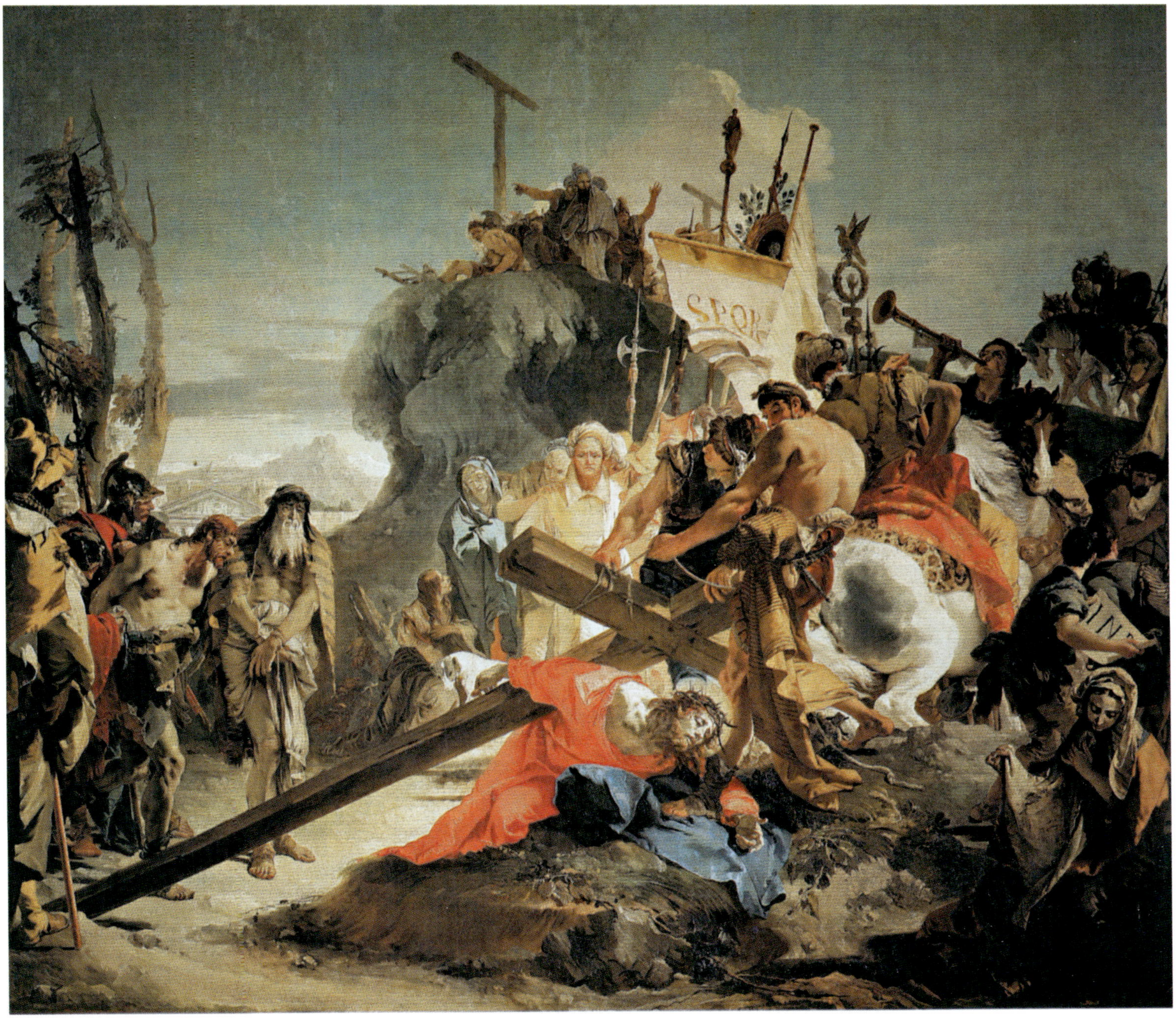

Salita al monte Calvario, 1737-1738, olio su tela, 450 × 517 cm. Venezia, chiesa di Sant'Alvise

The Climb up Mount Calvary, 1737-1738, oil on canvas, 450 × 517 cm. Venice, church of Sant'Alvise

bene pubblico e si gettano le basi per una radicale ed eversiva riforma del catasto, nessuno oserà più seguire le scelte che erano state del maresciallo dell'Impero, che ora appaiono impossibili e inadatte.

Tiepolo lascia definitivamente Milano, ma non del tutto la Lombardia. In ogni caso nella produzione successiva sembra aver più e più volte meditato sulle incisioni di un artista che va raccogliendo e collezionando con amore: Rembrandt Harmenszoon van Rijn. Il veneto è affascinato dalla tecnica ma anche dal repertorio figurativo dell'olandese: le teste di carattere, i vecchi barbuti e gli orientali con turbante. Saranno altrettanti preziosi suggerimenti, accolti soprattutto in alcune opere con episodi della vita di Gesù (*Agonia nell'orto* e *Incoronazione di spine* di Amburgo e *Trittico della Passione* di Sant'Alvise), resi con una partecipazione nuova, e poi naturalmente torneranno negli *Scherzi di fantasia*, la silloge di acqueforti. Particolarmente drammatica ci appare la *Salita al monte Calvario* di Sant'Alvise, dominata dalle tonalità scure, mentre la struttura si fa concitata. Le dizioni e i movimenti che furono di Tintoretto a San Rocco sono reinventati e rielaborati con la maestria e la tipica disposizione a macchia di Tiepolo. All'angosciante scelta di una croce immensa, lunghissima, sotto

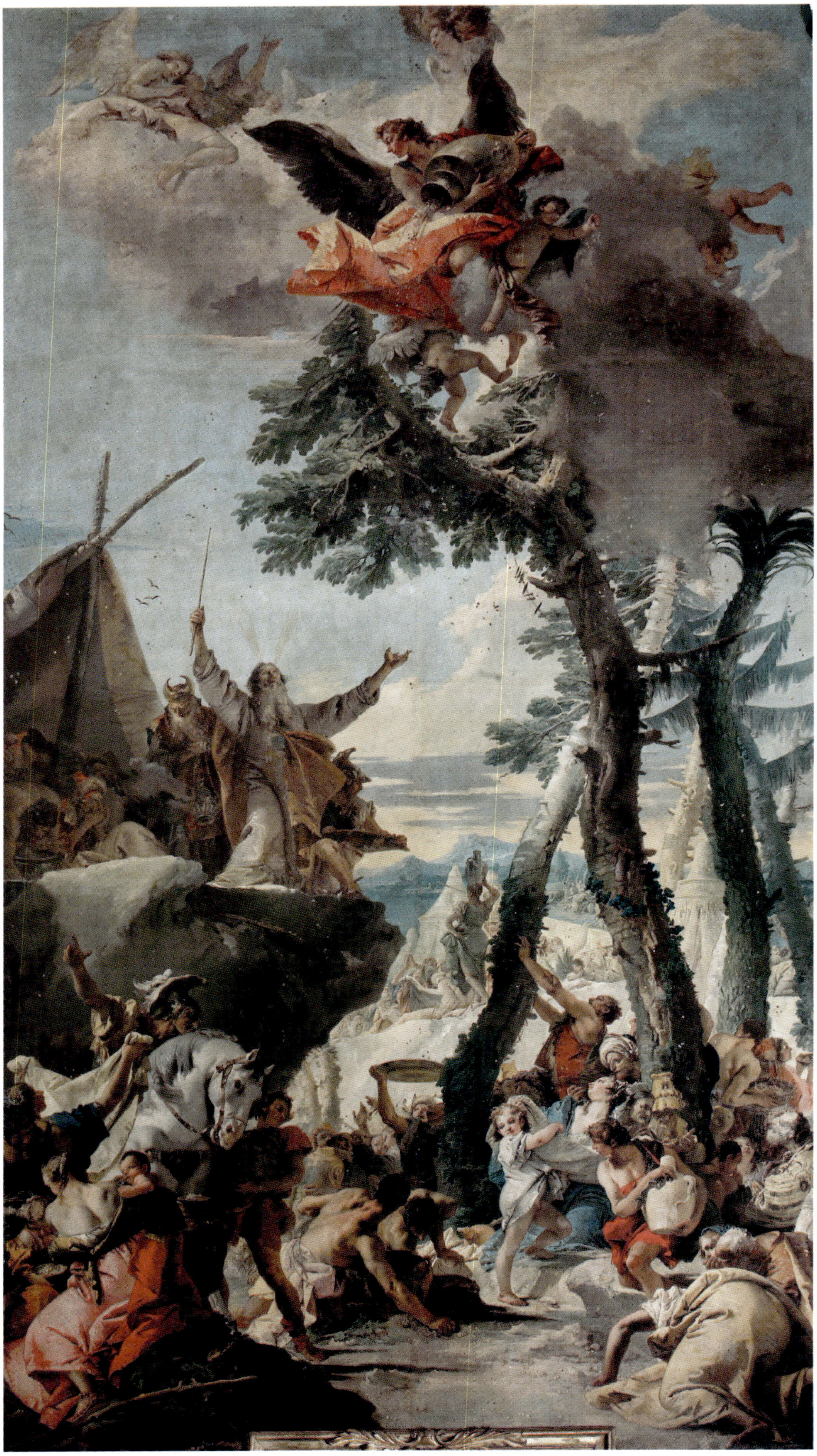

Raccolta della manna, 1740,
affresco, 1000 × 525 cm.
Verolanuova, chiesa parrocchiale

The Gathering of the Manna, 1740,
fresco, 1000 × 525 cm.
Verolanuova, parish church

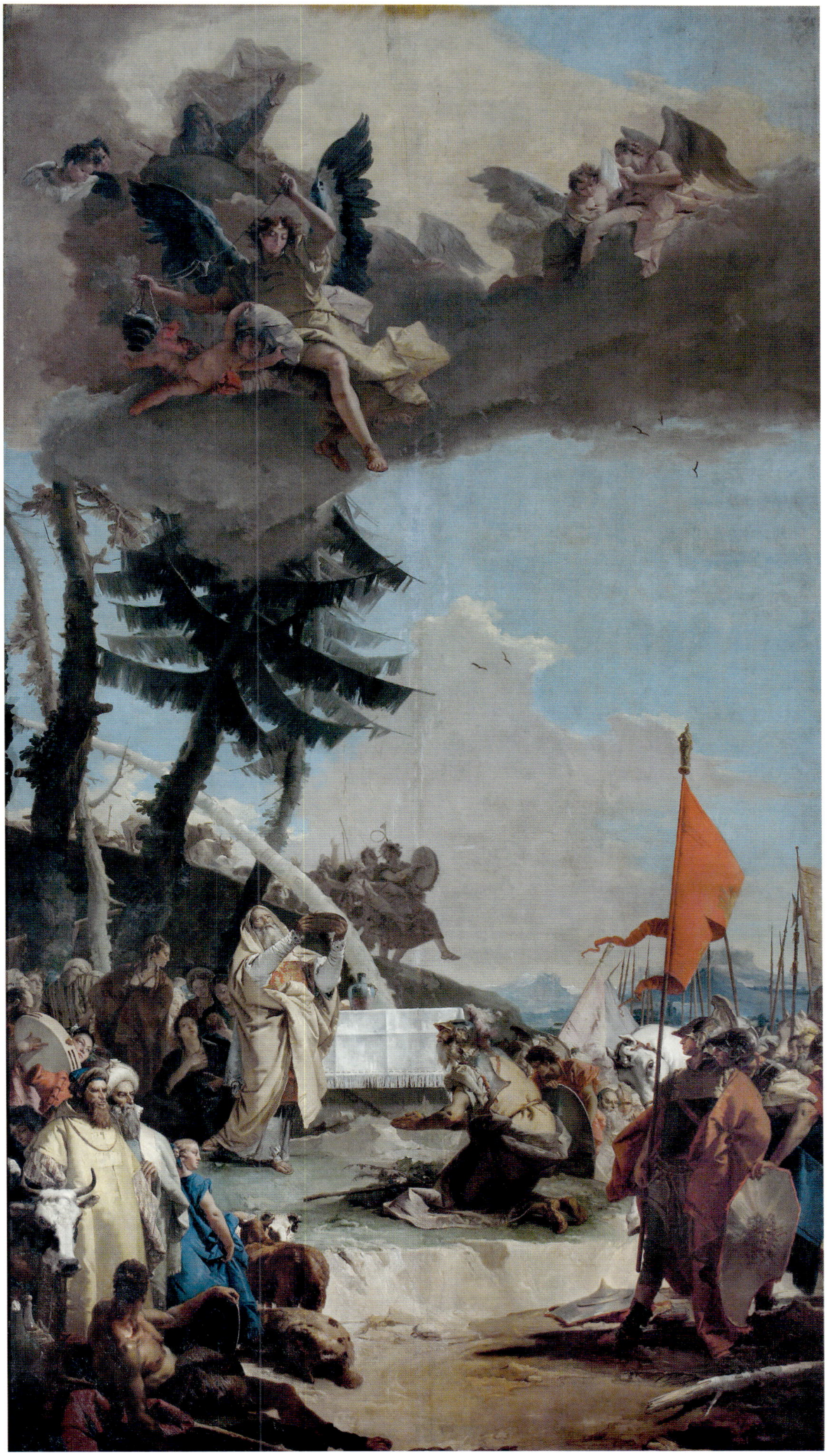

Sacrificio di Melchisedec, 1740, affresco, 1000 × 550 cm. Verolanuova, chiesa parrocchiale

The Sacrifice of Melchizedek, 1740, fresco, 1000 × 550 cm. Verolanuova, parish church

cui il Cristo, centrale figura nel gran manto rosso spento, cade dolorosamente, si affiancano episodi manieristici. Ecco gli aguzzini nerboruti, impegnati nello sforzo di rialzare il peso sotto cui è crollato il condannato; ecco il gruppo dei soldati intorno al cavallo; ecco le rembrandtiane figure di orientali; e poi c'è il gusto quasi grafico del gruppo sul Golgota in controluce. Ma la soluzione degli elementi è tutta e pienamente tiepolesca, ancora una volta è la sua luce a illuminare ogni gruppo. È un superbo brano, polifonico, l'equivalente in pittura di una cantata di Bach, con il recupero di radici tradizionali in un'articolata complessità di accenti, serrati in un movimento ritmico pulsante.

La *Salita al monte Calvario* fu donata alla chiesa da Alvise Cornaro, esponente di una famiglia da cui Tiepolo aveva già avuto commissioni diverse. Quanto alla *Flagellazione* si presenta il ricordo visivo della tela di Tiziano, vista in Santa Maria delle Grazie a Milano, mentre contrassegna uno dei risultati più intensi della tematica sacra per Tiepolo, ove la lezione di Rembrandt – i vecchi orientali barbuti e profetici, un'ossessione di Tiepolo – trova fermentazioni che confermano la vena realistica e mordente.

Nel medesimo periodo Giambattista attende a due gigantesche tele, più di cinquanta metri quadri l'una: comunque le più vaste da lui mai dipinte. Sono destinate alla cappella del Santissimo Sacramento a destra dell'altare di un imponente edificio sacro, la cattedrale di Verolanuova, vicino a Brescia. Le due tele, cucite al centro, rappresentano la *Raccolta della manna* e il *Sacrificio di Melchisedec*, l'offerta di vino e pane ricordata nella *Genesi* (14,18). I teleri furono richiesti nel 1740 probabilmente dal conte Gian Francesco Gambara, e poi installati nel 1742. I due modelletti, particolarmente luminosi ed efficaci, sono oggi al Museo Nacional de Bellas Artes di Buenos Aires. Tutto ciò che s'era visto in precedenza – ricordi di Veronese, suggestioni rembrandtiane, nostalgie tizianesche, memoria delle grandiosità tintorettesche a Madonna dell'Orto – sono soltanto echi in scene tenute da un'abile regia. Sintesi della cultura figurativa, della luminosità e dell'invenzione veneziana, essi hanno una dimensione insieme ambiziosa ed elegiaca, mentre realizzano il dominio degli spazi e la più classica nettezza del colore. L'orchestrazione superba, la struttura piramidale e lo sfondamento prospettico che dà ariosità definendo il campo d'azione dei figuranti fanno scrivere a Morassi (1943): "Una polla d'improvviso classicismo (forse un filone del Poussin filtrato attraverso il Carpioni, forse un richiamo subcosciente alle scaturigini del Rinascimento) sembra aver guidato lo spirito dell'artista nell'ideare alcuni gruppi figurali di queste due composizioni macchinose e stupende". Ma le tele di Verolanuova costituiscono anche una *summa* fra le più preziose del gusto aneddotico, soprattutto in quella sorta di festa popolare che diventa la manna, da cui emerge "una caleidoscopica vena narrativa, un gusto incontenibile per la divagazione fantasiosa, mirata più a suscitare sorpresa e meraviglia che devozione" (Gemin, Pedrocco 1993, p. 102).

Se sulla sinistra la schiena femminile appare eccessivamente segnata e anatomicamente dubbia, sulla destra appare ben variata la gestualità intorno al bambino esultante, il primo protagonista che vediamo muoversi nella felicità del cibo nutriente e generoso: mentre c'è chi raccatta a terra la manna portandosela subito alla bocca per saziare i morsi della fame, il gruppo di destra in cui spicca la bellezza intenta della donna con la testa coperta dal velo azzurro, altri si preparano a una raccolta che conservi il dono divino. È il giovane dal mantello rosso che porta l'anfora, come in secondo piano la donna dall'elegante incedere, anche lei con un vaso. E c'è poi chi scuote l'albero come fosse una cuccagna inattesa, e chi alza il piatto per ricevere grato l'offerta celeste.

Il grande edificio di Verolanuova era già preparato e predisposto per tele di queste dimensioni: molte altre, a cominciare dalla cappella di destra, erano già installate. Ma nessuna sarebbe riuscita dominante per invenzione scenica come quella della *Manna* ove l'asse determinato da grandi alberi compone una sorta di misteriosa diagonale in cielo ove nuovi

angeli, stranamente – per Tiepolo – composti, distribuiscono il dono gratuito, invocati da Mosè dietro cui è una rozza tenda retta da due rustici pali. L'episodio di *Melchisedec* è fors'anche più interessante per la presenza subito a sinistra di due barbuti, con abiti e fattezze slave, che sembrano appena discesi da una qualche fusta o galea grossa, sulle fondamenta veneziane. Hanno i volti rudi e duri come i loro cuori, soggiogati dal bisogno delle merci e del loro equivalente, il denaro. E saporose sono le due damigiane, la sobria mucca, mentre bello e lavorato è l'uomo di schiena in primo piano, le carni bruciate dal sole, la postura dei fauni in riposo. Notevole il gruppo dei soldati, con le tipiche borgognotte cinquecentesche, con cui il pittore vuole identificare – si tratti di Ebrei o dei soldati di Antonio – l'abbigliamento militare "all'antica" con cui caratterizza sempre i tempi passati. La geometria della scena è poi data dai pini, ma forse cedri, e dall'arco creato dall'albero morto che sembra confitto dietro l'altare sacrificale: simbolo del solitario percorso dell'uomo verso la divinità. Oltre c'è la selva delle picche, a terra uno scudo di fattura turchesca. Tutta quest'atmosfera esotica è poi rallegrata dal gruppo cinerino di danzatrici e danzatori, quasi in controluce, in sintonia con la ragazza che suona il tamburello, appena dietro gli slavi. Inebriati, posseduti, seguono istinti e desideri dell'immediato, del piacevole: si "divertono", hanno il colore della cenere, amaro *memento mori* di un pittore di luci. La tela è dominata però dalla staticità: le schiere di uomini si sono aperte a sipario, l'avvenimento centrale – Abramo di fronte al sommo sacerdote – coinvolge lo spettatore, lo rende partecipe della scena. Poi, soltanto dopo aver a lungo assistito alla scena storica, guardiamo in su: qui, in un angolo dell'alta e scura nuvolaglia, c'è un Dio Padre rabbuiato, sdegnato, irato con la sua progenie. Mentre gli angeli osservano le vicende umane fra l'indifferente e il condiscendente.
Un decennio di attività senza tregua, densissimo, con l'accavallarsi di incarichi imperiosi e di committenti prescrittivi si chiude così, su una fama consolidata e un estro illimitato. Una fama che ha altri echi letterari: nel 1750 Saverio Bettinelli indirizzava al Tiepolo un intero poemetto, di garbata fattura e grandi elogi, inserendovi anche un breve ritratto del carattere che a tutti parve sempre aperto, attivo, anche gioviale:

"Te vidi ed ammirai: gli aurei costumi
Veniamo teco ed i vivaci modi,
Ne' quai le belle ravvisai sembianze,
Ond'anco fuor fa trasparir natura
I certi segni del favor celeste,
Che seco portan ne la fronte impressi
L'anime grandi e le vulgar non sanno".

CAPITOLO V

Intermezzo di *Scherzi* e di *Capricci*

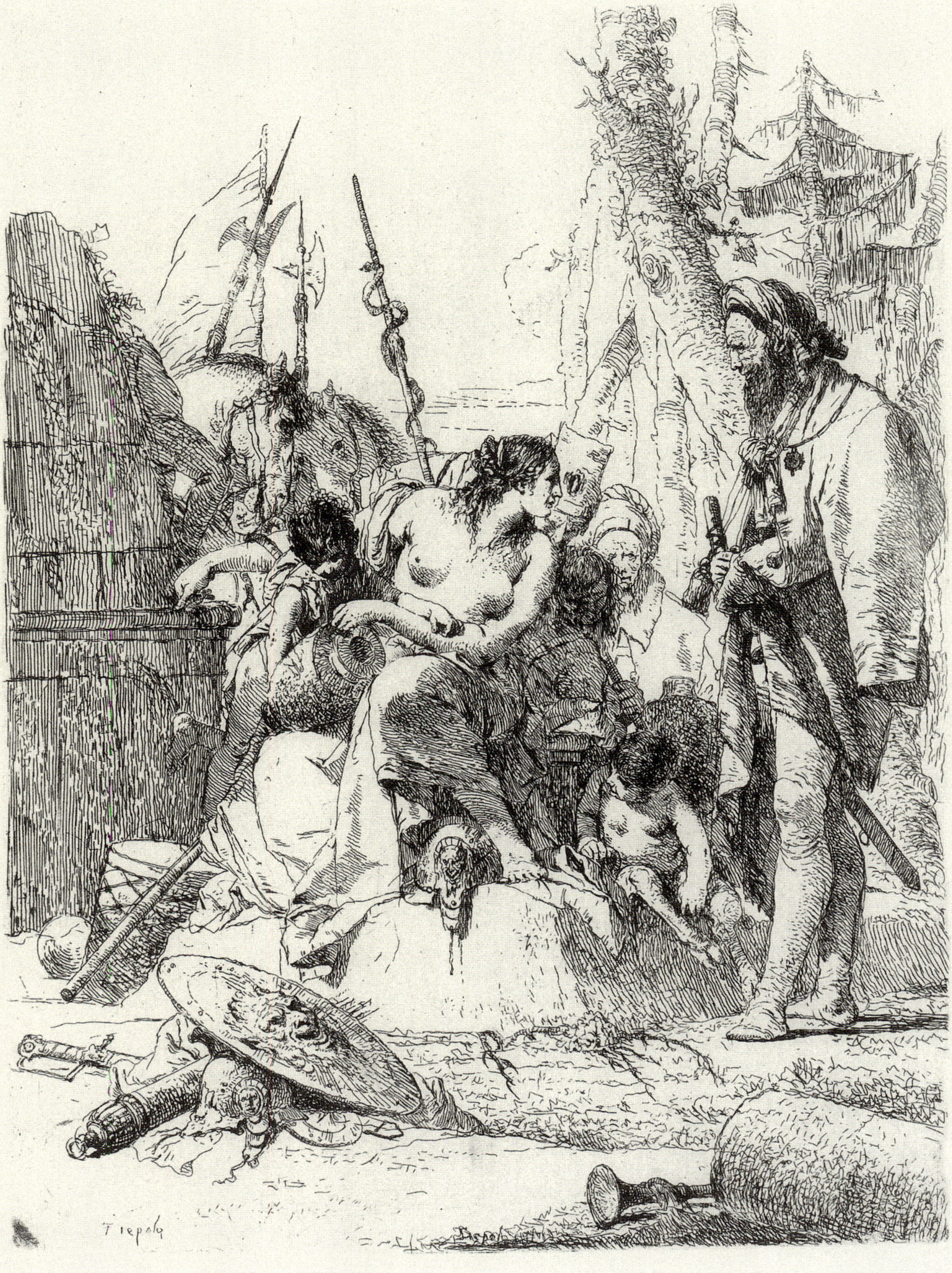
Tiepolo

C'è una sorta di pausa, un momento di libera espressione personale nel vortice delle commissioni, nell'intensità quotidiana del lavoro di bottega, cui ormai partecipa pienamente il figlio più dotato, Giandomenico. È una sperimentazione incisoria dell'artista che, nonostante i quotidiani assilli, si piega sulla breve matrice di rame, verifica la torchiatura su pochi centimetri di carta bianca. Una fuga in piena libertà d'improvvisazione: come gli *Scherzi* musicali, brevi movimenti allegri e veloci che argutamente o giocosamente o grottescamente si inseriscono in una composizione più seria. Allo stesso modo Giambattista Tiepolo li realizza fra la pittura di storia e mitologia, e la pittura sacra.

Sono noti come *Scherzi* ventitré acqueforti realizzate probabilmente nel quinto decennio del Settecento, che l'autore non metterà in circolazione e saranno pubblicate postume da Giandomenico. Fu lui infatti a numerare da 1 a 23 e aggiungere un *San Giuseppe col Bambino* e in appendice una *Adorazione dei magi*, intitolando le incisioni *Scherzi di fantasia* e pubblicandole nelle quattro edizioni del *Catalogo di varie Opere inventate dal celebre Gio. Batta Tiepolo al Servigio di S. M. C. morto in Madrid li 27 Marzo 1770, e incise in n° 25 dallo stesso, e l'altre incise dalli Figli Giandomenico, e Lorenzo, possedute dal medesimo Giandomenico coll'aggiunta d'altre sue Opere*. Sono anzitutto prove grafiche esemplari ove i tratti rapidi, improvvisi e molecolari del segno, sbrigliato e fratto, ricco di novità timbriche, corrispondono alla fase in cui è presente la lezione rembrandtiana già realizzata nel complesso di Sant'Alvise.

Se gli *Scherzi* restano una prova tutta privata, circoleranno invece i dieci *Capricci*, in formato orizzontale, realizzati per la *Raccolta di chiaroscuri* di Anton Maria Zanetti (1743), ove l'impaginazione si fa più morbida e affabile, meno ostinato il dettato incisorio.

Occorre premettere che l'incisione a Venezia era assolutamente diffusa e quasi popolare; agli scopi puramente artistici, oggetto di acceso collezionismo, si affiancavano funzioni diverse: temi e figure proposti con ovvie finalità ornative o religiose, e poi didattiche, educative, encomiastiche, didascaliche, che diverse officine calcografiche e varie botteghe di incisori producevano professionalmente, lavorando le lastre di rame con ogni sorta di immagini. Di qui un'intensa attività di sperimentazione: nel 1703 Luca Carlevarijs aveva prodotto *Le fabriche e vedute*, centotré composizioni con cui si inaugura il vedutismo, la proposta dell'immagine della città per i turisti. Domenico Lovisa ci riprova con molte collaborazioni, fra cui Tiepolo, nell'imponente *Gran Teatro di Venezia*, poi Andrea Zucchi, Domenico Rossetti, Antonio Luciani e Giovanni Faldoni si dedicano alla ritrattistica aulica e Marco Ricci, il nipote di Sebastiano, divulga il gusto della rovina pittoresca. L'attività calcografica, dopo le prime prove di Coronelli, si avvia sul piano industriale con l'impresa di Giuseppe Wagner, del 1739. Di lui Piranesi diventerà agente a Roma, già nel 1744. In questa temperie, fin dal 1732 Da Canal nota che Tiepolo "è fecondissimo di ingegno; perciò intagliatori e copiatori cercano di intagliarne le opere, di averne le invenzioni e le bizzarie di pensieri". Dunque fin dalle prime prove le opere di Tiepolo sono incise e diffuse: e le "bizzarrie di pensieri" farebbero pensare a disegni subito tradotti in matrici

Scherzo di fantasia n. 3
(*Ninfa seminuda con fanciulli e uomini*), acquaforte,
222 × 175 mm.
Venezia, Museo Correr

Scherzo di fantasia n. 3
(*Semi-Nude Nymph with Boys and Men*), etching, 225 × 175 mm.
Venice, Museo Correr

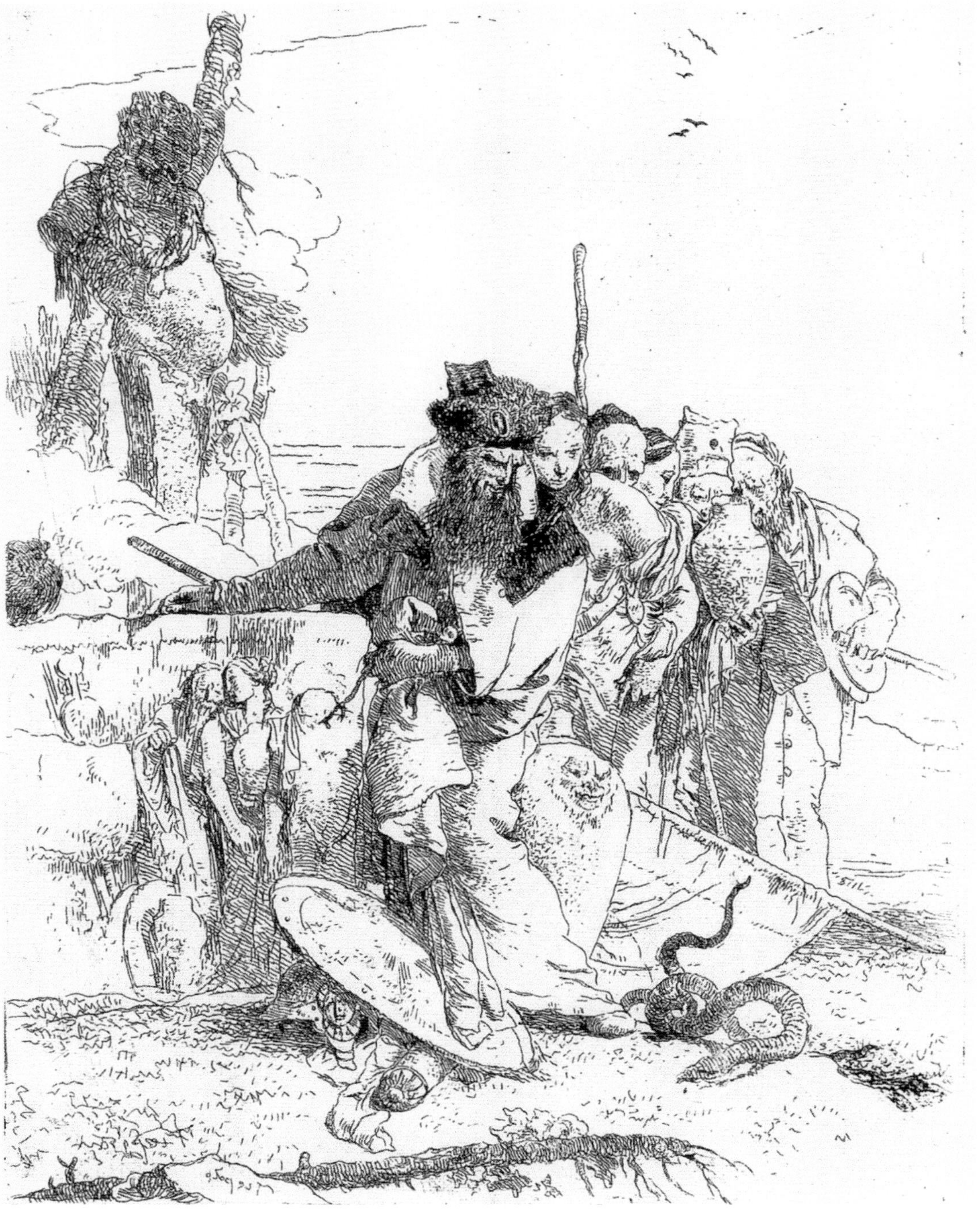

Scherzo di fantasia n. 12 (*Maghi e serpente*), acquaforte, 225 × 175 mm. Venezia, Museo Correr

Scherzo di fantasia n. 12 (*Magicians and Serpent*), etching, 225 × 175 mm. Venice, Museo Correr

incise. Proprio nel medesimo anno esce la *Verona illustrata* di Scipione Maffei, cui Tiepolo collabora con quindici disegni di antichità, incisi da Andrea e Francesco Zucchi. "A giusta lode del Sig. Gian Battista Tiepolo, che le ha disegnate tutte – commenta l'autore – sia permesso dire che troppo più felice, e troppo più proficuo farebbe lo studio dell'antichità, se in questo modo fosse stato uso di rappresentarle ne' libri. O di quanti valenti pittori abbiam noi fatto esperimento prima di trovare chi nella perfetta correzione, nella franchezza, nella espression delle sembianze, e sopra tutto nel gusto antico ci soddisfacesse!". Altre brevi collaborazioni a libri saranno per Tiepolo quelle del 1742 e 1738, rispettivamente al *Paradiso perduto* di Milton e alle *Œuvres complètes* di Bousset.
Negli anni quaranta, dunque, non accidentalmente, Giambattista Tiepolo si dedica direttamente all'acquaforte. Le sue incisioni saranno abitate da maghi con sorrisi fauneschi, sprezzanti negromanti, occhiuti orientali che osservano rituali cabalistici. E tutti, sempre, guarderanno a terra. È questa un'altra delle ossessioni del leggerissimo e luminoso pittore di cieli: che ora, nel bianconero di personale ideazione, osserva sempre ciò che dalla terra, sulla terra,

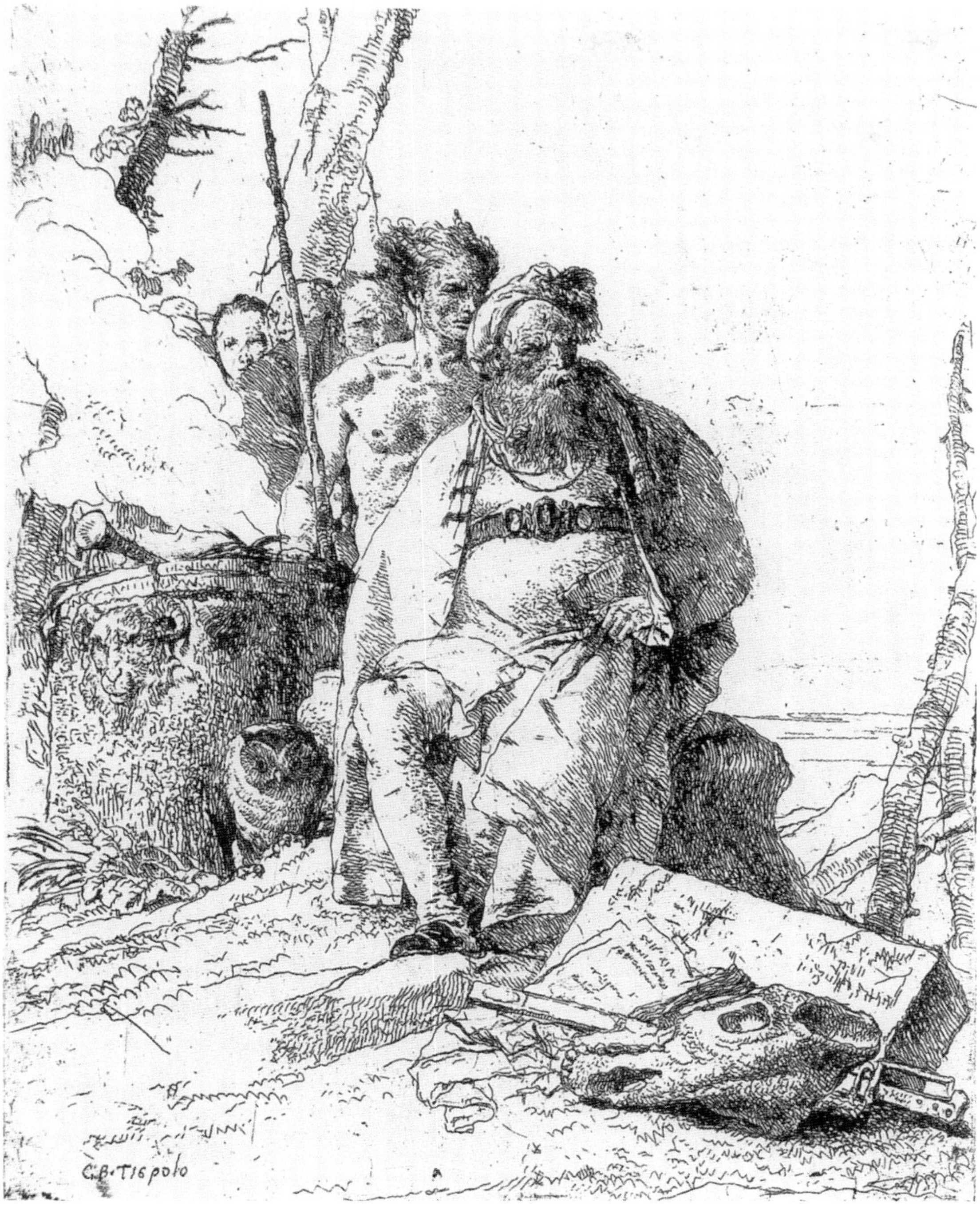

Scherzo di fantasia n. 6
(*Mago con figure e ara fumante*),
acquaforte, 225 × 181 mm.
Venezia, Museo Correr

Scherzo di fantasia n. 6
(*Magician with Figures and Smoking Altar*), etching, 225 × 181 mm.
Venice, Museo Correr

nella terra, si nasconde, si genera, si conserva, affiora. Esplora ciò che è nascosto, emergente, strisciante, sempre con lo sguardo rivolto in basso, come tutti coloro che rappresenta. E dalla terra, sulla terra, ove si celebrano piccoli riti, emergono tombe di Pulcinella, si riposano faunesse a gambe aperte, dialogano scheletri indifferenti. Questo sguardo verso il basso segue ciò che striscia, ciò che non riesce a sollevarsi, un infimo brulichio che non esitano a seguire gufi e civette, cani malandati e strani individui. Come se per il pittore della chiarezza e del cielo, abitato da divinità autentiche – perché solo pensate –, ciò che invece è vivo e terragno procurasse incertezza e inquietudine, insicurezza e timore. Eppure tutto resta sempre luminoso, il bianco della carta fa rilevare ancor più la trama sottilissima dell'indecifrabile.

Sarà quasi simile l'ossessione che abiterà Giandomenico, l'unico pittore che ci abbia dato una quantità di piedi, scarpe, scarpette, scarponi, zoccoli e zoccolette indossati da uomini, donne, villani, pitocchi, contadini e viandanti: tutti sempre con i "piedi per terra". Solidi, ma indifferenti, negati all'arte, i suoi personaggi ci voltano le spalle, si avviano indifferenti al passeggio. Il padre invece incide volti che posano per noi, ma non ci guardano, perché

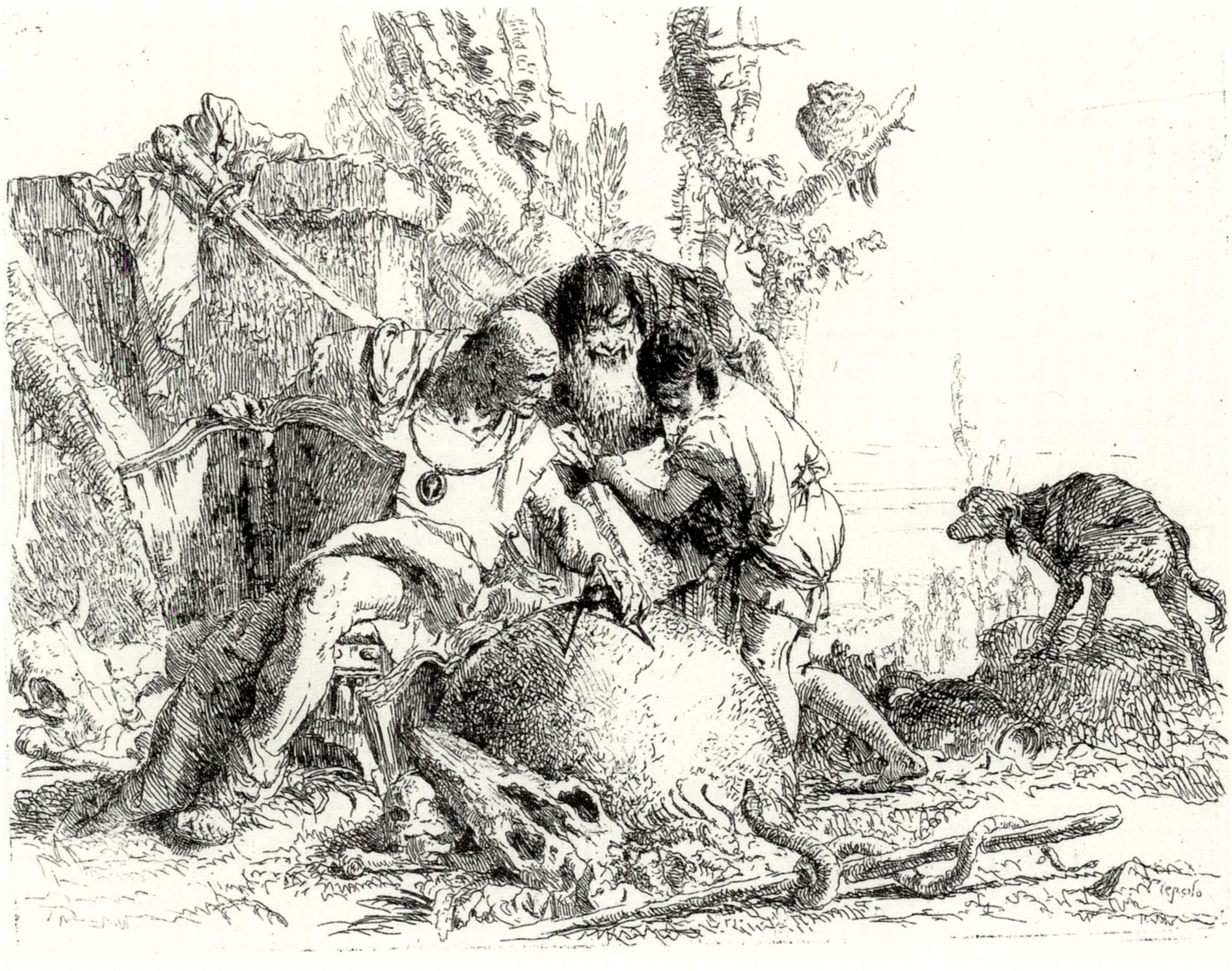

Scherzo di fantasia n. 22
(*Due maghi e un fanciullo*),
acquaforte, 140 × 188 mm.
Venezia, Museo Correr

Scherzo di fantasia n. 22
(*Two Magicians and a Boy*),
etching, 140 × 188 mm.
Venice, Museo Correr

scrutano e interrogano il serpente attorcigliato a una bacchetta magica, indagano l'origine di un basso piedestallo occupato da un teschio, osservano un cadavere disteso, o un corpo immerso nel sonno ipnotico.

Tiepolo si è documentato, e ha cominciato sicuramente a collezionare carte e rami, anche per l'amicizia con Anton Maria Zanetti, un collezionista tanto appassionato quanto esperto. Ha analizzato Rembrandt, studiandone il chiaroscuro e assimilandone il tratto; ma ha pure osservato Stefano Della Bella, il Ribera, le acqueforti veneziane del Campagnola, Salvator Rosa e anche certamente Jacques Callot; e soprattutto un italiano, Giovanni Benedetto Castiglione, il Grechetto, con tutto il suo repertorio di maghi e filosofi, satiresse e profetesse, serpi e civette, scimmie e cani, bassorilievi e teschi e ossa. E di tutti loro è diventato esperto collezionista.

La produzione di acqueforti si svolge dunque in una prima serie organica, che mantiene una funzione di prova sperimentale, appunto gli *Scherzi di fantasia*. Molti sono gli interrogativi che gli studiosi si sono posti, oltre l'analisi puramente estetica e tecnica del tratto e del sapido uso del chiaroscuro, quasi che l'incisione fosse naturale per il grandissimo disegnatore. Sono un compendio degli umori stravaganti della Venezia del tempo? Una sorta di fuga tutta privata fra scene di magia, pulcinellate e favole agresti? Un repertorio personale, dettato da necessità espressive? Per alcuni storici le risposte sono

chiare, per altri è lecito interrogarsi e continuare a cercare, anche nell'"umore nero", nel nascosto del temperamento atrabiliare di un uomo felice e fortunato e sereno, come appariva ai più Tiepoletto.
Vero è che i "capricci" sono invenzione secentesca, uno spazio riconosciuto per l'autonomia dell'artista, e in Veneto erano noti e ricercati e apprezzati dai competenti diversi capricci: per esempio i baccanali di Carpioni, o i nudi di Giuseppe Diamantino. Tiepolo certamente immette nelle sue composizioni molte cose viste e immaginate, e altre che non poteva immediatamente trascrivere in pittura. La moda astrologica sempre così diffusa; la nascente passione archeologica; l'orientalismo e le favole di Carlo Gozzi. Anche così esprime i gusti allusivi e volutamente criptici di un'età, e più direttamente carica la tensione per il non svelato, per quell'indeterminato che è presente in gran parte della sua opera pittorica.
Maria Ditha Santifaller, che fu non solo una specialista di Tiepolo, ma una poetessa e imprenditrice culturale dalle molte vite, e tutte egualmente interessanti, scrisse nel 1938 alcune righe di grande intelligenza in *Die Radierungen G.B. Tiepolos*, ove si afferma che le radici degli *Scherzi* "risalgono all'Oriente, verso l'Egitto, agli Ebrei ed Arabi. Sono le rappresentazioni delle scienze occulte: alta alchimia, magia, cabala applicata [...]. Così l'opera incisoria del Tiepolo ci dà la chiave di tutto un mondo di idee e di figurazioni. Avrebbe però un'errata opinione dell'essere del Tiepolo chi volesse credere che tutte queste figurazioni abbiano in qualche modo dominato profondamente il maestro. Egli mescola con noncuranza elementi eterogenei d'ogni specie a formare un nuovo tutto. Linea e luce, la costruzione decorativa del gruppo, sono il suo *leitmotiv*. I crani umani sulle are fumanti, le serpi che si attorcigliano, lo stesso vecchio mago nella sua grande esibizione in fondo non hanno nulla di lugubre; tutta l'operazione non ha alcun senso più profondo di quello della calibratura della veduta, del supporto figurativo. E sempre nella considerazione di queste incantevoli opere ritorna in mente il detto che potrebbe nuovamente contraddistinguere il carattere generale del Settecento veneziano: 'tutto è soltanto uno specchio'".
E Pallucchini nel 1941 ribadisce: "Magia sì, ma in tutt'altro senso: magia come estrema libertà fantastica di creare, di suscitare situazioni tematiche in funzione di linguaggio. Vecchi orientali in turbante, maghi, filosofi, soldati, pastori, fauni, donne, animali vari si danno convegno, si dispongono in gruppi, per scrutare misteriosi volumi, interrogare oroscopi, trarre indizi da crani, scheletri, serpi, tra ruderi rovinosi, are, bassorilievi. È il demone di magico regista del chiaroscuro che suggerisce a Tiepolo tali raggruppamenti, ambientati in una atmosfera limpida, corrosa dal sole, bruciata dalla luce, dove la composizione è tagliata soltanto da tronchi d'albero, rami stecchiti, fronde puntute di pini. Nasce il senso magico proprio dalla situazione tematica, scaturita di getto da una fantasia tra le più estrose dell'arte mediterranea, che si concreta mirabilmente nella forma incisoria, tutta legata ad un'ansia di luce".
Di certo Giambattista costruisce un montaggio di elementi alti della tradizione classica (bassorilievi, sacrifici pagani, scene pastorali, paesaggi agresti), del sentire popolare (serpi, gufi, teschi, maghi), del gusto del tempo (scavi, astrologia, cabala) legati solo dall'occasione della disposizione grafica: un capriccio appunto. Una commistione di generi che rinvia a un'altra delle sue ripetute ossessioni, quella del trascorrere del tempo. Così, come ha scritto Aldo Rizzi (1971, p. 14), "al modulo rigido e bloccato degli *Scherzi*, i *Capricci* ne oppongono uno più libero e impressionistico; i primi sono ostinati e discontinui, i secondi fluidi ed equilibrati; alla preoccupazione e alle aspre catture immaginative del momento iniziale, subentra un fare rapido e suasivo, balenante di riflessi. Del resto, gli *Scherzi* riflettono puntualmente la temperie culturale intorno al 1735-1740, cioè il momento 'grottesco' e 'rembrandtiano' di Giambattista (basti il solo richiamo al trittico di Sant'Alvise) e sono via via

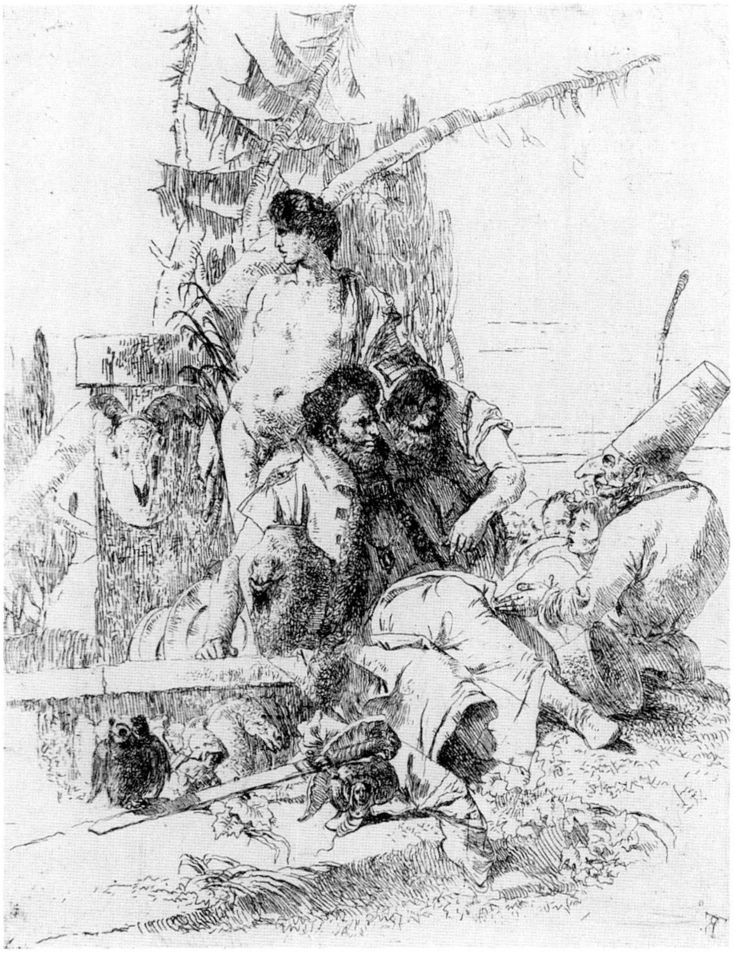

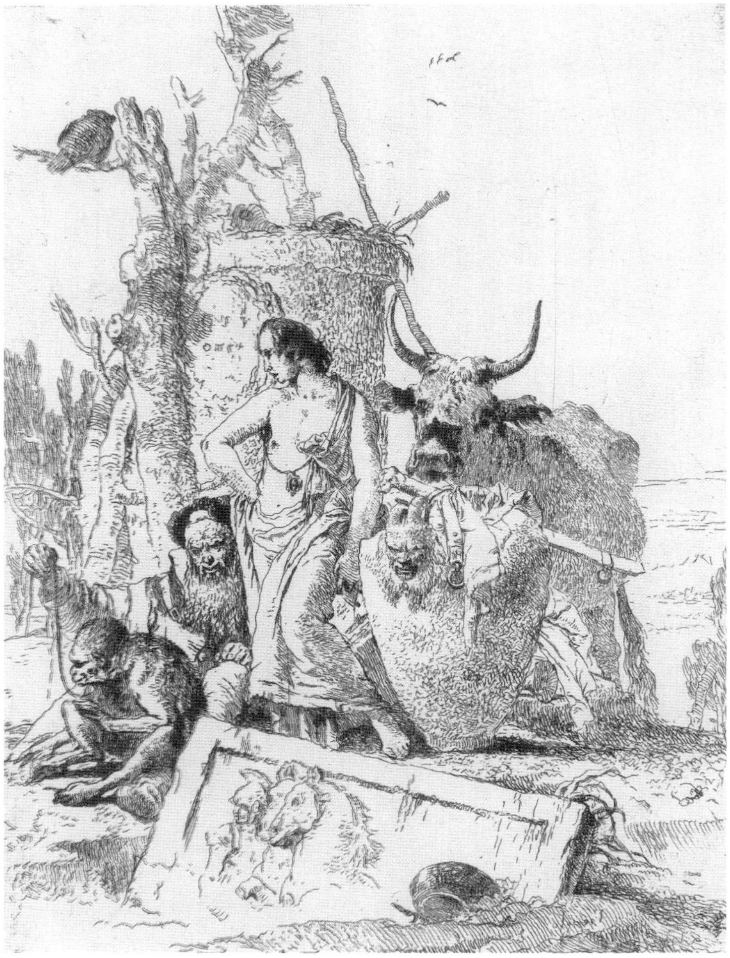

Scherzo di fantasia n. 9
(*Pulcinella parla a due maghi*),
acquaforte, 223 × 184 mm.
Venezia, Museo Correr

Scherzo di fantasia n. 9
(*Pulcinella Talking to Two Magicians*), etching, 223 × 184 mm.
Venice, Museo Correr

Scherzo di fantasia n. 18
(*Pastorella e vecchio con scimmia*),
acquaforte, 226 × 176 mm.
Venezia, Museo Correr

Scherzo di fantasia n. 18
(*Young Shepherdess and Old Man with Monkey*),
etching, 226 × 176 mm.
Venice, Museo Correr

sempre più lontani dalla stagione 'classica' della decade successiva e da quella 'teatrale' di Würzburg, dalla flessione 'romantica' di Valmarana e da quella 'mistica' di Madrid".

La tecnica specifica di Tiepolo è lo schizzo, il medesimo adottato nel disegno: la linea non corre continua e parallela, accentuandosi nelle ombre, ma si interrompe e riprende, leggera e fine, continua e sottile, per poi improvvisamente fermarsi, frantumarsi in graffi e virgole. Uncini di bulino sminuzzano la luce e spruzzano lame di luce, scintille argentate. Così Tiepolo finisce per negare l'ombra, giungendo a suggerire un'orchestrazione di valori cromatici e accordi musicali, con trapassi di volta in volta morbidi, pastosi, sfuggenti. Supera il chiaroscuro, crea una dinamica luministica, confonde la tradizione, apre a nuove sperimentazioni.

La serie dei *Capricci* fu pubblicata per la prima volta nella seconda edizione della *Raccolta di varie stampe a chiaroscuro* edita a Venezia da Anton Maria Zanetti nel 1743, poi nel 1749, e nuovamente nel 1785. Si presenta come combinazione di occasioni, emergenze arcadiche e negromantiche, tutte mosse da una medesima uniformità di luce, visione e scioltezza di tratto. L'impaginazione è lontana da ogni rigidità accademica, quasi protoromantica nella libertà della ricerca e dell'invenzione, nella scioltezza della suggestione. Si avvia un gioco fantasmatico, una messa in scena non immediatamente intelligibile di segni evocatori: ogni traccia macabra – come nella *Morte dà udienza*, caso quasi unico di titolo – è occasione di ironia e quasi di stupore verso una materia che non dà risposte. È forse questo stupore di Tiepolo, questa sua luce, là dove dovrebbe trovarsi il buio della paura, questa serenità nei confronti del *monstrum*, dell'estraneo e dello strano, la risposta implicita a quei terrori popolari ancora così diffusi? È dunque una luce ironica quella che dovrebbe accomunarlo a coloro che, polemisti della penna e della fede, cercavano di smontare superstizioni feroci? Lo speriamo, e certo guardando Tiepolo non proviamo i timori e gli orrori che fra breve ci trasmetterà Goya.

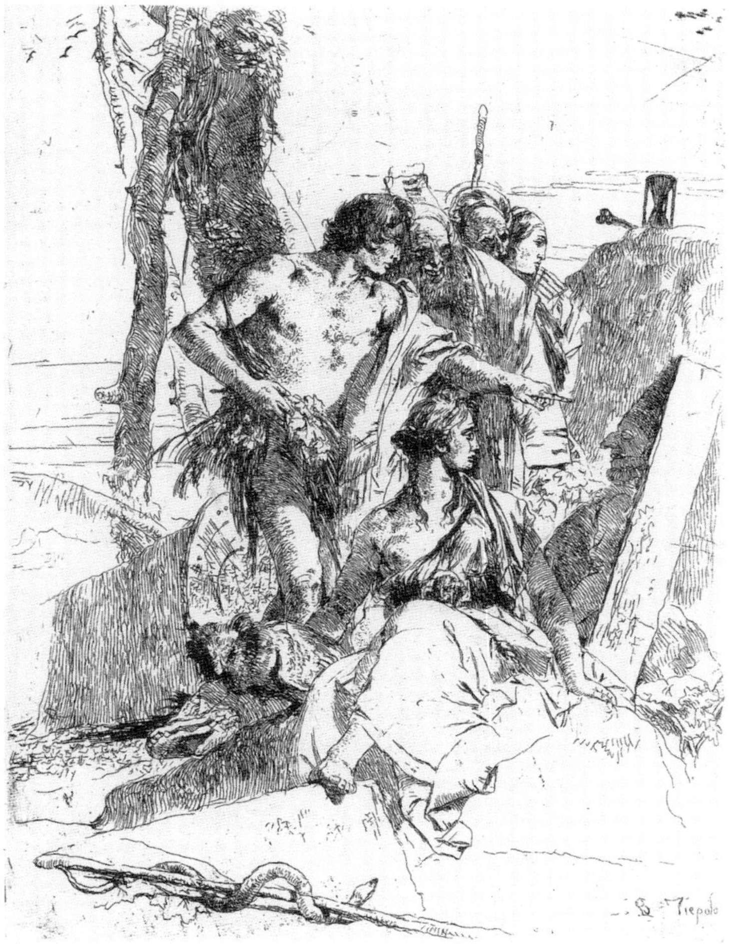

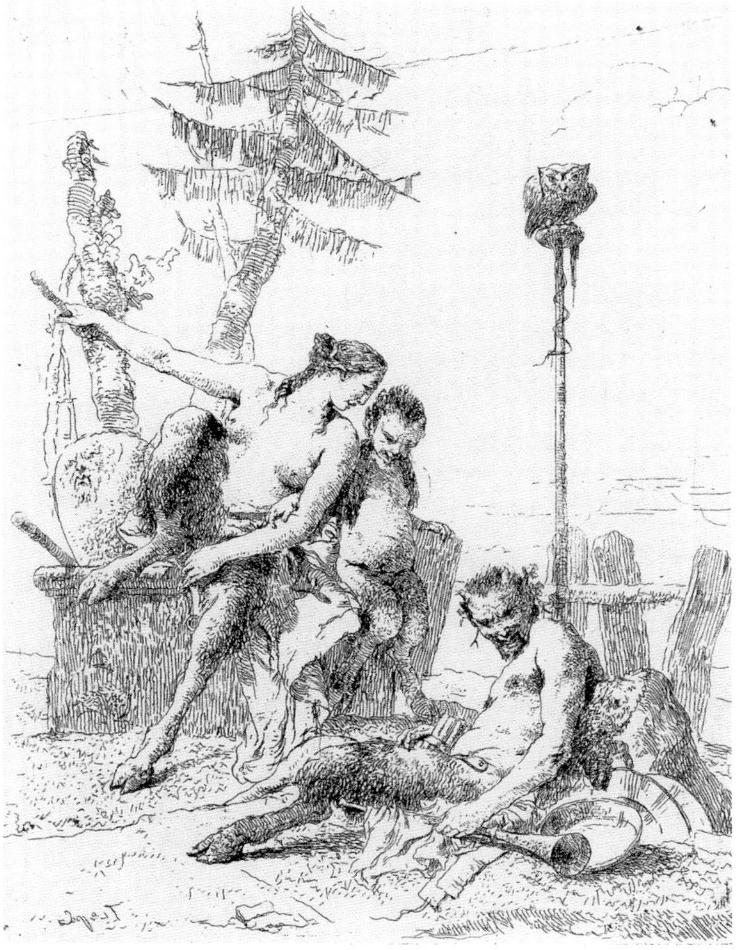

Scherzo di fantasia n. 17
(*Scoperta della tomba di Pulcinella*),
acquaforte, 232 × 182 mm.
Venezia, Museo Correr

Scherzo di fantasia n. 17
(*Discovery of the Tomb of Pulcinella*), etching,
232 × 182 mm.
Venice, Museo Correr

Scherzo di fantasia n. 10
(*Satiro con famiglia*),
acquaforte, 225 × 178 mm.
Venezia, Museo Correr

Scherzo di fantasia n. 10
(*Satyr with Family*),
etching, 225 × 178 mm.
Venice, Museo Correr

NEGROMANTI E LAMÌE: UNA POLEMICA VENETA

Nella città di Würzburg, che i colti teologi latinizzavano in "Erbipoli", nell'anno del Signore 1629 furono accesi 29 roghi. Su ciascuno furono bruciate vive dalle quattro alle sei persone. Il tredicesimo giorno furono messi al rogo: un vecchio fabbro, una donna anziana, una bambina di nove o dieci anni e una piccina, la sua sorellina. Proprio così: "Ein geringers, ihr Schwesterlein"; chi lo ricorda è Gustav Roskoff in *Geschichte des Teufels*, nel primo volume edito a Lipsia nel 1869, alla pagina 339. L'orrore assoluto cui può portare il terrore per il male ignoto, la paura del cataclisma finale, l'annichilimento dei sentimenti più semplici, non appartiene a un "buio Medioevo" di cui si volle far credere, vergognandosi di una troppo recente "caccia alle streghe". Esplode con la riforma della Chiesa e prosegue ben dentro un Settecento solo apparentemente "illuminato". A Würzburg quell'anno si bruciò di tutto: "Tre tessitori forestieri", molte "vecchie forestiere", "una ragazza cieca". E poi nel ventesimo rogo Babelina Göbel, vicino al cui nome c'è questa annotazione: "La più bella giovane di Würzburg". E una levatrice, che si vestiva in modo troppo elegante. E il sindaco Baunach, "il più grasso cittadino di Würzburg", e per tenergli compagnia un'altra "donna grassa", e uno studente "versato in molte lingue, ottimo musicista, cantante e suonatore di molti strumenti". Ma poi faranno la stessa fine gli stessi delatori, gli inquisitori più zelanti: dei 158 messi al rogo, dodici saranno i ministri della Chiesa, nove i vicari della cattedrale e due i maestri dei cori ecclesiastici. Forse quell'orrore e quello scempio bastarono a placare gli animi? Per nulla: ancora nell'anno 1749, il giorno 21 del mese di giugno, un rogo bruciava Maria Renata Sänger von Mossau, la settantenne madre superiora del convento di Unterzell. Per bontà del principe vescovo, il medesimo che incaricherà Tiepolo degli affreschi, sarà soltanto decapitata la testa posta su una picca e rivolta alla città, il corpo bruciato sugli spalti della fortezza di Marienberg, dove era stata processata. Testimoni oculari garantirono di aver visto un avvoltoio che si alzava in volo dal corpo avvolto dalle fiamme.

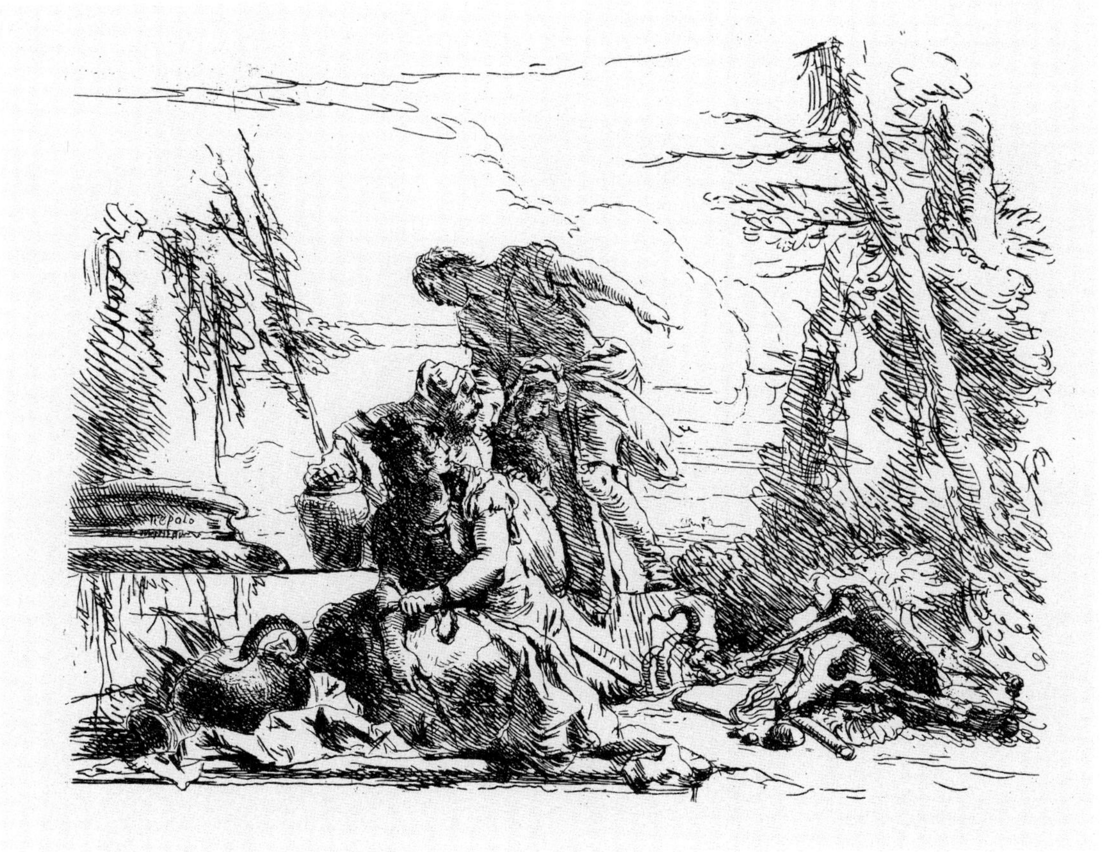

Varj Capricci
(*Donna con braccia incatenate e quattro figure*), acquaforte, 137 × 176 mm. Venezia, Museo Correr

Varj Capricci
(*Woman with Bound Arms and Four Figures*), etching, 137 × 176 mm. Venice, Museo Correr

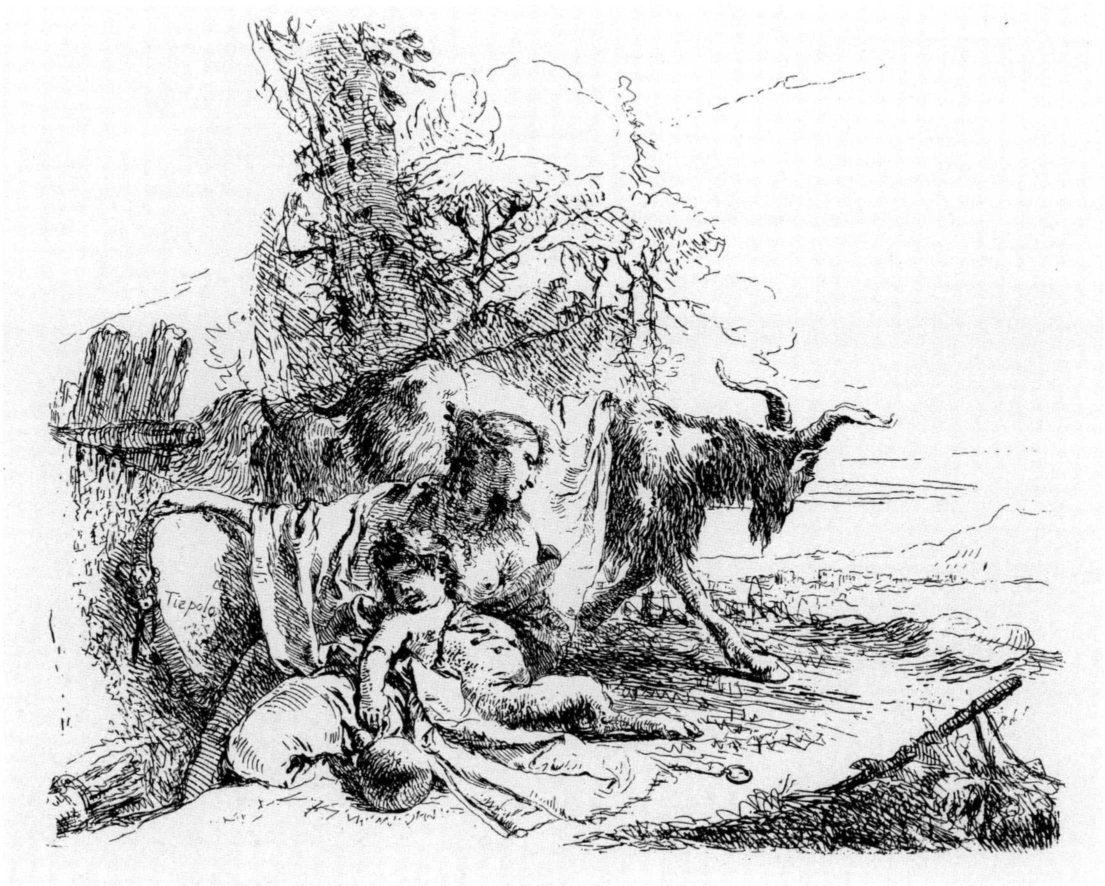

Varj Capricci
(*Ninfa con satiro e due capre*), acquaforte, 140 × 174 mm. Venezia, Museo Correr

Varj Capricci
(*Nymph with Satyr and Two Goats*), etching, 140 × 174 mm. Venice, Museo Correr

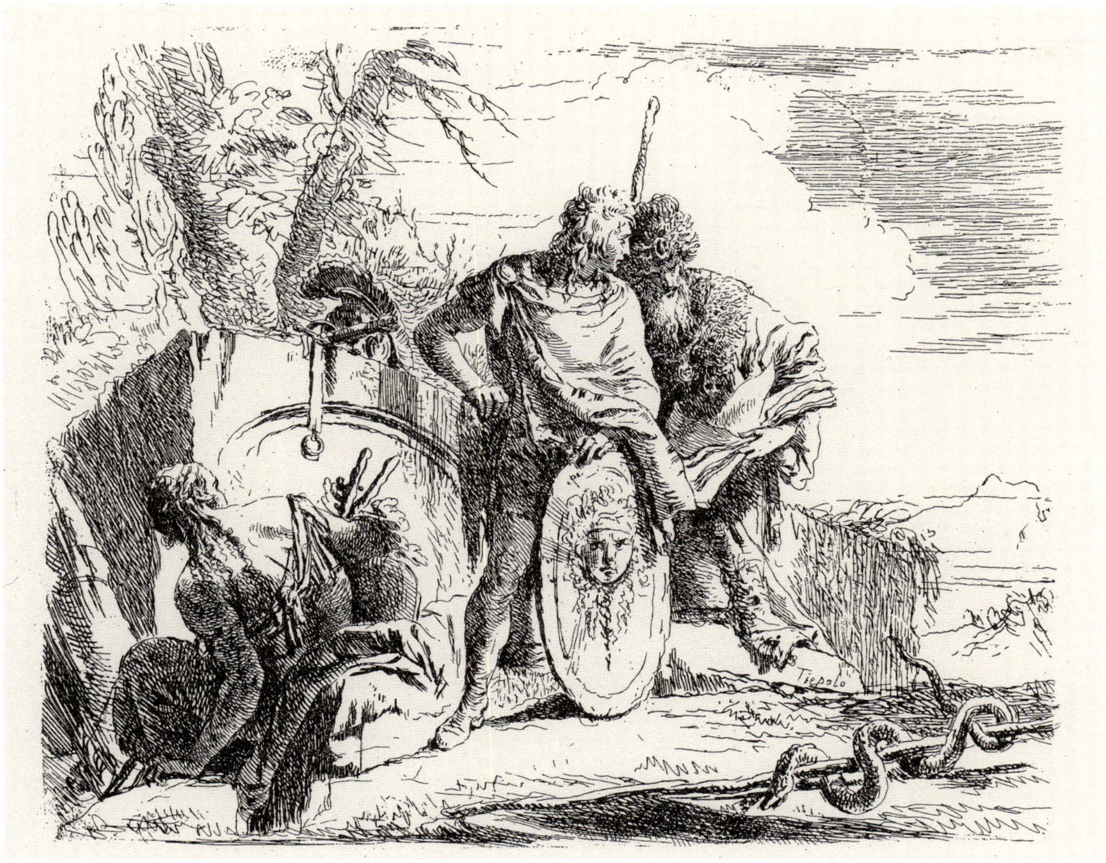

Varj Capricci
(*Astrologo e giovane soldato*),
acquaforte, 135 × 172 mm.
Venezia, Museo Correr

Varj Capricci
(*Astrologer and Young Soldier*),
etching, 135 × 172 mm.
Venice, Museo Correr

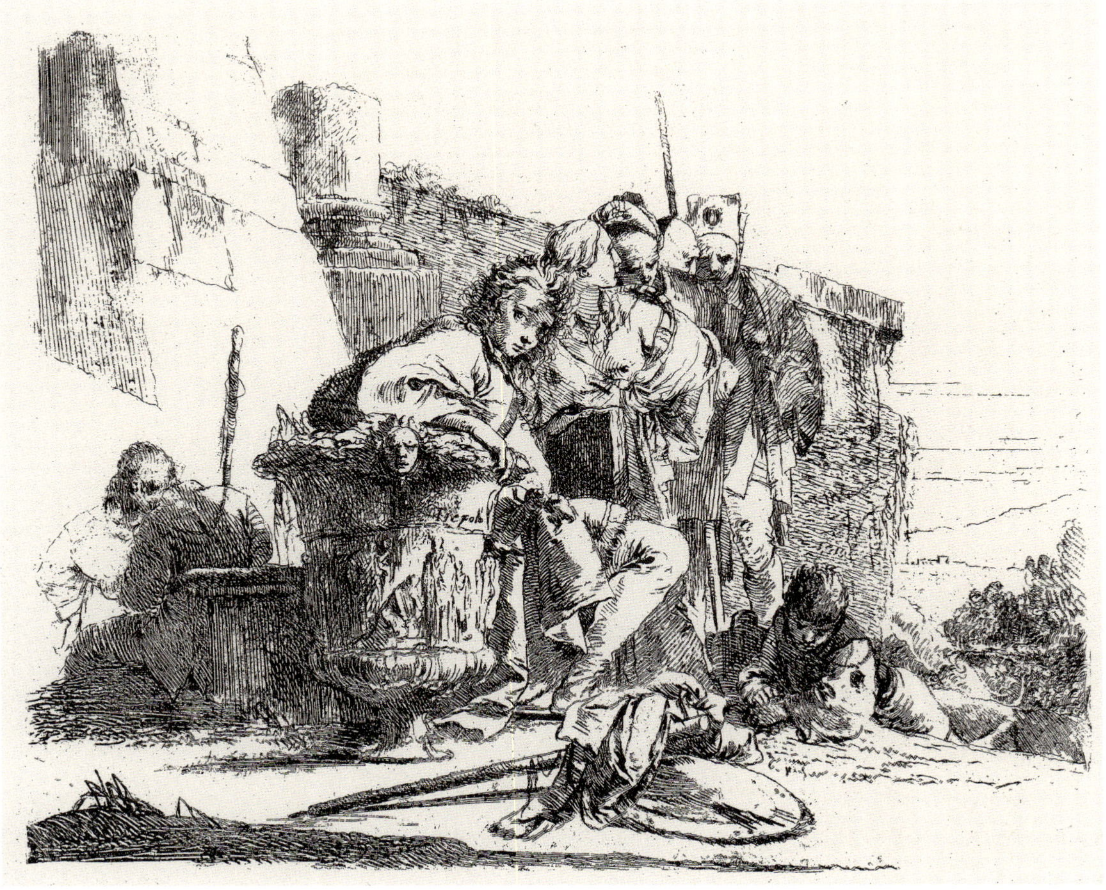

Varj Capricci
(*Giovane seduto appoggiato a un'urna*), acquaforte,
140 × 180 mm.
Venezia, Museo Correr

Varj Capricci
(*Young Man Seated, Leaning Against an Urn*),
etching, 140 × 180 mm.
Venice, Museo Correr

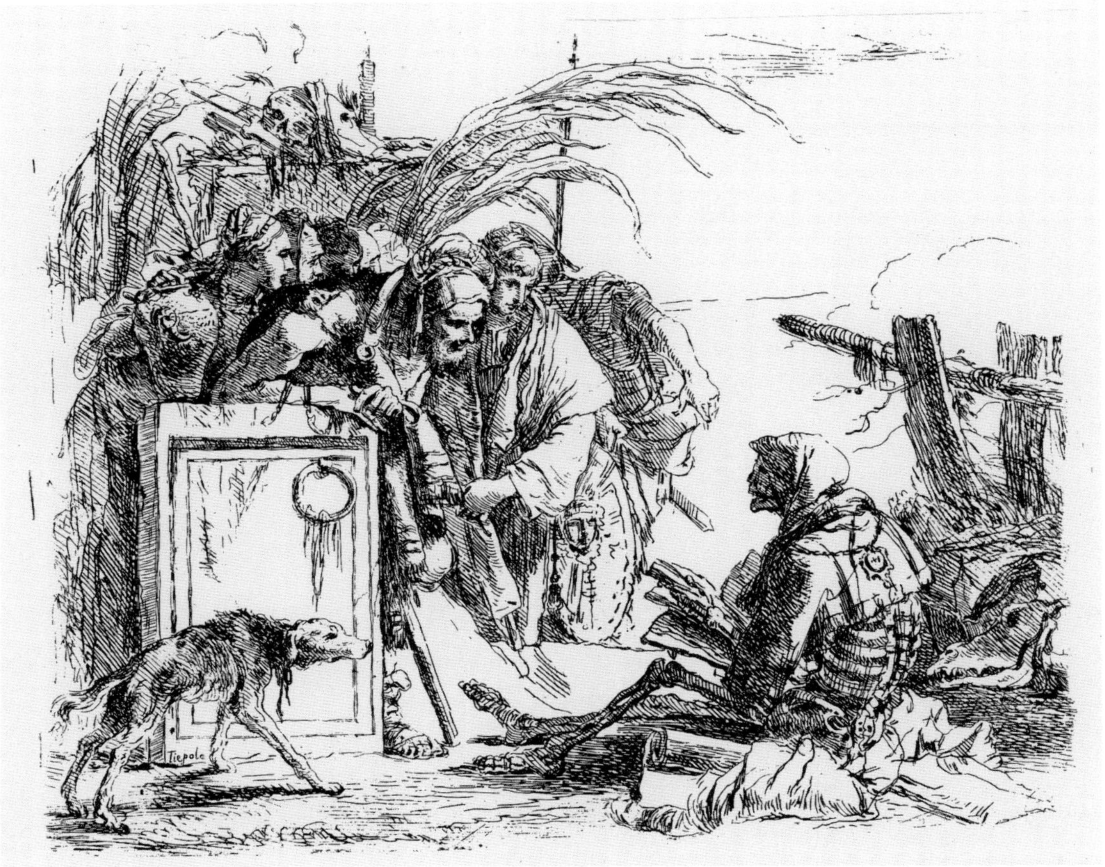

Varj Capricci (*La Morte dà udienza*), acquaforte, 140 × 176 mm. Venezia, Museo Correr

Varj Capricci (*Death Giving Audience*), etching, 140 × 176 mm. Venice, Museo Correr

Georg Gaar, gesuita e confessore della donna, predicò un sermone per ammonire che questo era l'avvertimento divino contro gli uomini che non credevano più alle streghe. L'abate roveretano Girolamo Tartarotti curò la traduzione e l'edizione italiana di questo *Ragionamento del padre Giorgio Gaar della Compagnia di Jesu fatto davanti al rogo di Maria Renata strega abbruciata in Erbipoli* nel medesimo anno in cui pubblicava *Del congresso notturno delle Lammie*: opera che ebbe subito vasta risonanza poiché condannava radicalmente la caccia alle streghe negandone l'esistenza, pur ammettendo la magia e la negromanzia. Annotava infatti: "La stregheria altro in sostanza non è che un'immaginazione [...] e per conseguenza non entra tre le spezie della Magia, ma costituisce un genere di superstizione diversissima, il quale, fuori della fantasia umana, non ha alcun essere reale o fisico; tutti gli addotti esempi leggi e passi della Scrittura, con più altri che si potrebbero addurre, non proverebbero che Maria Renata strega meritasse la morte", dopodiché denunciava come la "chimera de' congressi del Demonio con le streghe", ovvero "l'obbrobrio del nome cristiano, non è una frottola che oggidì dalle sole donnicciuole e dal volgo s'alloggi, come per altro molti letterati di gran nome si persuadono, ma trova effettivamente ricetto anche in persone che non possono dirsi né volgari né ignoranti", ma anzi sono proprie di tanti magistrati. Contro l'idea che almeno "Magia" esista si pronuncia l'amico marchese Scipione Maffei con *Arte magica dileguata*, che riprende molti dei temi di un altro erudito, Gianrinaldo Carli. Di qui segue una frenetica polemica, alimentata da almeno altri quattordici autori di libri e libelli sul tema. Maffei scriverà ancora un'*Arte magica distrutta* nel 1750 e infine un'*Arte magica annichilata* nel 1754, schierando una formidabile erudizione per negare alla magia qualsiasi realtà in qualsiasi epoca storica, nel nome di una "ragione" che distrugge ogni superstizione. Anche da quella polemica prenderanno avvio le considerazioni che Beccaria proporrà in *Dei delitti e delle pene*, ove scriverà: "Chiunque leggerà questo scritto accorgerassi che io ho ommesso un genere di delitti che ha coperto l'Europa di sangue umano e che ha alzate quelle funeste cataste, ove servivano di alimento alle fiamme i vivi corpi umani, quand'era giocondo spettacolo e grata armonia per la cieca moltitudine l'udire i sordi confusi gemiti dei miseri che uscivano dai vortici di nero fumo,

fumo di membra umane, fra lo stridere dell'ossa incarbonite e il friggersi delle viscere ancor palpitanti". Così, legittimamente, magia e negromanzia finiranno bruciate sul rogo della ragione e della legge.
Luciano Parinetto, nel suo *Magia e ragione. Una polemica sulle streghe in Italia intorno al 1750*, pubblicato da La Nuova Italia nel 1974, ricostruì magistralmente l'intera questione. Che è utile ricordare non perché Tiepolo v'abbia fatto riferimento, ma sia per una concomitanza di eventi – l'esperienza in Erbipoli-Würzburg e i rapporti con Maffei –, sia per cogliere quanto il suo tema iconografico fosse assolutamente presente nella cultura del tempo. Ma anche per sottolineare come ancora una volta Tiepolo si sottragga a ogni polemica su credenze, miti, tradizioni, preferendo percorrerli con autonomia e libertà personale, visiva.

Sembra di cogliere uno svolgimento stilistico, un passaggio da un tratto più evidente a una sorta di "maglia", di reticolo costruito con estrema finezza, ed esiti dichiaratamente "pittoreschi". E infine un tratto agile, un segno rapidissimo, un tessuto di fili. Tiepolo pienamente padrone del bulino lo usa con la stessa rapidità del pennello inchiostrato dei suoi ammirevoli disegni, e modella in chiaro. Il dettato incisorio è sciolto e la punta, con fendenti e zig-zag, costruisce valori tonali e apparenze luminose sconfiggendo ogni terrore e lasciando libera una *rêverie* meridiana: dando cioè immagine e vita a un fantasticare di ombre e sogni, nella piena luce. Con i *Capricci* termina un soliloquio, una prova d'artista senza fini commerciali, un rifugio nello spazio lontano da qualsiasi nasuto committente, da qualsiasi critico spocchioso. Poi però l'incisore farà più proseliti di quanto avesse immaginato: dona un lascito vincolante per Giandomenico e Lorenzo. Fornisce sicurezza d'avvio a un altro Giambattista: il Piranesi; sarà studiato dal sempre attento Fragonard; e soprattutto sarà riconosciuto maestro da Goya e poi ancora da Daumier.
Definitivo il primo giudizio critico del Sack (1910, p. 48): "Nelle sue acqueforti ancor più che nei suoi dipinti si manifesta la singolarità del Tiepolo. Egli si è creato una maniera che si differenzia da quelle fino allora usate tanto per la stupefacente naturalezza quanto per lo spiritoso trattamento della fascinosa tecnica acquafortistica, sia ciò inconsapevole, sia calcolato o meditato. Certo il trattamento dei suoi fogli richiama altri maestri, il Salvator Rosa e soprattutto il Castiglione, ma nella manipolazione ad un tempo nervosa e sicura, e tanto geniale quanto pesata, il bulino non si uguaglia a nessuno dei medesimi. Sui punti cruciali dei tratteggi d'ombra, quasi del tutto cedenti e tendenti a ridare la materialità esclusivamente per mezzo del tratteggio spesso, egli lascia le parti in luce quasi non tocche dal bulino. Tutte le ombre sono trasparenti e rischiarate da riflessi. Energiche isolate calcate, che in delicate macchie appaiono efficacemente distribuite sulla scena, preservano il tutto dalla fiacchezza e dalla leziosaggine e gli conferiscono un biondo tono argentino [...]. Ecco perché le acqueforti del Tiepolo ben più dei suoi dipinti sono pregne d'una tanto stupefacente vivacità e, nonostante ogni bizzarria, d'una tanto appariscente veridicità e d'un effetto tanto stimolante da tenerci sempre di nuovo legati alla sua freschezza e al suo incantesimo".

CAPITOLO VI

Arie, epitalami, recitativi e melodrammi

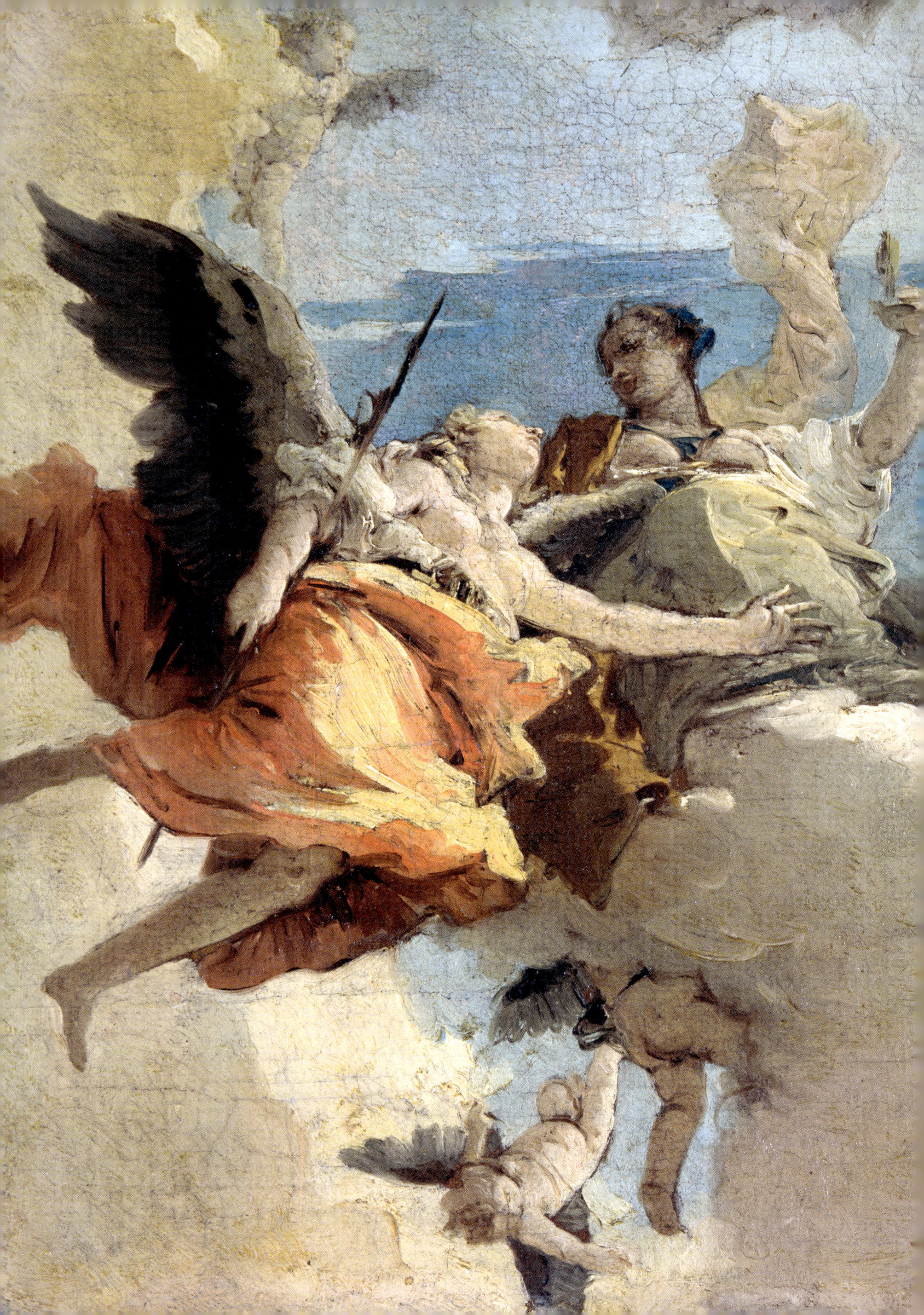

Il 25 maggio 1740 è messa in opera a Camerino, nella chiesa dedicata a San Filippo Neri, la bella pala con la *Madonna in gloria col Bambino e san Filippo Neri*. Una commissione di Antonio Foschi per la cappella di famiglia, un ritorno sui continui legami fra Venezia e le Marche.

Prima ancora di recarsi a Milano per l'ultima volta, Giambattista si era impegnato a decorare il soffitto della sala delle Adunanze della Scuola Grande dei Carmini di Venezia. Si tratta di nove tele: la centrale raffigura *La Vergine del Carmelo appare al beato Simone Stock* e offre lo scapolare a questo santo inglese del Duecento. Occasione per una rara scena macabra, con tibie e crani che affiorano da antiche tombe, mentre risorgono dalla morte corporale coloro che quel segno divino avranno indossato. Di lato una raffigurazione ancor più rara nell'iconografia settecentesca: un angelo salva un operaio che sta cadendo da un'impalcatura, un incidente sul lavoro che Tiepolo ha certamente visto diverse volte. Ai lati *Angeli e Virtù* (*Fede, Speranza e Carità*; *Prudenza, Sincerità e Temperanza*; *Fortezza e Giustizia*; *Pazienza, Innocenza e Castità*) assai piacevoli e a volte, come nel caso della povera Pazienza in ombra che attende di essere flagellata con un fascicoletto di rovi da un puttino ferocetto, alquanto saporite. È un complesso terminato entro il 1744, di equilibrio compositivo ma poi di preziosità sensuale nel pigmento cromatico, illuminato da una luce argentina. Un'esaltazione del colore locale, nella massima eleganza decorativa.

E intanto ha avviato un'altra impresa, nella villa di proprietà del giureconsulto Carlo Cordellina, costruita da Giorgio Massari a Montecchio Maggiore. Vi torna con l'amata pittura di storia, gli accenti veronesiani in particolare nella scena della *Famiglia di Dario davanti ad Alessandro*. E paradigmi cinquecenteschi si colgono anche nell'episodio della *Magnanimità di Scipione*. Sono gli abituali temi storici, svolti ora con delicatezza di colori e cura nei particolari. Nella *Famiglia di Dario* due grandi gruppi, a destra un antipatico e altezzoso Alessandro davanti a un ampio padiglione damascato, a sinistra un orientale a cavallo, alla testa di armati di picche e alabarde, sembrano stringere il gruppo di donne inginocchiate, umili ma non dimesse, in attesa di un giudizio che sarà magnanimo. Anche il solito episodio della continenza di Scipione rispetto alla soluzione milanese appare più disteso, ovvero classico, ma poi quasi fragile nella delicatezza dei colori. La fidanzata del principe dei Celtiberi, Aluccio, presa in ostaggio da Scipione dopo la presa di *Nova Carthago*, è posta in posizione centrale, di parata, come su una ribalta, e recita con molta eleganza la sua parte.

Il 26 ottobre del 1743 Tiepolo scrive all'amico Algarotti di essere ormai alla metà del soffitto e che pensa di finire la volta per novembre. Poi aggiunge: "Io son qui che posso far nulla per la troppa foresteria che vi è. Giuro che mi sarebbe più caro stare un giorno in compagnia sua e parlare di Pittura che tutti li divertimenti di questa villa, che mi creda non è pochi". In effetti l'impegno è pressante, anche perché tra l'altro Tiepolo deve disegnare le sculture del giardino, su tavole oggi al Victoria and Albert Museum di

Virtù e Nobiltà, particolare, 1740-1743, olio su tela, 35,5 × 30 cm. Milano, Museo Poldi Pezzoli

Nobility and Virtue, detail, 1740-1743, oil on canvas, 35.5 × 30 cm. Milan, Museo Poldi Pezzoli

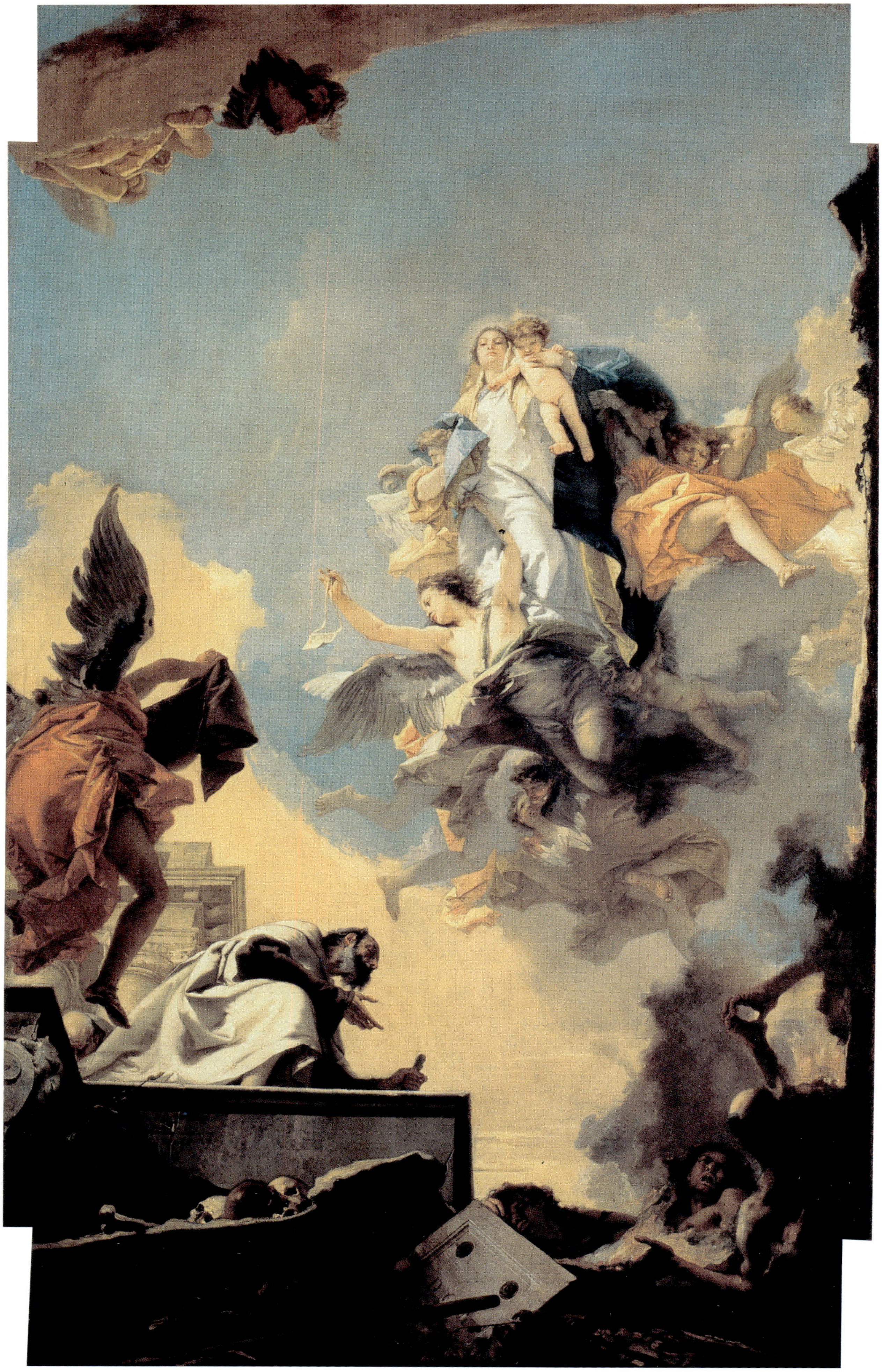

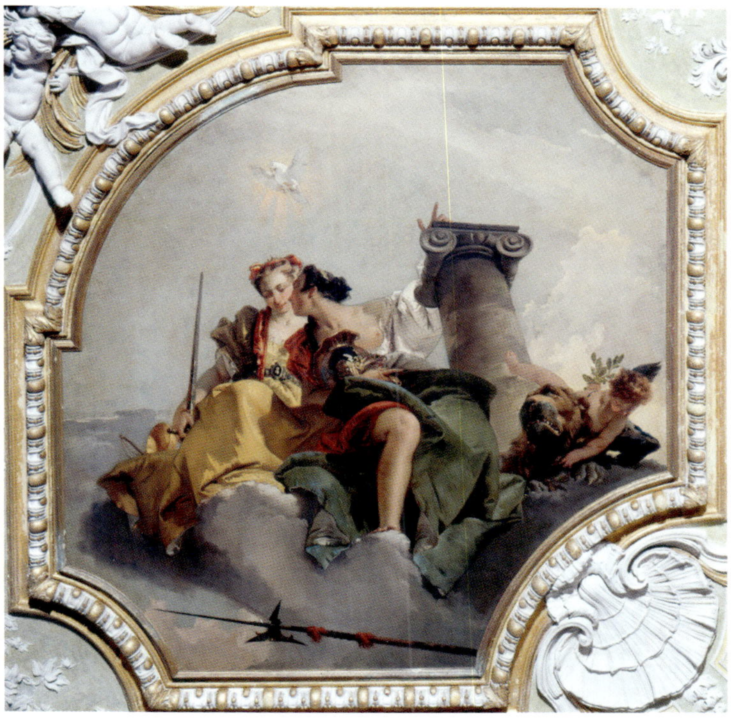

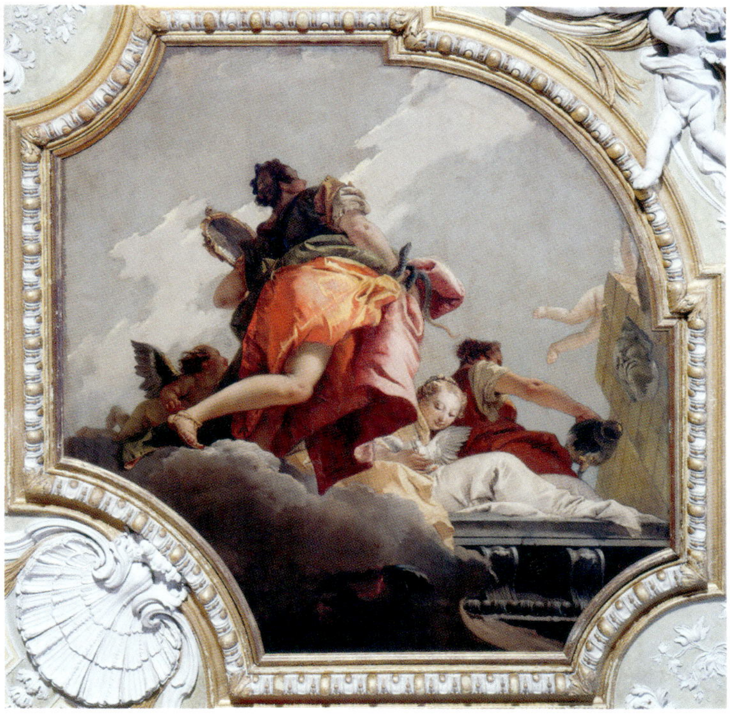

Londra. Esse rappresentano una preziosa documentazione di quanto dovesse eseguire per i committenti: forse anche "ai Nani" per quella celebre serie così prossima alle sue caricature fu usato il pittore sempre generoso di sé?
Il grande affresco sulla volta del salone di villa Cordellina, il *Trionfo della Virtù e della Nobiltà sull'Errore*, o meglio l'*Ignoranza*, dotata di pipistrello e papaveri, giusto il progetto allegorico di Ripa, non è soltanto uno degli esempi più alti dell'arte del Tiepolo, ma anche forse l'unico testo che possa rappresentare il rapporto con quella cultura dell'illuminismo europeo da cui il nostro pittore restò sostanzialmente distante. Due le fondamentali figure femminili: l'una regge il simulacro di Minerva e l'altra, alata, con una corona d'alloro in mano, rappresenta la Nobiltà che si acquista anche con il Sapere. Fra le due, su una nuvola, siede la Fama. Colpita da uno dei putti volanti tra le nubi in rosa, l'Ignoranza precipita nell'ombra dove sfreccia il pipistrello. Trasferito su tela nel 1917 dopo pesanti infiltrazioni d'acqua, il soffitto sembra dunque poter sostenere l'interpretazione di una luce del Sapere che dissolve le tenebre dell'Ignoranza. In realtà però si tratta ancora di un'applicazione del sistema allegorico di Ripa, anche perché il destinatario non era certo un intellettuale "progressista".

La Madonna consegna lo scapolare a san Simone Stock, 1748-1749, olio su tela, 533 × 432 cm. Venezia, Scuola Grande dei Carmini

Madonna Handing the Scapular to St Simone Stock, 1748-1749, oil on canvas, 533 × 432 cm. Venice, Scuola Grande dei Carmini

Fortezza e Giustizia, 1740-1743, olio su tela, 235 × 240 cm. Venezia, Scuola Grande dei Carmini

Fortitude and Justice, 1740-1743, oil on canvas, 235 × 240 cm. Venice, Scuola Grande dei Carmini

Prudenza, Sincerità e Temperanza, 1740-1743, olio su tela, 235 × 240 cm. Venezia, Scuola Grande dei Carmini

Prudence, Sincerity and Temperance, 1740-1743, oil on canvas, 235 × 240 cm. Venice, Scuola Grande dei Carmini

UN COMMITTENTE: CARLO CORDELLINA

La storia, familiare e personale, di Carlo Cordellina è quanto mai esemplare e istruttiva, sia intorno alle trasformazioni della borghesia in patriziato, sia per la gestione delle ricchezze patrimoniali, sia infine per quella centralità dei giuristi che resterà un pesante retaggio della tradizione italiana – e non dei migliori. La prima notizia dei Cordellina risale al 1590, quando un Antonio, figlio di un uomo che chiedeva l'elemosina a Monza, riesce ad acquistare dai proprietari della Ca' d'Oro di Venezia una bella tenuta nel vicentino. A Montecchio, in particolare, i Cordellina avevano l'appalto di "ostaria, becaria e giazzeria". La ricchezza di cui Antonio disponeva era dovuta a operazioni tessili, che permetteranno a Ludovico, padre di Carlo Cordellina, di sposarsi con una nobile veneziana e acquistare il titolo mentre esercita l'attività di avvocato. Morto Ludovico, il figlio Carlo, ventottenne, si trovò a ereditare anche la fortuna di una zia, coniugata senza figli, e a questo punto iniziò a interessarsi attivamente alle sue pro-

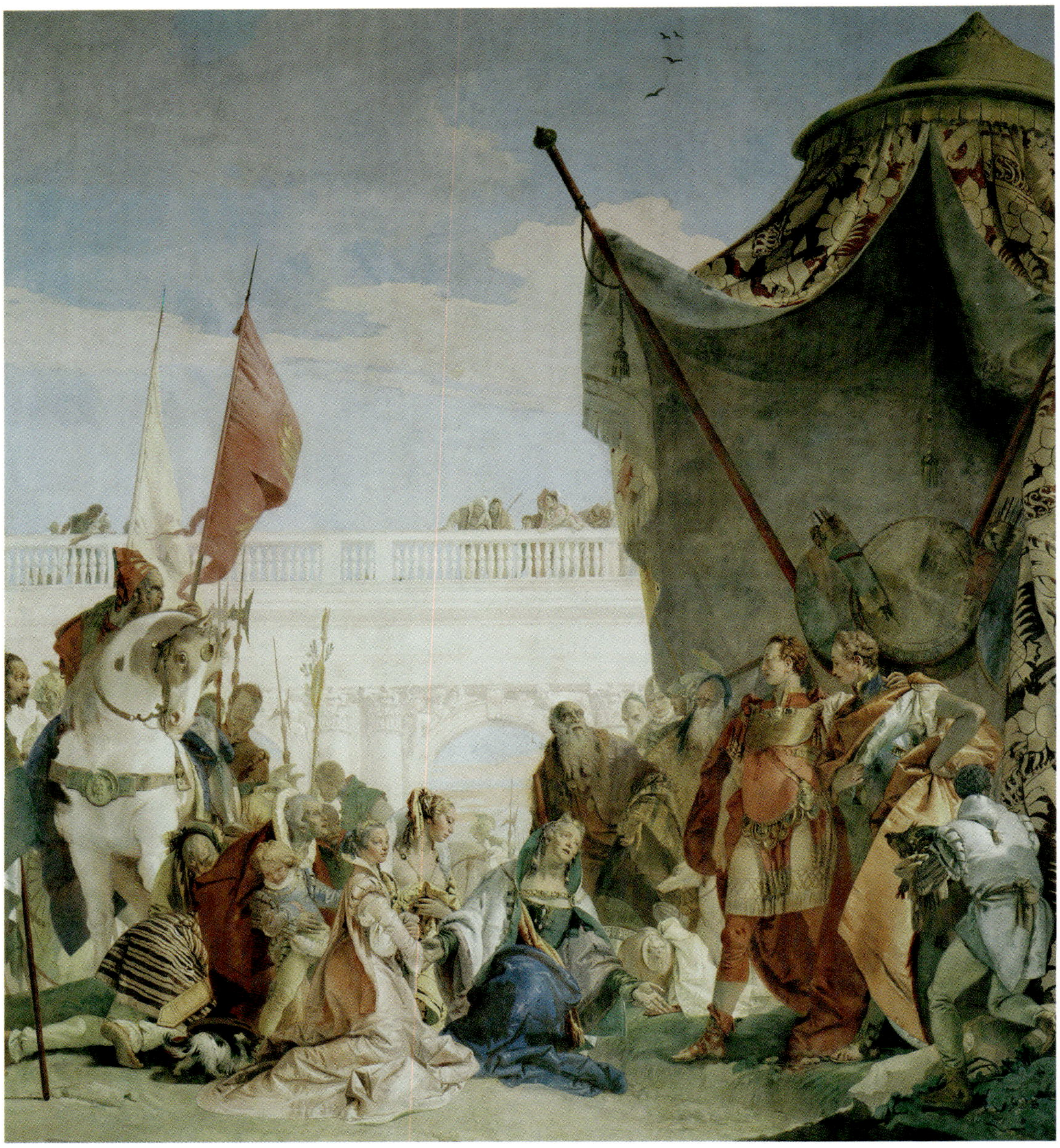

La famiglia di Dario davanti ad Alessandro, 1743, affresco, 550 × 490 cm. Montecchio Maggiore, villa Cordellina

The Family of Darius before Alexander, 1743, fresco, 550 × 490 cm. Montecchio Maggiore, villa Cordellina

Magnanimità di Scipione, 1743, affresco, 550 × 490 cm. Montecchio Maggiore, villa Cordellina

The Magnanimity of Scipio, 1743, fresco, 550 × 490 cm. Montecchio Maggiore, villa Cordellina

prietà vicentine. Seguendo le orme del padre, s'era dato anche lui all'esercizio dell'avvocatura, eccellendo rapidamente grazie all'abilità oratoria. Ebbe una vasta e scelta clientela, come Maria Teresa Cybo, duchessa di Massa e principessa ereditaria di Modena, e riuscì pure con i lauti emolumenti di una clientela nobiliare litigiosissima ad aumentare di molto la già considerevole fortuna immobiliare. Dopotutto, come scriverà Goldoni, gli avvocati erano appena dietro i nobili, a Venezia, per ricchezza, rispetto e prestigio sociale. Ma poi proprio Carlo Goldoni nelle sue *Memorie* ricorda con soddisfazione una propria vittoria sul mitico avvocato: "La causa che mio zio veniva a propormi era una contestazione proveniente da una servitù idraulica. Un mugnaio aveva comprato un filo d'acqua per dar moto ai suoi mulini, e il proprietario della sorgente l'aveva deviato; si trattava dunque di ristabilire l'attore in tutti i suoi diritti, dei danni sofferti e ogni altro interesse. La città di Crema aveva preso parte e causa in favore del mugnaio. Esisteva un modello dimostrativo ed erano nati processi verbali, atti, violenze, ribellioni. La causa era mista di civile e criminale, e dovevano giudicarla gli Avogadori, magistratura autorevolissima, simile appunto a quella dei tribuni del popolo romano. Avevo per avvocato contrario il celebre Cordelina, l'uomo più dotto e più eloquente della curia di Venezia. Egli doveva parlare il primo, e io rispondere sul fatto senza scritti e meditazioni. Si dà l'appuntamento del giorno, e io mi porto al tribunale della Avogaria. Il mio avversario parla per un'ora e mezza, lo ascolto e non lo temo. Finita la sua arringa, do principio alla mia: procuro, mediante

Alle pagine 172-173
On the pages 172-173

La famiglia di Dario davanti ad Alessandro, particolare

The Family of Darius before Alexander, detail

Magnanimità di Scipione, particolare

The Magnanimity of Scipio, detail

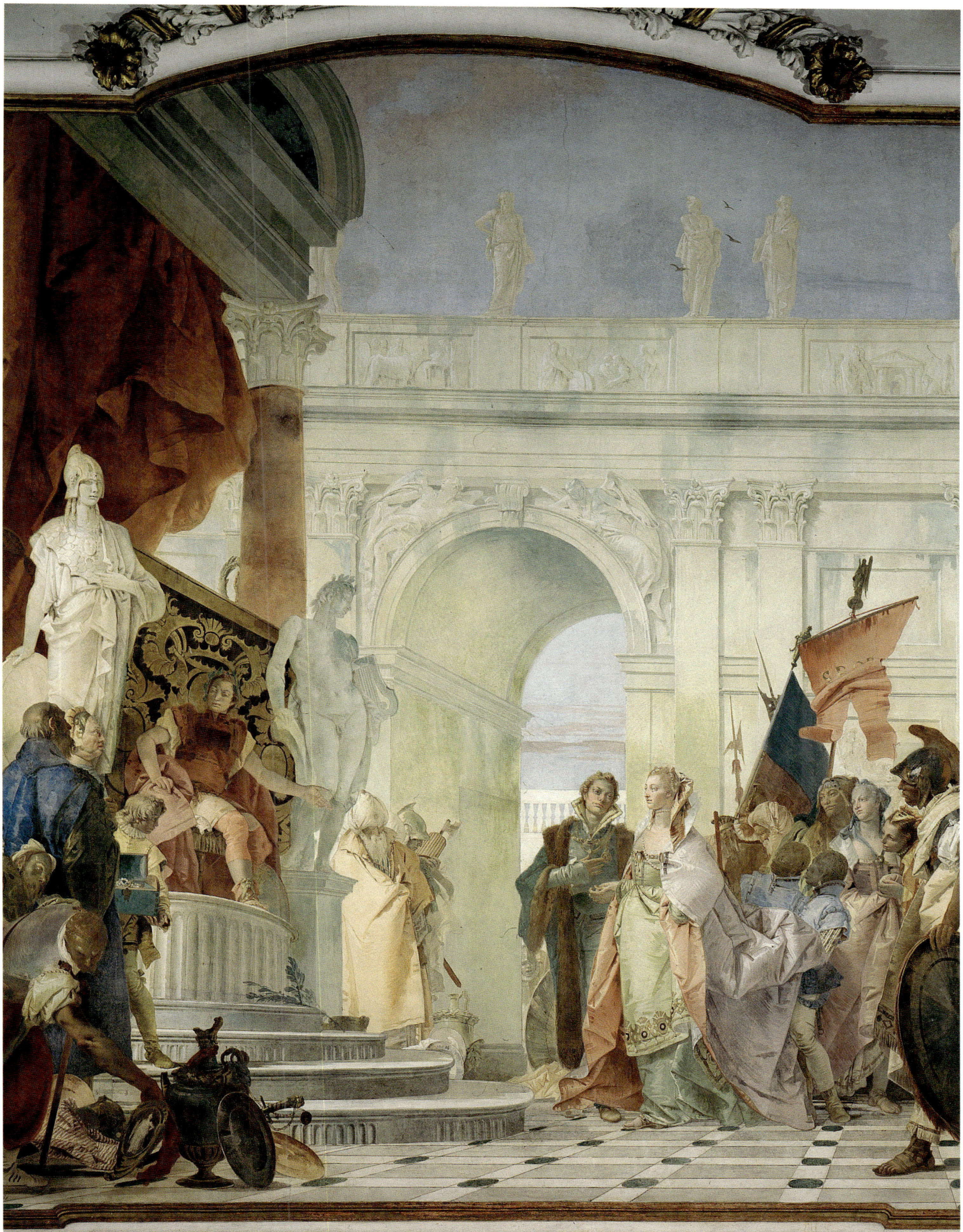

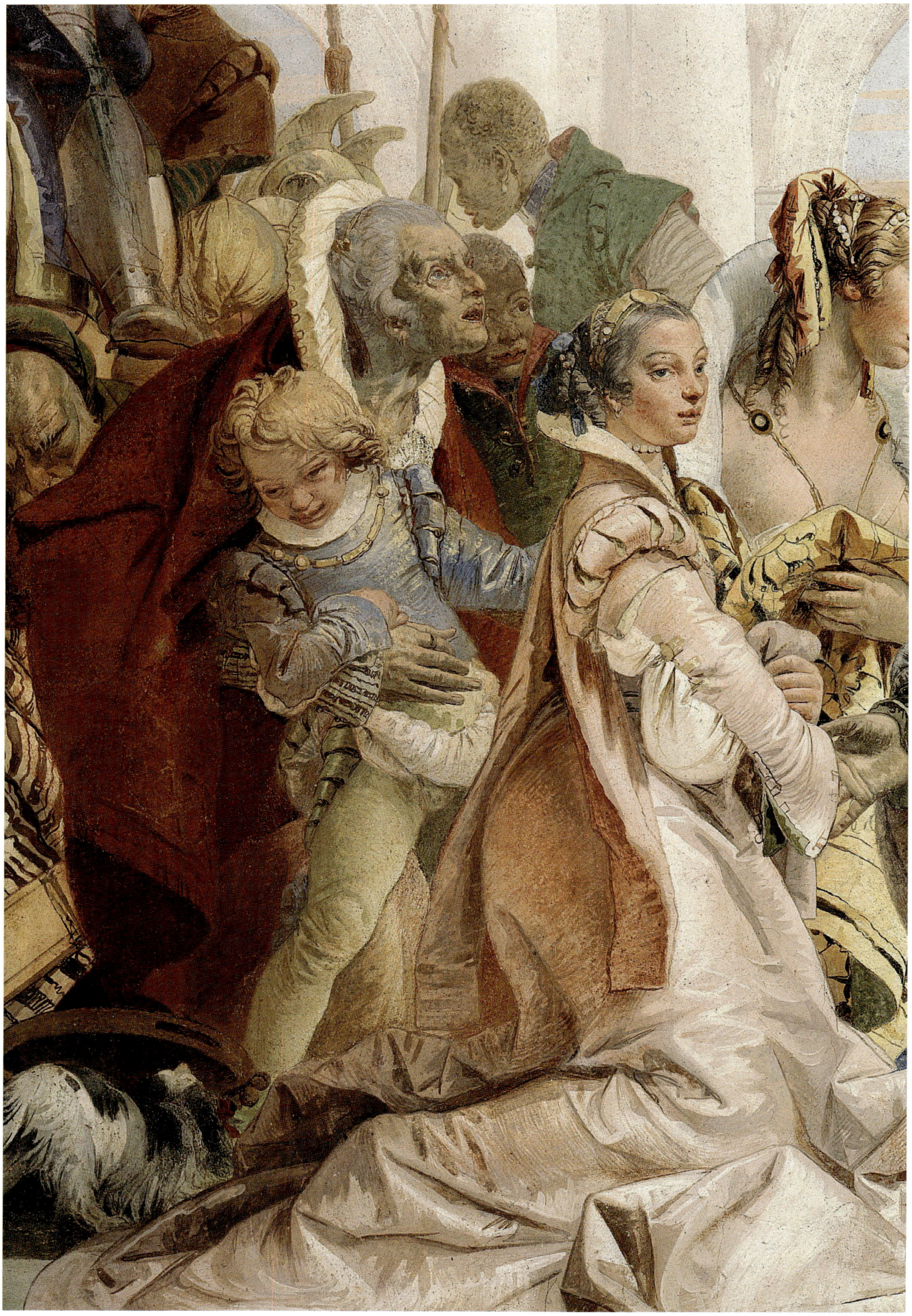

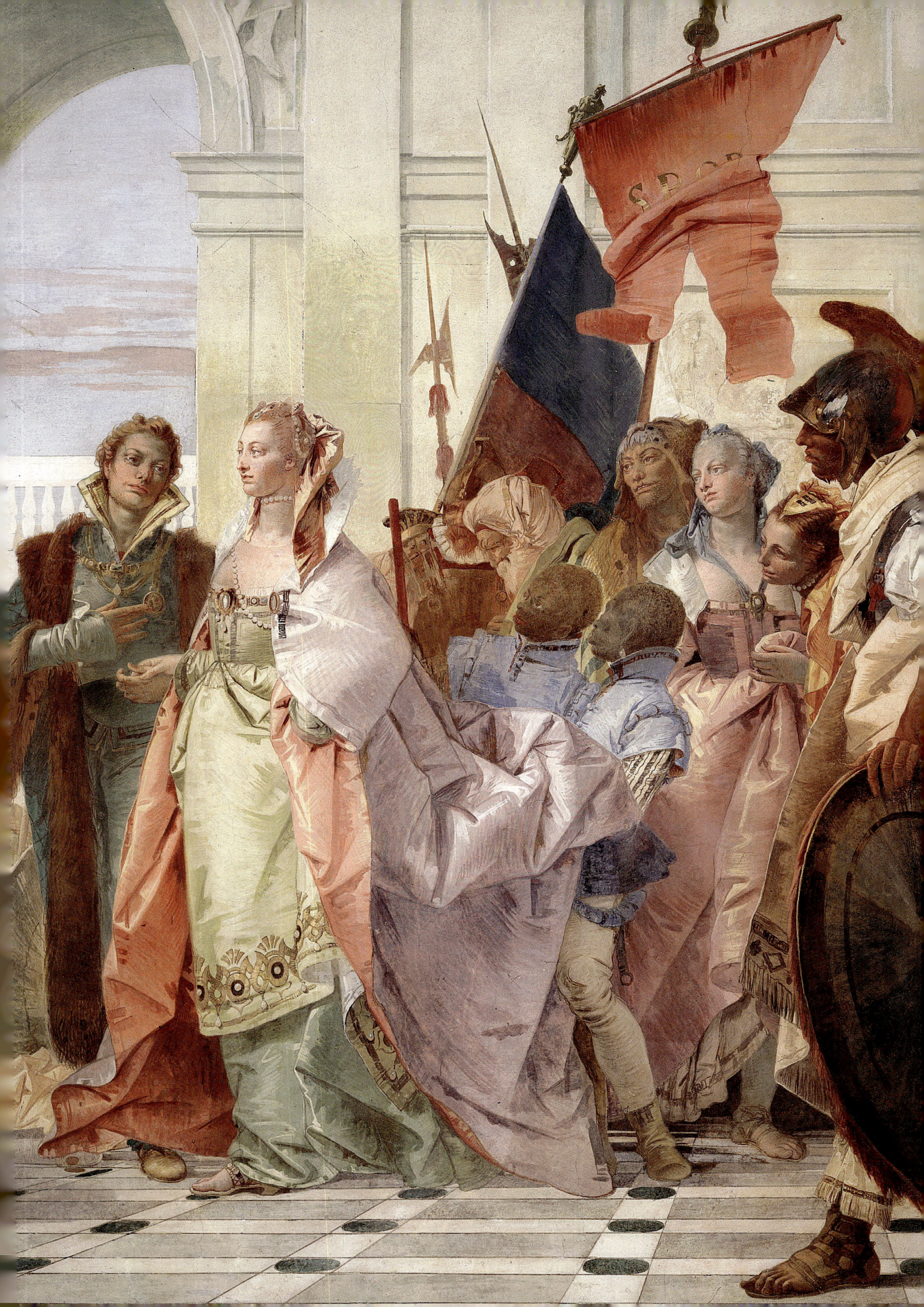

un patetico preambolo, di conciliarmi il favore del giudice. Era la prima volta che mi esponevo e avevo bisogno d'indulgenza. Entro in materia, attacco di fronte l'arringa di Cordelina. I miei fatti son veri, buona la mia voce, la mia eloquenza non dispiace; parlo per due ore, concludo, e mi trovo dalla testa ai piedi in un mar di sudore. Mi aspettava il servitore in una camera vicina, ove mi mutai la camicia: era stanco, sfinito. Ecco mio zio: 'Caro nipote, abbiamo vinto e la parte contraria è condannata alle spese. Coraggio, caro amico, egli continua, coraggio: questo primo saggio vi annuncia per un uomo che deve conseguire un bell'avviamento; non vi mancheranno clienti'. Eccomi dunque felice. Cielo! Che destino! Che rovesci!".
Secondo il suo biografo, tale era comunque il fascino del personaggio in tribunale che un suo ammiratore, il senatore Pietro Vendramin, ne fece immortalare le fattezze, per poi donargli il ritratto in marmo. Cordellina fu anche apprezzato dall'imperatore Giuseppe II, e il Foro Veneto vorrà dedicargli una statua in Prato della Valle a Padova, non realizzata a causa del crollo della Repubblica.
L'avvocato rimase comunque del tutto e solo interessato alle questioni giuridiche, e semmai alla conduzione delle terre: ma ebbe l'accortezza di sposarsi con Giulia Zanchi, la cui famiglia apparteneva all'ordine dei Segretari del Senato. La moglie, che andò sposa venticinquenne e con cui crebbe tre figli, era dotata di cultura e vasti interessi, era di affabile conversazione e squisita ospitalità, e gestì brillantemente le case di Venezia, Vicenza e la villa di Montecchio. Qui riceveva letterati, scienziati e intellettuali, fra cui ovviamente Francesco Algarotti, e ambasciatori, cardinali, nobili e teste coronate. Il biografo di Cordellina, Gian Battista Fontanella, sottolinea invece la modestia e quasi ritrosia di Carlo, ed elenca le iniziative immobiliari dell'avvocato che gli permisero di costituire intorno a Montecchio una sorta di piccola monarchia, risultato di centinaia di atti notarili: acquisti, permute, affrancazioni. Il che dotò la villa di una notevole estensione di terre omogenee, ove praticare la "nuova agricoltura" basata sulla razionale applicazione del metodo tarelliano (dall'agronomo cinquecentesco Camillo Tarello che ne aveva teorizzato i principi) della rotazione delle colture. Fu forse l'Algarotti, ma certamente la moglie di Cordellina, a suggerire quindi coerentemente a Tiepolo un programma iconografico che esaltasse le virtù civili del committente: dunque la Magnanimità e la Continenza, il Merito e il Consiglio, nella luce dell'Intelligenza. È degno di nota ricordare che Ludovico, figlio di Carlo, impegnò un importante lascito al collegio-convitto "Cordellina", che poi diverrà Opera Pia "Cordellina", tra cui la villa di Montecchio, il palazzo oggi sede della Biblioteca Bertoliana, e un fondo impressionante per qualità e quantità di opere d'arte.

Meno classicista di *Nobiltà e Virtù che fugano l'Errore*, e assai rovinata, è una tela per soffitto, con *La Verità svelata dal Tempo*, oggi al Museo Civico di Vicenza; ove torna la classica coppia tiepolesca: l'anziano con la fanciulla. Non si sa a quale dei palazzi di Cordellina fosse destinata: se la villa di Montecchio Maggiore, il palazzo di Stradella Piancoli o quello a Venezia, di Campo San Maurizio. Comunque la tela è una variazione ariosa e vivace, di luminosità smagliante, databile intorno al 1743-1744. Il tema allegorico è svolto in forma arguta e briosa: il Tempo con la gran falce ordina a un amorino di rovesciare la clessidra; le sue vecchie carni contrastano col bel nudo femminile, al solito di pelle setosa, indifferente all'uomo e allo specchio che la riflette. Verità e Menzogna sono quasi libere da segni identificativi, sono pure figure di un gioco aereo e scorciato. Anche questo dipinto potrebbe riferirsi all'illuminismo: per quella luce che la donna regge nella mano, che diviene luce della Ragione: ma è sempre più sicuro considerarla la variante solare e luminosa di un tema allegorico caro a Tiepolo.
Intanto da Venezia è giunta un'altra importante commissione da parte della chiesa degli Scalzi, che aveva avuto una delle sue primissime testimonianze a fresco (1725), per la

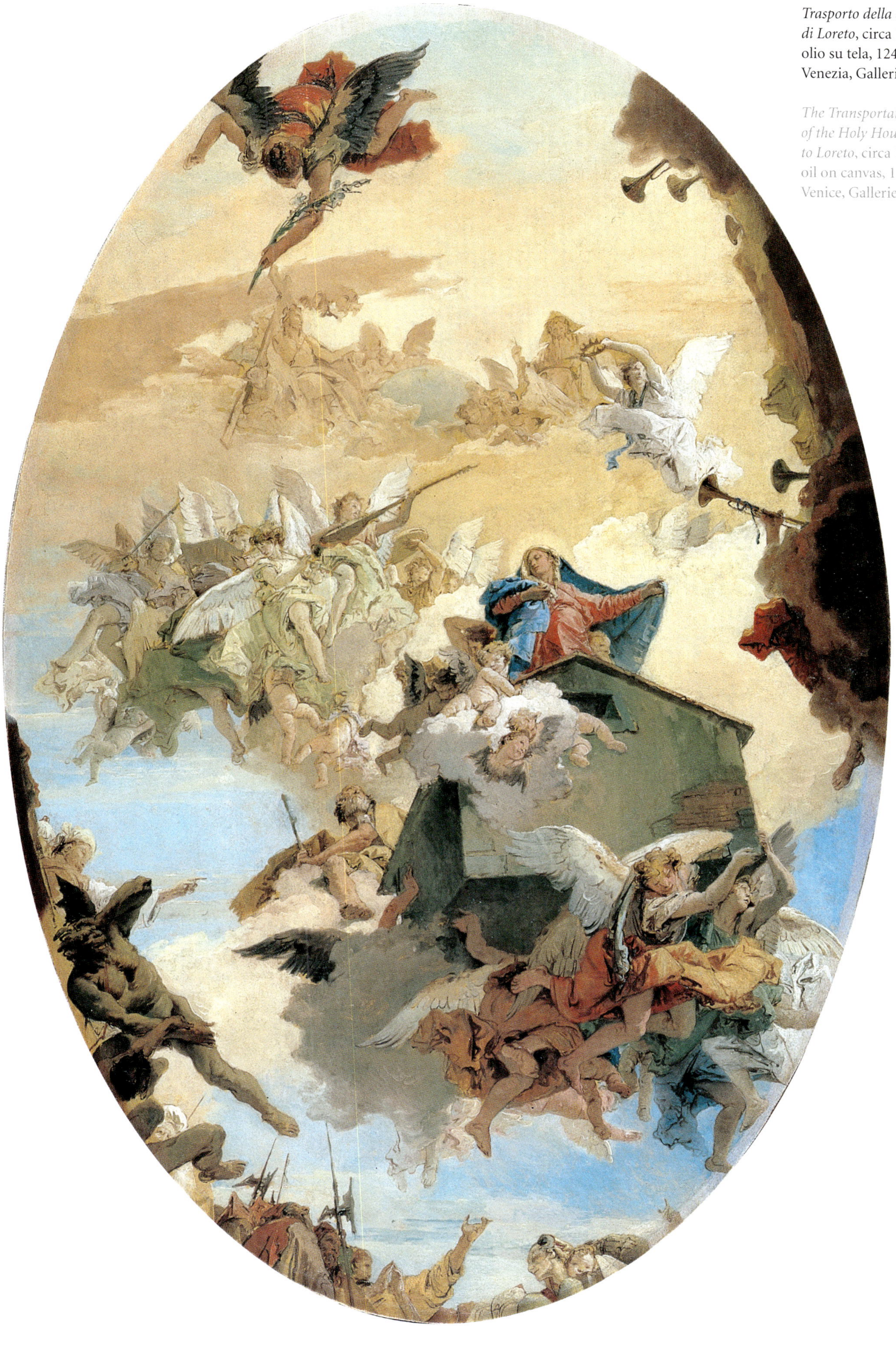

Trasporto della Santa Casa di Loreto, circa 1744,
olio su tela, 124 × 85 cm.
Venezia, Gallerie dell'Accademia

The Transportation of the Holy House of Nazareth to Loreto, circa 1744,
oil on canvas, 124 × 85 cm.
Venice, Gallerie dell'Accademia

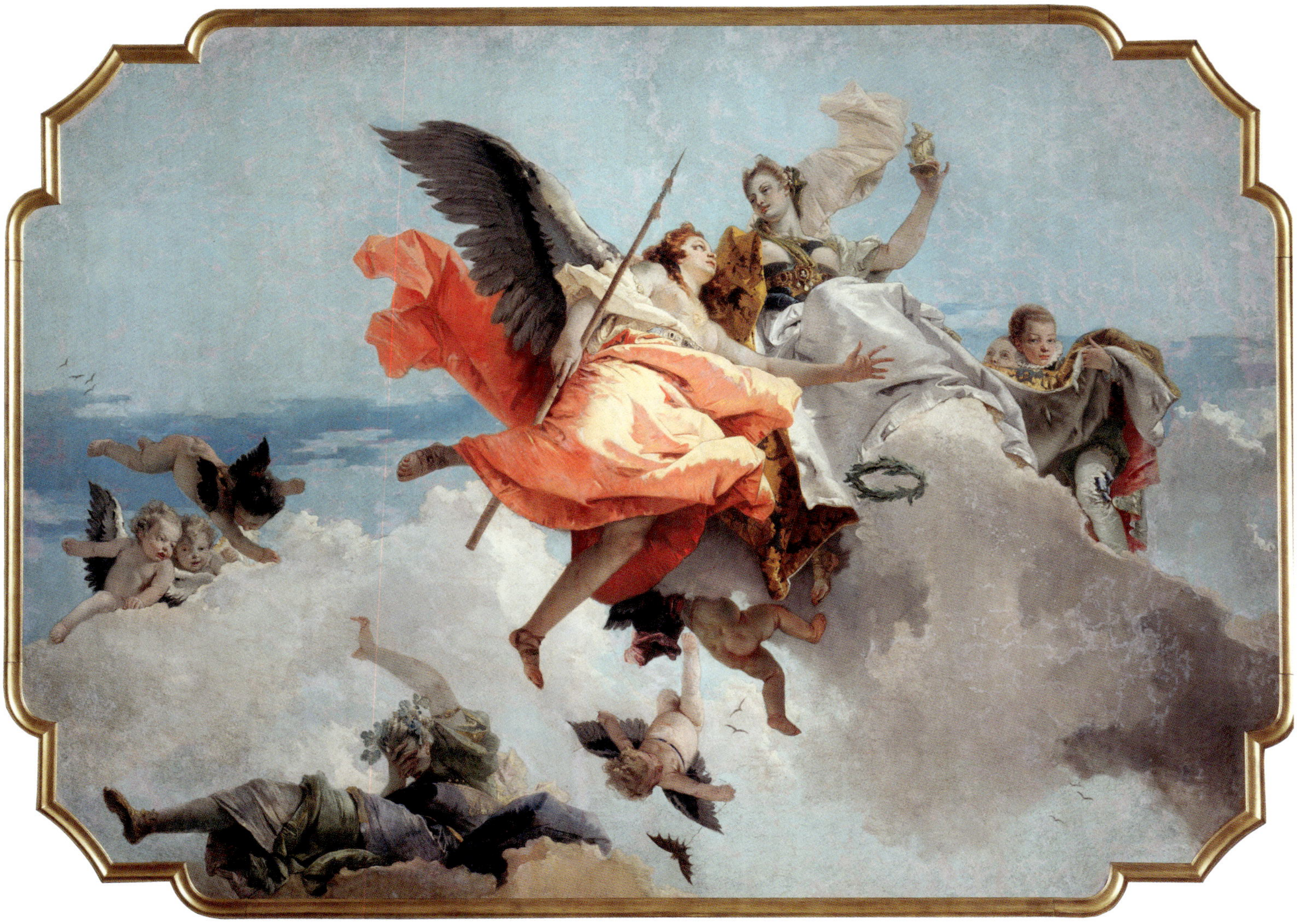

Trionfo della Virtù e della Nobiltà sull'Errore, 1744-1745, affresco riportato su tela, 280 × 420 cm. Venezia, Ca' Rezzonico

Nobility and Virtue Defeating Perfidy, 1744-1745, fresco mounted on canvas, 280 × 420 cm. Venezia, Ca' Rezzonico

decorazione del soffitto. Ora, vent'anni dopo, la commissione è grandiosa e centrale: è l'intero soffitto dell'edificio. Tiepolo vi raffigura nell'estate del 1745 il *Trasporto della Santa Casa di Loreto*, un prodigio di organizzazione spaziale giocato sul filo del virtuosismo, come appare dal modelletto alle Gallerie dell'Accademia. Doveva avvantaggiarsi di un'orchestrazione tonale fatta di sottili accordi, immersa in una luce cristallina. Ma usiamo il passato perché anche quest'opera non è sopravvissuta alla cecità culturale delle guerre: il grande affresco fu distrutto nel 1915 da una bomba incendiaria austriaca.
La nuova misura classicheggiante si ripercuote poi nelle opere di cavalletto, sia nella scelta delle tematiche, sia nelle impaginazioni più controllate, e ancora nella bellezza ellenistica dei personaggi e nella luminosità intensa. Ed è lo stesso Algarotti in prima persona a entrare in scena, proponendo abilmente due soggetti al fido amico: il *Mecenate presenta le arti ad Augusto* e il *Trionfo di Flora*, oggi rispettivamente all'Ermitage e al M.H. de Young Memorial Museum di San Francisco. La *Flora* è opera di grazia e felicità rara, un episodio autenticamente rococò, francesizzante, ove la leggerezza del cocchio, la verzura, la grazia delle movenze, la decorazione delle statue rinviano a un mondo nobiliare, al gusto di una stagione. Furono inviate nel 1744 al conte Brühl, consigliere di Augusto III: dunque l'Algarotti serviva a qualcosa, e forse seguiva anche più da vicino i quadri che avrebbero dovuto introdurre l'amico presso l'uomo forte di Dresda. Il conte riesce anche a farsi dare dal pittore una tela superba, quasi compiuta, ma destinata ad altri: un *Banchetto di Cleopatra* che per lui è assolutamente destinata alla nuova Galleria Reale di Dresda. Molto soddisfatto la descrive: "Un bel campo di architettura, l'arioso del sito, la bizzaria ne'

vestiti, i bei contrasti nella collocazione dei colori locali, una franchezza e leggiadria indicibile di pennello lo rendono cosa veramente paolesca [...]. Nelle immagini d'Iside e di Serapide e nella Sfinge introdotte negli ornamenti e nelle fabbriche, mostra la erudizione di Raffaello e di Pussino". Evidentemente e per Algarotti e per Tiepolo questa è "autentica storia", anche erudita: a noi ovviamente sembra una scena di nobiltà neocinquecentesca. Giambattista, per accontentare il cliente rimasto senza quadro, licenzia allora un'altra versione, un *Banchetto* ora in collezione privata. La formula ha molto successo ed è ancora richiesta: la ripropone, variando angolazione e diversità fra i personaggi minori, anche per il principe russo Jusupov, che acquista l'*Incontro di Antonio e Cleopatra* e il *Banchetto di Cleopatra* per la sua villa di Arkhangelskoye.
In quel tempo l'Accademia dei Concordi di Rovigo commissiona una serie di ritratti dei suoi uomini illustri ai migliori artisti veneziani. A Tiepolo chiede di effigiare Antonio Riccobono, un umanista del Cinquecento del cui volto sopravvive un'incisione caratterizzata dall'alta fronte e dall'espressione intensa. Tiepolo lavora di par suo e il *Ritratto di Antonio Riccobono*, tuttora all'Accademia dei Concordi, è un autentico capolavoro. Inserisce la figura dell'intellettuale che sospende una lettura erudita per osservarci con intensa serietà nell'ovale della cornice, costruendo un movimento del busto che poggia senza fatica sulla destra, posata sul libro. Il personaggio indossa un robone con ornamento di pelliccia alla moda tizianesca e mostra un'efficacia psicologica per cui ci dispiaciamo che Tiepolo abbia così scarsamente praticato il genere del ritratto, a parte le scelte singole, ironiche e personali, negli affreschi.

La Verità svelata dal Tempo, 1743-1744, olio su tela, 254 × 340 cm. Vicenza, Museo Civico di Palazzo Chiericati

Truth Revealed by Time, 1743-1744, oil on canvas, 254 × 340 cm. Vicenza, Museo Civico di Palazzo Chiericati

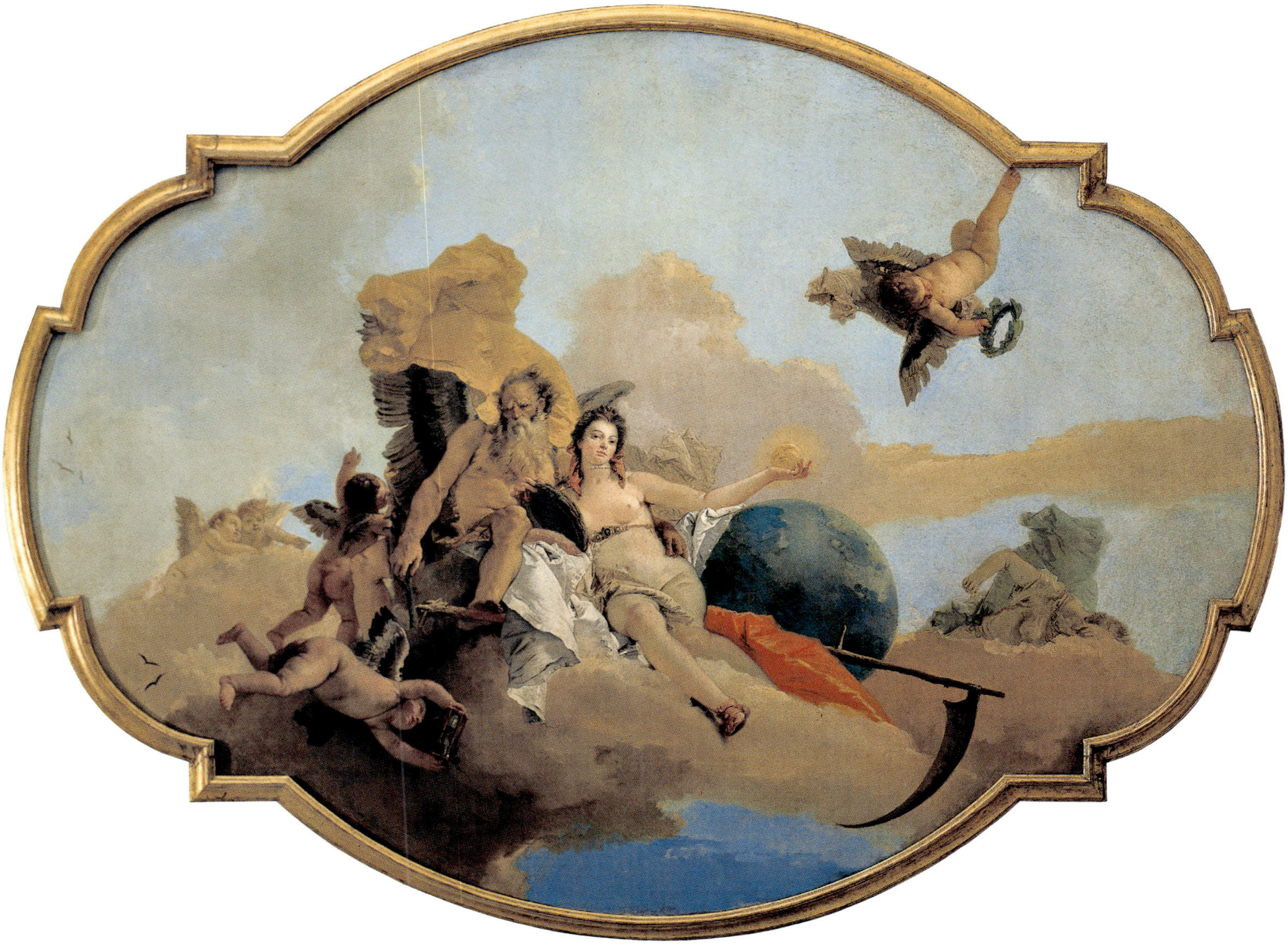

Dopo i pennacchi di San Francesco della Vigna (1743), realizza la pala per il duomo di Bergamo con il *Martirio di san Giovanni vescovo di Bergamo*. Tela collocata nel coro dove tuttora spicca per ariosità data dal grande manto bianco del martire. Contrattualizzata il 31 luglio del 1743, resta la ricevuta dell'acconto con firma di pugno del pittore datata 6 agosto presso la Biblioteca Angelo Mai di Bergamo. Posta in opera il 21 settembre del 1745, forse nelle figure di contorno c'è per la prima volta la mano di Giandomenico, giusto diciottenne, ma l'invenzione del gran vecchio pronto al sacrificio e la struttura architettonica alle spalle – le colonne binario in forte scorcio – sono indubitabilmente del padre.

Dopo la decorazione del palazzo del nobiluomo Pietro Barbarigo (1744-1745) in Venezia – in gran parte asportata e divisa in più sedi – e il trittico della chiesa dei Santi Massimo e Osvaldo di Padova (1745), Giambattista realizza otto tele la cui destinazione finale ci è per ora ignota: potrebbe essere il palazzo Dolfin-Manin, ove sembrano in parte emergere in un inventario del 1799. Sono per la prima volta soggetti letterari tratti dalla *Gerusalemme liberata*, il poema che continua a essere il più letto e amato per tutto il Settecento. Le tele ora sono a Chicago: tre (*Armida incontra Rinaldo addormentato*, *Rinaldo e Armida nel giardino*, *Rinaldo abbandona Armida*) sono collegate al quattordicesimo canto, la quarta, *Rinaldo e il mago di Ascalona*, al diciassettesimo. Rientrerebbero forse nel progetto decorativo altre tele: il *Satiro* ora alla Galleria Nazionale di Arte Antica di Roma, la *Satiressa con due putti e un tamburino* e la *Satiressa con un putto*, ovali alla Norton Simon Art Foundation di Pasadena.

La prima tela, raffigurante il momento in cui Armida vede e s'innamora di Rinaldo, è giocata su colori d'una felicità, splendida chiarezza e intima fragilità da risultare una delle più belle fra le intuizioni del pittore. E così è per la deliziosa scelta di calzoni e calzari (in piena moda XXI secolo!), d'un azzurro chiarissimo, indossati con grazia dal soave giovinetto. E dunque:

"Ma quando in lui fissò lo sguardo e vide
come placido in vista egli respira,
e ne' begli occhi un dolce atto che ride,
benché sian chiusi (or che fia s'ei li gira?),
pria s'arresta sospesa, e gli s'asside
poscia vicina, e placar sente ogn'ira
mentre il risguarda; e 'n su la vaga fronte
pende omai sì che par Narciso al fonte" (XIV, 66).

La composizione ariosa corrisponde con esattezza d'interpretazione ai delicati versi di Tasso, ove l'uso degli stilemi petrarcheschi, della lingua più mediana ed elegante, è tradotta nella delicatezza pastello, nel fraseggio assolutamente morbido del pennello. Nella seconda composizione, Tiepolo compone una scena in cui già s'avverte il prossimo dramma: Armida giace su un eccezionale, grandioso e mosso tessuto nel miglior arancio veneziano. Ella contempla sé stessa innamorata, mentre il giovane ai suoi piedi è come risucchiato, senza volto, lo scudo a terra, ammansito e vinto. Ma già sulla soglia del giardino, due compagni di missione, Carlo e Ubaldo, si preparano a mostrargli la dura realtà, a far sì che Rinaldo si specchi. Tiepolo prima ha recuperato l'ambientazione tassiana:

"Tondo è il ricco edificio, e nel più chiuso
grembo di lui, ché quasi centro al giro,
un giardin v'ha ch'adorno è sovra l'uso
di quanti più famosi unqua fioriro" (XVI, 1).

Armida incontra Rinaldo addormentato, 1745, olio su tela, 188 × 217 cm. Chicago, The Art Institute of Chicago

Armida Encountering Sleeping Rinaldo, 1745, oil on canvas, 188 × 217 cm. Chicago, The Art Institute of Chicago

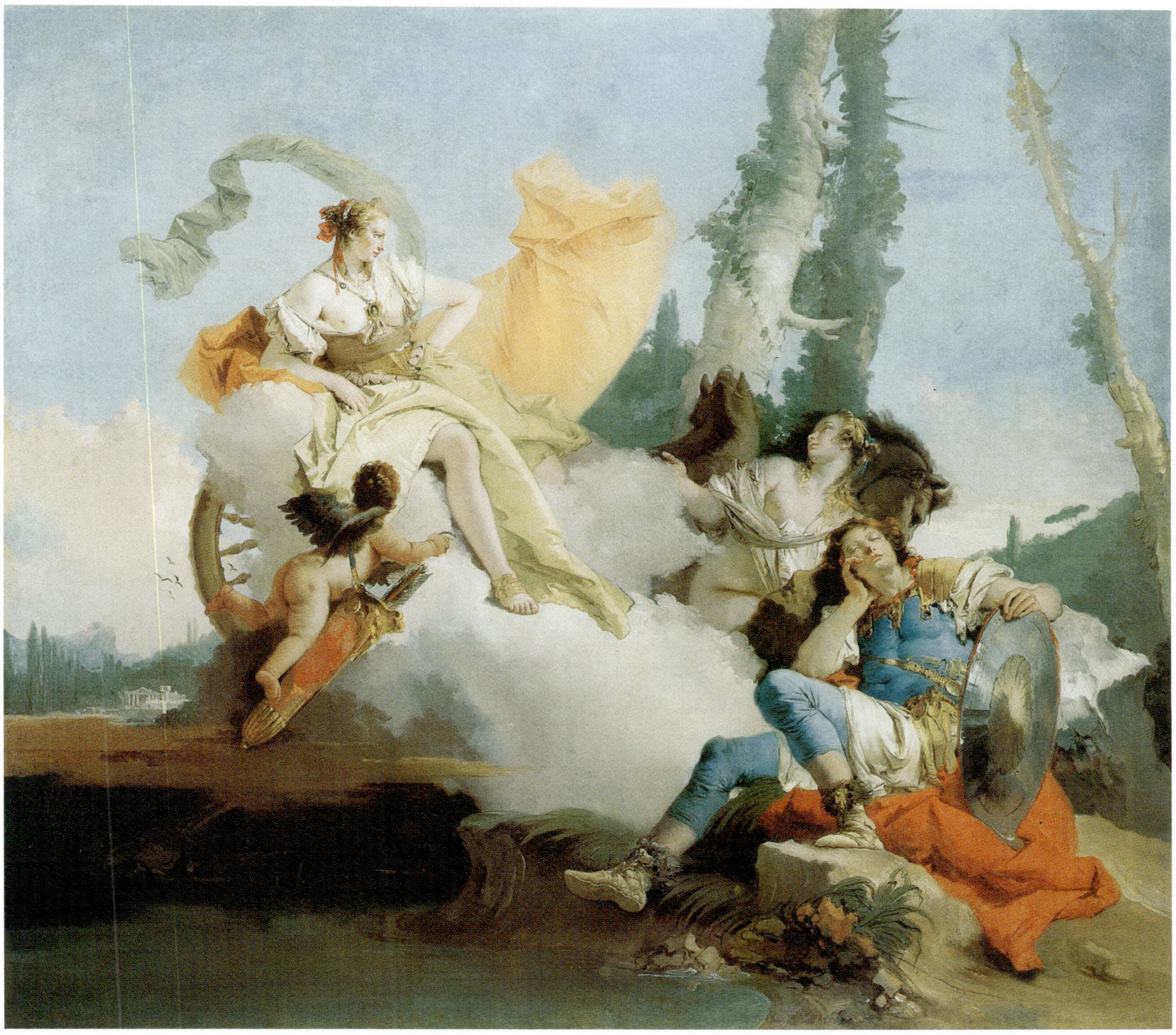

Rinaldo e Armida nel giardino, 1745, olio su tela, 187 × 259 cm. Chicago, The Art Institute of Chicago

Rinaldo and Armida in the Garden, 1745, oil on canvas, 187 × 259 cm. Chicago, The Art Institute of Chicago

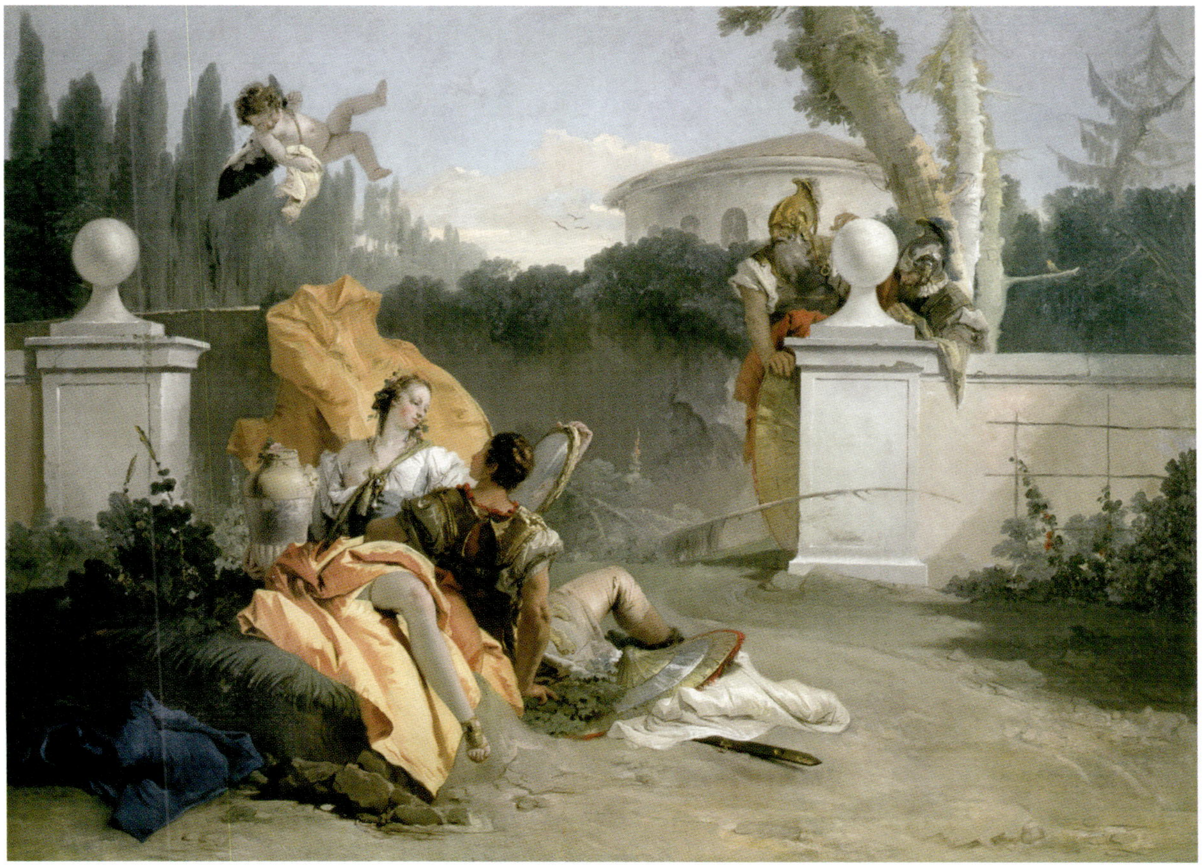

E poi ha interpretato quella sorta d'assenza dell'innamorato suddito del fascino della maga:

"Sovra lui pende; ed ei nel grembo molle
le posa il capo, e 'l volto al volto attolle,
e i famelici sguardi avidamente
in lei pascendo si consuma e strugge" (XVI, 18-19).

Ma ecco il momento dell'addio: benché i due compagni d'arme gli indichino i doveri del ritorno e del destino, Rinaldo esprime tutto il rimpianto e la dolorosa coscienza della fine della giovinezza appassionata nel volto mesto:

"Allor ristette il cavaliero, ed ella
sovragiunse anelante e lagrimosa:
dolente sì che nulla più, ma bella
altrettanto però quanto dogliosa.
Lui guarda e in lui s'affisa, e non favella,
o che sdegna o che pensa o che non osa.
Ei lei non mira; e se pur mira, il guardo
furtivo volge e vergognoso e tardo" (XVI, 42).

Così Rinaldo ha accettato il proprio destino, e mentre ascolta il mago di Ascalona è ormai un altro. Il giovane che ora guarda senza paura il destino nello specchio magico è fiero, ha indossato il rosso mantello di guerra, ha abbandonato i colori pastello, ed è pronto alla sfida. Ascolta la lezione del mago (accigliato, al solito, e misteriosamente orientale: Tiepolo ormai li dipinge a occhi chiusi):

"Signor, non sotto l'ombra in piaggia molle
tra fonti e fior, tra ninfe e tra sirene,
ma in cima a l'erto e faticoso colle
de la virtù riposto è il nostro bene.
Chi non gela e non suda e non s'estolle
da le vie del piacer, là non perviene" (XVII, 74).

Così si compie il destino di Rinaldo, ovvero quel "romanzo di formazione" che Tiepolo ha saputo trasporre attraverso tinte ed espressioni le più giuste.
Ed ecco che pone mano al palazzo Labia, che affaccia su Campo San Geremia ove si svolgeva la celebre e popolare festa della corsa del toro. Condotto nelle estati del 1746 e 1747, realizza una delle sue creazioni più ammirate nel salone, ove l'intervento di Gerolamo Mengozzi Colonna ha sfoderato un apparato scenografico portentoso, in grado di moltiplicare gli spazi dando l'illusione di un ambiente aperto, con fughe di portici, prospettive architettoniche e giardini, e poi lesene, paraste, fastigi, architravi, volute e capitelli e *rocailles* come in una favola arcadica. Con cui Tiepolo gioca, inserendo per esempio il servo nero Selim che cerca di inseguire una scimmietta sulla balconata. Di immediato godimento il realismo del giovane moro con orecchini di perle e dentatura bianchissima che offre un piattino alla bertuccia dispettosa. Qui Tiepolo colloca, come un arrivo da altri secoli, le scene dell'*Incontro di Antonio e Cleopatra* (33 giornate di lavoro) e del *Banchetto di Antonio e Cleopatra* (18 giornate), non prive di *humour*, in registro coloristico trionfante, oggi palesemente smorzato dall'usura del tempo. Sembra che la strumentazione del melodramma di Antonio Vivaldi sia tradotta

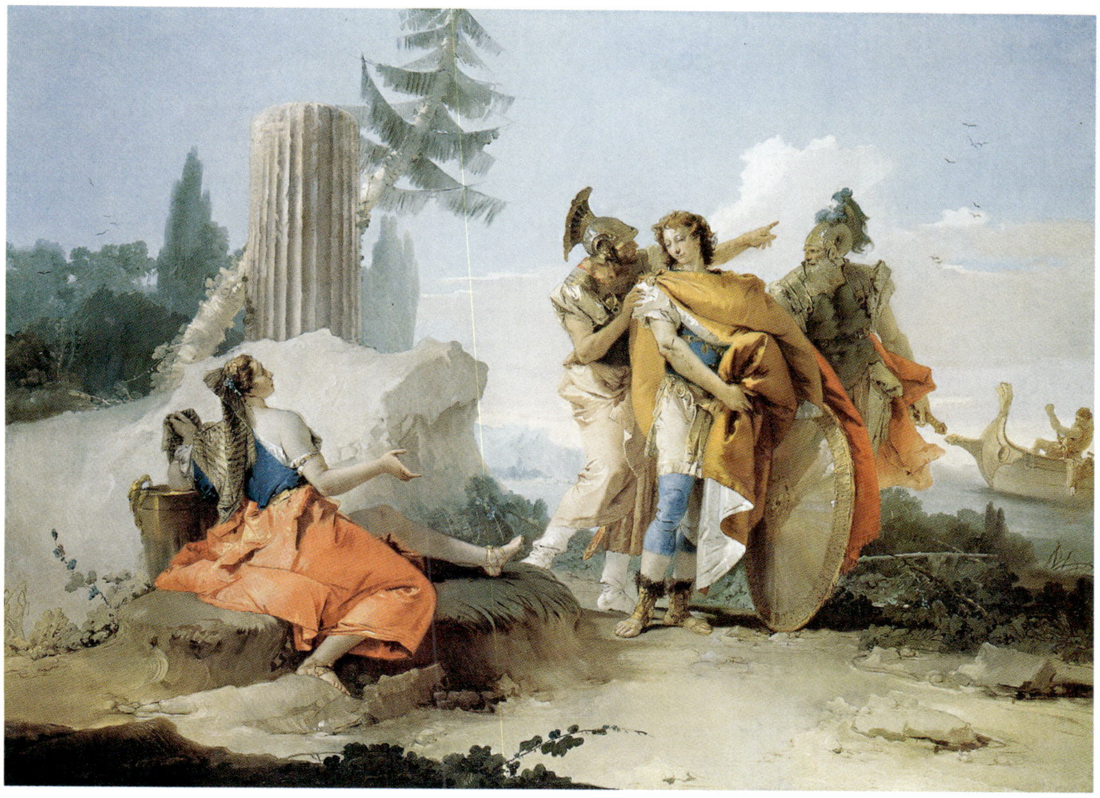

Rinaldo abbandona Armida, 1745,
olio su tela, 186 × 259 cm.
Chicago, The Art Institute
of Chicago

Rinaldo Abandoning Armida,
1745, oil on canvas, 186 × 259 cm.
Chicago, The Art Institute
of Chicago

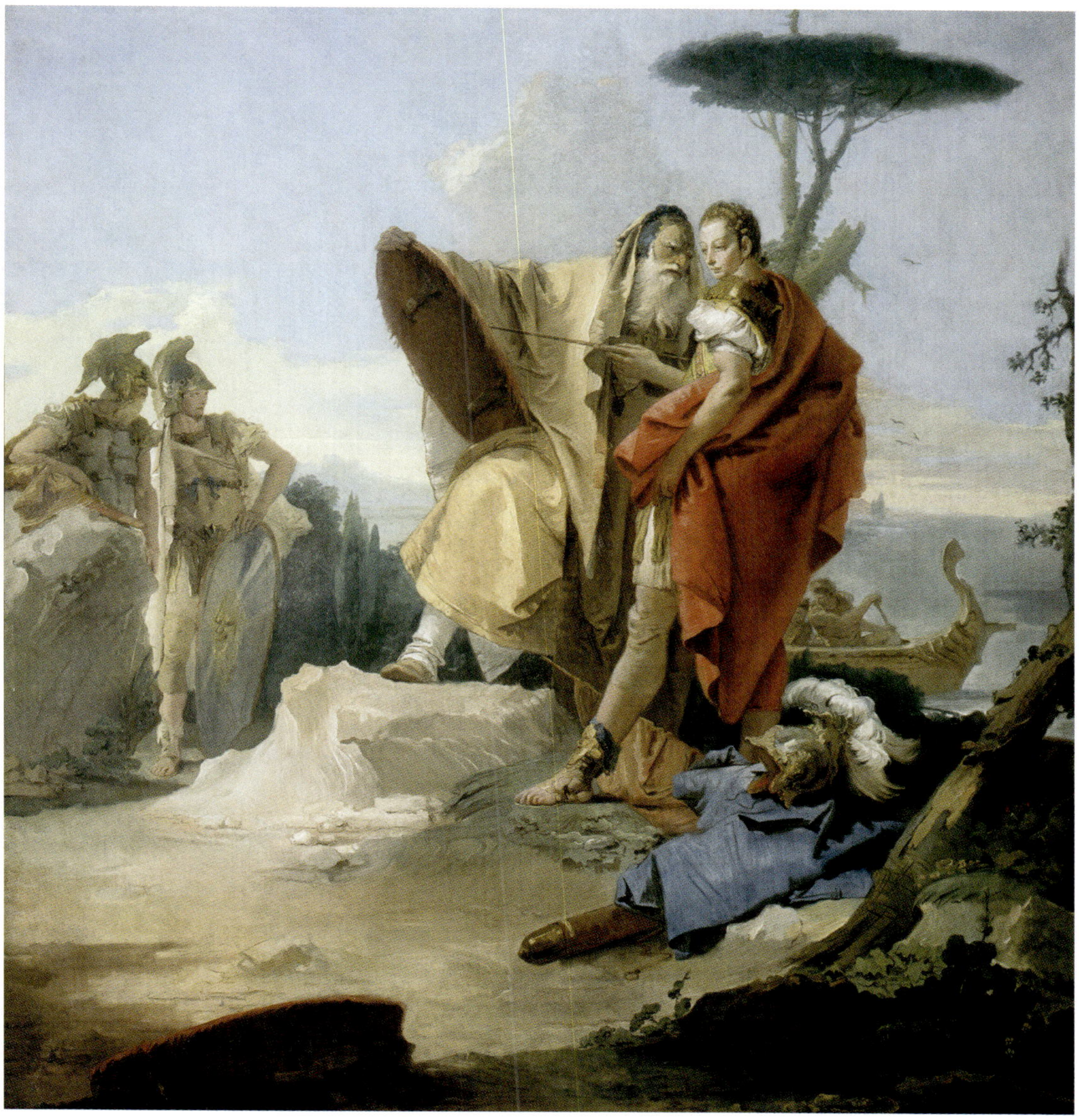

*Rinaldo e il mago
di Ascalona*, 1745,
olio su tela, 215 × 186 cm.
Chicago, The Art Institute
of Chicago

*Rinaldo and the Magician
of Ascalona*, 1745,
oil on canvas, 215 × 186 cm.
Chicago, The Art Institute
of Chicago

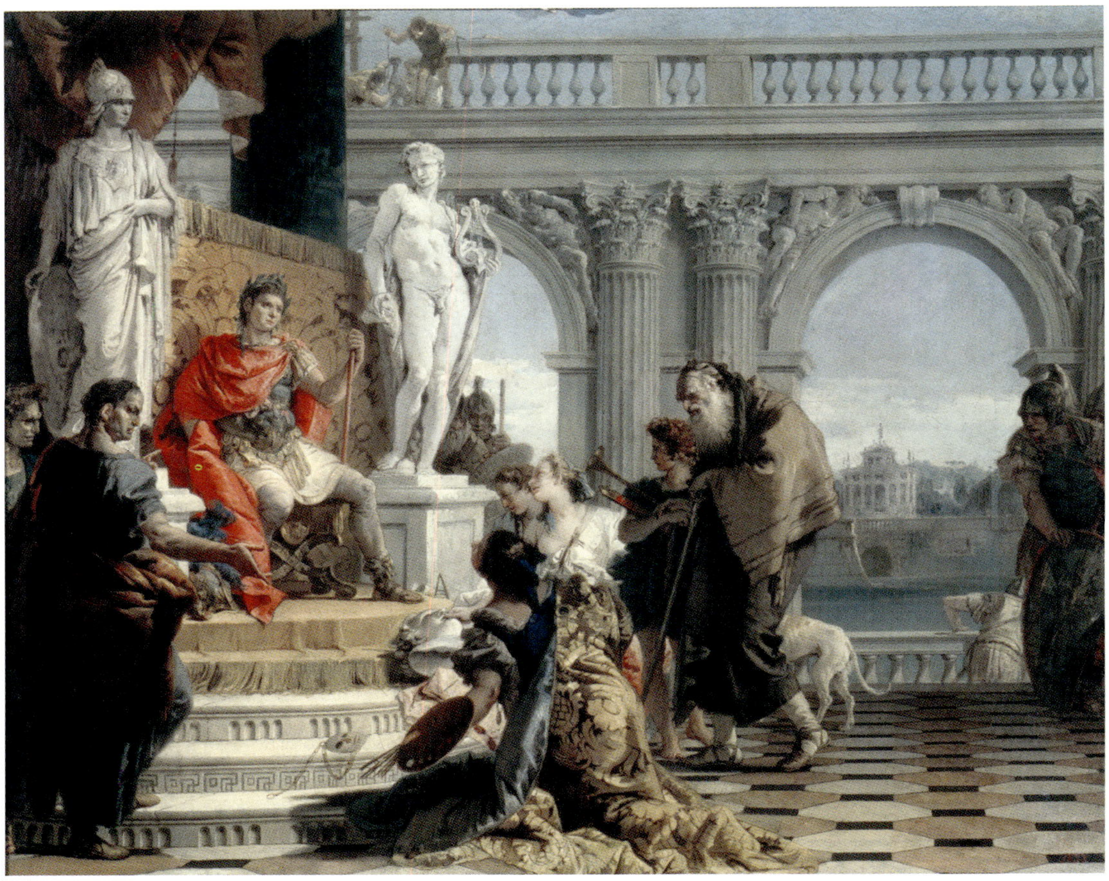

Mecenate presenta le arti ad Augusto, 1745, olio su tela, 69,5 × 89 cm. San Pietroburgo, The State Hermitage Museum

Maecenas Offering the Arts to Augustus, 1745, oil on canvas, 69.5 × 89 cm. St Petersburg, The State Hermitage Museum

Banchetto di Cleopatra, 1743-1744, olio su tela, 50 × 69 cm. Parigi, Musée Cognacq-Jay

Cleopatra's Banquet, 1743-1744, oil on canvas, 50 × 69 cm. Paris, Musée Cognacq-Jay

Banchetto di Cleopatra, 1743-1744, olio su tela, 249 × 346 cm. Melbourne, National Gallery of Victoria

Cleopatra's Banquet, 1743-1744, oil on canvas, 249 × 346 cm. Melbourne, National Gallery of Victoria

in pittura in quest'ultima grande macchina tardobarocca. Ne ha scritto Bernard Aikema (1990, p. 190):

"Alla soglia dei cinquant'anni il talento del Tiepolo per i grandiosi cicli decorativi profani pervenne al suo massimo spiegamento. Fra il 1745 e il 1750 – in mancanza di documentazione è purtroppo impossibile fornire con sicurezza una datazione precisa – decorò il salone della dimora della ricca famiglia Labia, appartenente alla nuova nobiltà, con una serie di scene di una magnificenza che a Venezia non conosce eguali. Sulle pareti, in due grandi scene, sono riprodotti altrettanti momenti della celebre storia d'amore di Antonio e Cleopatra, ma non, come possiamo arguire, quale *exemplum virtutis*, bensì come immagine esaltata del lusso aristocratico, che i committenti, *nouveaux riches*, si erano dati a norma. Certamente la scena del banchetto corrisponde a questa interpretazione. Difatti in essa vediamo come, in una atmosfera di inedito, bizzarro fasto – si osservi il motivo del nano preziosamente azzimato e quello della figura quasi grottesca di Plano, collega di Antonio, in costume orientale –, Cleopatra, con un gesto elegante, scioglie una delle sue favolose perle in un bicchiere di vino, per abbagliare il comandante romano con l'immensità della sua ricchezza. Giova sapere che i Labia – sull'esempio di Agostino Chigi, due secoli prima, nella Roma di Giulio II – dopo un sontuoso banchetto incoraggiarono i loro ospiti a gettare nel Canal Grande le posate d'oro; una dimostrazione di magnificenza certo meno irreparabile del fiero gesto della regina d'Egitto sull'affresco, in quanto dei servitori avevano preventivamente teso delle reti per potere in seguito ripescare dall'acqua gli oggetti preziosi. Le due rappresentazioni tiepolesche occupano solo una parte relativamente piccola della superficie della parete. Vi si vedono l'Incontro e il Banchetto come uno sguardo attraverso due archi, inseriti entro imponenti composizioni illusionistiche di quadratura che sembrano fungere da schermi tra il salone e lo spazio retrostante. La costruzione è il capolavoro di

Alle pagine 184-185
On the pages 184-185

Incontro di Antonio e Cleopatra, 1746-1747, affresco, 650 × 300 cm. Venezia, palazzo Labia

The Meeting of Antony and Cleopatra, 1746-1747, fresco, 650 × 300 cm. Venice, palazzo Labia

Banchetto di Antonio e Cleopatra, 1746-1747, affresco, 650 × 300 cm. Venezia, palazzo Labia

The Banquet of Antony and Cleopatra, 1746-1747, fresco, 650 × 300 cm. Venice, palazzo Labia

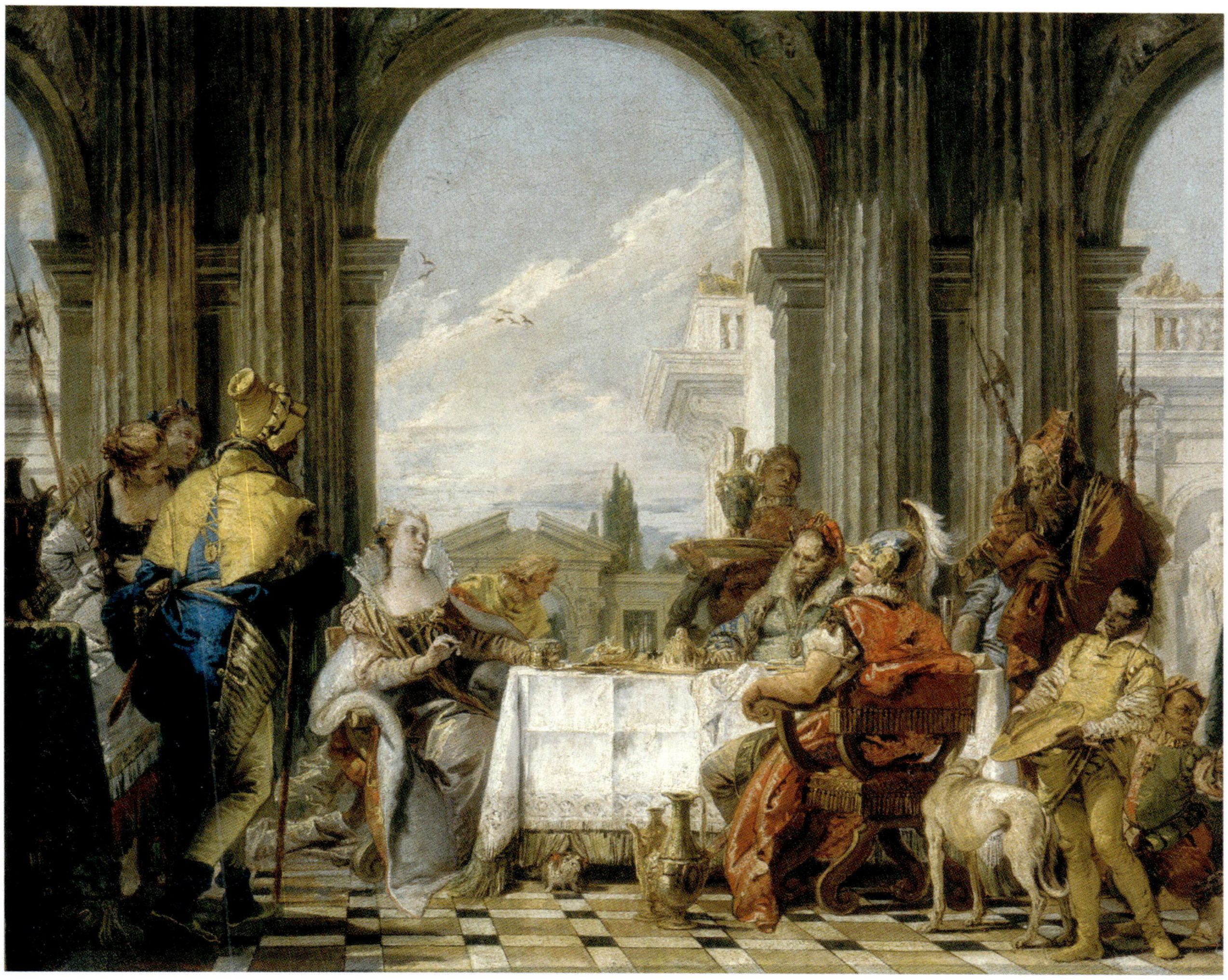

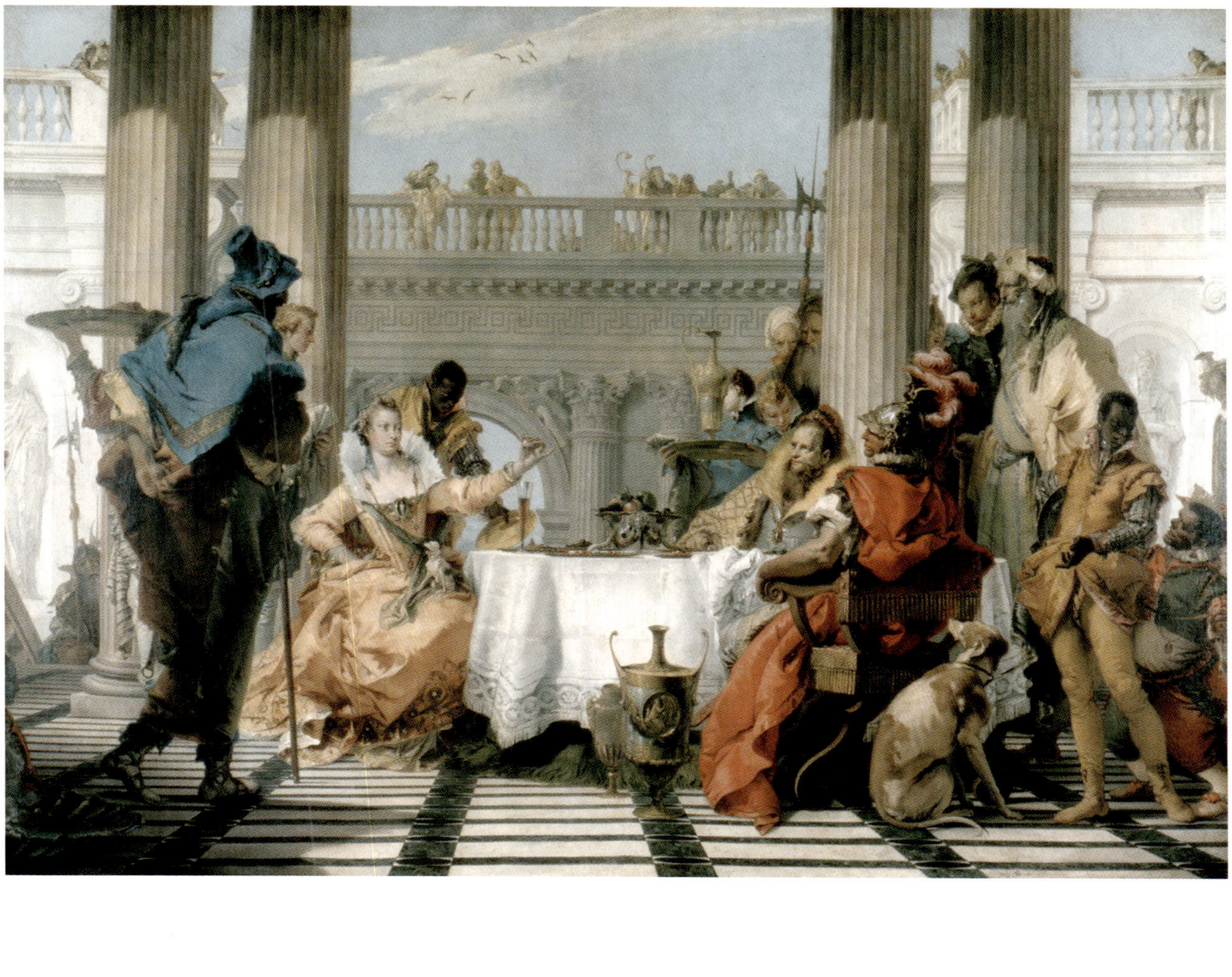

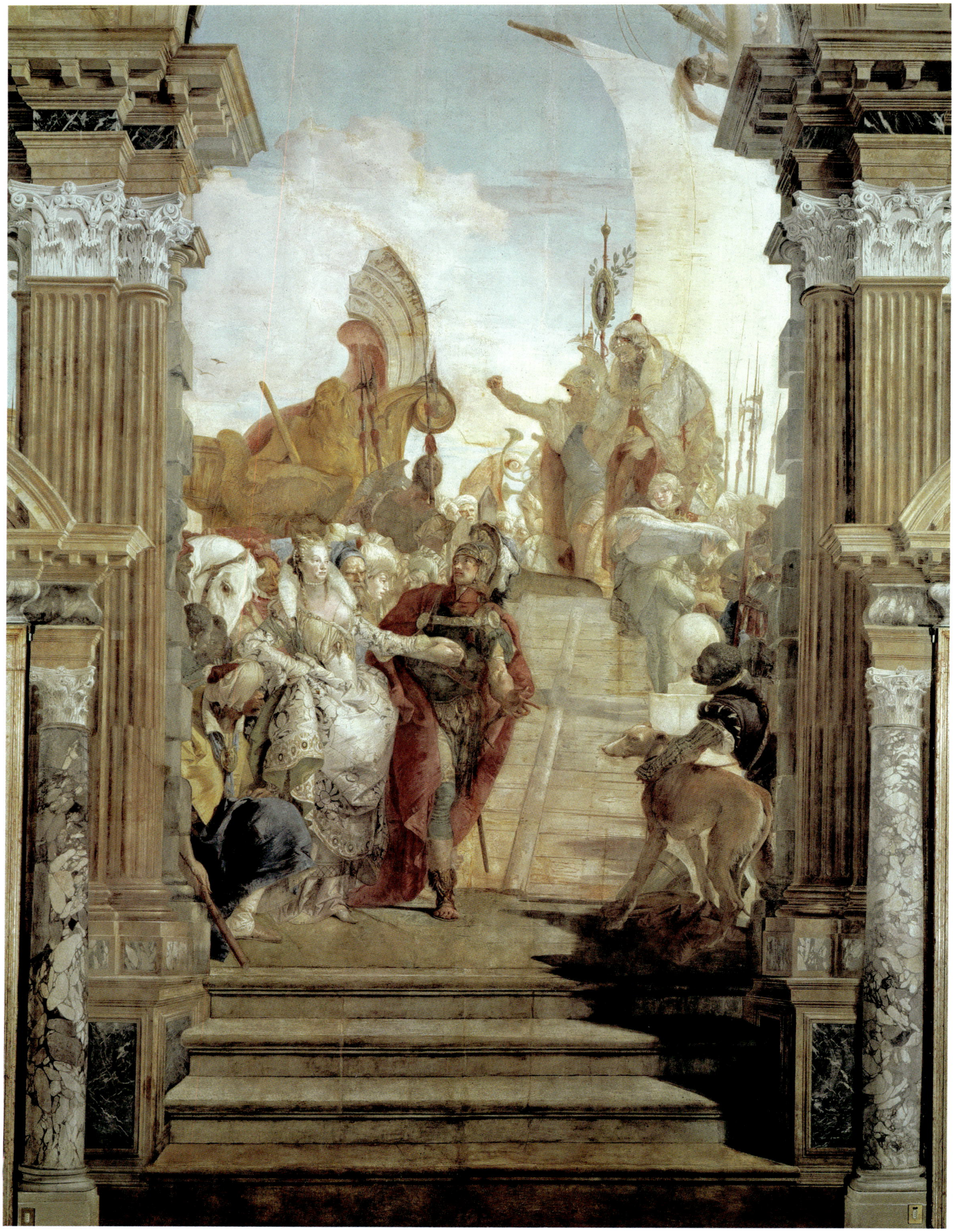

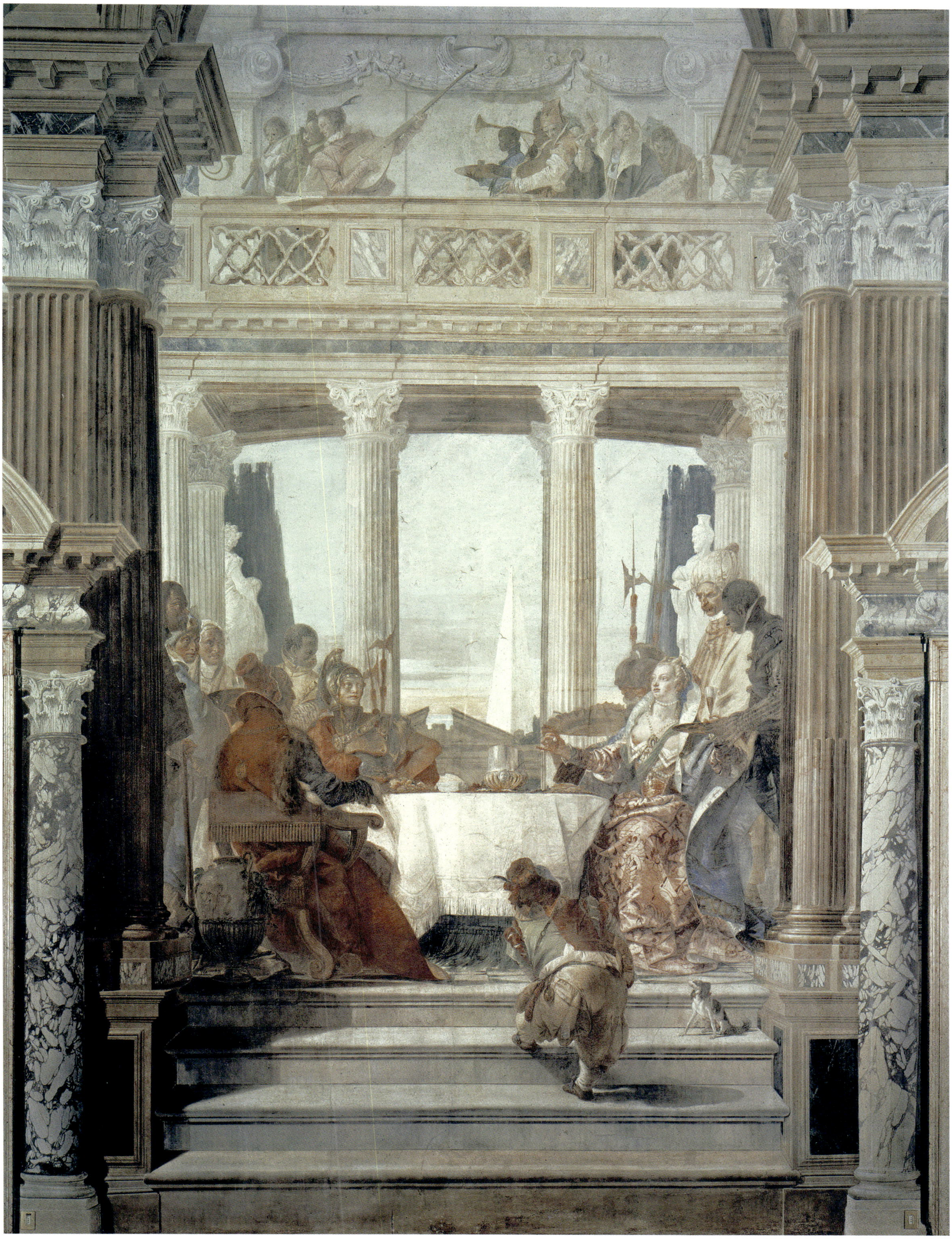

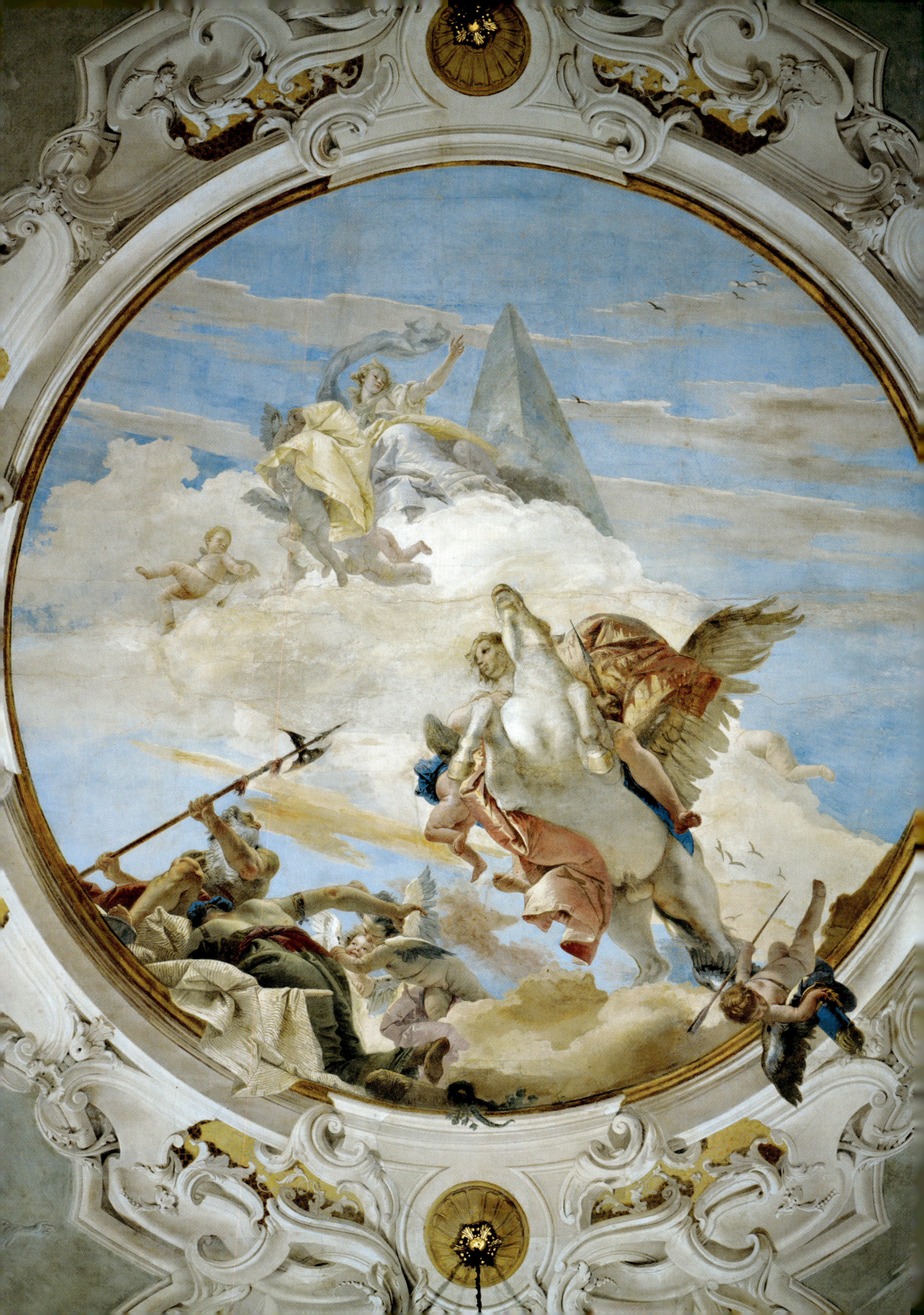

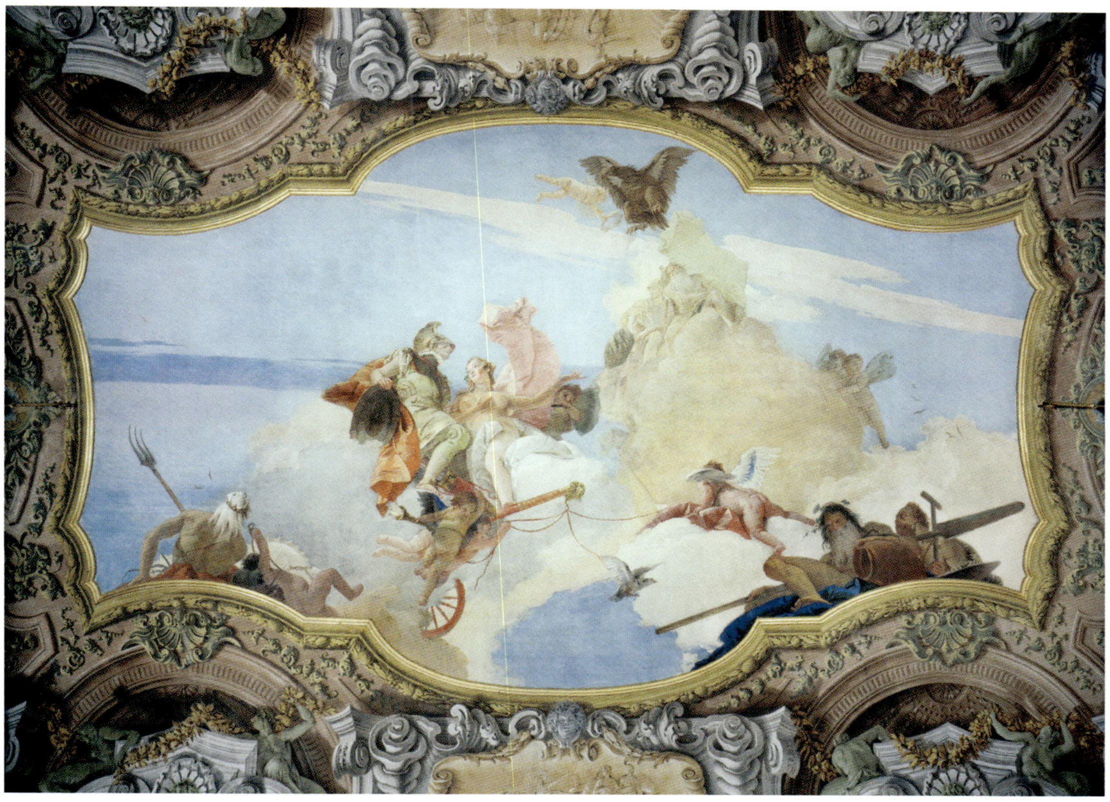

Trionfo di Bellerofonte su Pegaso, 1746-1747, affresco, diametro 600 cm. Venezia, palazzo Labia

The Triumph of Bellerophon on Pegasus, 1746-1747, fresco, diameter 600 cm. Venice, palazzo Labia

Apoteosi dell'ammiraglio Vettor Pisani, 1743, affresco, 1350 × 2350 cm. Venezia, palazzo Pisani-Moretta

Conosciuto anche come *Marte e Venere*, di cui riprende pienamente l'iconografia, collocato nel grande salone da ballo al primo piano del palazzo profondamente ristrutturato dal 1740, l'affresco è fra i meno conosciuti, ma lo scorcio come sempre ardito e la singolarità delle divinità ai lati, marina e fluviale, ne fanno un bell'esempio di applicazione a Venezia delle soluzioni e intuizioni derivate dall'esperienza milanese di palazzo Clerici.

Apotheosis of Admiral Vettor Pisani, 1743, fresco, 1350 × 2350 cm. Venice, palazzo Pisani-Moretta

Also known as *Mars and Venus*, for its iconography, and located in the grand ballroom on the first floor of the palace, considerably renovated since 1740, this fresco is one of the least known, but its foreshortening, bold as ever, and the singularity of the sea and river gods at the sides make it a good example of the application in Venice of solutions and insights derived from the artist's experience in Milan at palazzo Clerici.

Girolamo Mengozzi Colonna, geniale quadraturista, che prestò la sua collaborazione a diverse decorazioni del Tiepolo. L'effetto globale del salone di palazzo Labia si deve in gran parte al perfetto modo in cui l'opera del figurista e quella del quadraturista si integrano e completano a vicenda".

Anche qui c'è l'occhiuto regista che osserva se la messinscena funziona: è Tiepolo giusto sui cinquanta, grande naso e occhi sporgenti. Questa volta gli è accanto il Mengozzi, con largo e bonario volto da romagnolo. E su su, sopra un'arcata, nel controluce del cielo sgombro, la nuda Bellezza sta in braccio al solito vecchio con occhi grifagni, tanto fortunato quanto geloso e possessivo, le due mani ben tese nel tastare le morbide carni in cui di tocco Tiepolo sfodera i suoi rosa. Lui sta seduto sul carro la cui ruota ricorda quanto il tutto giri, e la Bellezza riassume tutti i caratteri della sua donna immaginaria, una femminilità "mai esistita prima": "Volto rotondo più che ovale; capigliatura bionda o fulva; seni rotondi, distanti e divergenti; occhi allungati verso le tempie appena sporgenti; carnagione rosata; fronte stretta e bombata; torso forte e elastico; gesto pacato, sicuro, impavido"(Calasso 2006, p. 46). La fanciulla è fra le più espressive della serie: si stringe al vecchio con una tenerezza e bisogno di protezione che non possiamo che invidiare, noi che la guardiamo dal basso, distanti ben più d'una decina di metri.
In alto nel salone da ballo Bellerofonte in groppa a Pegaso vola verso una Eternità garantita dall'Obelisco, mentre il Tempo, sconfitto, rapisce la Bellezza. Ed è anche in sostanza il manifesto conclusivo di quella lunga "Concordia delle Muse" che rappresenta il maggior intento veneziano: ovvero quell'integrazione, quel rapporto fra le arti della scena, del suono che erano già espressi come manifesto nel *Combattimento di Tancredi e Clorinda* di Monteverdi, così come in Santa Maria della Salute di Baldassare Longhena, e che segna tutta l'attività dei patrizi nei loro palazzi. La spettacolarità cerimoniale che unisce scultura e illusione ottica, musica e canto.
Tanti anni di crescente fortuna permettono a Tiepolo di fare oculati acquisti di terre nel trevigiano e padovano, e poi di rilevare un podere e una piccola palazzina a Zianigo

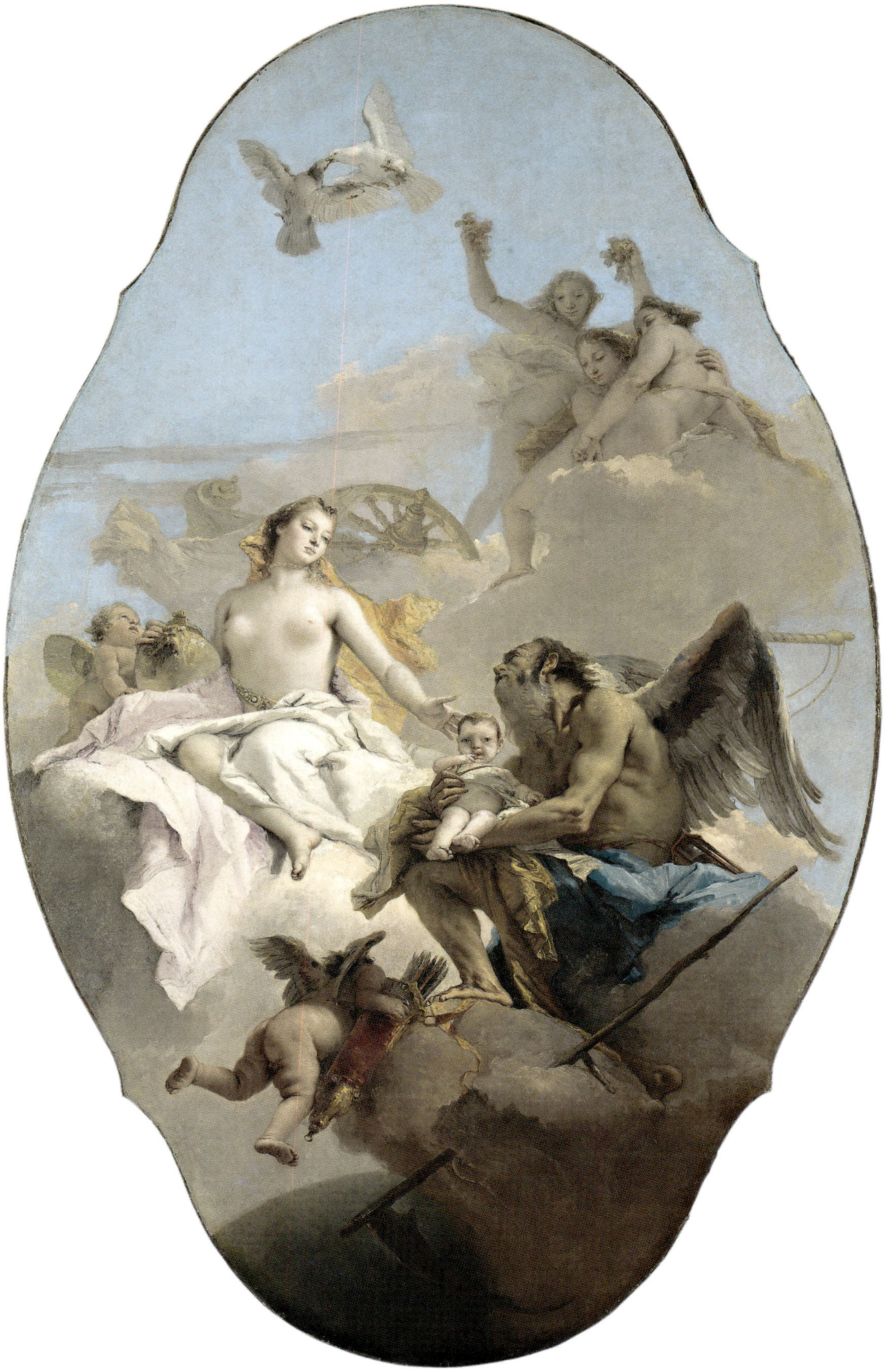

Venere e Crono, 1753-1754,
olio su tela, 292 × 190 cm.
Londra, The National Gallery

Eseguita entro il 1758 per un soffitto di palazzo Contarini a Venezia, la deliziosa composizione fu forse occasionata da una nascita, visto il fanciullo che Venere dà al Tempo. Le tre Grazie e le due colombe accompagnano il volo aereo: mentre anche la falce terribile sembra abbandonare il suo ruolo. È strepitosa la sinfonia di rosa che Tiepolo ha orchestrato, il variare delicatissimo delle carni, i colpi di inconfondibile arancio che esaltano il biondo veneziano della bellissima modella.

Venus and Kronus, 1753-1754,
oil on canvas, 292 × 190 cm.
London, The National Gallery

Completed by 1758 for a ceiling in Palazzo Contarini in Venice, this delightful composition might have been occasioned by a birth, considering the little boy given by Venus to Time. The Three Graces and two doves accompany the aerial flight, while even the terrible scythe seems to have abandoned its role. The symphony of pinks orchestrated by Tiepolo is stunning, with the delicate variation of complexions and the unmistakable orange that exalts the Venetian blond of the lovely model.

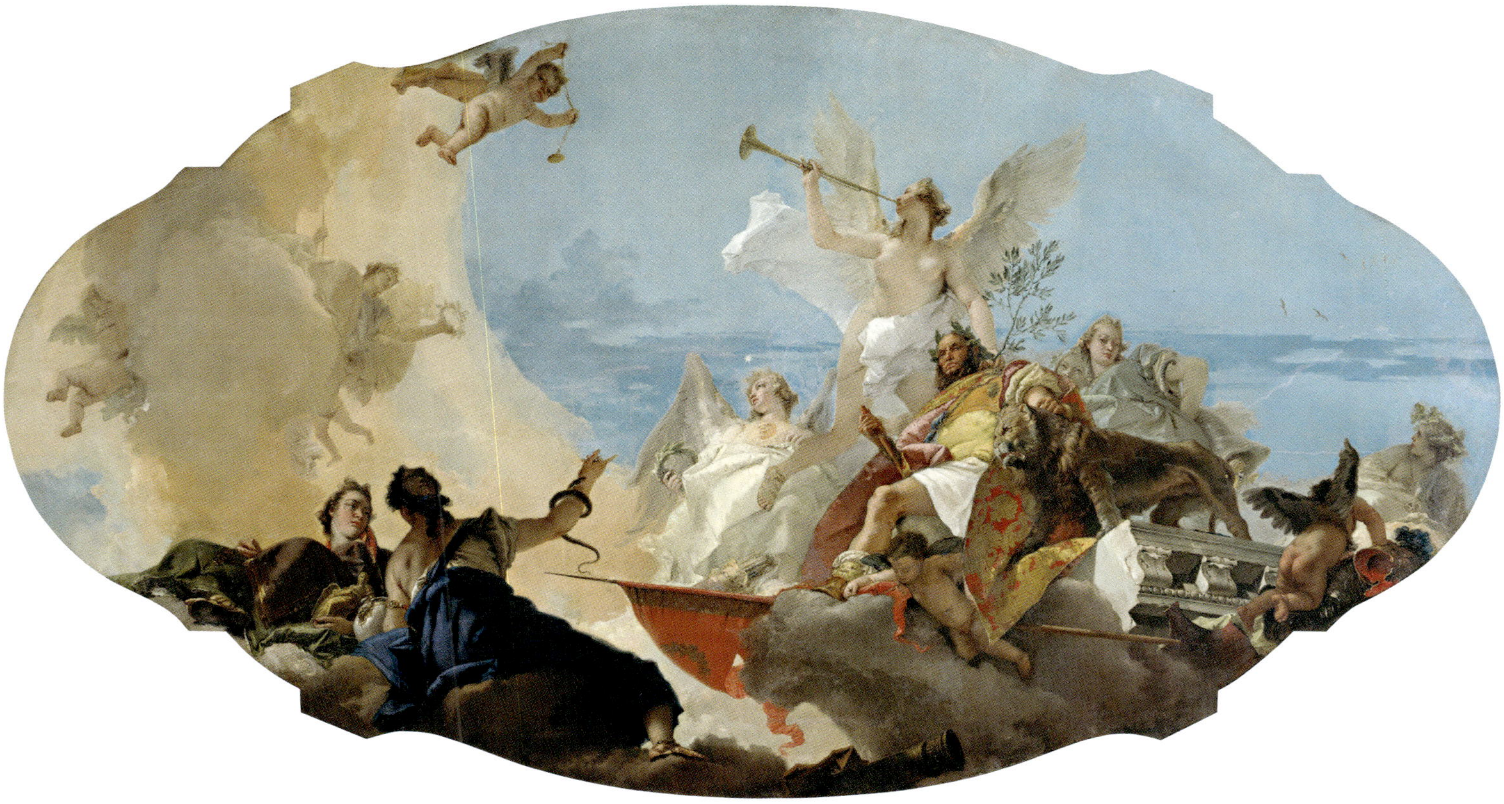

presso Mirano. Un luogo molto caro a Giambattista, che inizia a ristrutturare l'edificio, e ancora più caro a Giandomenico, che realizzerà sulle pareti interne il ciclo di capolavori privati, oggi fortunosamente raccolti e visibili a Ca' Rezzonico.

Al periodo intorno al 1750 dovrebbero appartenere anche il *Ritratto del procuratore Daniele Dolfin*, a quasi vent'anni dalla morte, oggi alla Fondazione Querini Stampalia, e il *San Giacomo Maggiore* dipinto per l'ambasciatore spagnolo a Londra Ricardo Wall, posto nell'ambasciata di Spagna a Londra nell'agosto 1750, ora a Budapest. E ancora la bella *Ultima comunione di santa Lucia* per la cappella Corner nella chiesa dei Santi Apostoli. Nella grandiosa, candida architettura classica, una pallidissima Lucia riceve il corpo di Cristo prima del martirio, rivelato dal piatto con i bulbi oculari strappati. Intense le fisionomie, splendente la sinfonia degli ori su candidi intonaci e scuri porfidi.

Nel 1750 Giambattista esegue le decorazioni del palazzo Barbaro a San Vidal. Qui dipinge un'*Apoteosi della famiglia Barbaro*, al Metropolitan di New York, che poi Giandomenico disegnerà, indicandola come *Valore, Fama, Prudenza e Nobiltà*. E due ovali con scene dell'Antico Testamento e di storia romana, a Washington e Copenhagen, e un *Tarquinio e Lucrezia* ad Augusta.

Lavora poi a villa Contarini di Mira, dove nel 1574 Enrico re di Polonia, divenuto il terzo Enrico di Francia, s'era fermato nel viaggio verso Parigi. Ancora e sempre di Mengozzi le quadrature in finto marmo di Carrara. Il 10 maggio del 1756, a Giampiero Zanotti, Algarotti scrive: "Voi pur sapete quanto di rado avvenga che il figurista e il quadraturista che ne' freschi vanno di compagnia vadano anche d'accordo. L'uno vuole ordinariamente spiccare a spese dell'altro; e il quadraturista essere dovrebbe con figurista il basso col soprano. Or quello, che tanto si desidera altrove praticato, vedesi in quella sala dipinta dal Mengozzi e dal Tiepolo". Algarotti, ammirato, acquistò il modelletto dell'*Enrico III ricevuto a villa Contarini*. Poi la tela, attraverso traversie romanzesche, riuscì anche a finire nelle mani rapaci di Hermann Goering, prima di tornare ai Rothschild, legittimi proprietari. L'ultima volta che è andata sul mercato, battuta all'asta Christie's di New York il 28 gennaio 2012, ha totalizzato la cifra di 5,9 milioni di dollari. Se Tiepolo potesse farsi i conti, acquisterebbe la più bella villa veneta!

Apoteosi della famiglia Barbaro, circa 1750, olio su tela, 243,8 × 466,7 cm. New York, The Metropolitan Museum of Art

Apotheosis of the Barbaro Family, circa 1750, oil on canvas, 243.8 × 466.7 cm. New York, The Metropolitan Museum of Art

Alla pagina seguente
On the following page

Ritratto di Antonio Riccobono, 1743-1745, olio su tela, 102 × 89 cm. Rovigo, palazzo Roverella, Accademia dei Concordi

Portrait of Antonio Riccobono, 1743-1745, oil on canvas, 102 × 89 cm. Rovigo, palazzo Roverella, Accademia dei Concordi

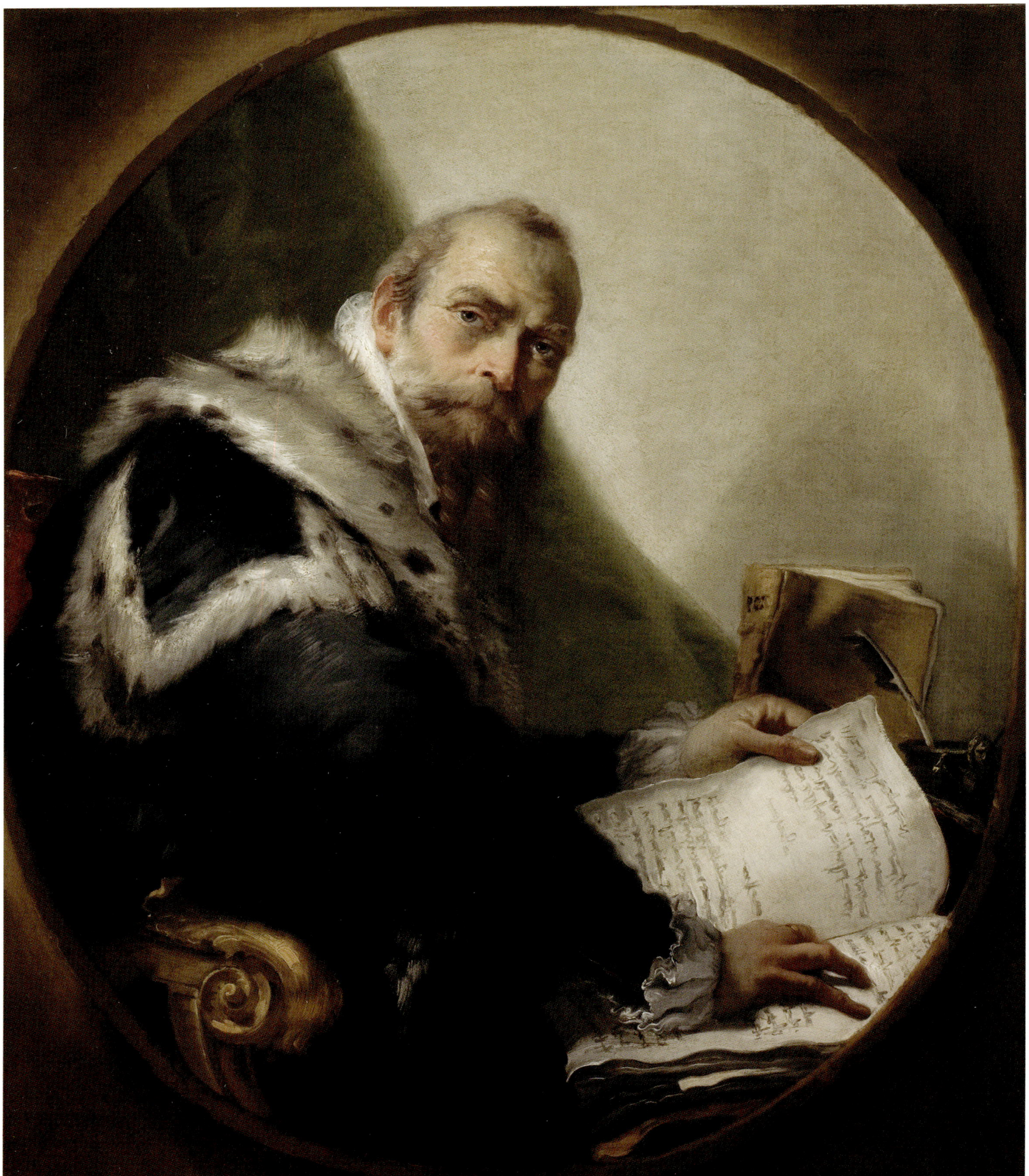

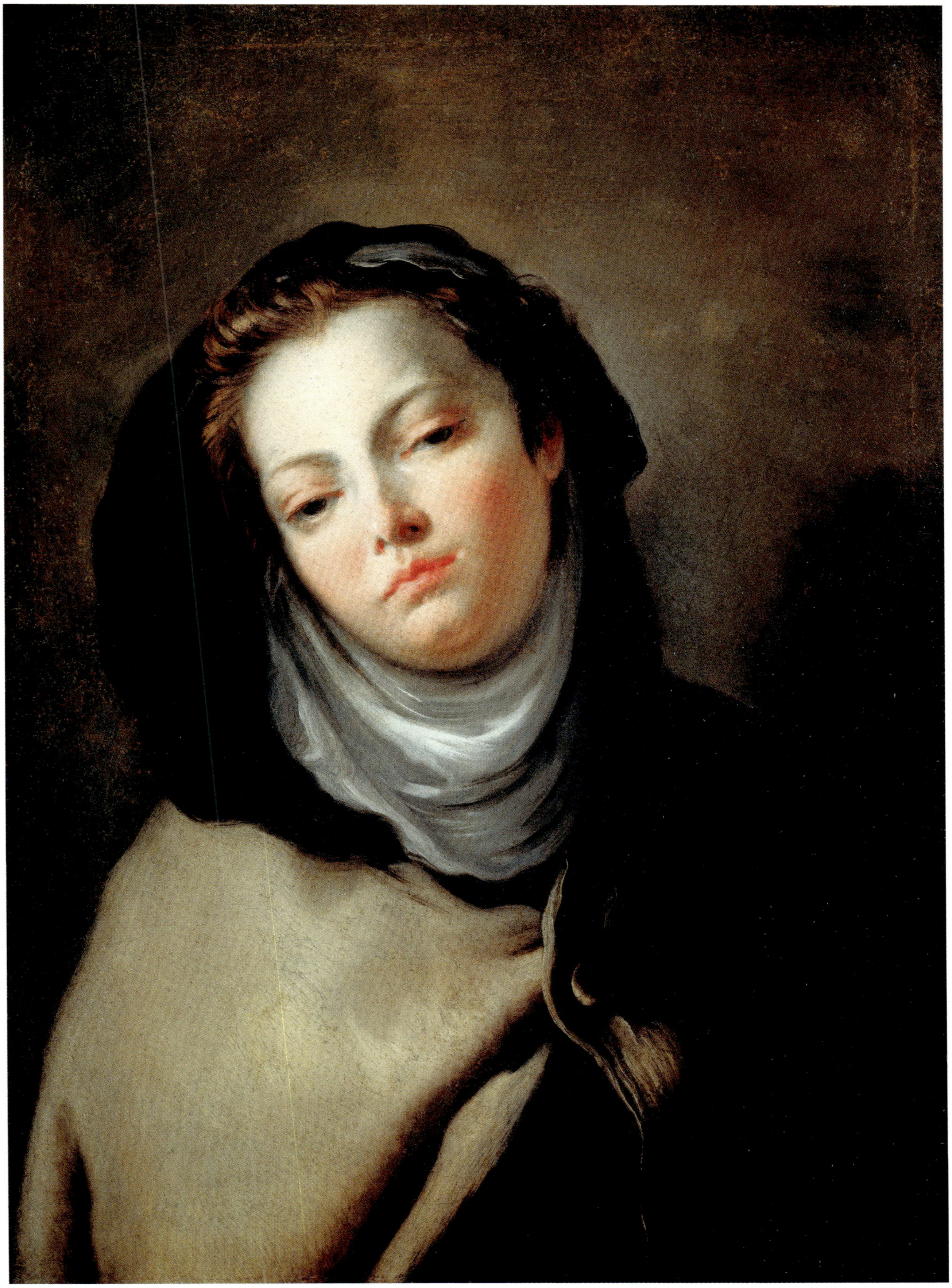

Alla pagina precedente
On the previous page

Ritratto della beata Liduina, 1741,
olio su tela, 65 × 48 cm.
New York, Stanley Moss
and Company Inc.

Sul retro l'antica iscrizione recita: "1741: fu fatta dal Sigg. [...] Batta Tiepolli insigne pittore veneziano. La Beata Laduina". Rarissima l'iconografia di Liduina di Schiedam (1380-1433), che a sedici anni cadde rovinosamente pattinando sul ghiaccio e soffrì atroci dolori fino alla morte. Di certo ispirato da una giovane bellezza veneziana con cappa invernale, Tiepolo riesce a ottenere da un viso delicatissimo una espressione di assorta, quasi indecifrabile emotività, che la rende icona misteriosa e carica di ogni possibile lettura. È in realtà una delle migliori esemplificazioni dell'arte del ritratto di fantasia, così diffuso attraverso i pastelli di Rosalba Carriera.

Portrait of the Blessed Lidwina, 1741,
oil on canvas, 65 × 48 cm.
New York, Stanley Moss
and Company Inc.

On the back, an old inscription reads "1741: fu fatta dal Sigg. [...] Batta Tiepolli insigne pittore veneziano. La Beata Laduina." This work is an extremely rare image of Lidwina of Schiedam (1380-1433), who fell while ice-skating at sixteen years of age and subsequently suffered from atrocious pain until her death. Doubtless inspired by a young Venetian beauty wearing a winter cloak, Tiepolo succeeded in giving the delicate face an expression of absorbed, almost indecipherable emotion, rendering the portrait a mysterious icon loaded with infinite possible meanings. It is one of the best examples of the art of the fantasy portrait, widely circulated through the pastels of Rosalba Carriera.

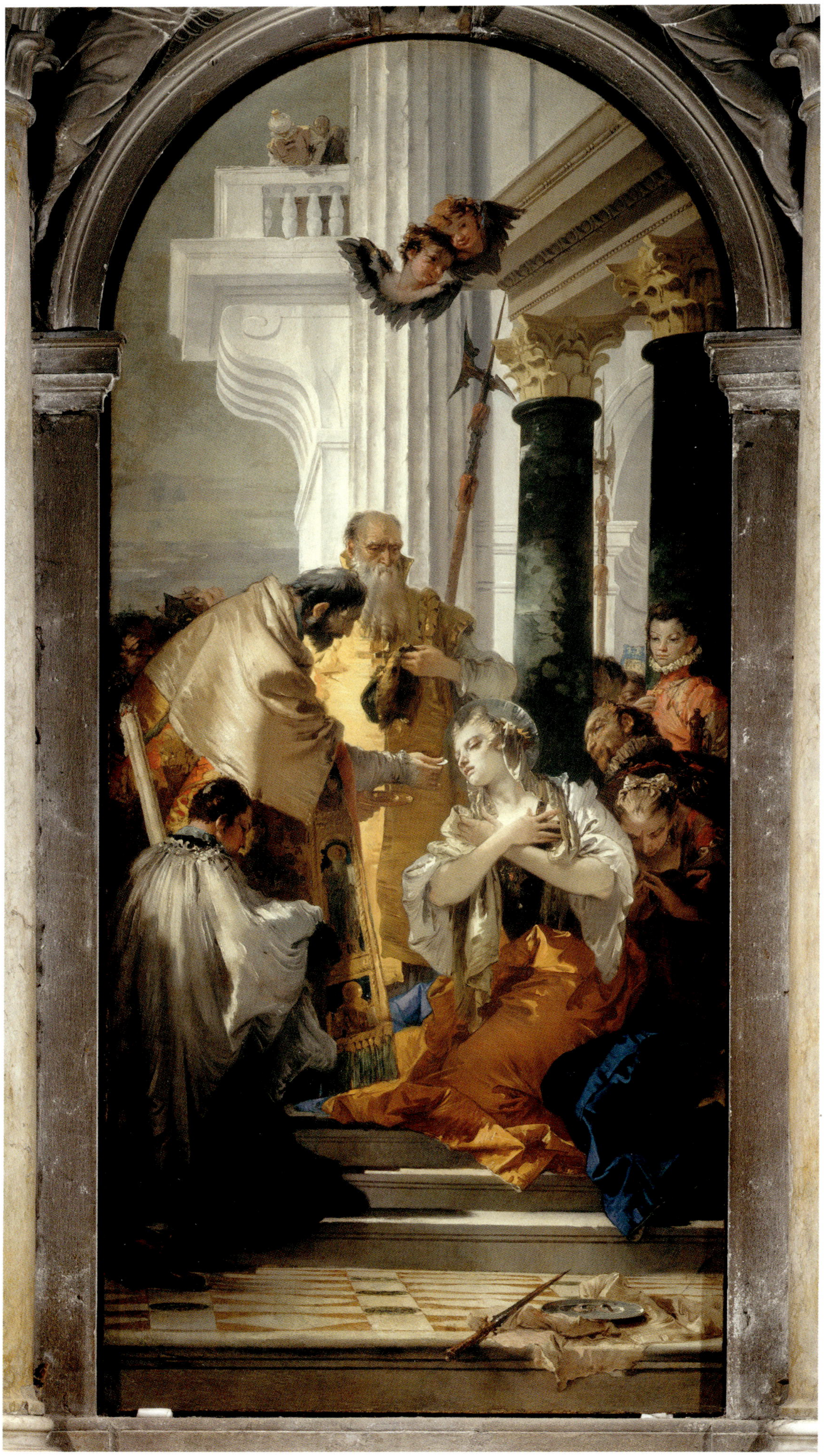

Una folla di personaggi si accalca sulla sinistra, mentre il re sta salendo l'ultimo gradino. Intorno molti comprimari che conosciamo bene: il servitore moro, il cagnolino, gli alabardieri. In fondo la riviera del Brenta. Sulla parete sinistra diverse figure affacciate al balcone, ma l'effetto più incredibile e illusionistico è il soffitto, non tanto per la *Fama che annuncia l'arrivo di Enrico III* quanto per la balconata di marmo da cui si affacciano gli spettatori: tante e diverse dame, cavalieri e paggi, ovviamente una scimmia che vorrebbe fuggire ma è tenuta al guinzaglio da un orientale semisdraiato sulla balaustra. E c'è anche lui, Giambattista, che indica al figlio vicino proprio l'arrivo del re. Sembra perfino stupito: la scena che ha dipinto gli è venuta proprio bene! Ormai Giandomenico ha ventitré anni: dopo il lungo apprendistato in bottega, può esordire autonomamente, e pieno d'entusiasmo è pronto a seguire il padre nella più bella delle sue avventure pittoriche.

Alla pagina precedente
On the previous page

Ultima comunione di santa Lucia, 1747-1749, olio su tela, 222 × 101 cm. Venezia, chiesa dei Santi Apostoli

Il modelletto della pala per la chiesa dei Santi Apostoli di Venezia illustra bene l'attenzione compositiva di Tiepolo, che determina la scelta degli elementi fondamentali, in forma rapida e corsiva.

The Last Communion of St Lucy, 1747-1749, oil on canvas, 222 × 101 cm. Venice, church of the Santi Apostoli

The sketch for the altarpiece of the church of the Santi Apostoli of Venice is a good illustration of Tiepolo's attention to composition, determining the selection of fundamental elements for the work, in quick, hasty form.

Enrico III ricevuto a villa Contarini, circa 1750, affresco riportato su tela, 402 × 729 cm. Parigi, Musée Jacquemart-André

Henry III Welcomed at villa Contarini, circa 1750, fresco mounted on canvas, 402 × 729 cm. Paris, Musée Jacquemart-André

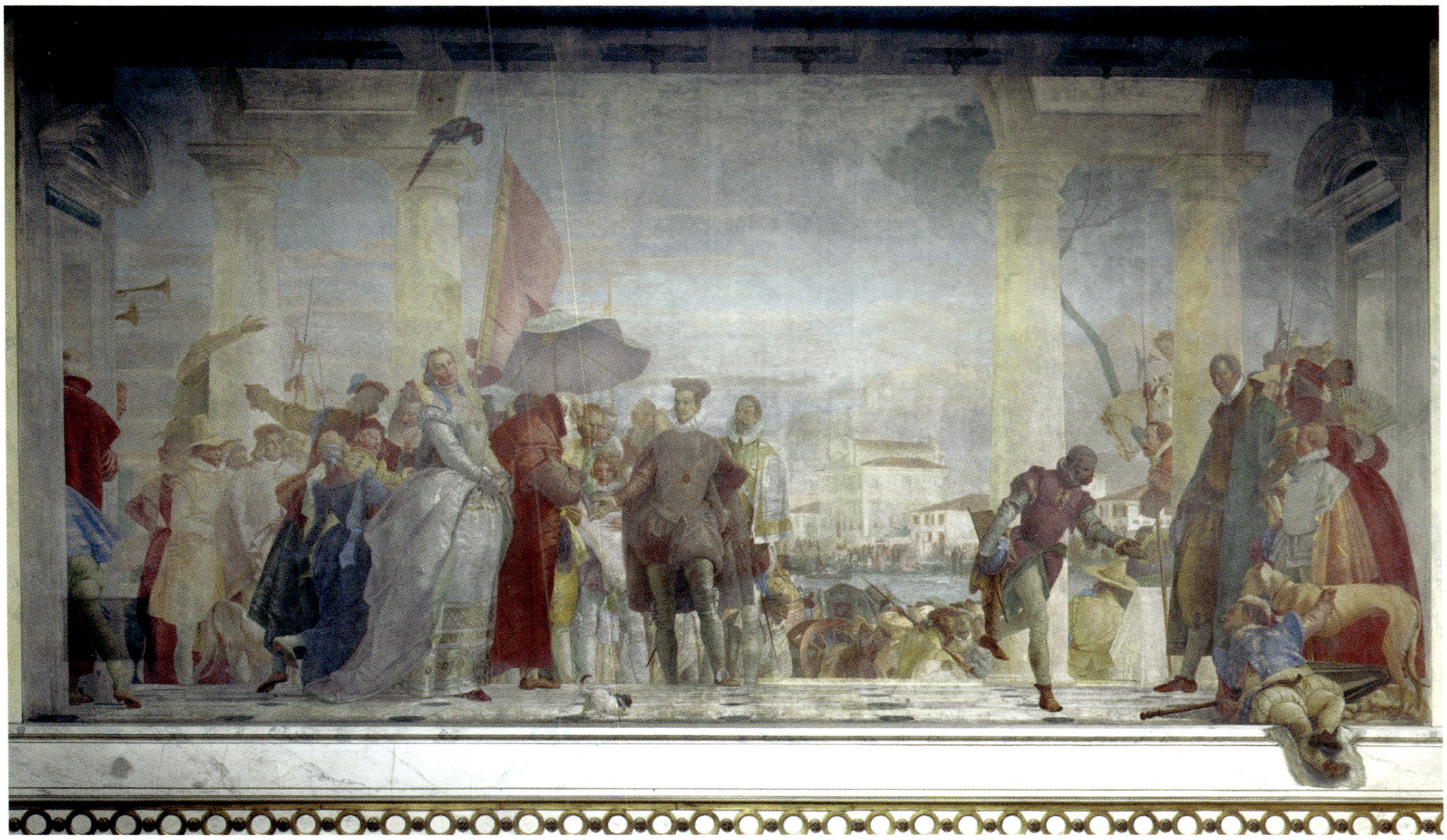

CAPITOLO VII

La gloria in Bassa Franconia

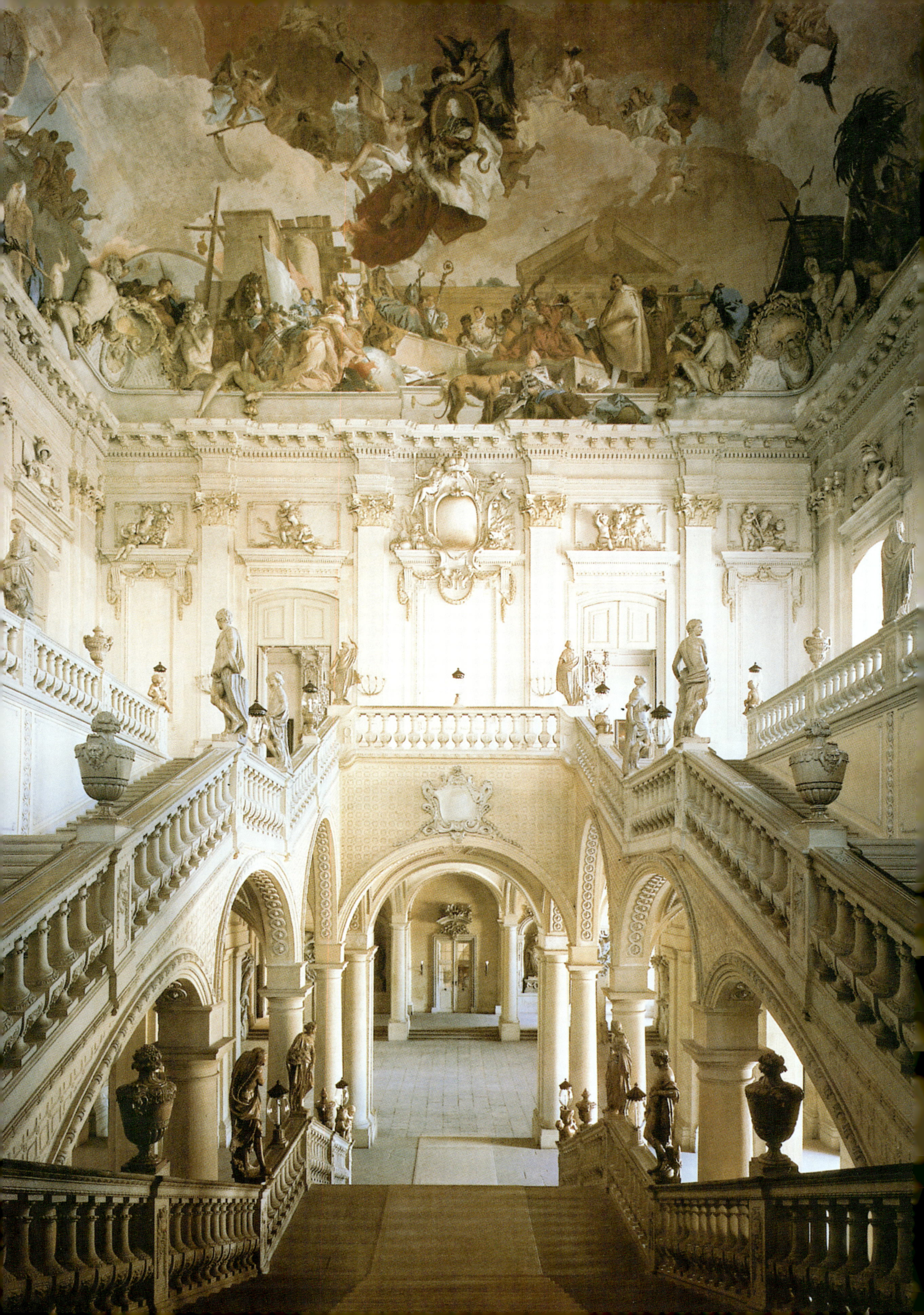

Il Consiglio di corte del principe-vescovo di Würzburg, Karl Philipp von Greiffenclau, in data 9 settembre 1749, affida la decorazione della "sala grande" della *Residenz* al pittore italiano Giuseppe Visconti. Al di là del nome altisonante e di varie lettere di raccomandazione, ben poco sappiamo di questo autentico "bidonatore" che promette al principe di completare in tempi brevissimi, e per di più in inverno, la "sala grezza" che doveva accogliere gli ospiti più illustri. In fretta e furia viene presentato uno *scico*, o bozzetto, visto e approvato e contrattualizzato il 17 ottobre per ben seimila fiorini di Franconia. Ricevuto un buon anticipo, costruite le impalcature, messe in opera due potenti stufe, il sedicente pittore si nasconde dietro teli e teloni, impedendo a chiunque di avvicinarsi. Dopo continue pressioni e infinite scuse, infine, si vuole vedere quanto realizzato. Ma si tratta di disegni così miserabili, di colori così brutti, che tutti ne ridono, anche alle spalle dell'ingenuo mecenate. Il 2 marzo 1750, il "briccone" è cacciato da un principe furioso, gabbato dall'italiano che aveva mangiato e dormito a sbafo per cinque mesi.
Urgeva una soluzione per la sala più rappresentativa di un edificio in gran parte ultimato, già ammobiliato e decorato con stucchi, opera di un eccellente artigiano italiano, Antonio Giuseppe Bossi. Ammiratissimo, ufficialmente nominato "stuccatore di corte" dal 1734, talento decorativo del rococò, autore già di una bellissima "sala bianca" capolavoro di gusto, dirigeva una vera e propria impresa che giunse a contare una quarantina di abili artigiani e operai. La gigantesca fabbrica della *Residenz* aveva però bisogno del genio di un affrescatore; già dalla fine degli anni trenta Giambattista Tiepolo era conosciuto direttamente nelle terre di lingua tedesca: per le pale d'altare della chiesa del castello di Nymphenburg, e della chiesa del convento a Diessen sull'Ammersee. Dagli anni quaranta, poi, grazie alla mediazione dell'Algarotti che ne aveva introdotto le tele a Dresda, in particolare presso il conte Brühl, il suo nome circolava con ammirazione. In ogni caso gli italiani, anzi i veneziani, erano ben presenti in città, con opere di Bencovich, di Piazzetta e di Pellegrini. Così il principe-vescovo decide nell'estate del 1750 di rivolgersi a un pittore di chiara fama per decorare la sala più prestigiosa, luminosissima, con volta a cupola, già impostata con decorazione a finte colonne. Si rivolge al mercante Johann Adam Rügamer, il cui fratellastro Lorenz Jacob Mehling, anch'egli mercante e banchiere, viveva da tempo a Venezia. Il principe scrive a Mehling per "molto benevolmente ordinare non solo di sollecitare il sopraindicato signor Johann Baptista Tiepolo, ma anche di accordarsi con lui circa il suo stipendio, o guadagno, per il suddetto lavoro, franco di viaggio e del mantenimento, senza spese, suo e delle persone con lui a corte". Il Mehling risponde in data 29 maggio 1750 – la documentazione preziosa negli archivi del Consiglio di corte di Würzburg è dettagliata (Archivio di Stato di Würzburg, d'ora in poi StAW, HKP 1750, fol. 376) – confermando che "il famoso pittore d'affreschi Signor Tiepolo si è ora deciso a recarsi a Würzburg per eternare anche in Germania il suo nome e la sua arte".
Assai soddisfatto, il Consiglio invia subito al Tiepolo mille fiorini per il viaggio, specificando peraltro che avrebbe pagato gli altri duemila fiorini richiesti all'arrivo, cosicché, "qualora durante il viaggio per morte o altro si dovesse verificare un caso inaspettato in

Residenza di Würzburg, vista della scalinata

Würzburg Residence, view of the staircase

Apollo conduce Beatrice di Borgogna al Genius imperii, 1752-1753, affresco, 900 × 1800 cm. Residenza di Würzburg

Quando nell'inverno 1750-1751 Tiepolo osserva gli spazi riservati agli affreschi nel gigantesco salone che poi sarà la *Kaisersaal*, si trova davanti non soltanto un'architettura compiuta, ma soprattutto una ricchissima incorniciatura del soffitto, un sistema di stucchi e dorature che sembrano eccitare il pittore a dare il meglio della sua finezza coloristica straordinariamente luminosa. Tiepolo arricchisce ulteriormente l'illusione ottica del soffitto (peraltro splendidamente illuminato da finestroni sul giardino) facendo proseguire nuvole ed estremità delle figure sui supporti di stucco nei pennacchi della volta. Qui, in corrispondenza delle dieci finestre, sono le figure allegoriche in monocromo che costituiscono il primo capolavoro autonomo di Giandomenico, che sarà assai apprezzato a corte.

Apollo Conducting Beatrice of Burgundy to the Genius imperii, 1752-1753, fresco, 900 × 1800 cm. Würzburg Residence

When, in winter 1750-1751, Tiepolo observed the spaces reserved for the frescoes in the vast hall that would later be the *Kaisersaal*, he found himself before not only a completed building, but above all extremely rich framing in the ceiling, a system of stuccowork and gilding that seemed to stimulate the painter to give the best of his extraordinarily luminous colouristic refinement. Tiepolo further enriched the optical illusion of the ceiling (however splendidly illuminated by large windows onto the garden) making clouds and parts of figures continue over the stucco supports of the vault pendentives. Here, in correspondence with the ten windows, are the monochrome allegorical figures that constitute Giandomenico's first independent work, which would then be highly appreciated at court.

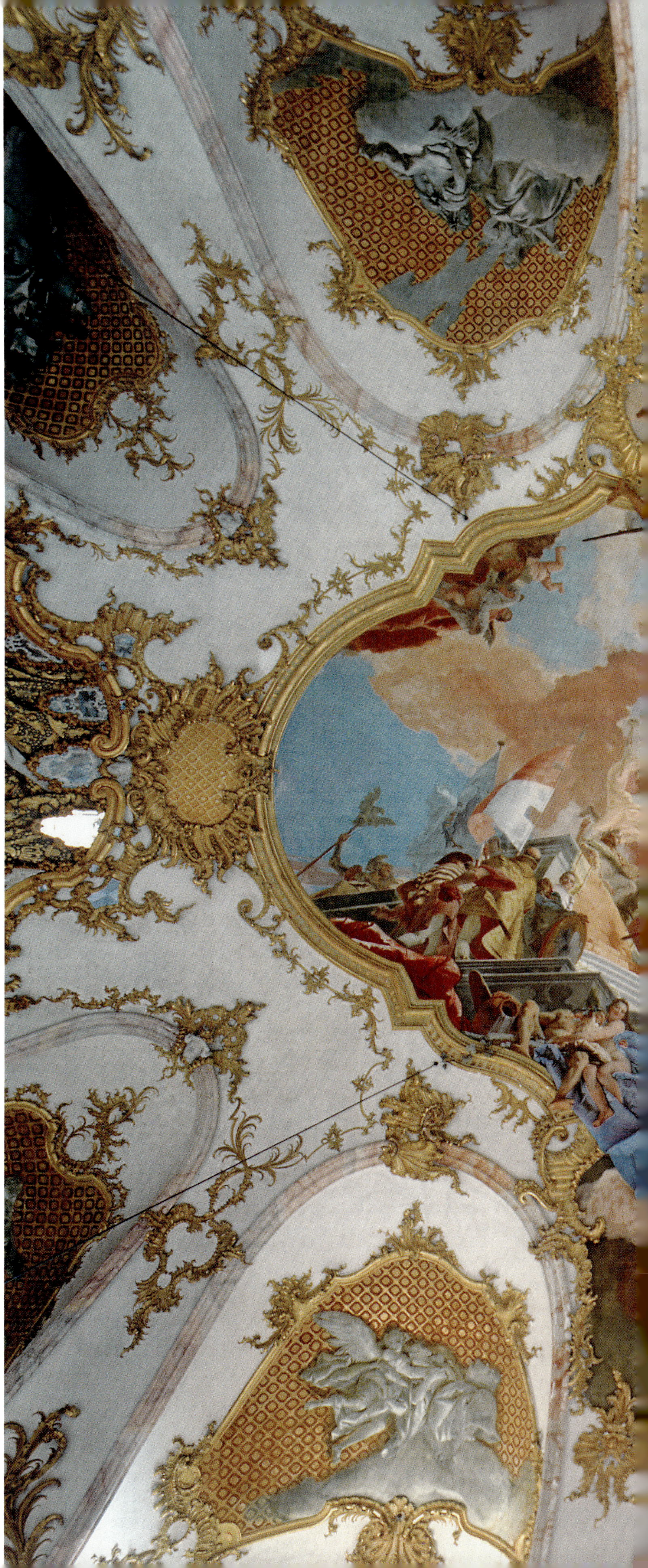

Alle pagine 202-203
On the pages 202-203

Apollo conduce Beatrice di Borgogna al Genius imperii, particolari

Apollo Conducting Beatrice of Burgundy to the Genius imperii, details

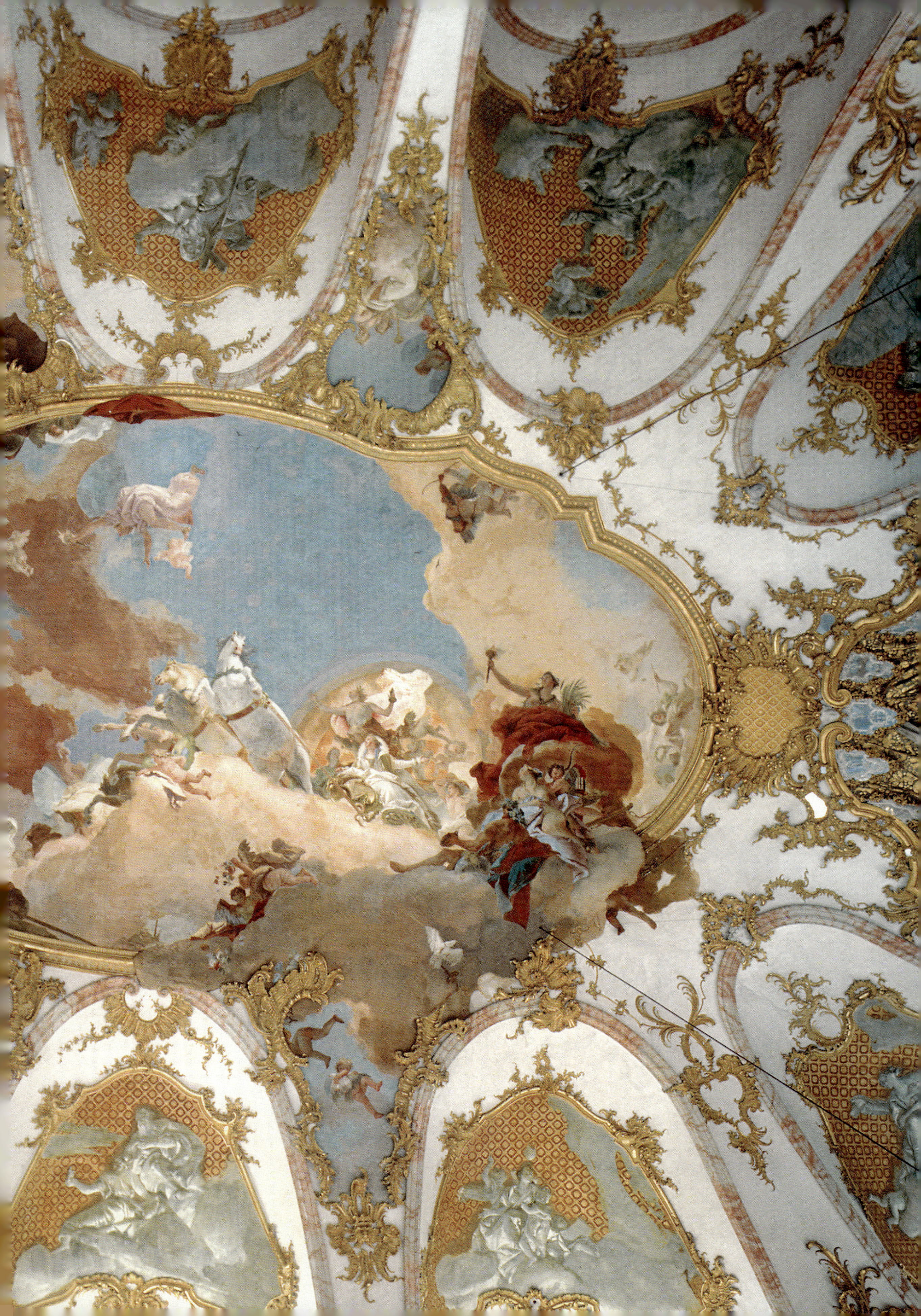

contrasto con quanto sperato, la perdita non fosse eccessivamente alta". E aggiunge: "In considerazione di questa disponibilità e dell'onestà delle trattative intercorse, si spera che il Signor Tiepolo, con suo figlio e i compagni, voglia ora affrettare per quanto possibile la partenza e si compiaccia di queste disposizioni, in quanto per parte nostra si è completamente persuasi dalla sua lodata condotta e dalle sue buone qualità, e perciò non si avanza la minima riserva sulla sua onestà". Come erano ancora scottati dalla precedente esperienza! Si allega poi una pianta della grande sala, con la descrizione della costruzione e un progetto tematico per gli affreschi, che recava il titolo "Modesti pareri per la pittura della grande sala da pranzo del principe".
È un documento piuttosto interessante, scritto in un italiano del tutto zoppicante: e che cosa potesse capirne il povero Tiepolo resta indeterminato.

"Specificazione della grandezza della Sala nella Residenza di Virzburg di S.A.S. [Sua Altezza Serenissima], La longhezza è di piedi 90 e 63 larga del cornicione dove comincia la volta vienne dipinta in fresco e del cornice sin a basso e di marmo es altri lavori che vogliamo dire gli laterali, la volta à la monta in circa di mezzo cerchio e à dieci fenestre, le quali vanno dentro nella volta e formano lunette, le dette lunette delle fenestre sono 54 piedi larghe e dieci di sfondro dove vi resta spazio d'un requadro di potervi entrare un pari di figure con quali che patino nel mezzo della volta vi resta un spazzio per un requadro in circa di 45 piedi lunga e 25 largo. delle due parti verso le due ale del Palazzo ò vogliamo dire le due file distanze non vi sono fenestre, e da ogni una di questi parti vi resta un spazzio per un requadro in circa di 20 piedi largo, e 26 alto che sarebbero due di questi mentre l'Idea di Sua Altezza Ser.ma e che tutta la volta sia dipinta cosi sarà necessario che la quadratura e ornamenti sianno dipinti, come anche le cornicione in su' deve tuta esser dipinta secondo la buona idea del Pittore l'avertendo che gli sopra nominati quadri devono essere istoriati di figure" (StAW, Miscellanea 119).

Sulla base di questa corrispondenza Mehling ritenne di essere autorizzato a concludere un contratto con Tiepolo, definito il 12 ottobre 1750, ove l'artista si impegna a dipingere a fresco la "sala da pranzo del principe con tutta l'attenzione possibile e arte e cura, secondo quanto proposto sia nella descrizione straniera tradotta sia nello schizzo, spediti proprio per clementissimo volere di Sua Grazia il Principe". Il pagamento finale, da contratto, ammonterà alla bellezza di diecimila fiorini renani; e non solo: "L'acquisto di tutte le cose necessarie, richieste per compiere questo lavoro, fra cui l'oro in foglie, colori e simili", avverrà "a spese della corte", oltre alloggio e vitto gratuiti presso la residenza del principe-vescovo. Questo ottimo (per Tiepolo) accordo, che Lorenz Jakob Mehling spedì da Venezia il 18 novembre, fu discusso dal Consiglio di corte solo il 21 gennaio 1751, non senza un certo malumore in quanto si riteneva che l'onorario pattuito fosse eccessivamente alto e che, inoltre, non si fosse mai autorizzato Mehling a concludere un vero e proprio contratto. Ma tant'è: il principe-vescovo aveva vietato ogni tentativo di mercanteggiare per ridurre il compenso, nel timore che Tiepolo potesse affrontare il lavoro non al suo meglio. E poi Tiepolo era già a corte. Dopo aver firmato il contratto era infatti partito a fine novembre da Venezia, con i due figli, Giandomenico e Lorenzo, uno di ventitré anni, l'altro di quattordici. Passato il Brennero, erano giunti infine a Würzburg, dopo un viaggio probabilmente non del tutto scomodo, utilizzando postali e carrozze. Così, il 13 dicembre 1750, nel registro di corte si annota: "Ieri è arrivato il pittore veneziano Diepolo, ha portato con sé i suoi 2 figli e un servitore, è stato alloggiato a corte, nella camera d'angolo che dà in giardino sul *Rennweg*, e gli sono state date 5 camere". Più avanti, in uno spazio più piccolo con altra grafia è scritto: "I pasti gli erano serviti alla tavola dei cavalieri, sul principio mangiava coi servitori particolari, perché gli era più comodo, alla fine però da solo, e riceveva 8 piatti a mezzogiorno e 7 alla sera. Per il resto non gli si faceva mancare niente e lo si trattava in tutto magnificamente".

Questa annotazione, peraltro difensiva, segnala come fosse stata riservata a Tiepolo la seconda "tavola" dopo quella del principe: una soluzione quanto mai prestigiosa. Ma evidentemente il tempo per i pasti alla tavola dei cavalieri – dodici portate – era troppo lungo per il pittore, che aveva preferito consumare i pasti con i suoi lavoranti. Si noti comunque che i "piatti" cui si fa riferimento indicavano ogni singola preparazione: verdure cotte, crude, ogni singola carne, minestra, dolce. Le cucine del principe-vescovo, che sfamavano ogni giorno almeno cinquecento persone, più i familiari, erano d'altra parte imponenti come ogni altra cosa nella corte che dominava una città-capitale di soli quindicimila abitanti.

La somma che era stata garantita a Tiepolo per l'impresa di tre grandi affreschi non solo era di gran lunga superiore a quanto si dava generalmente a Würzburg, dove un capomastro guadagnava circa duecento fiorini all'anno, e un muratore comune cento. Anche rispetto ai guadagni veneziani era una cifra ragguardevole: per l'affresco del soffitto della chiesa degli Scalzi Tiepolo aveva ricevuto cinque anni prima tremila ducati, l'equivalente al tempo di 56 chili d'argento. Per la *Kaisersaal* riceveva ora 148 chili d'argento. Si consideri anche che duemila ducati a Venezia erano considerati sufficienti per un tenore di vita dignitoso da parte di un nobile. Dunque Tiepolo si accinse al lavoro con spirito lieto: i due anni e mezzo trascorsi in Franconia saranno i più alti dal punto di vista pittorico, forse i più sereni, anche per la presenza dei due figli che apprendevano e lavoravano sotto la sua guida, mostrando talento, ambizione e dedizione. Tiepolo riuscì anche per il suo buon carattere a costruire eccellenti rapporti umani, soprattutto con i tanti e diversi italiani che lavoravano alla corte di un vescovo sufficientemente illuminato (a parte la caccia alle streghe) e mecenate.

Avrà incontrato, e amichevolmente conversato, con il coetaneo e conterraneo Giovanni Benedetto Piatti, figlio di un musicista della basilica di San Marco, violoncellista, clavicembalista e buon tenore. Il Piatti dimorava a Würzburg fin dal 1722, essendo stato al servizio prima del principe-vescovo Johann Philipp Franz von Schönborn e poi del fratello Friedrich Carl. *Musicus aulicus*, ovvero direttore ed esecutore e compositore residente, s'era fatto totalmente tedesco, con l'amata moglie, la soprano Maria Theresia Langsprücker, con cui aveva avuto otto figli. Le sue innovative sonate costituiscono un repertorio di grande gusto e ricchezza di varianti. Espressione già di una semplificazione naturalistica, di un gusto razionale in piena sintonia con gli eventi culturali del suo tempo, e ricche di un'ironia quasi ovattata nel cerimoniale compito, evidente nell'eleganza del dialogo strumentale del suo *Concerto in re minore per violoncello archi e basso continuo*. Non a caso Piatti era ben conosciuto da Franz Joseph Haydn e sarà apprezzato anche dal giovanissimo Mozart. La sua musica sembra in totale sintonia con le motivazioni profonde della pittura di Tiepolo. Giambattista lo ritrasse nelle vesti di suonatore di violoncello, con papalina azzurra, appena sopra l'architetto Neumann, il progettista dell'immenso edificio, morto il 19 agosto 1753, mentre Tiepolo è sui ponteggi. Se è lui il direttore del gruppo di musici che eseguono davanti all'Europa, il soprano con il foglio di musica davanti a sé potrebbe essere Maria Theresia. Al loro fianco un accigliato Antonio Bossi – già affetto da una sindrome bipolare che fra breve gli impedirà di lavorare – con mazzetta, calchi, busto in finto marmo: nel *Quaderno Gatteri* del Museo Correr i diversi disegni, schizzi di prove che mostrano l'impegno realistico di ritratti dal vero.

Con Piatti, con Bossi, con Neumann, con il collaboratore Franz Ignaz Toth, Tiepolo trovò un calore e una simpatia, oltre che una sconfinata ammirazione, che non sempre a Venezia – *nemo propheta in patria* – erano corrisposte al Signor Tiepoletto.

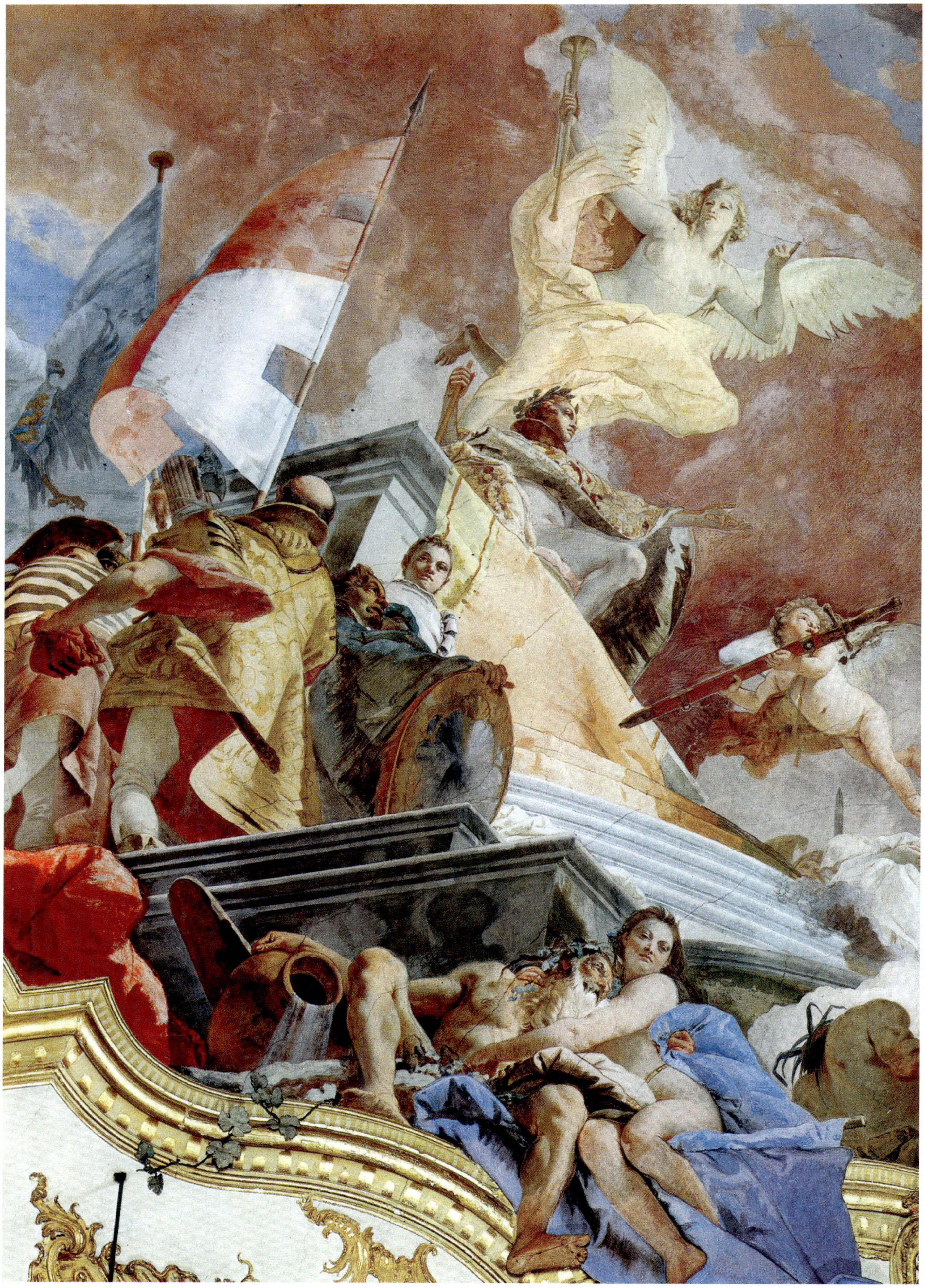

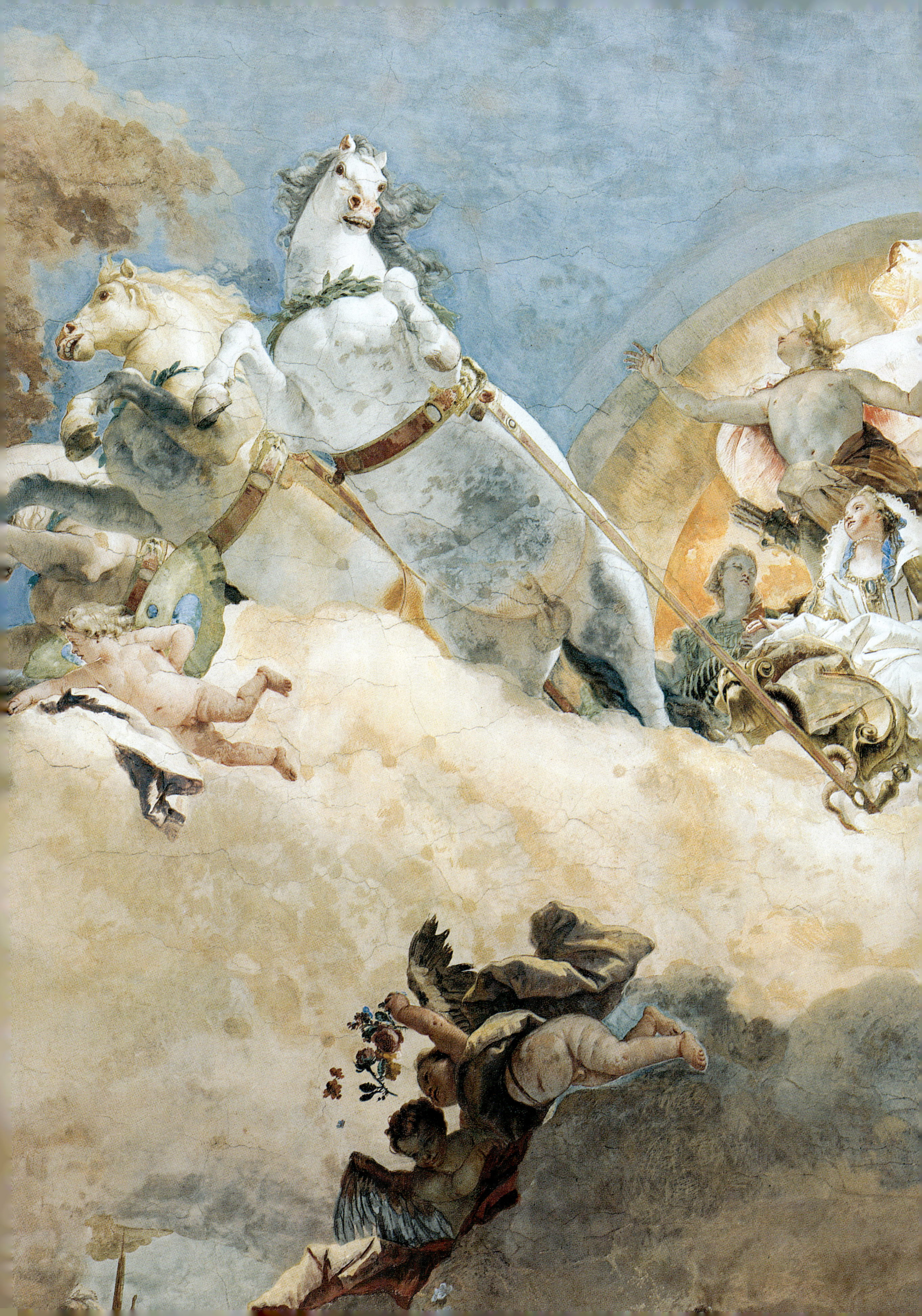

LA RESIDENZA DI WÜRZBURG: UNA VERSAILLES IN FRANCONIA

Il 22 maggio 1720 Johann Philipp Franz von Schönborn, principe-vescovo, pone la prima pietra di una *Residenz* che avrebbe dovuto superare in dimensioni qualsiasi edificio sino ad allora conosciuto, non soltanto a Würzburg, ma in tutti gli altri principati tedeschi. Voleva abbandonare la cittadella di Marienberg, una fortezza in alto sopra la città, per secoli sede del potere. E non poteva accettare quel palazzo così mal fatto e mai occupato – opera infelice di un architetto italiano molto attivo in città, Petrini – che era stato incautamente voluto dal predecessore. Nessun limite aveva posto ora il principe-vescovo alla costruzione: poiché, al termine di un processo per peculato contro il precedente presidente del Consiglio di corte, era stata versata nelle casse dello Stato l'enorme somma di 600.000 fiorini. Tanto aveva rubato negli anni quell'infido amministratore. La Franconia contava allora circa 200.000 abitanti, e la sua elegante capitale appena 15.000, ma per il vescovo l'unico paragone doveva essere Versailles. Insicuro circa le competenze dell'allora suo giovane architetto, il boemo Johann Balthasar Neumann, appena trentaduenne, il principe aveva chiesto consulenze allo zio – l'elettore Franz Lothar von Schönborn a Magonza – e al fratello minore Friedrich Karl, che viveva nella capitale imperiale, Vienna. Giunsero quindi due architetti sperimentati, Johann Maximilian von Welsch e Johann Lucas von Hildebrandt, l'autore del Belvedere, il favorito di Eugenio di Savoia, il costruttore di Pommersfelden. I loro diversi pareri contribuirono a rendere i progetti sempre più caotici, per cui il principe, ancor più insicuro, spedì Neumann a Parigi, nel 1723, per far esaminare le planimetrie a due eminenti architetti francesi, Robert de Cotte e Germain Boffrand. All'edificio della *Residenz* confluirono dunque molti e differenti influssi, che spesso solo con difficoltà si possono distinguere l'uno dall'altro, poiché fu quasi miracolosa l'abilità di Neumann nel compendiare idee diverse trasformandole in un progetto unitario. Che però fu immediatamente frustrato poiché, nell'agosto 1724, il principe-vescovo muore fra il giubilo della popolazione, visto che le sue smanie edilizie avevano avuto come conseguenza la ripresa del sistema feudale delle *corvées*, essenzialmente per i grandi lavori di sbancamento e apprestamento delle fon-

Residenza di Würzburg, vista dello scalone e della parete con *Nozze dell'imperatore Federico Barbarossa con Beatrice di Borgogna*

Würzburg Residence, view of the staircase and north wall with *The Wedding of Emperor Frederick Barbarossa and Beatrice of Burgundy*

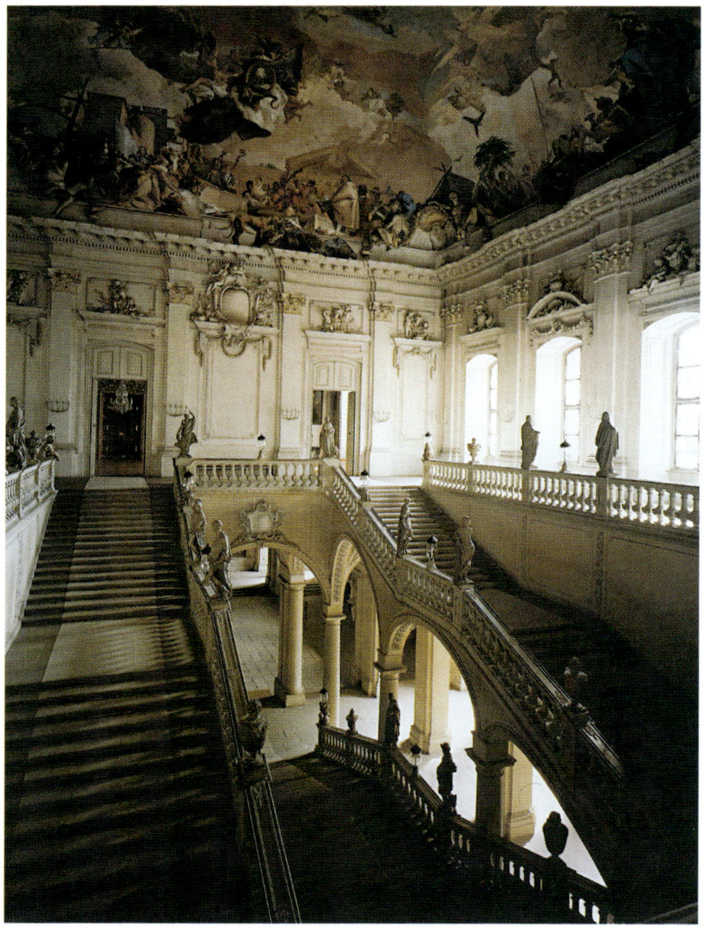

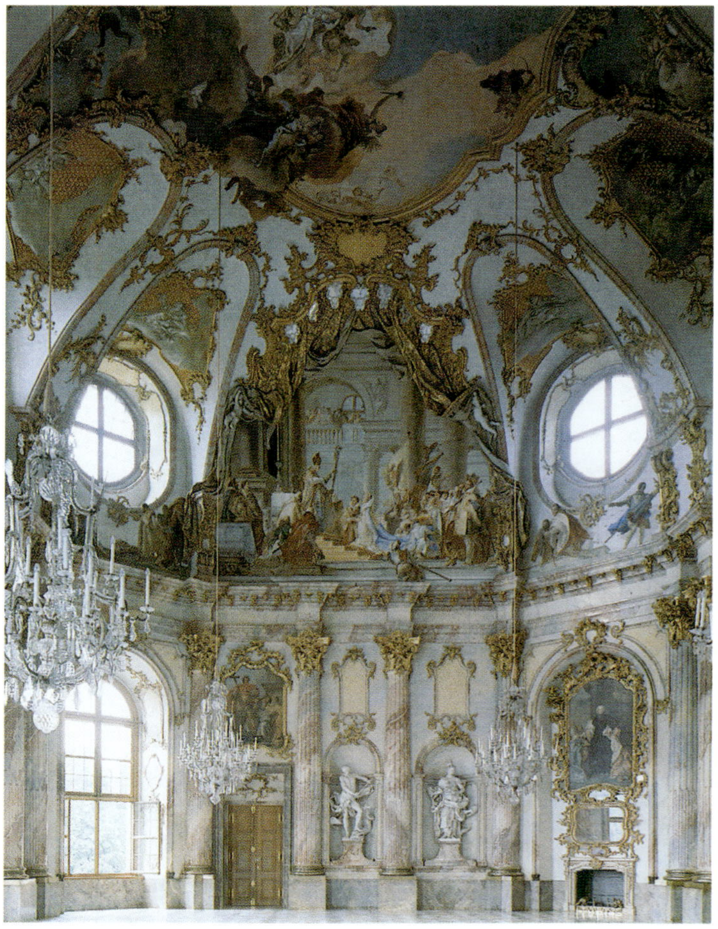

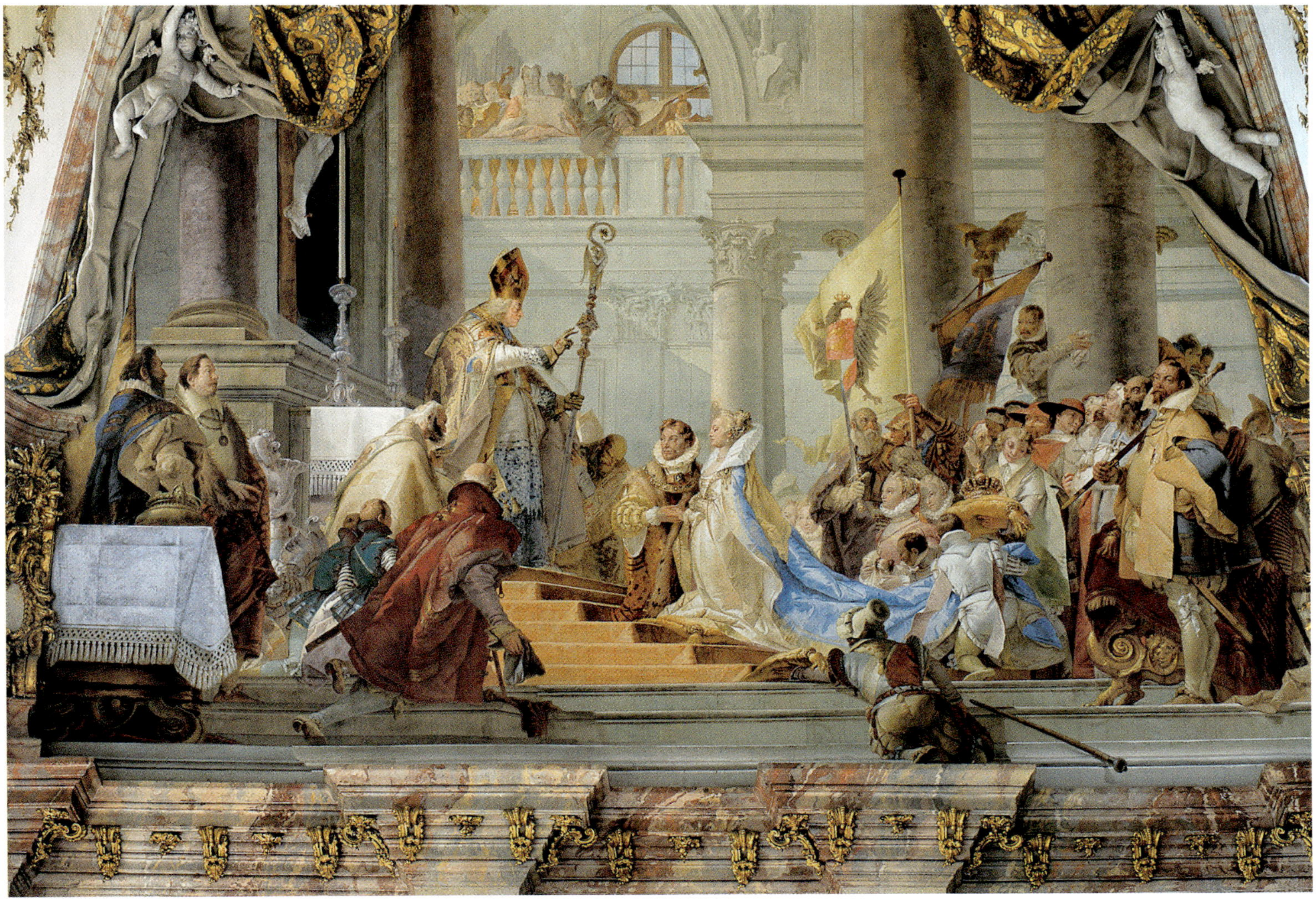

Nozze dell'imperatore Federico Barbarossa con Beatrice di Borgogna, 1752-1753, affresco, 400 × 500 cm. Residenza di Würzburg

The Wedding of Emperor Frederick Barbarossa and Beatrice of Burgundy, 1752-1753, fresco, 400 × 500 cm. Würzburg Residence

damenta dell'edificio monumentale. Ogni otto giorni venivano in città fra i cinquecento e i seicento contadini che dovevano lavorare gratuitamente per turni settimanali. Ma il peso maggiore gravava sui cittadini, che avevano l'obbligo di alloggiarli e nutrirli. Nessuna famiglia, né i conventi, era esonerata da un'imposizione quantomai fastidiosa. Per cui il nuovo principe-vescovo, Christoph Franz von Hutten, si preoccupò di far completare i lavori per rendere abitabile la parte della *Residenz* che si poteva facilmente ultimare, sospendendo ogni altra attività e interrompendo le odiose *corvées*. L'interruzione fu però relativamente breve: nel 1729 fu infatti eletto Friedrich Karl von Schönborn, il fratello minore del grande edificatore, che sentì la ripresa dei lavori come preciso dovere familiare. Essendo vicecancelliere dell'Impero, rimase a Vienna, incaricando Neumann, con cui era in corrispondenza continua, di riprendere progetti e lavori.

Nel successivo decennio quel principe-vescovo realizzò alcuni autentici "miracoli": ricostruì un apparato di Stato efficace, sul modello dell'assolutismo francese, riuscì a tenere la Franconia lontana dai conflitti della guerra di Successione austriaca, sviluppò un'accorta politica economica che permise di finanziare il colossale progetto senza ricorrere al lavoro forzato. Doveva anche mediare continuamente fra Neumann e von Hildebrandt in merito sia alla struttura della facciata sia soprattutto alla realizzazione del grande scalone d'onore, che secondo Neumann poteva essere coperto da un'unica volta ribassata. L'idea del francese Boffrand di estendere lo scalone dal vestibolo fino alla corte interna posteriore era risultata magnifica per ottenere un'eccezionale illuminazione dell'ambiente, ma determinava un'enorme base per la scala e imponeva, secondo i più, di costruire la volta del soffitto su una corona di sostegno collocata intorno al vano delle scale. In questo modo la volta sopra la scala vera e propria sarebbe stata inserita su una volta più bassa coronata da un ballatoio. Alla fine, però, Neumann riuscì a imporsi su von Hildebrandt. E questi assicurò che se la volta non

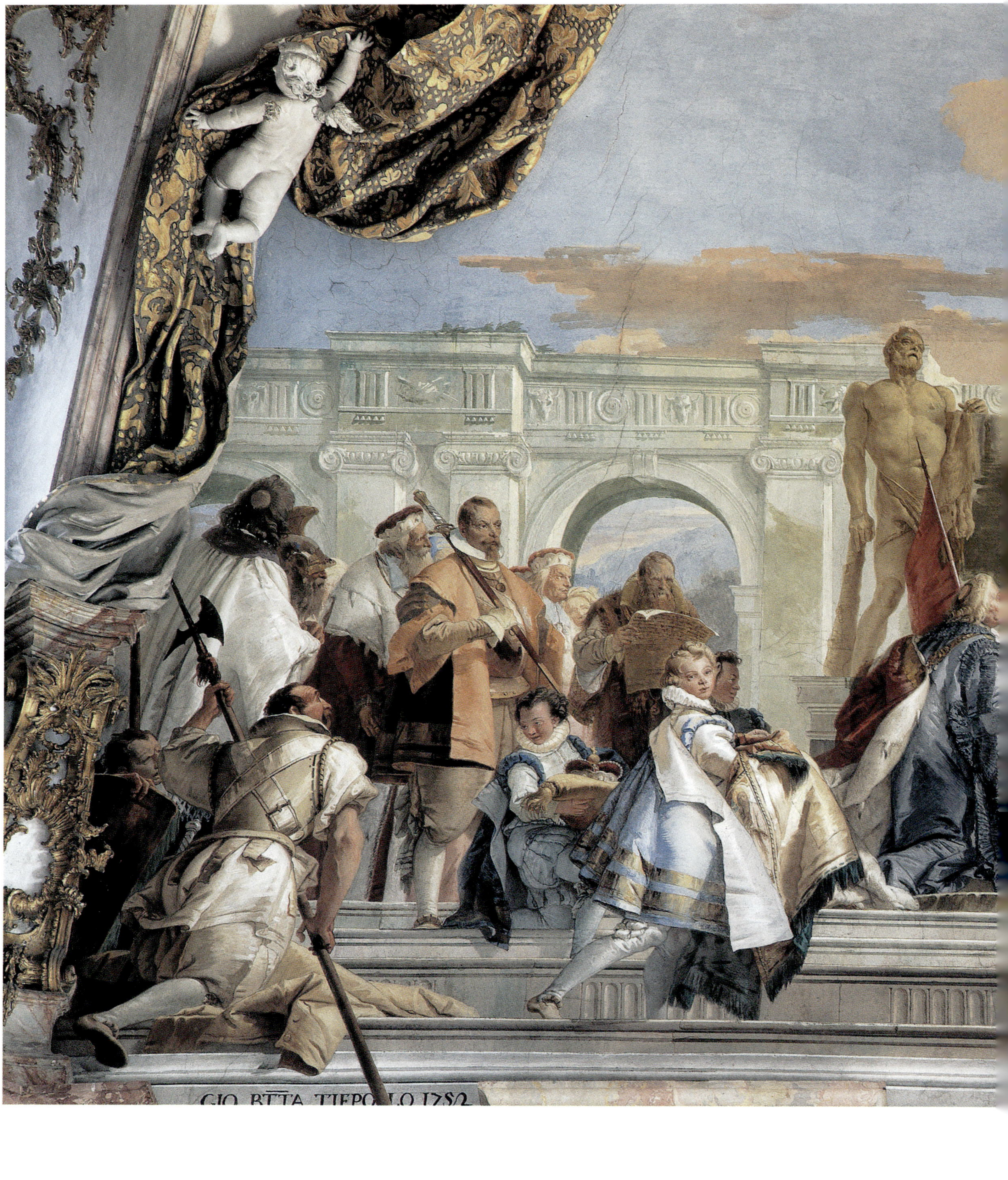
GIO. BTTA. TIEPOLO 1752

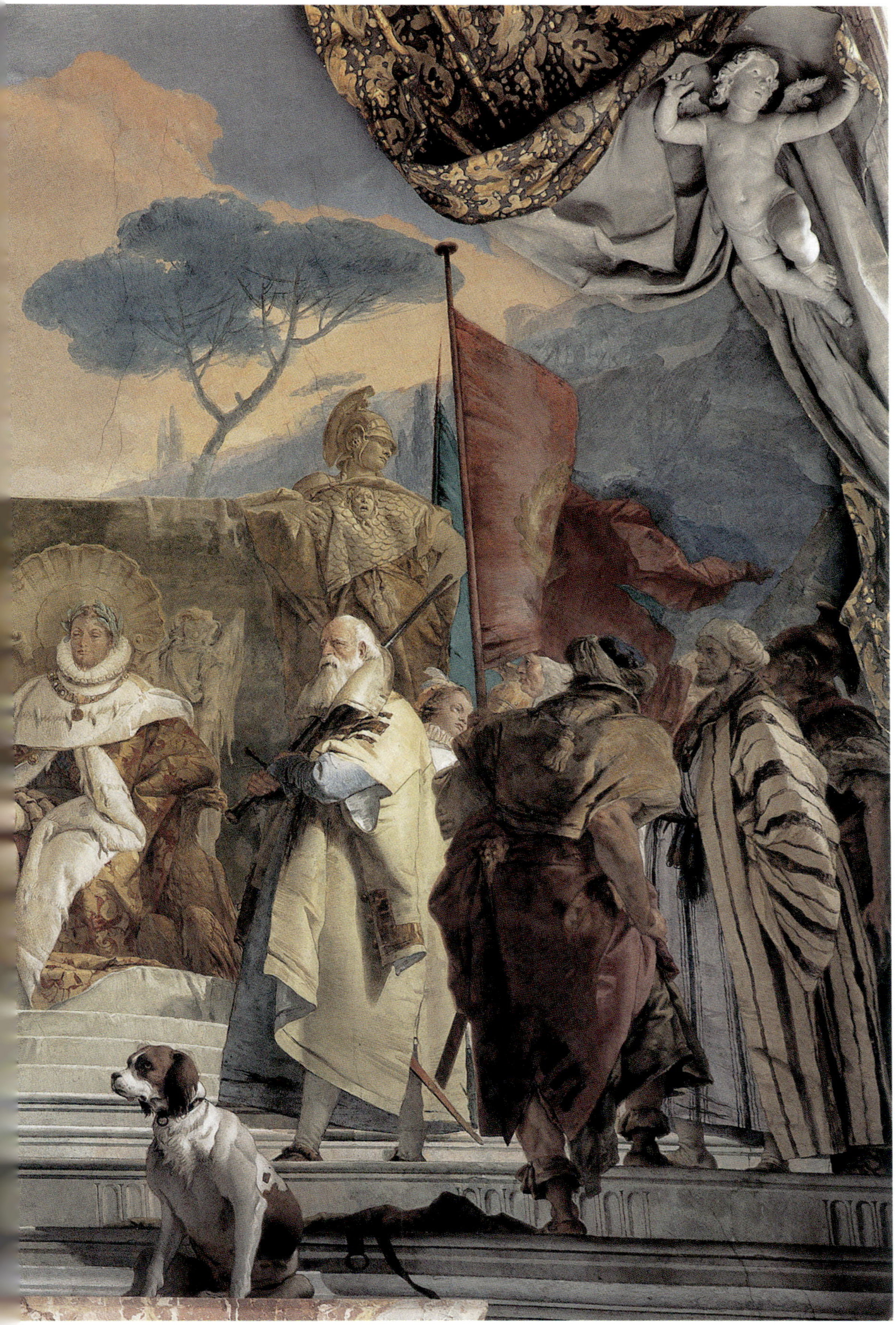

Investitura del ducato di Franconia concessa al vescovo Herold, 1752-1753, affresco, 400 × 500 cm. Residenza di Würzburg

The Investiture of the Duchy of Franconia to Bishop Harold, 1752-1753, fresco, 400 × 500 cm. Würzburg Residence

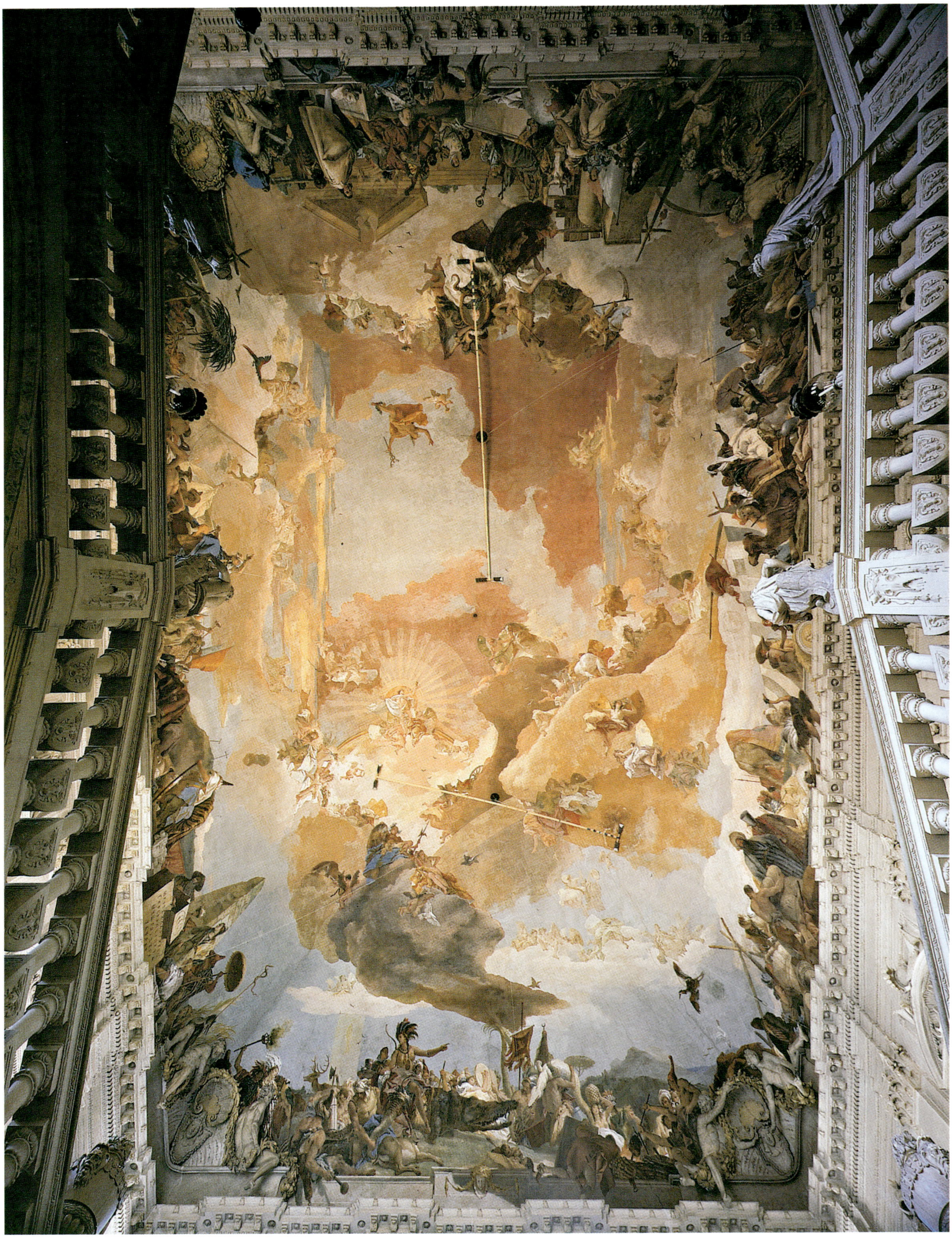

fosse crollata vi si "sarebbe impiccato a sue spese"! Al che Neumann gli rispose che avrebbe fatto tuonare a salve una batteria di cannoni alla base dello scalone, e la volta avrebbe retto.
Meravigliosa sicurezza dell'architetto-colonnello! Che avrebbe avuto certezza della costruzione esattamente due secoli dopo, purtroppo nelle circostanze più tragiche. A mettere alla prova la volta a cui tanto teneva, e l'intero edificio, fu il Quinto Gruppo bombardieri della Royal Air Force, già responsabile della tempesta di fuoco su Dresda. Alle cinque del pomeriggio del 16 marzo 1945 cinquecento aerei Avro Lancaster decollano da High Wycombe; alle 21.25 le bombe illuminanti colorate dei Mosquito del 627° squadrone mandati in avanscoperta iniziano il bombardamento di precisione segnalando le aree da colpire per l'attacco delle successive, micidiali ondate degli stormi inglesi. Nella notte di fuoco moriranno atrocemente cinquemila abitanti di Würzburg. Brucerà in un rogo immenso una città tanto antica quanto indifesa. Anche il tetto della *Residenz* crollerà sulla volta dello scalone affrescato da Giambattista Tiepolo: ma non un solo mattone si staccherà, e poche piccole crepe saranno il solo esito del tremendo impatto. Neumann aveva fatto calcoli perfetti. Un restauro magistrale ha poi ricostruito una città distrutta al novanta per cento.

Apollo e i continenti, 1753, affresco, 1900 × 3050 cm. Residenza di Würzburg

Apollo and the Continents, 1753, fresco, 1900 × 3050 cm. Würzburg Residence

L'ampio salone che sarà poi conosciuto come *Kaisersaal*, salone dell'Imperatore, è incentrato su un programma iconografico che esaltando Federico Barbarossa, colui che aveva insediato il primo vescovo a Würzburg, glorifica le ragioni del potere terreno del vescovo. Nel soffitto Tiepolo raffigurerà *Apollo conduce Beatrice di Borgogna al Genius imperii* e nelle pareti le *Nozze dell'imperatore Federico Barbarossa con Beatrice di Borgogna* (celebrate il giorno di Pentecoste del 1156) e l'*Investitura del ducato di Franconia concessa al vescovo Herold* (storicamente documentata nel 1168). A Tiepolo era stata certamente raccontata nei pochi e leggendari dettagli la storia della giovane, o forse addirittura giovanissima (era nata intorno al 1140), erede dell'ultimo conte palatino di Borgogna, angariata e sostanzialmente esclusa dal regno per opera dello zio. Divorziato da una moglie sterile, Federico Barbarossa amerà teneramente la fanciulla, poi energica donna che gli darà una discendenza di undici figli, morendo poco più che quarantenne, nel 1184. "Trasse la bionda imperatrice al sire / il cuor fido e un esercito novello": Carducci la ritrae così, quando Beatrice scende in Italia, a fianco del marito in armi contro Milano. Tiepolo ambienta la storia nel passato, che per lui resta il Cinquecento, ma cura soprattutto la messa in scena che avrà al centro il suo mecenate, ovviamente von Greiffenclau come vescovo, e la sua abituale attrice giovane nelle vesti di Beatrice di Borgogna. La conosciamo bene, la giovane altera dal volto ovale e il nasino un po' all'insù, che interpreta le parti migliori dalla *Rachele* di Udine in poi.
L'elaborazione del modelletto, giacché Tiepolo inizia la decorazione il 27 aprile, avviene nell'inverno, ed è documentata dall'olio su tela dell'Isabella Stewart Gardner Museum di Boston e da quello della National Gallery di Londra. Il modelletto dell'*Incoronazione* è invece al Metropolitan di New York.
I contributi autonomi di Giandomenico – i monocromi con le allegorie e le grandi tele delle sovrapporte, il suo imponente *Costantino* misura quasi due metri per due – sono preparati con il medesimo attento studio che il padre gli ha insegnato e a cui l'ha addestrato, e hanno una qualità e autonomia certamente superiori a quelle del genitore alla stessa età. Il suo *Giustiniano* firmato e datato "etattis XXII" emana per esempio una sorprendente energia e volontà. Lorenzo intanto si fa la mano copiando le figure paterne, anche per una documentazione di bottega, e da solo disegna alcune deliziose teste di anziani con cuffie, giovani di corte con aria accigliata, fanciulle scarmigliate, oggi al Martin von Wagner-Museum der Universität di Würzburg.
La decorazione dell'intera sala sarà terminata nel luglio del 1752. Ma un anno prima, l'8 luglio, il principe-vescovo ha già potuto invitare i suoi ospiti ad ammirare lo svelamento dell'af-

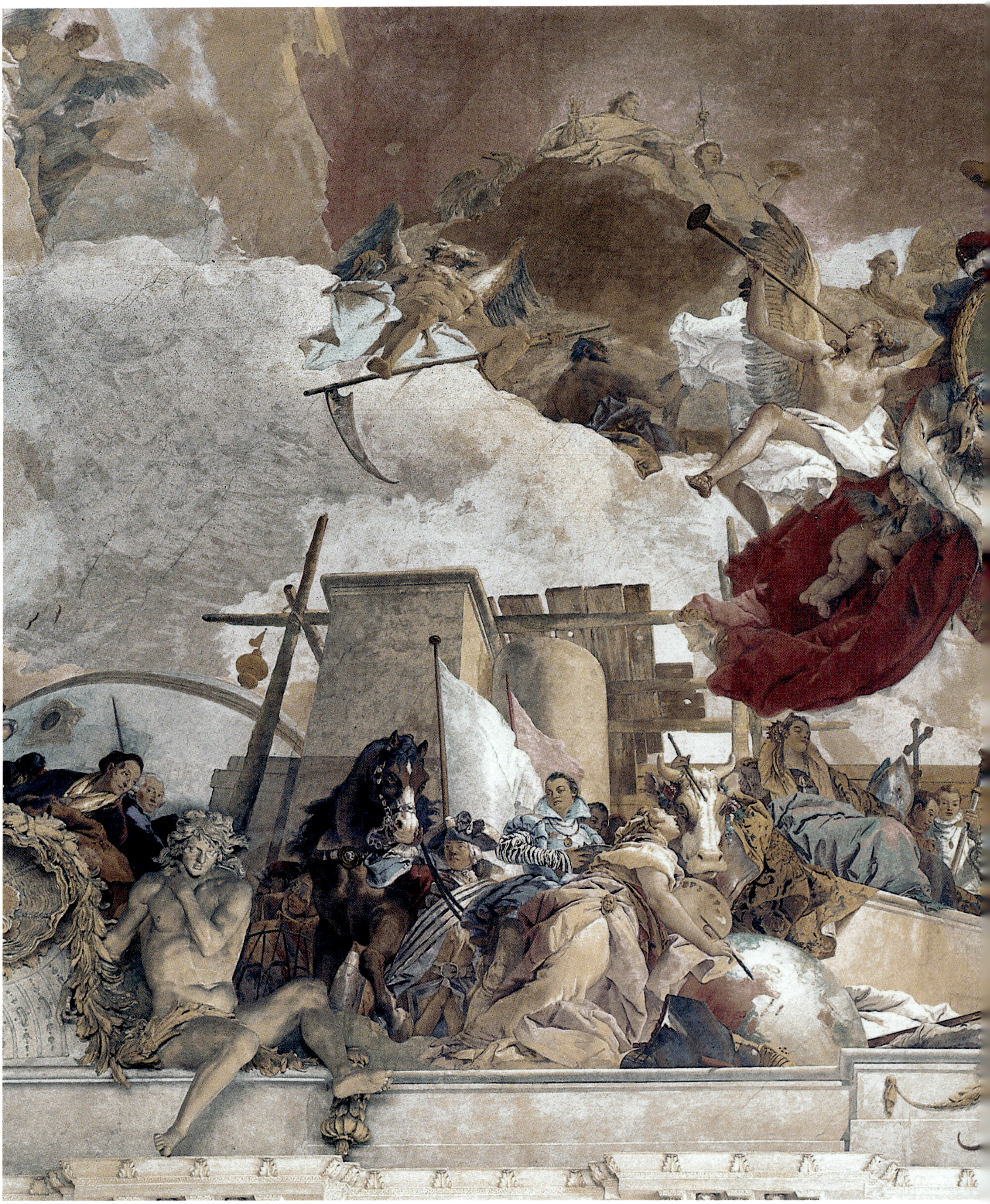

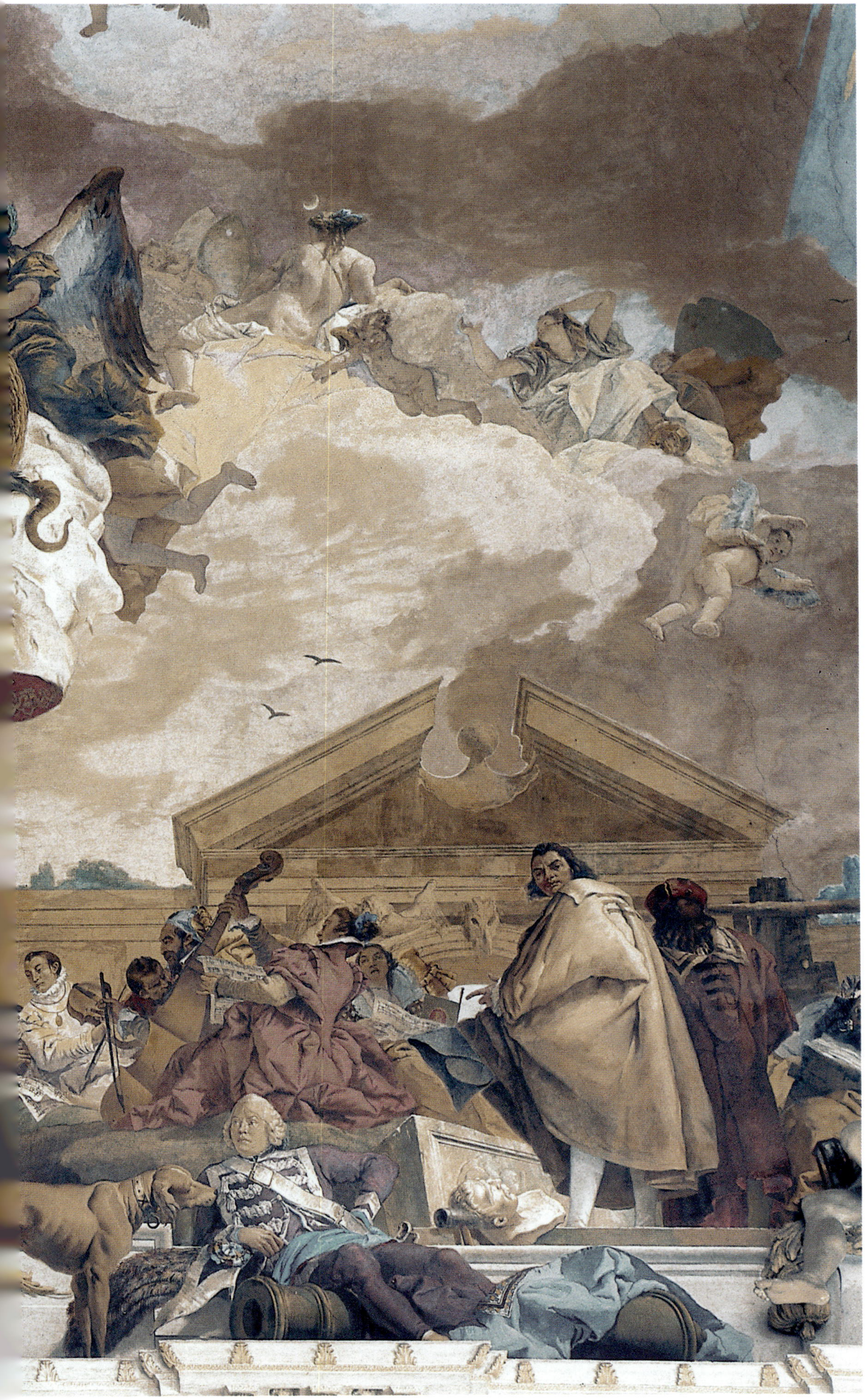

Apollo e i continenti, particolare
(*Allegoria dell'Europa*)

Apollo and the Continents,
detail (*Allegory of Europe*)

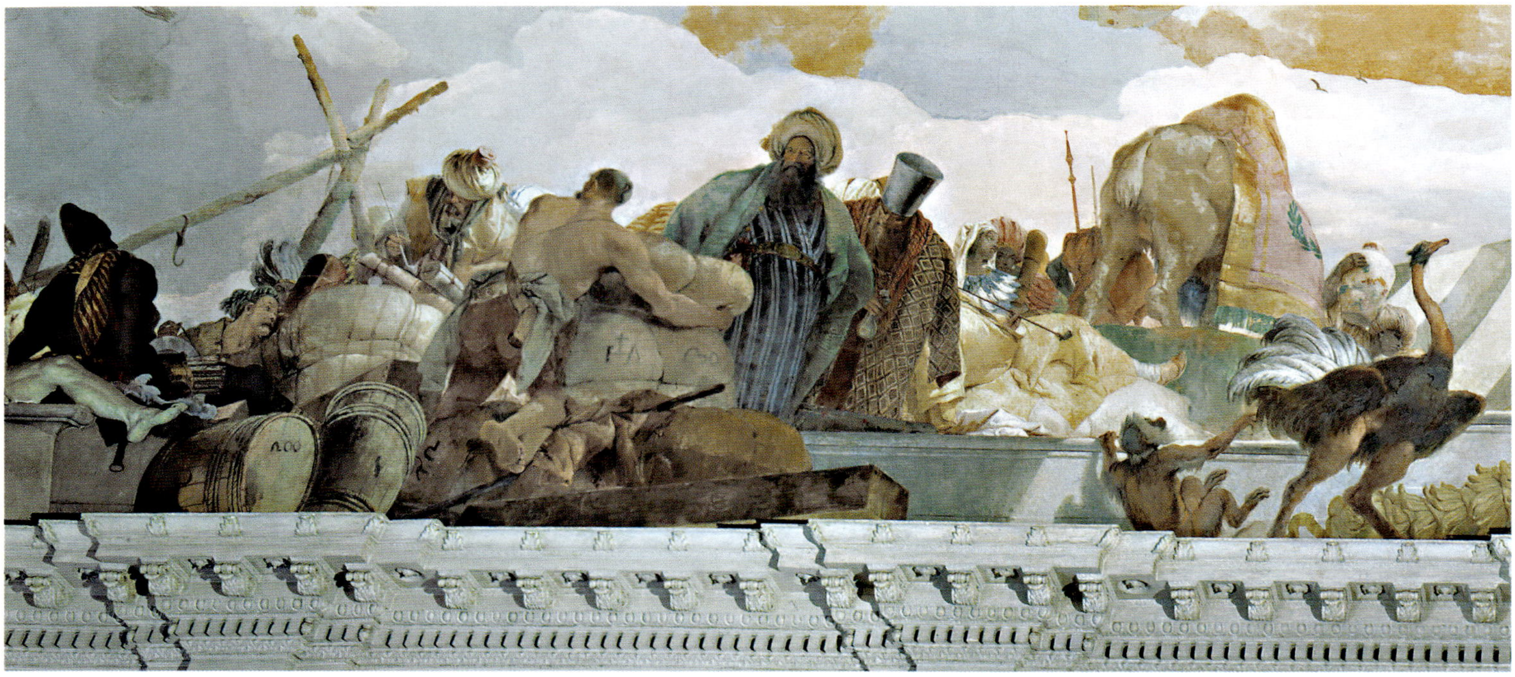

Apollo e i continenti, particolari (*Allegoria dell'Africa*)

Apollo and the Continents, details (*Allegory of Africa*)

fresco del soffitto. Dai documenti apprendiamo che Tiepolo ha usato la tecnica dello spolvero ("malen und durchpauschen"). La fastosità del decoro e le dimensioni gigantesche dell'ambiente l'hanno stimolato a dar fondo a tutte le sue competenze, a utilizzare tutte le sue risorse pittoriche, ma poi ad architettare soluzioni impaginative e formali in buona parte innovative. Certamente per la scena del soffitto l'ispirazione risale a palazzo Clerici, ma l'artista varia il rapporto fra le figure e lo spazio, sottolineando la maggiore incidenza del contrappunto del cielo. La tessitura coloristica è di aristocratica bellezza, con una serie di acuti.
Negli episodi sulle pareti crea una sarabanda di insegne mosse dal vento, di sete e drappeggi damascati, ma poi inserisce ritratti di corte, perfino sottolineando le loro difficoltà a indossare evidenti e complessi abiti di scena. Al solito ai lati colloca notazioni sapide e realistiche: come il panciuto dignitario all'estrema destra delle *Nozze*, il cane, il nano. Come sempre la decorazione è stata preparata dai modelletti, ora divisi tra i musei di Stoccarda, New York e Boston, ove si condensa la rapidità dell'idea e l'intuizione narrativa.
Ultimato il *Kaisersaal*, Giambattista riceve il 29 luglio ufficialmente il nuovo incarico, di cui evidentemente s'era già parlato, per decorare l'immensa volta dello scalone. Saranno i 580 metri quadri terminati entro la fine di settembre del 1753: Balthasar Neumann, morto il 19 agosto, non potrà goderli appieno. L'affresco *Apollo e i continenti* sarà realizzato esattamente in 218 giornate di lavoro, cui vanno aggiunti i giorni di rifinitura a secco. È il vertice della sua esperienza di affrescatore.
Non soltanto dipinge un vortice che desta stupore e quasi vertigine, ma propone allo spettatore che sale le scale un percorso in perpetuo movimento: chi ascende assiste al caleidoscopio del Mondo. È un narrare di scorcio e ai bordi del soffitto, ove si librano i gruppi zigzaganti che aprono allo spazio infinito, alla cappa celeste. Qui davvero Tiepolo è stato "cinematografico": ma non "in technicolor" come diceva Longhi, in un cinema di cartoni alla De Mille, ma nella direzione di una geometria variabile, di uno svolgersi per incastri. Il cinema come lo intende un fervido ammiratore attuale di Giambattista: il regista Peter Greenaway, così "quadraturista" e prospettico. O altri due registi che esplicitamente hanno ricordato Tiepolo, come David Lynch e Todd Haynes. Ma che poi Tiepolo sia continuamente e anche platealmente citato dal cinema contemporaneo, così spettacolare e funambolico, lo registriamo per esempio quando due vampiri balzano proprio dall'*America* di Würzburg in *Abraham Lincoln: Vampire Hunter* (2012) di Timur Bekmambetov, visionario quant'altri.

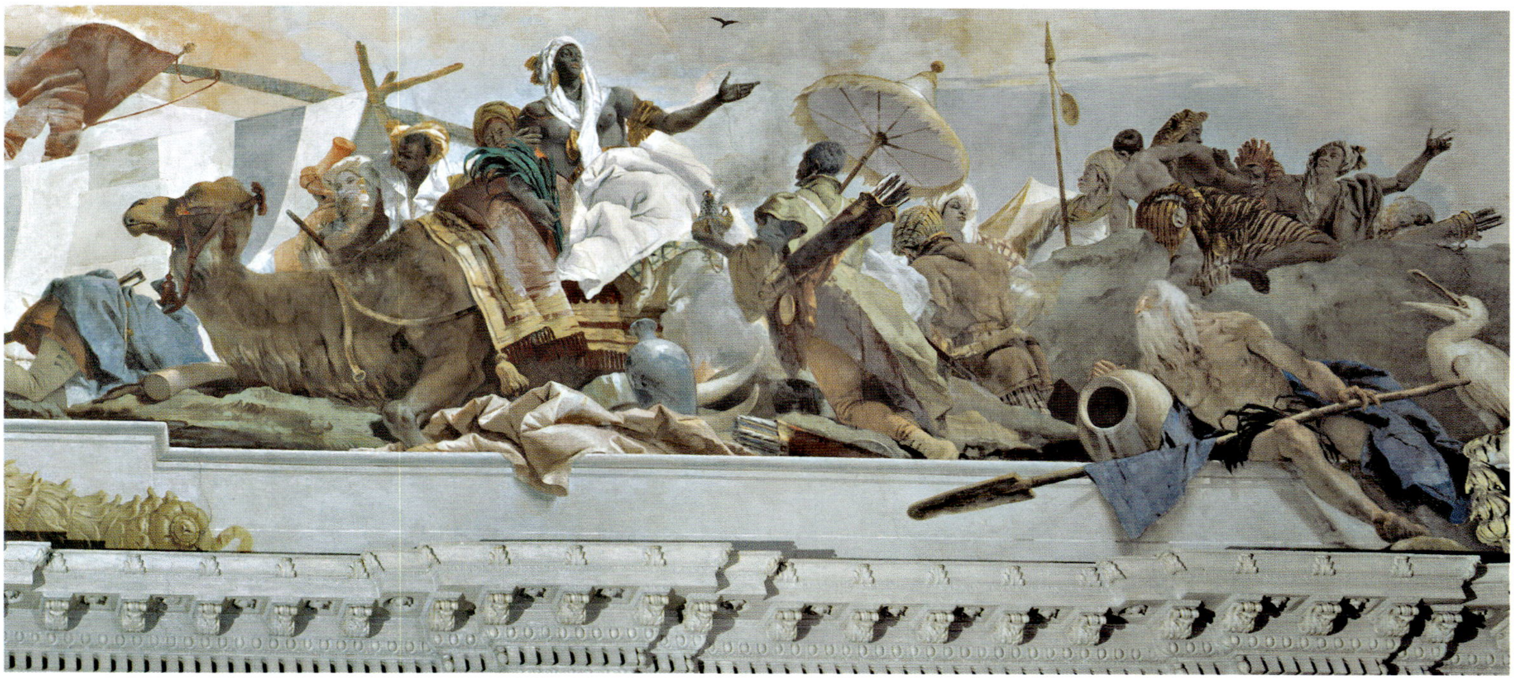

Il ritratto del committente von Greiffenclau, sorretto dalla Fama, è prossimo alla raffigurazione dell'Europa. Gli rende omaggio una folla variopinta che si accalca sopra il cornicione: la Scienza e le Arti, tutta la corte di Würzburg, un Giambattista in abito da lavoro, e finalmente intento e sicuro di sé – l'autoritratto più bello in assoluto, con l'ironia del Giandomenico damerino, in parrucca corta che ci guarda benevolo. E poi i collaboratori Urlanb e Franz Ignaz Roth dal largo viso; l'architetto artigliere Neumann sdraiato presso il cannone, nella bella divisa da colonnello, il figlio Ignaz che tiene il morso del cavallo morello, nella rossa divisa da cavaliere. E c'è lo stuccatore Bossi, la grave figura ammantata, che nell'espressione denuncia già quella depressione per cui sarà ricoverato fino alla morte.
Tutti attenti allo svilupparsi di figure e personaggi intorno all'immenso affresco, perdiamo forse di vista quello che resta il centro del dipinto: poiché il Mondo ruota intorno a un cielo, a un Sole che è luce. Ma poi c'è Saturno, il vecchio alato con la falce e la clessidra. A fianco di Crono, Vulcano e oltre Giove, lontano, altissimo e quasi invisibile, con il suo Ganimede. E c'è la Luna-Diana, e Mercurio che ci indica con chiarezza dove dobbiamo guardare, al centro del cielo. Marte e Venere stanno sopra l'Europa, regina delle guerre e sedotta dalla bellezza. Con loro le Ore con ali di farfalla e i cavalli di Apollo; è, dunque, Ovidio, *Metamorfosi* (II, 112): "Dall'Oriente sereno ecco, l'Aurora spalancò i portali purpurei e l'atrio pieno di rose. Fuggono le stelle e ultimo Lucifero, che ne guida la schiera, lascia il cielo. Non appena lo vede dirigersi verso terra e vede il mondo tingersi di rosso e svanire l'ultima falce di luna, Titano comanda alle Ore veloci di attaccare i cavalli". E riprende un altro giorno di fatiche in Terra.
Nelle esemplificazioni dell'Europa, dell'Asia, dell'Africa e dell'America, un tema iconografico tipicamente barocco, Tiepolo ha proposto un moderno e totale emporio iconografico: dallo studio della razza a quello del costume, dalla ricerca morfologica alla caratterizzazione umana, dall'indagine della fauna a quella della flora. Un'autentica "enciclopedia figurativa" come la definì Morassi, un inno alle aspirazioni scientifiche, catalogatrici, enciclopediche, appunto, del secolo. Pagani e cristiani, civilizzati e "selvaggi", storia e cronaca, passato e presente convivono nell'arco di una fantasia senza limiti in un raccontare sicuro e avvincente. Ancora una volta Tiepolo sa spremere dalla sua tavolozza essenze inedite, preziosità gemmee, in un crescendo eccitante, quasi un fuoco pirotecnico di materia grondante di luce.
Sul margine superiore l'*America*, pelle brunata, splendente drappo rosso alle reni, corona di piume, arco sulla schiena, è assisa su un enorme coccodrillo. Al Nuovo Continente il pittore

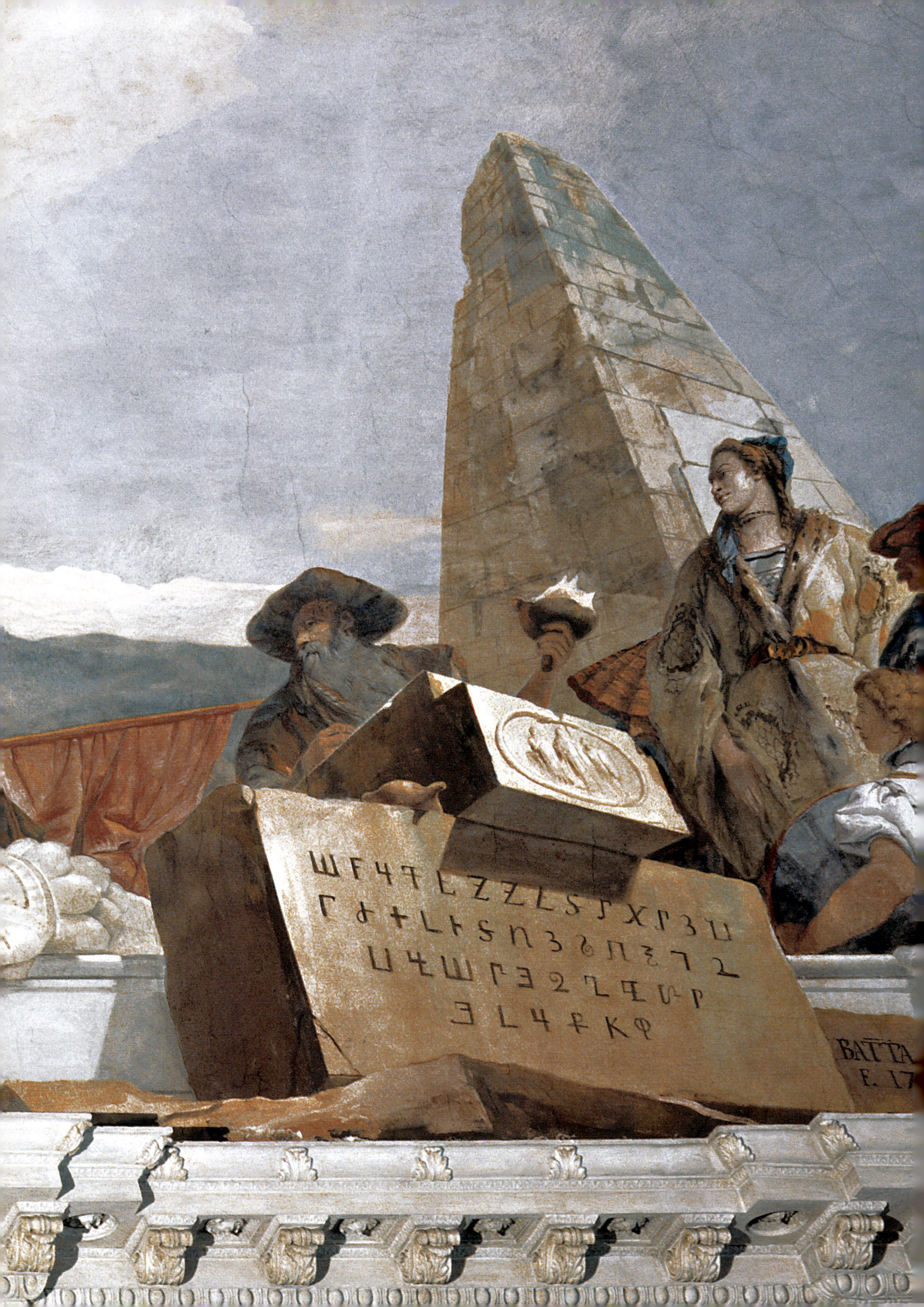
BATTA
F. 17

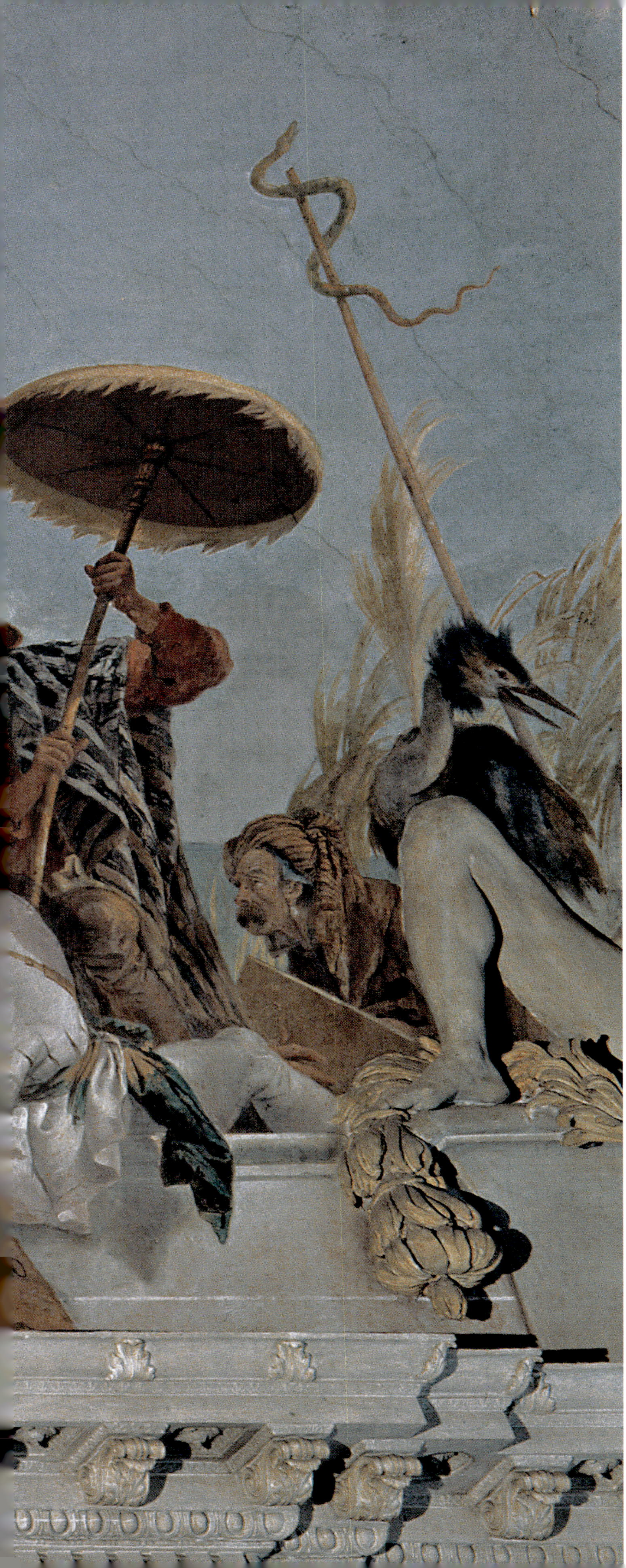

Apollo e i continenti, particolare (*Allegoria dell'Asia*)

Apollo and the Continents, detail (*Allegory of Asia*)

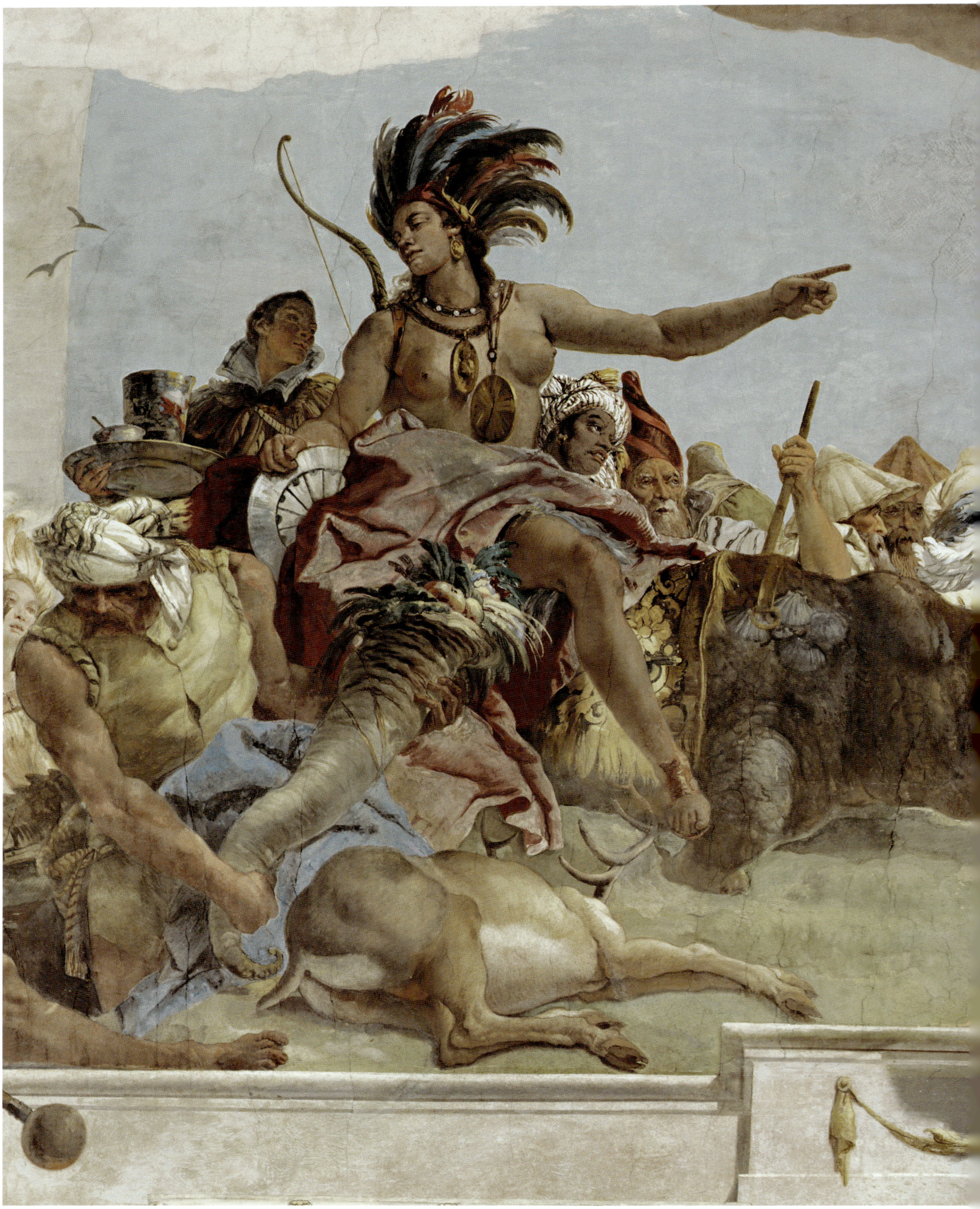

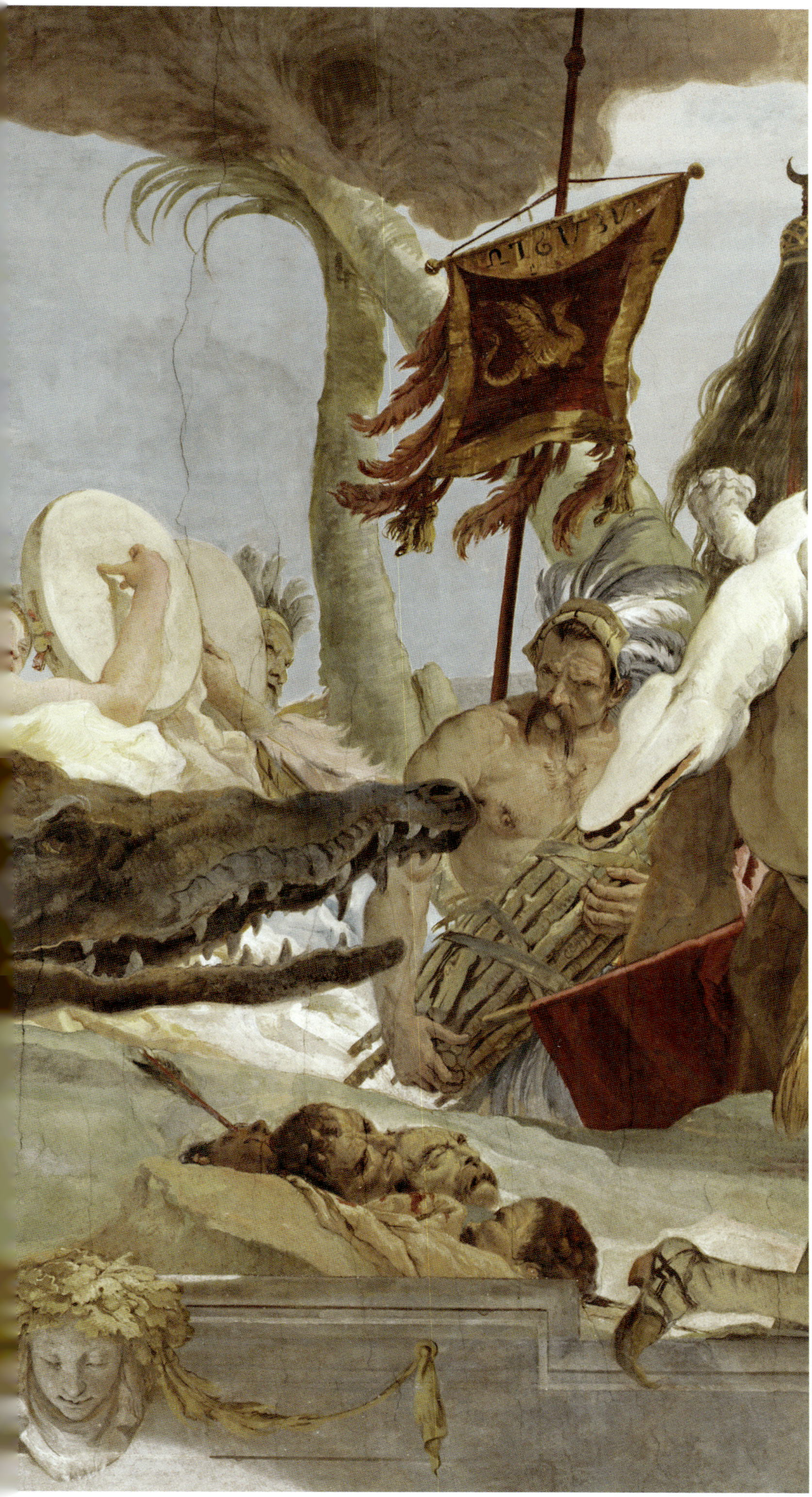

Apollo e i continenti, particolare
(*Allegoria dell'America*)

Apollo and the Continents,
detail (*Allegory of America*)

aggiunge un gruppo di uomini con cornucopia simbolo di fertilità, scrigno per ricordare le ricchezze di pietre e metalli preziosi. A destra un cervo delle grandi distese del Nord, ma poi anche le teste tagliate per significare le barbarie indigene, qui anche cannibalesche, secondo il luogo comune più vieto e più diffuso nella prima metà del XVIII secolo.

L'*Africa* con bianco turbante si appoggia a un dromedario, e guarda lontano oltre l'uomo in ginocchio con l'ombrello e l'incensiere. Se il vecchio appoggiato alla grande giara è necessariamente il Nilo, con pellicano, a sinistra è una delle composizioni più amate da Tiepolo: i suoi "orientali" in caffetano, grandi turbanti, intenti a dirigere il traffico di balle di merci che debbono partire per altri porti lontani.

L'*Asia* è a cavallo di un elefante – ma di tipo africano – che trascina un uomo in catene: verso il continente si levano supplici mani che invocano pietà. Altro luogo comune: la crudeltà degli asiatici e l'efferatezza dei loro supplizi. Luogo comune duro a morire e ancora ben radicato nel XX secolo. Sulla sinistra tre uomini cacciano una tigre: dietro di loro la "capanna originaria", il primo riparo di una umanità che si è civilizzata in Asia; che non è solo l'esotica e misteriosa India, o la Cina incomprensibile. Verso il suo Occidente si dirigono due pellegrini: hanno lasciato alle spalle una statua caduta, una Diana d'Efeso, e guardano verso il Golgota ove sorgono due croci nude. Alla statua guarda un uomo barbuto con una fiaccola in mano e una donna sorride misteriosamente davanti a una piramide erta: su un blocco di pietra caratteri armeni, sull'altro la firma del pittore. Dal canneto il suo simbolo: un serpente assurdamente attorcigliato su un bastone. L'Asia è la terra originaria, la culla di ogni civiltà, la sede degli Imperi, ma anche il luogo dell'Incarnazione. Per lei Tiepolo dà fondo a tutte le simbologie, e se la lettura del suo testo iconico può essere immediata e coerentemente solida, la selva di personaggi, posture, attributi, animali e glifi può permettere letture in chiave massonica, o misterica, anche perché tornano numerosi i personaggi dei suoi *Capricci*.

Ovviamente l'*Europa* si appoggia al toro. Ma poi c'è la facciata di un tempio e le insegne della Fede: la croce, il pastorale e la mitra; nella mano del continente lo scettro della sovranità. Lo Stato si regge sulla forza delle armi ai suoi piedi, ma l'Europa è anche la sovrana delle Arti. Al di sopra dell'Europa, il ritratto del committente: se lo consideriamo come presuntuosa affermazione di una piccola corte, destinata in breve a morte certa, ci farà sorridere o addirittura troveremo servile la scelta di Tiepolo di fare arretrare Apollo per concedere spazio al principe-vescovo. Ma sono letture sbagliate, Tiepolo gioca sempre con una dimensione non provinciale, ma per così dire, ancora una volta, cinematografica o teatrale. Il mondo che ha messo in scena è dichiaratamente finto, e non per questo meno bello: in esso la piccola corte della Bassa Sassonia si sente a proprio agio, si mette in posa, per nulla intimorita dagli dei di carta, dalle idee che simboleggiano, che null'altro sono che il trascorrere dello sguardo su un libro di figure che realizza le nostre parole e idee. E poi ci sono le nuvole: sovrapposte le une alle altre, sulla tonalità celeste del firmamento. Nuvole scure e dense di prossima pioggia, nuvole rossastre e come riarse, nuvole ocra, gialle, luminosissime, quasi bianche, e grigie e rosa e leggere, evanescenti.

Il polso sicuro, anzi l'evidente sprezzatura con cui Giambattista supera questa difficile prova, in un ambiente culturale diverso da quello veneto e italiano, e la compaginazione di moduli di natura differente lo qualificano pittore assoluto; e la sua lezione sarà determinante per la cultura pittorica tedesca, che ne trarrà largo vantaggio. Anche perché Tiepolo e figli non smettono mai di dipingere: nell'inverno 1751-1752 il maestro realizza la *Caduta degli angeli ribelli* e l'*Assunzione della Vergine* per la Hofkapelle della *Residenz*. Fra il 1752 e il 1753 l'*Adorazione dei magi* per la chiesa del cenobio benedettino di Münsterschwarzach. Ancora durante il soggiorno tedesco altre tele: due da Tasso, *Rinaldo e Armida nel giardino* e *Rinaldo abbandona Armida*, entrambe oggi a Monaco. Appaiono ben più agitate, passionali e frementi e vibranti di colore rispetto alle precedenti letture di Tasso.

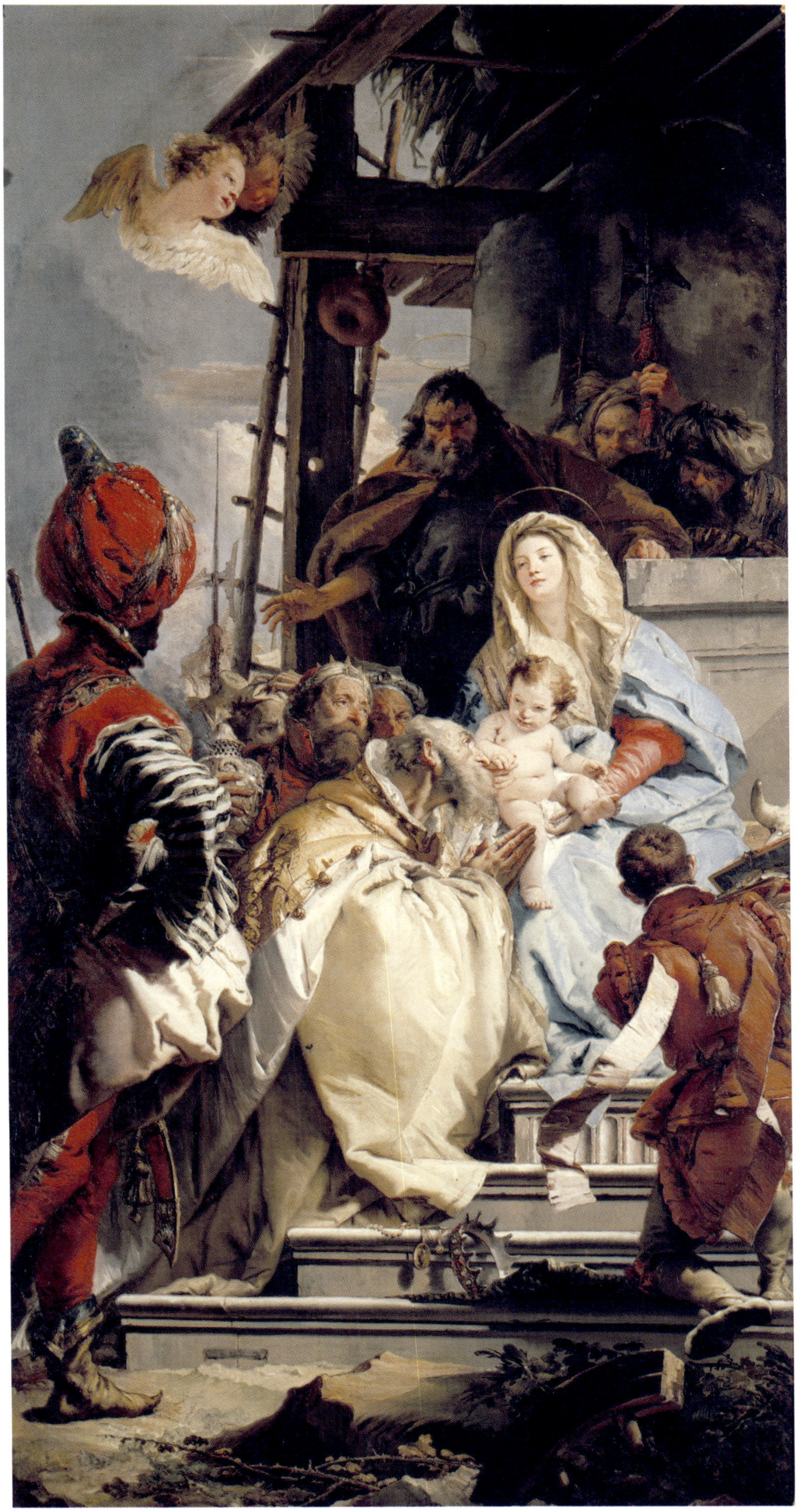

Adorazione dei magi, 1753,
olio su tela, 408 × 210 cm.
Monaco, Alte Pinakothek

The Adoration of the Magi, 1753,
oil on canvas, 408 × 210 cm.
Munich, Alte Pinakothek

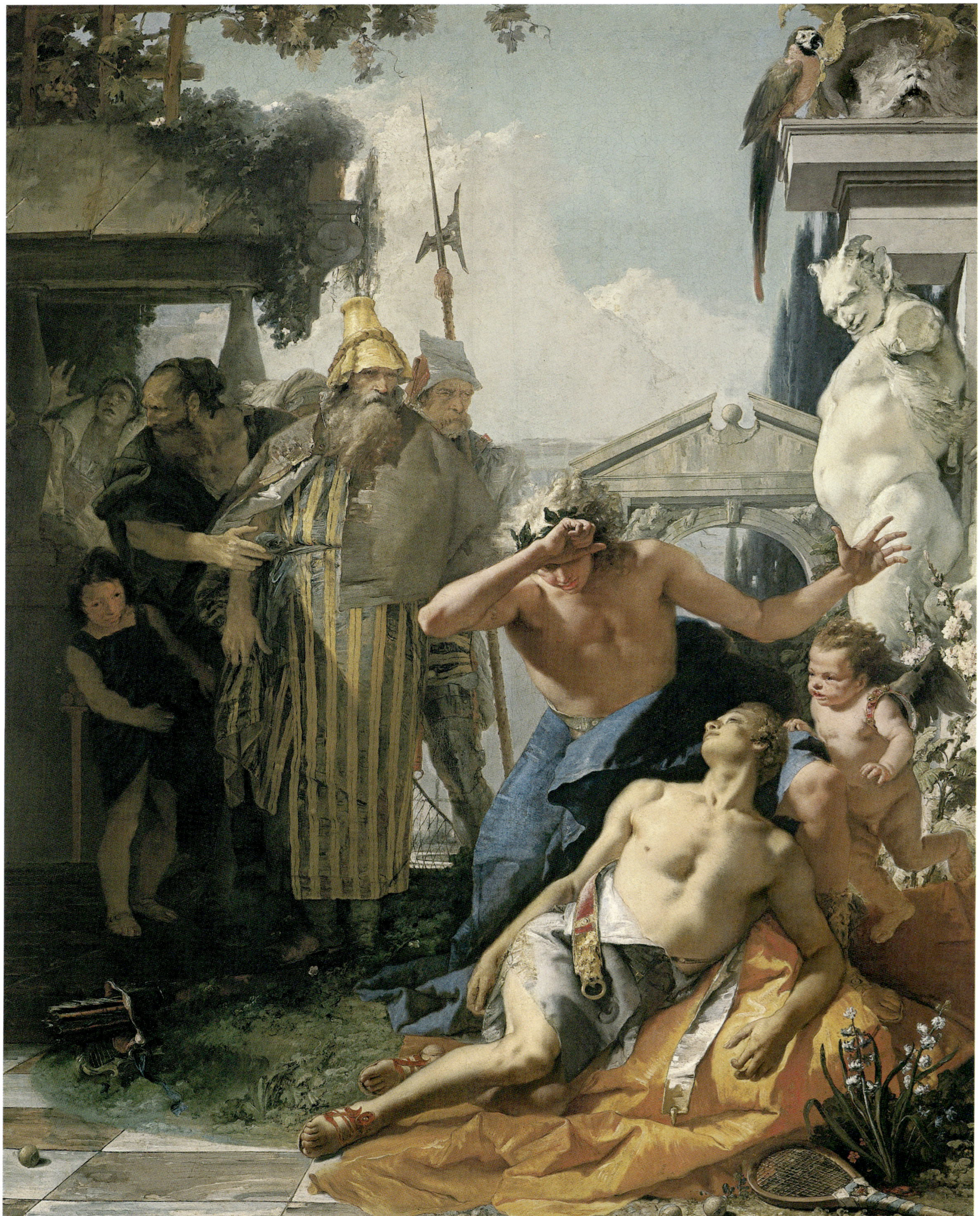

Morte di Giacinto, 1752-1753,
olio su tela, 287 × 235 cm.
Madrid, Museo Thyssen-Bornemisza

The Death of Hyacinth, 1752-1753,
oil on canvas, 287 × 235 cm.
Madrid, Museo Thyssen-Bornemisza

L'8 novembre 1753 Giambattista Tiepolo lascia Würzburg, lascia il capolavoro della vita, una delle più grandi decorazioni ad affresco mai realizzate da un solo pittore.

Resta ancora un'ultima commissione da consegnare, e sarà una tela di altissima qualità: la *Morte di Giacinto*, il cui soggetto è nelle *Metamorfosi* (X, 162), nella traduzione di Giovanni Andrea dell'Anguillara del 1561, ove si nota quella particolare ambientazione della scena, che Tiepolo realizza, in cui Giacinto muore colpito dalla palla – nel gioco che oggi è il tennis – lanciatagli dall'amante Apollo. L'opera, destinata al principe di Bückeburg, sarà terminata o forse del tutto dipinta a Venezia, ove gli sarà consegnata. Intorno al giovane Giacinto morente c'è una folla espressiva: sardonico è il volto del fauno in cariatide; terribilmente scosso il giovane amorino, come un bimbo che assiste per la prima volta all'inatteso. Straordinario il tipo dell'orientale, con alto cappelluccio di foglie e la lunga veste a righe, legata in vita con semplicità.

C'è anche un piccolo episodio privato che dice quanto ormai sicura fosse la sua fortuna: nel luglio del 1752 era morta una sorella, sessantaduenne, Eugenia. Nel testamento, dopo vari legati ai familiari, scrive: "Al sig. Gio. Battista Tiepolo mio Fratello non li lascio cosa alcuna, perché già non ha bisogno delle mie miserie essendo provisto de beni di fortuna, che il signor Iddio lo benedica, e che pregherò il Signore per lui; Se a caso li volesse li Quadri de Rame de mio Padre, e mia Madre lo lascio in libertà, e sia Patrone". Dunque Giambattista era il fratello ricco, e forse poteva essere interessato soltanto alle incisioni giunte alla sorella mezzo secolo prima.

A Venezia torna subito ai ritmi di lavoro abituali: l'8 maggio del 1754 è collocata l'*Apparizione a san Giovanni Nepomuceno* nella chiesa di San Polo; il santo boemo da poco canonizzato per aver difeso la Chiesa contro lo Stato, il re Venceslao, è in cotta candida, un'aureola luminosissima, mentre a sinistra un'altra dolce Madonna – una giovane modella veneziana, che parrebbe Giambattista scovasse con particolare acume – si scorge appena, nella penombra del gran cappuccio. Fra quella primavera e il 2 agosto del 1755, quando fu scoperto, realizza l'affresco del soffitto della nuova chiesa della Pietà, Santa Maria della Visitazione, con il *Trionfo della Fede* nell'ovato centrale, composizione sufficientemente turbinosa, di bianchi, rosati e lilla in vortici angelici.

Nel 1754 a Nervesa, in villa Soderini, nel sontuoso palazzo sulle rive del Piave che Gaetano Soderini aveva già fatto decorare da noti artisti, i due Tiepolo lavorano a una "gloria familiare" nel vasto salone d'onore, con la Fama, la Religione e ogni icona allegorica adatta. Alle pareti in cornici marmorizzate due sono gli episodi trattati: il *Ricevimento davanti al Senato romano, nel 1456, di Nicola Soderini delegato della Repubblica fiorentina* e *Ingresso a Firenze, nel 1502, del gonfaloniere Pier Soderini*. Si tratta di affreschi in cui Tiepolo si rifà, per fisionomie e per costumi, ai noti modelli quattro-cinquecenteschi, ottenendo un altro risultato significativo nella pittura di storia. Purtroppo la storia non passa invano: e Nervesa – che poi si chiamerà infatti Nervesa della Battaglia – è piccola cittadina sul fronte più sanguinoso. Una granata incendiaria il 16 novembre 1917 distruggerà anche l'antica villa. Medesimo destino avrà la villa Volpato-Panigai, di cui restano frammenti della stanza dei Satiri, in museo a Berlino. E la terribile devastazione del Paese fra il 1943 e il 1945 danneggiò ulteriormente e irrimediabilmente altri lasciti tiepoleschi: furono anche distrutti gli affreschi del salone di palazzo Trento-Valmarana a Vicenza, mentre altri documenti in città furono strappati e poi dispersi, come gli affreschi di palazzo Porto e di palazzo Marchesini.

La Repubblica ha finalmente avviato un'Accademia: su invito dei Riformatori dello Studio di Padova, Tiepolo con altri pittori e scultori compilano il regolamento della nuova Accademia di pittura e scultura con sede nel Fondaco della Farina a San Marco. Ne diventa primo presidente, nominato il 5 febbraio 1756 dagli eccellentissimi Riformatori, insieme con due consiglieri, il pittore Giambattista Pittoni e lo scultore Giovanni Maria Morlaiter. Sarà poi anche accademico di merito dell'Accademia di Parma.

Ma l'anno 1756, quello della fuga di Giacomo Casanova dai *Piombi*, è anche l'anno della morte di Federico Bencovich, due anni dopo Piazzetta, e pochi mesi prima della fine di una Rosalba Carriera immalinconita, malata e depressa. Una generazione va, un'altra fugge.

CAPITOLO VIII

Lo stile elevato e quello naturale

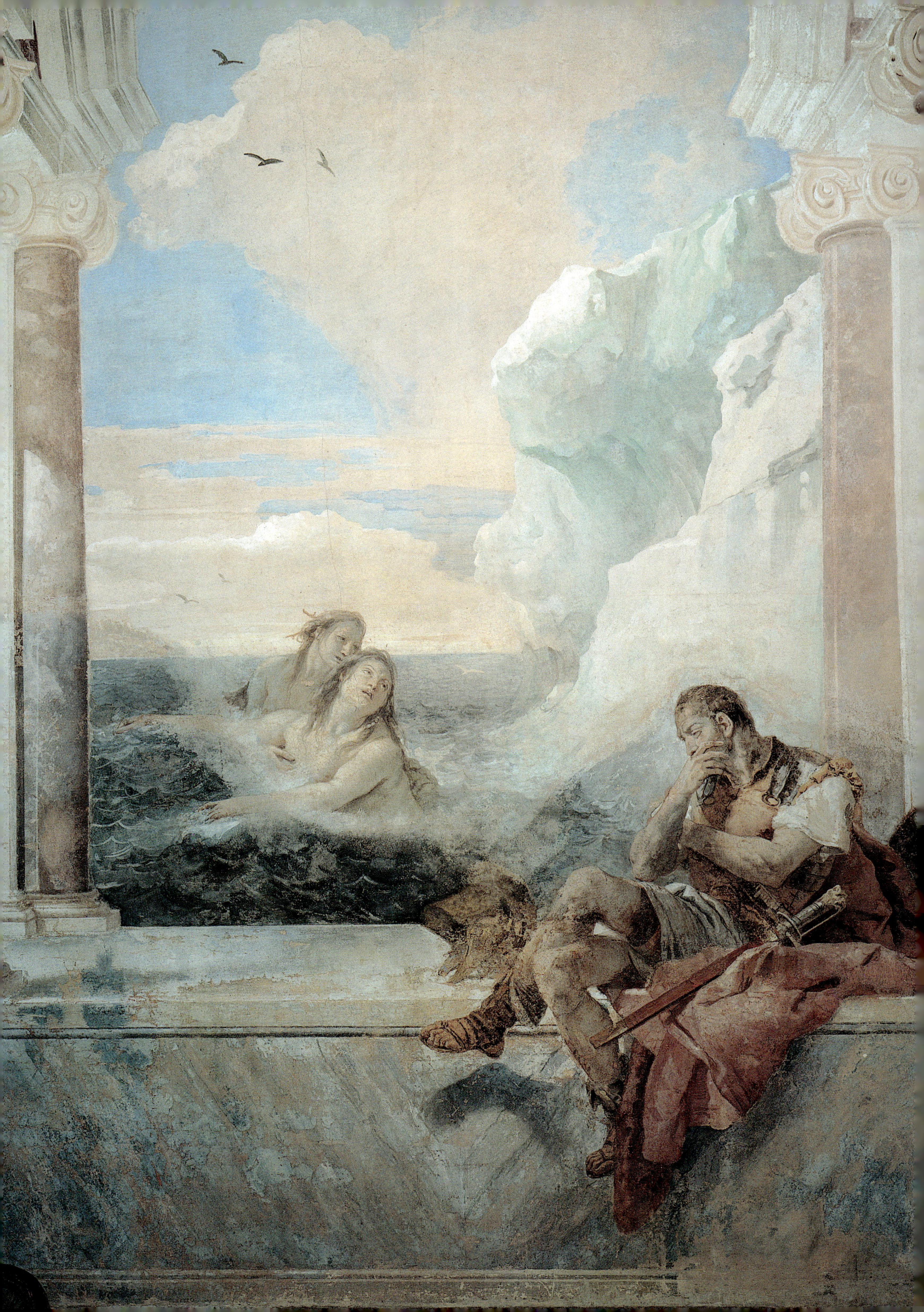

Il 24 settembre 1786 Goethe indirizza a Madame von Stein una lettera: "Oggi ho visitato la villa Valmarana, che il Tiepolo ha decorato lasciando libero campo a tutte le sue virtù e ai suoi difetti. Lo stile sublime non gli è riuscito come il naturale, ma in questo vi sono cose deliziose; come decoratore in generale è pieno di allegria e di bravura". Fu dunque Goethe a individuare nel complesso pittorico di villa "ai Nani" i due stili, "il sublime" e il "naturale", che credette di un medesimo pittore. Non erano passati che trent'anni, eppure s'era persa del tutto la nozione della lavorazione e del padre e del figlio. In ogni caso il tedesco non capisce l'arte del veneziano, liquidato come "decoratore", essendo orientato a ben altro classicismo.

Tutta la vicenda di villa Valmarana è stata segnata da malintesi e incomprensioni. Fino a metà del secolo scorso, a causa di un errore di lettura, i cicli di affreschi erano collocati al 1737, e considerati tutti di Giambattista, come già credeva Goethe. Soltanto da un mezzo secolo, per opera di Antonio Morassi, sono correttamente datati al 1757 e riconosciuti nelle parti reciproche di Giambattista e del figlio Giandomenico, che qui esordisce nella grande decorazione ad affresco, sviluppando nella Foresteria il suo stile, in piena autonomia dal padre. Giandomenico, appartenente a una generazione più borghese e ormai scettica, meno attento al colore e più al quotidiano, si manifesta nel gusto per l'aneddoto, per l'osservazione anche ironica, per l'attenzione alla moda, assecondato da un committente discreto e tollerante. Anche Giambattista mostra un registro nuovo: al timbro aulico e grandioso del complesso di Würzburg sostituisce un linguaggio più intimo e meditato, percorso da palpiti affettivi e indugi emotivi. Sembra quasi che la poesia eroica venga letta già attraverso la sensibilità preromantica, che l'atmosfera ora drammatica ora idilliaca, resa con i colori smorzati, quasi pastello, in una luce tenera e discreta, possa sciogliersi in un empito di passione. Si manifesta un'esigenza di naturalezza e di verità che non ci sembra distante dal clima formativo del giovane Foscolo. Allora è qui che, retrospettivamente, meglio intendiamo anche gli affreschi del Biron, ove una volontà di verosimiglianza e laica bonarietà aveva agito sugli allegorismi di Ripa. Il fatto che egli conceda al figlio di sviluppare, nel medesimo complesso, un discorso autonomo e quasi in contrasto col suo repertorio è significativo e illuminante: come se lo stesso Giambattista "parli" attraverso il figlio, dando libero sfogo a quei fermenti che in passato aveva dovuto contrabbandare sotto mascherature laudative e di apparente condiscendenza ai dettati voluti dalla sua committenza, i "nobili e ricchi".

Nelle ville vicentine affrescate da Tiepolo il pittore ha sempre collaborato con l'architetto – villa Loschi di Monteviale, villa Cordellina di Montecchio Maggiore –, ma in questo caso deve intervenire per decorare spazi già progettati. Intanto è mutata la fruizione e la stessa dimensione delle ville dell'area vicentina, rispetto all'uso originario, palladiano, come centro di un'azienda agricola: ora il proprietario chiede nuove comodità, ma anche maggiore semplicità e intimità, ed è radicalmente distante dall'orgoglio di una cultura umanistica che domina la natura. Si aspetta solo una rendita mediocre dai terreni dati in affitto o a mezzadria, vuole dalla residenza fuori porta solo quel certo tono, quella libertà di svaghi

Teti consola Achille, particolare, 1757, affresco, 300 × 200 cm. Vicenza, villa Valmarana "ai Nani"

Thetis Consoling Achilles, detail, 1757, fresco, 300 × 200 cm. Vicenza, villa Valmarana 'ai Nani'

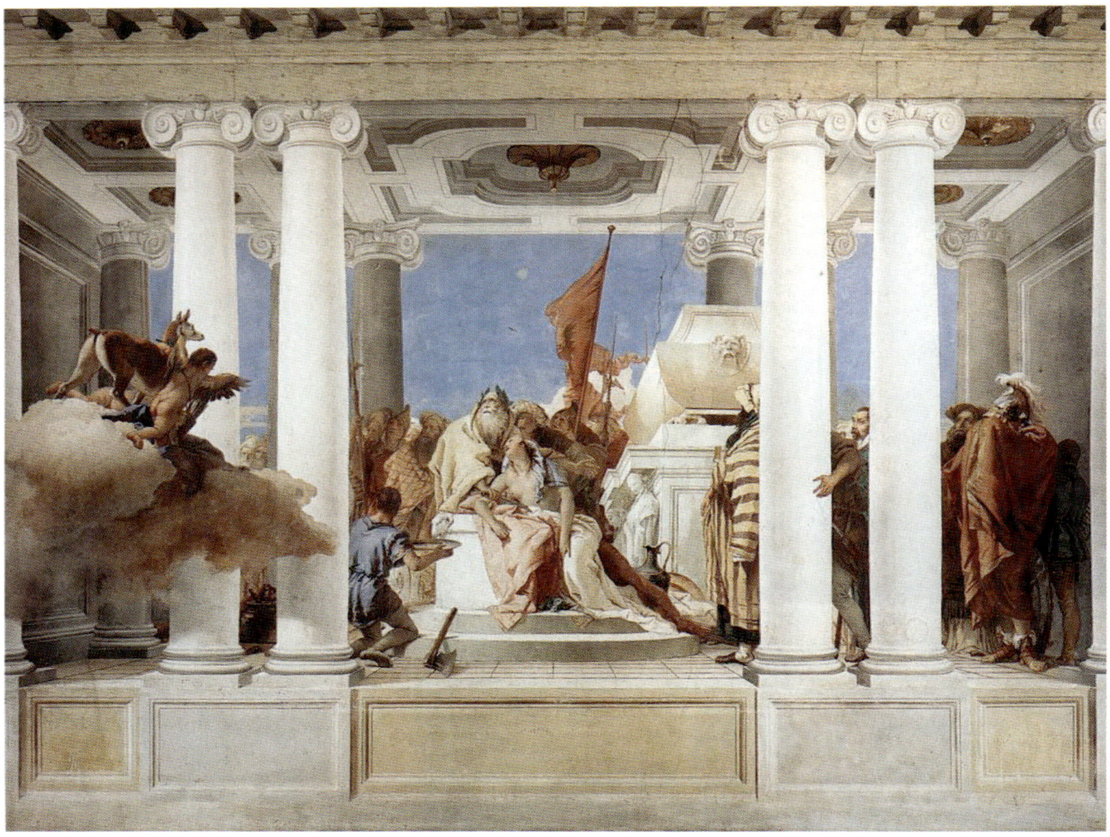

Sacrificio di Ifigenia, 1757,
affresco, 350 × 700 cm.
Vicenza, villa Valmarana "ai Nani"

The Sacrifice of Iphigenia, 1757,
fresco, 350 × 700 cm.
Vicenza, villa Valmarana 'ai Nani'

in un'ospitalità più rilassata che la città non concede. È il clima esatto delle stupende *Passeggiate* di Giandomenico, il clima in cui si incontrano e si scambiano due parole con i contadini che si vanno arricchendo.
Nota per le statuette sui muri del giardino, la villa "ai Nani" era stata costruita nel 1668 da Antonio Muttoni per il giureconsulto Gian Maria Bertolo; la Foresteria e le scuderie erano state aggiunte da Francesco Muttoni per i conti Valmarana, proprietari dal 1725. Nel 1757, quando Giambattista e Giandomenico sono chiamati, si tratta di rinnovare radicalmente spazi piuttosto esigui, singole stanze, creando solo attraverso la decorazione una identità e un'omogeneità fra le parti. La palazzina ha lo schema classico delle dimore veneziane: un atrio sul quale si aprono quattro stanze. Giambattista, Giandomenico e Girolamo Mengozzi Colonna realizzeranno qui, in spazi limitati, forse il più importante complesso pittorico del Settecento italiano, certamente quello che ai nostri occhi appare più moderno, caricato di una sensibilità pienamente coinvolgente. Morendo il 20 giugno 1757, Giustino di Valmarana è certamente il più sfortunato di tutti i committenti: neppure vide, né poté godere, gli affreschi che aveva ordinato. E pensare che villa Valmarana, proprio per la presenza di padre e figlio, per la varietà e freschezza di concezione, rappresenta indubbiamente il punto d'arrivo della decorazione civile del secolo.
Subito a destra è il *Sacrificio di Ifigenia* collocato in uno splendido atrio con luminose colonne d'ordine ionico, brillantemente realizzate dal Mengozzi. Mentre la fanciulla attende il suo destino sull'ara, in un raffinato gioco di rosa su rosa, e da lontano, Agamennone nasconde il volto nel dolore, tutti gli sguardi, anche quello di Calcante, l'indovino con fluente barba bianca, si rivolgono al cielo, ove Diana ferma il sacrificio – che pure voleva placare la sua ira, avendo Agamennone ucciso una cerva a lei consacrata – inviando una docile cerbiatta dalle praterie celesti, tenuta a freno da un amorino. Così Eolo si decide a far soffiare i venti per rendere possibile la partenza della flotta greca alla volta di Troia. A sinistra è la *Flotta greca in Aulide*; nel soffitto *Diana ed Eolo*; sopra le porte *Personificazioni di fiumi*, di

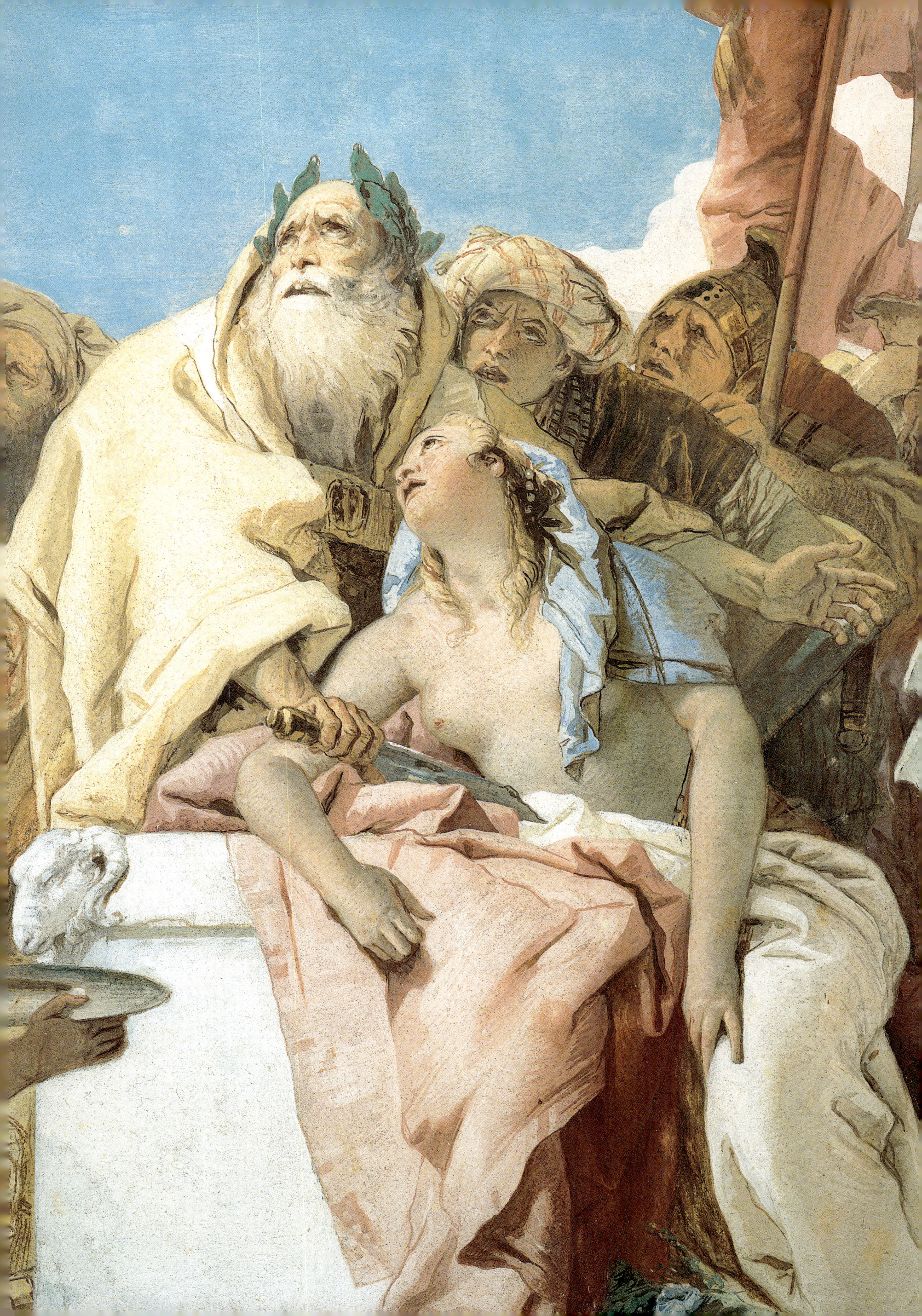

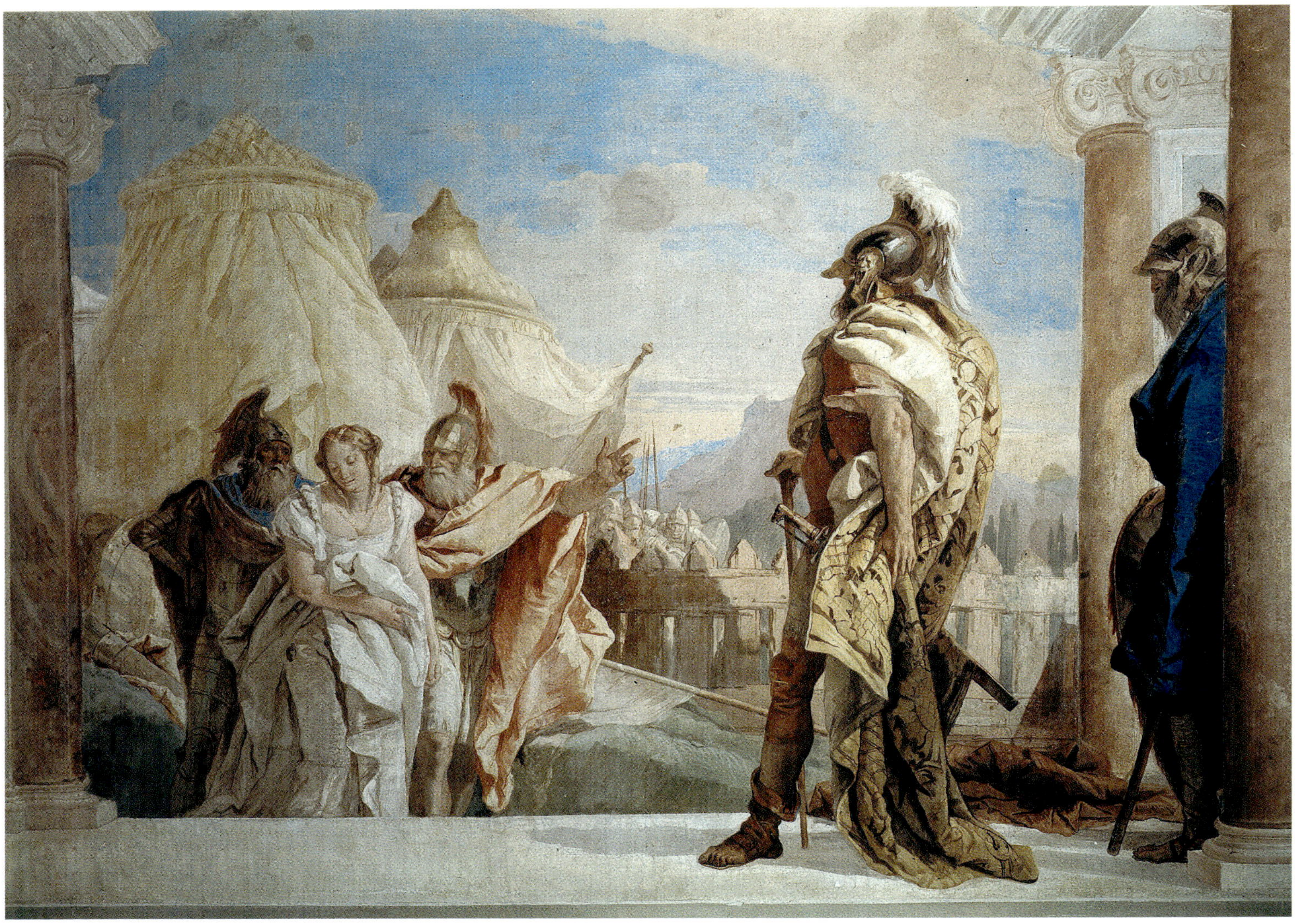

Giandomenico. L'illusione scenografica della sala è impressionante: i tre artisti hanno realizzato un vero *coup de théâtre* nel senso più autentico del termine.

Seconda è la sala dell'Iliade: gli araldi di Agamennone, Euribate e Taltibio eseguono l'ordine: è *Briseide condotta ad Agamennone*, mesta scena della consegna della tenera schiava di Achille, in un disegno quasi tremulo, in colori leggeri, primaverili, di grandissima eleganza. La furia dell'eroe è assoluta: solo *Minerva salva Agamennone dall'ira di Achille*; con la tensione fra l'anziano che tenta di difendersi con il manto e il giovane irruento, fermato dalla dea che lo prende con divina energia. Allora l'eroe si ritira in isolamento e quasi forza i limiti della bidimensionalità, quando *Teti consola Achille*. Mentre *Minerva tra le nubi* tutto valuta e tutto sorveglia, un delizioso *Paesaggio con Amore nel cielo* (di Giandomenico) è segnato da una piccolo borgo ai piedi d'un monte.

L'altro testo ormai classico è il poema ariostesco. La sala dell'Orlando furioso è decisamente orientata a creare un'atmosfera più leggera e quasi intima, seduttiva e aggraziata. Un'esperienza molto rococò rispetto all'atmosfera dell'ingresso. I paesaggi sono appena accennati, sognanti, il tratto del pennello si adegua: è quasi liquido. E dunque s'avvia la narrazione: *Ruggero libera Angelica*, *Angelica soccorre Medoro ferito*, *Angelica incide il nome di Medoro su un albero*, *Angelica e Medoro si accomiatano dai contadini che li avevano ospitati*. Forse qui c'era la mano di Giandomenico? Si direbbe di no: perché quei contadini con cappelloni che ombreggiano visi forti e scuri ci sembrano appartenere non alla successiva osservazione della Foresteria, ma ancora alla tradizione del mondo agreste nella poesia italiana. Sul soffitto: *Amore bendato su un cocchio trainato da putti*.

Briseide condotta ad Agamennone, 1757, affresco, 280 × 300 cm. Vicenza, villa Valmarana "ai Nani"

Briseis Taken to Agamemnon, 1757, fresco, 280 × 300 cm. Vicenza, villa Valmarana 'ai Nani'

Minerva salva Agamennone dall'ira di Achille, 1757, affresco, 300 × 300 cm. Vicenza, villa Valmarana "ai Nani"

Minerva Saving Agamemnon from the Wrath of Achilles, 1757, fresco, 300 × 300 cm. Vicenza, villa Valmarana 'ai Nani'

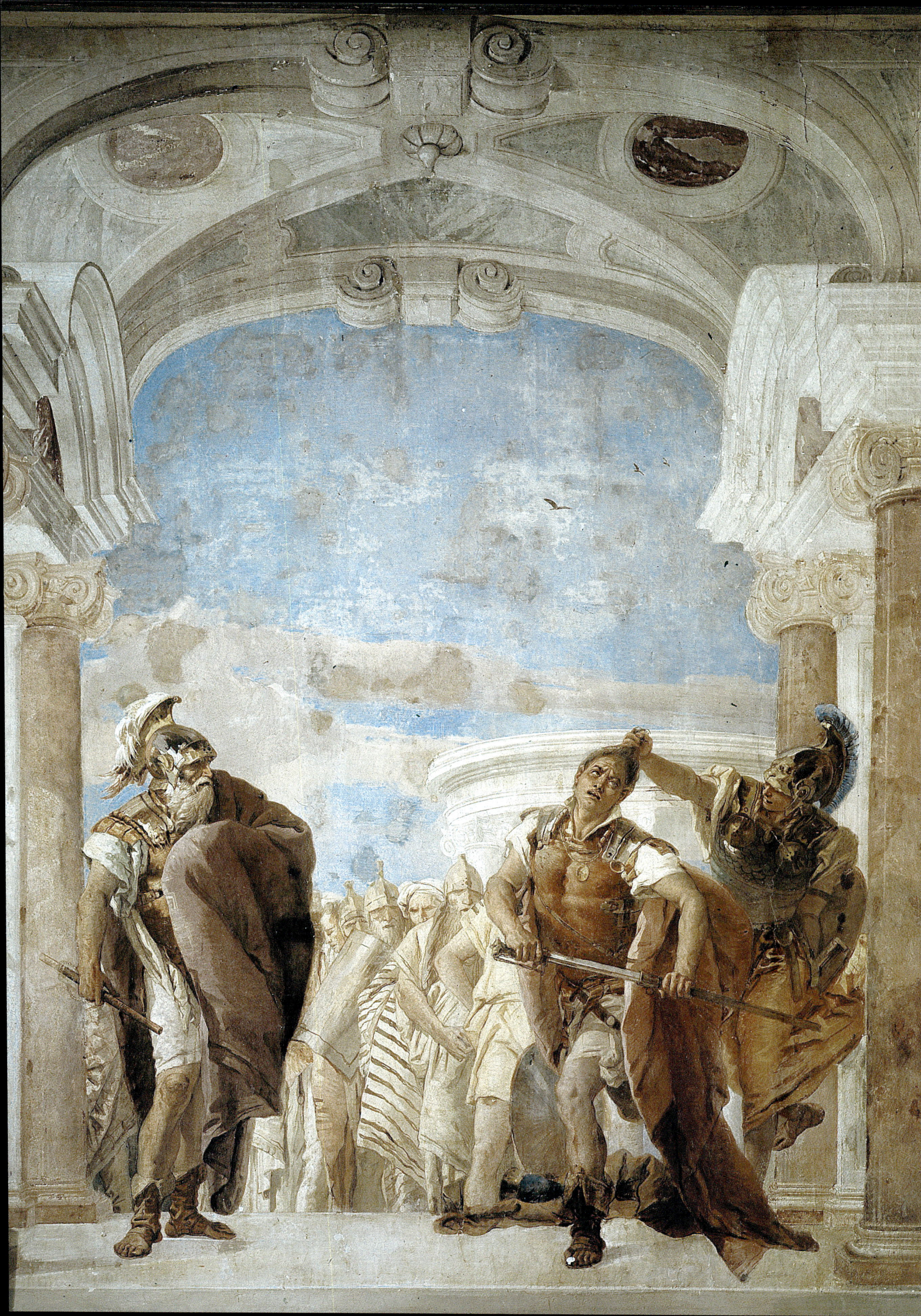

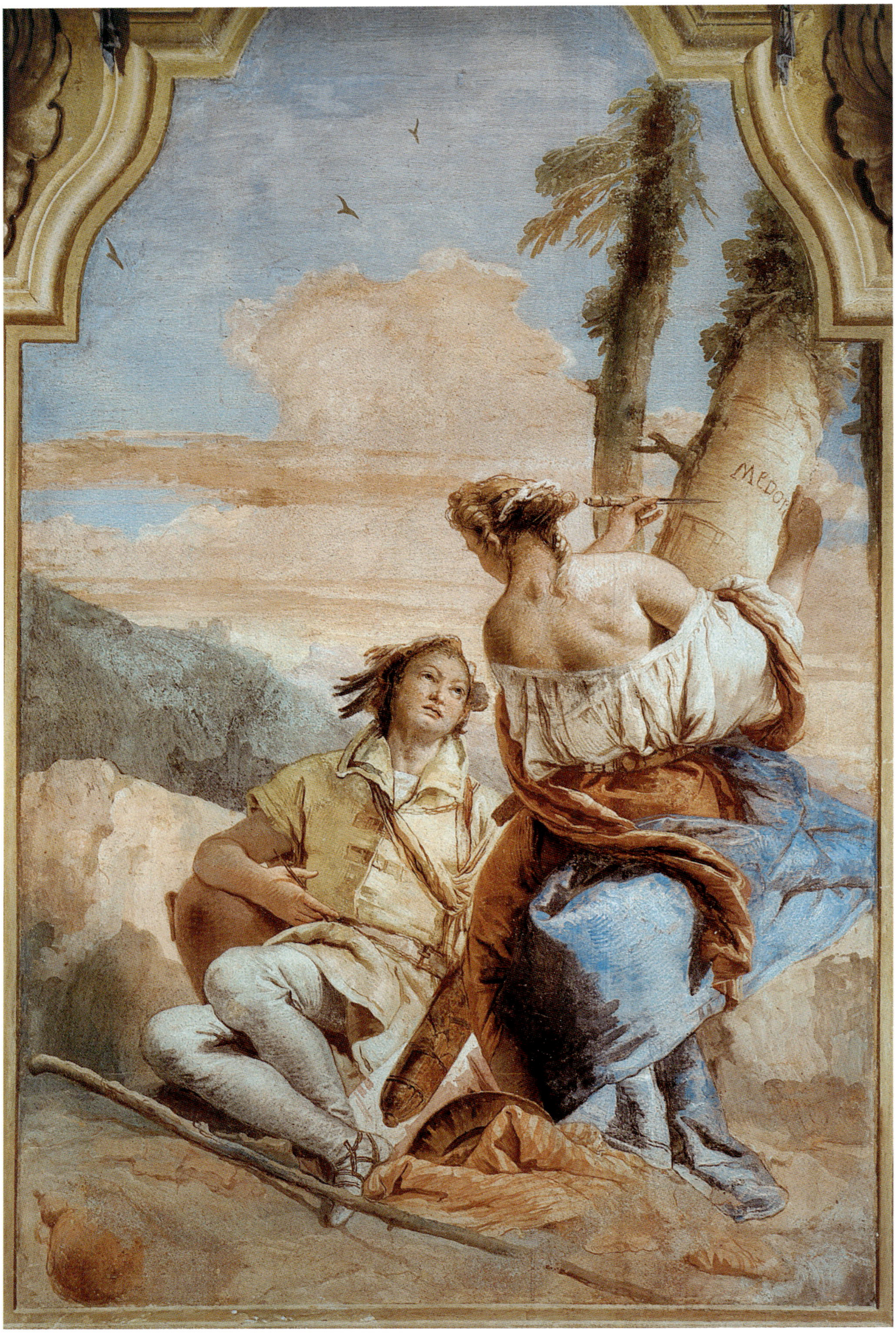
MEDOR

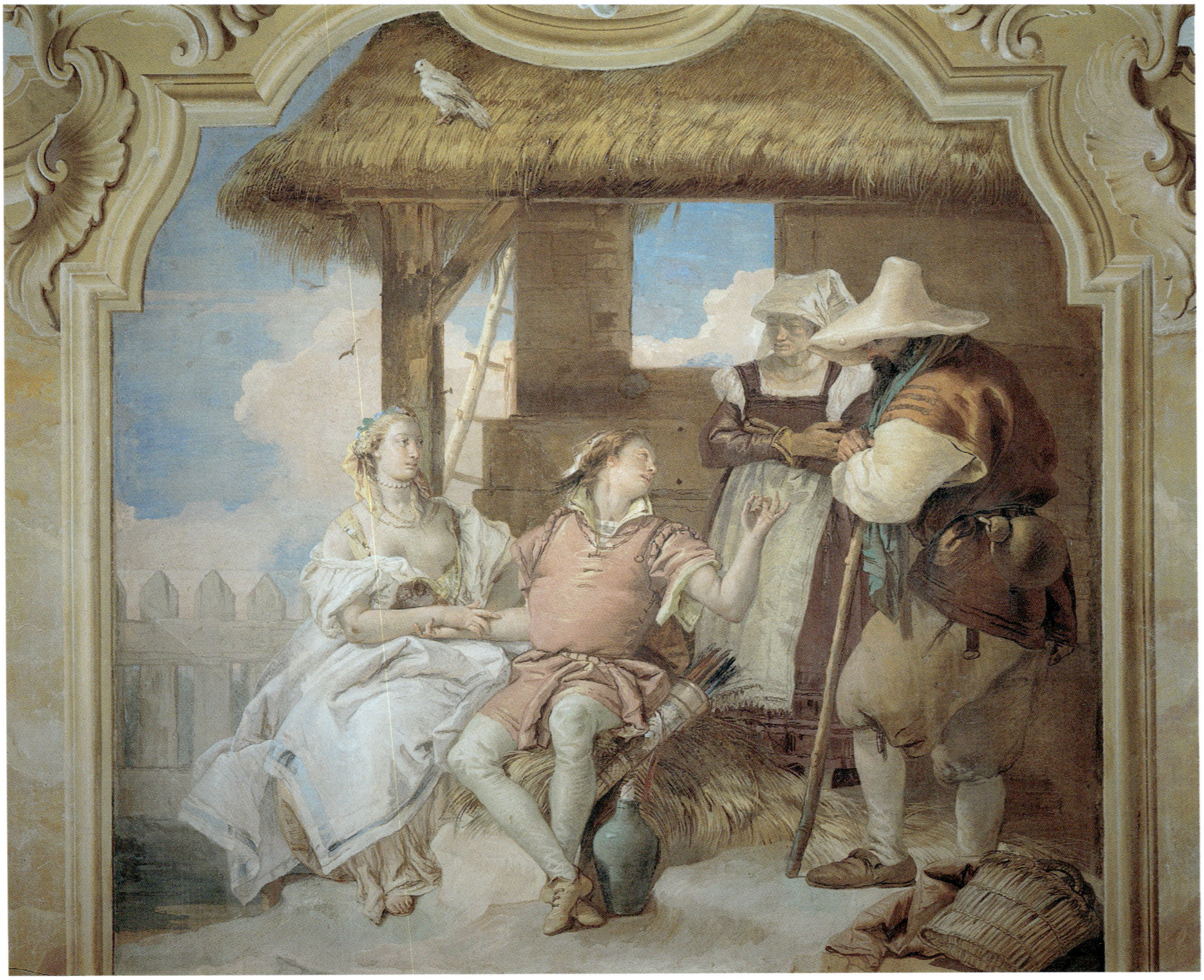

Angelica incide il nome di Medoro su un albero, 1757, affresco, 250 × 160 cm. Vicenza, villa Valmarana "ai Nani"

Angelica Writing the Name of Medoro on a Tree, 1757, fresco, 250 × 160 cm. Vicenza, villa Valmarana 'ai Nani'

Angelica e Medoro si accomiatano dai contadini che li avevano ospitati, 1757, affresco, 250 × 250 cm. Vicenza, villa Valmarana "ai Nani"

Angelica and Medoro taking leave of the peasants who have sheltered them, 1757, fresco, 250 × 250 cm. Vicenza, villa Valmarana 'ai Nani'

La sala dell'Eneide è ulteriormente differenziata. Al poema virgiliano Tiepolo rende omaggio rinviando alla pittura veronesiana: alla parete sinistra *Enea presenta Cupido nelle vesti di Ascanio al cospetto di Didone*. Poi *Venere compare a Enea sulla strada per Cartagine* e *Mercurio esorta Enea alla partenza da Cartagine*. Sul soffitto, ovviamente, il *Trionfo di Venere*. Le figure sono colte in una dimensione quasi patetica.
La sala della Gerusalemme liberata è forse la più raffinata, la più prossima al gusto del pittore e forse anche del quadraturista, che ha preparato splendide cornici *rocailles*. È la pura evasione quella che desidera Tiepolo. Allora *Armida rapisce Rinaldo che dorme*, *Rinaldo e Armida sono sorpresi da Ubaldo e Guelfo*, *Rinaldo si vergogna del suo passato*. Bella la scena in cui Ubaldo fa rispecchiare Rinaldo nello scudo e lui se ne vergogna; poi *Rinaldo abbandona Armida*. Forse di Giandomenico è sul soffitto il *Trionfo della Luce sulle Tenebre*.
Dunque: tutta una letteratura al femminile. E tutte donne sconfitte e perseguitate dalle passioni. Si comincia con Ifigenia, innocente portata al sacrificio, poi Briseide; e di nuovo Didone, e poi Angelica e infine Armida. Ancora una volta Tiepolo si mostra estremamente attento alle tematiche della femminilità. Forzata, ignorata, inseguita, sconfitta dal proprio inesausto amore; la figura femminile, dai tempi della *Rachele* di Udine, attrae Tiepolo come paradigma di un sentimento assoluto, che porta a una sconfitta annunciata e sentita come

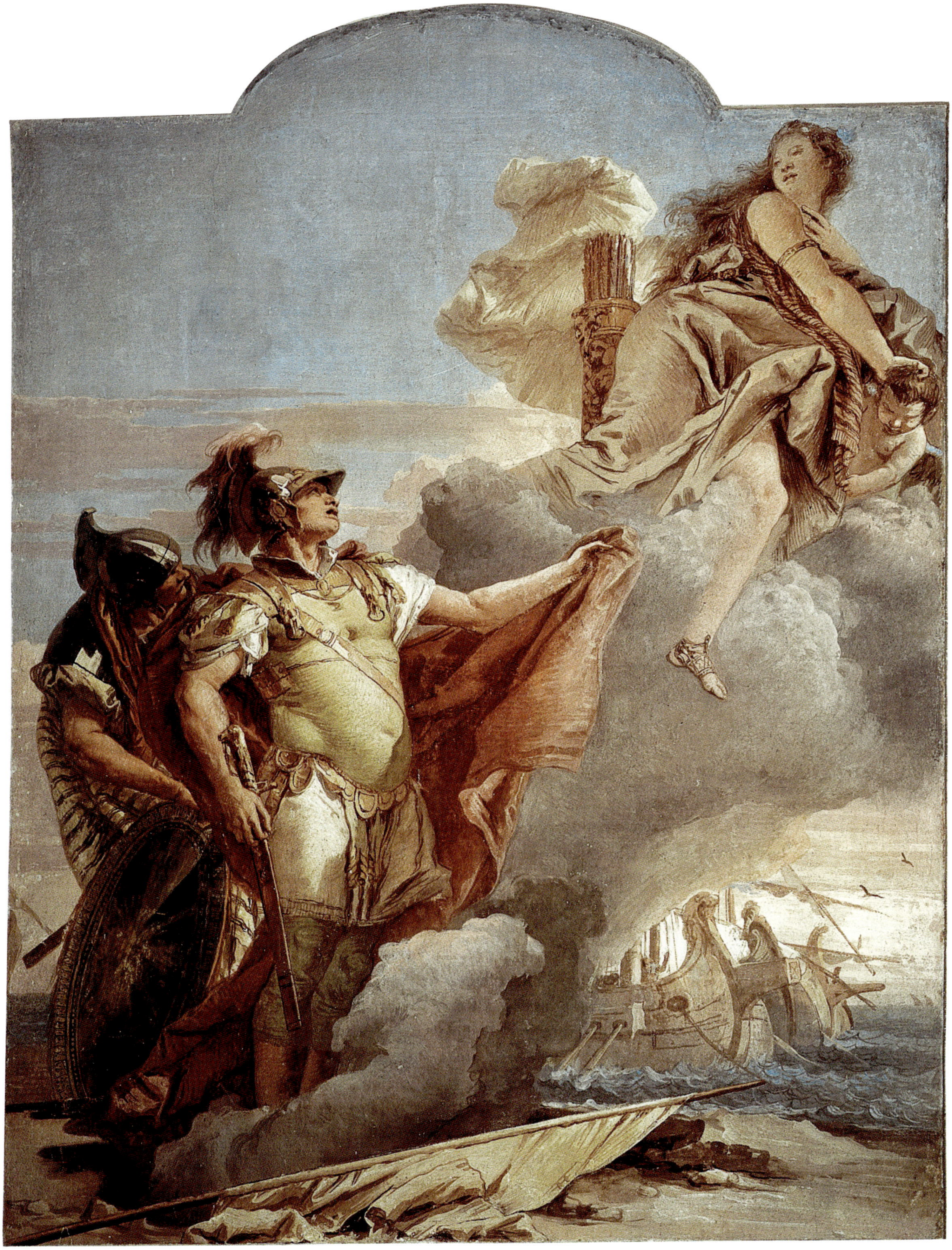

destino. Ma anche gli uomini sono oppressi dal destino: Achille medita afflitto la sua sorte, Enea appare disperato al momento di lasciare Didone, Rinaldo vorrebbe ancora un istante in compagnia di Armida e della sua giovinezza. L'unico decisamente incosciente e pago è sempre Medoro. Ecco dunque un Tiepolo raffinato interprete del canone letterario, poiché se i soggetti furono certamente proposti dal committente, Giambattista rispose soltanto a sé stesso nel predisporre le scene che meglio sollecitavano la sua inventiva, e ovviamente lo sviluppo, la resa coloristica e l'organizzazione più propriamente pittorica furono integralmente del pittore, anche perché l'anziano Giustino era morto all'inizio dei lavori. Così è indubbiamente tutta tiepolesca la scelta "barbarica" di un'*Iliade* letta in chiave cinquecentesca, con l'accenno veronesiano alle soluzioni illusionistiche degli affreschi di villa Maser.

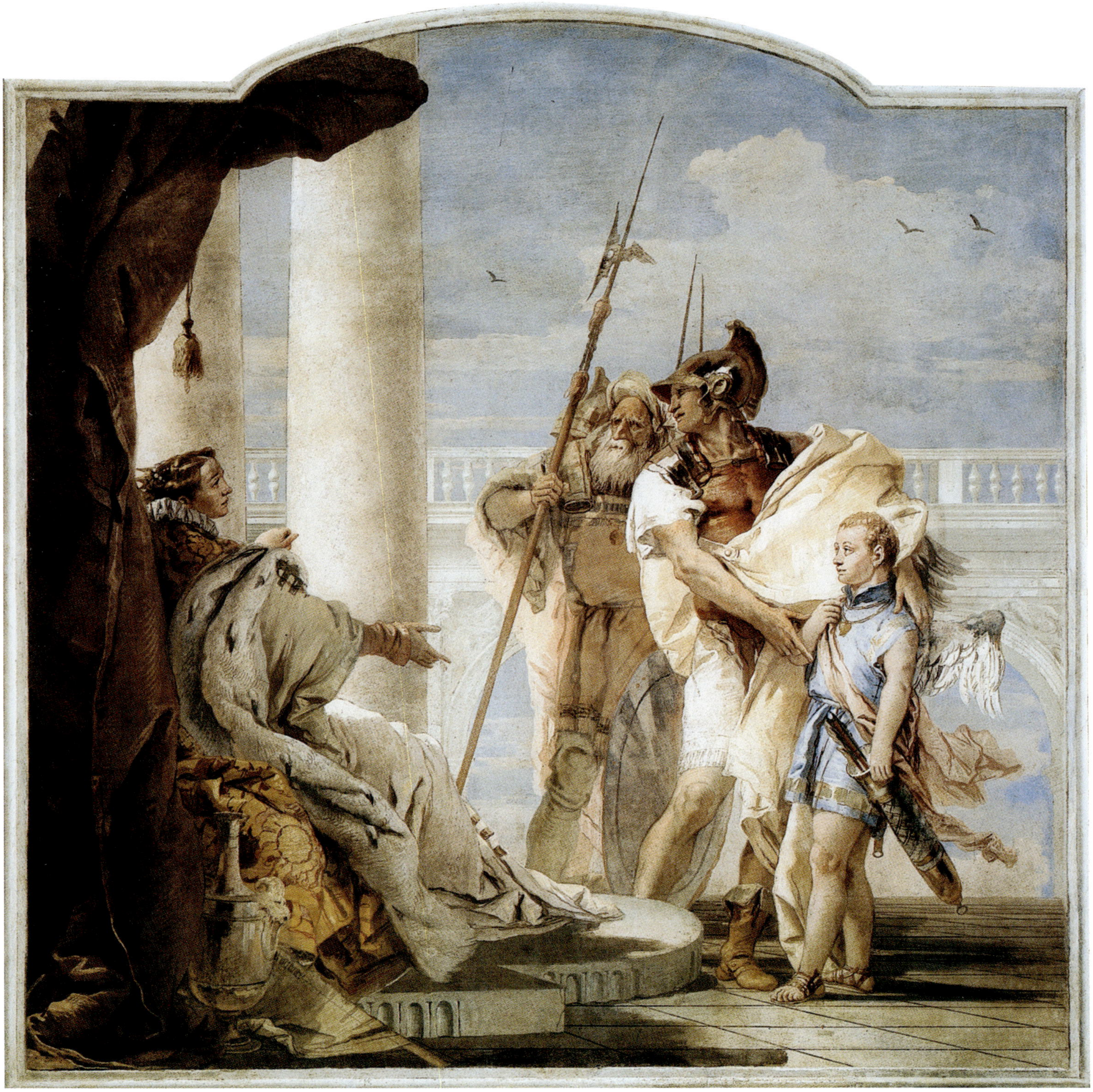

Ed è invece fortemente epica l'interpretazione dell'*Eneide*, con quell'eroe che resta legato al proprio destino, mentre Didone è la donna ingannata, e dagli dei e dalle proprie certezze, come in Metastasio. Se tutta dolcemente passionale è la lettura di Tasso, con quell'amore impossibile, da cui il giovane smagato esce fatto uomo, e poi anche la maga dovrà compiere la propria personale via alla redenzione, deliziosa è certamente la lettura dell'avventura amorosa di Angelica. Qui per la prima volta Tiepolo, usando il proprio consueto registro ironico, e in più nel pieno di una leggerezza arcadica, con quel Medoro dolcemente languente, inserisce dei "pastori". Resta però fedele alla lezione dell'Ariosto e non mette in scena quei contadini che invece il figlio sta osservando e ritraendo dalle bellissime finestre della Foresteria, che si affacciano su una valletta silenziosa, resa tutta amena dal lavoro dell'uomo. I contadini di Giambattista restano personaggi di teatro, ovvero attori che si vestono alla moda del contado, usando grandi cappelli ombreggianti. Sono i contadini, i pastori di secoli di letteratura, sempre meno disposta a confrontarsi con una realtà diversa da quella immaginata, che è assai più piacevole, elegante, ordinata e poetica, come ha dimostrato ampiamente l'Arcadia.

La Foresteria consta di sette stanze affrescate da Giandomenico, meno la sala dell'Olimpo, decorata ancora da un padre in vena di malinconia: così che tutta quella piccola assemblea di dei ha un'aria molto locale e molto familiare. Dal lungo salone d'ingresso si entra nella sala delle Scene carnevalesche, con *Il Mondo Nuovo*, e poi Pantalone e Colombina e scene ciarlatanesche. Segue la sala dell'Olimpo; quindi la Sala Gotica con la *Passeggiata invernale* e la *Passeggiata estiva*. La sala delle Scene campestri, fra le più interessanti, con il *Riposo dei contadini*, il *Paesaggio con contadina seduta*, il *Paesaggio con contadine*, la *Famiglia dei contadini a mensa*; tutte rappresentazioni dotate di un'autenticità e gusto insieme per il pittoresco che mostrano la distanza fra le generazioni di padre e figlio. I contadini di Giandomenico sono sì autentici, e sempre indifferenti a chi li guarda e a chi li rappresenta: ma sono soprattutto colti in atteggiamenti, posture e attitudini che li rivelano all'occhio del "forestiero" come portatori di un "colore", di una simpatica e curiosa "diversità". È già l'atteggiamento del "turista", il forestiero a cui pensa Giandomenico. Mentre nella Sala Cinese c'è tutto il gusto per l'esotismo speziato e a buon mercato, il desiderio passeggero di una merce straniera, la provvisoria seduzione per un abito d'invenzione, un cappello strano, un amuleto misterioso che tanto piacciono ai nuovi ceti emergenti.

Alle pagine precedenti
On the previous pages

Venere compare a Enea sulla strada per Cartagine, 1757, affresco, 230 × 180 cm. Vicenza, villa Valmarana "ai Nani"

Venus Appearing to Aeneas on the Road to Carthage, 1757, fresco, 230 × 180 cm. Vicenza, villa Valmarana 'ai Nani'

Enea presenta Cupido nelle vesti di Ascanio al cospetto di Didone, 1757, affresco, 240 × 230 cm. Vicenza, villa Valmarana "ai Nani"

Aeneas Introducing Cupid Disguised as Ascanius to Dido, 1757, fresco, 240 × 230 cm. Vicenza, villa Valmarana 'ai Nani'

GIANDOMENICO, IL FIGLIO E L'ALLIEVO

Il rapporto fra Giambattista e Giandomenico è sicuramente uno dei più complessi e affascinanti nella storia della pittura. E anche fra i più difficili da indagare, poiché gli unici testi sono quelli pittorici e la documentazione cartacea, oltre che frammentaria, non può dirci nulla di autenticamente interessante. Sul precoce talento pittorico di Giandomenico non ci sono dubbi: bastino le quattordici tele della *Via Crucis* ora nell'oratorio del Crocifisso di San Polo a Venezia, dipinte da un ventenne con prospettive drammatiche. Sulle sue capacità di lavoro, abilità diplomatica e naturale simpatia, ancora nessun dubbio, visti i rapporti che seppe costruire a Würzburg e poi mantenere con la clientela tedesca. Sulla sua superiorità nella pittura a monocromo, sulle qualità incisorie, restano notevoli esempi, a cominciare dai dipinti all'oratorio della Purità di Udine, e dalle incisioni della splendida serie della *Fuga in Egitto*, che non a caso il padre, stanco e umiliato, riprenderà a Madrid. Già riconosciuto nel talento di disegnatore da Algarotti e da ogni altri cliente di bottega, gran collezionista di incisioni e disegni, Giandomenico fu scelto da Giustino Valmarana per la decorazione autonoma della Foresteria, dove il suo stile brilla in piena autonomia, non tecnica, ma iconografica, rispetto al padre, che ne riconosce la diversità. Quell'autonomia che forse Giandomenico non volle perseguire a fondo, finché il padre visse, rifugiandosi sovente

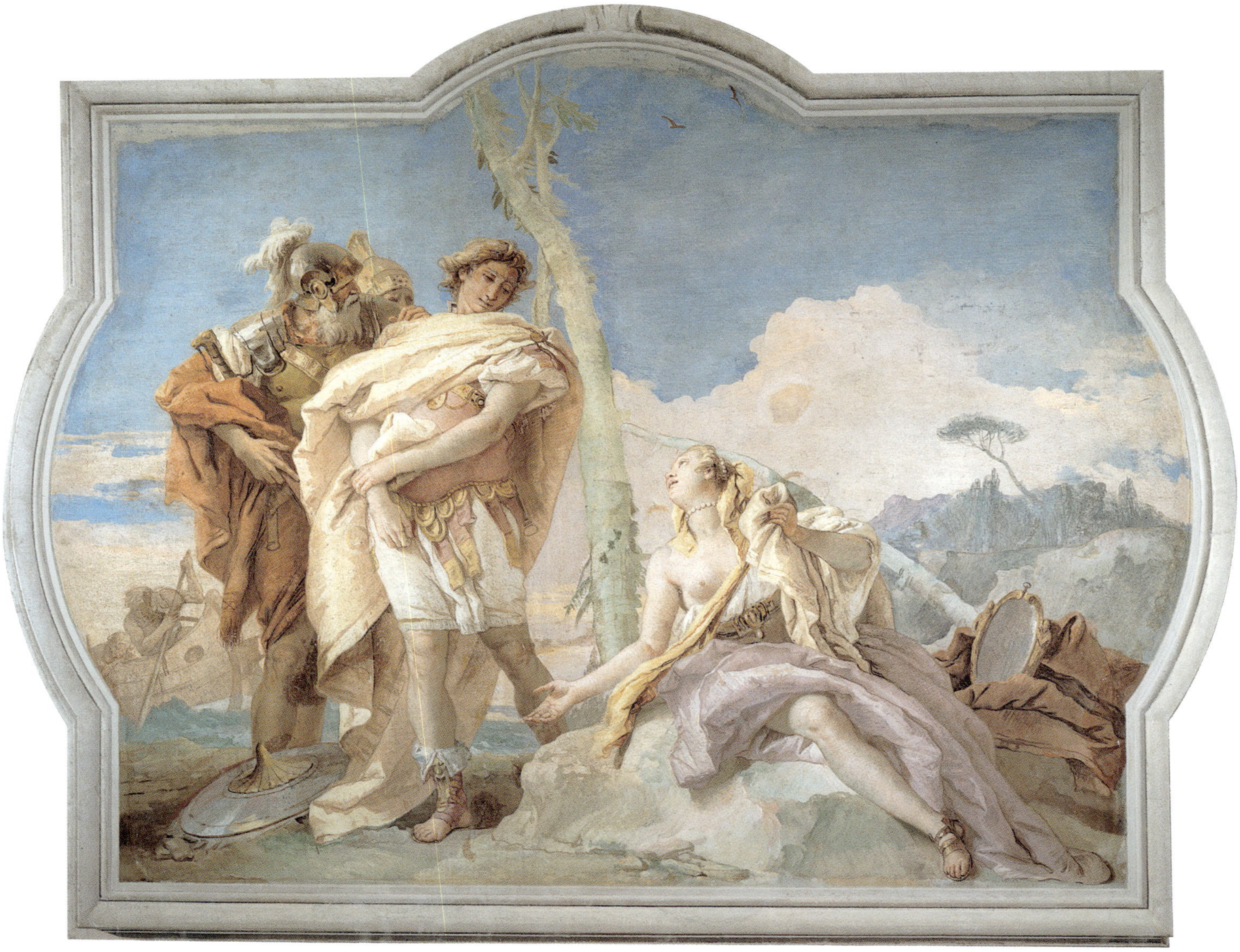

Rinaldo abbandona Armida, 1757, affresco, 130 × 220 cm. Vicenza, villa Valmarana "ai Nani"

Rinaldo Abandoning Armida, 1757, fresco, 130 × 220 cm. Vicenza, villa Valmarana 'ai Nani'

alla sua ombra, seguendolo con commovente fedeltà, fors'anche sollecitandolo a perseguire le sue scelte, benché si rendesse benissimo conto che i tempi stavano troppo rapidamente mutando, come i gusti. La morte del padre fu certamente un trauma. Biograficamente Giandomenico tornò subito in patria, dove infine, più che quarantenne, volle sposarsi: tuttavia la vita familiare gli portò soltanto l'amarezza e il dolore di due figlie morte bambine. Mantenne la bottega da solo, rispondendo a commissioni che richiedevano ancora il modello dell'affrescatura "tiepolesca". Ma poi creò i propri capolavori in totale e intima solitudine, nella piccola ma accogliente dimora di Zianigo, i due piani ingentiliti dal bel timpano e dal poggiolo in pietra viva. Qui tutto gli ricordava il padre, che invece nessuno ricordava più. E qui volle proseguire e terminare un discorso sulle illusioni e i fallimenti di un mondo di cui aveva apprezzato l'ultima energia in giovinezza, e di cui aveva poi vissuto la rapidissima decadenza.
Il giovanotto con l'elegante parrucchino ritratto dal padre a Würzburg ha saputo essere il migliore e più malinconico esegeta delle illusioni, delle miserie, della mediocrità infinita del popolo che viene spinto violentemente nella modernizzazione.

L'arte di Tiepolo nell'affresco trova in villa Valmarana risultati perfettamente conservati, che mostrano una bravura magistrale nell'impostazione e gestione del programma, con una tavolozza modulata sulle tonalità più chiare, permeata di luce. Tiepolo padroneggia

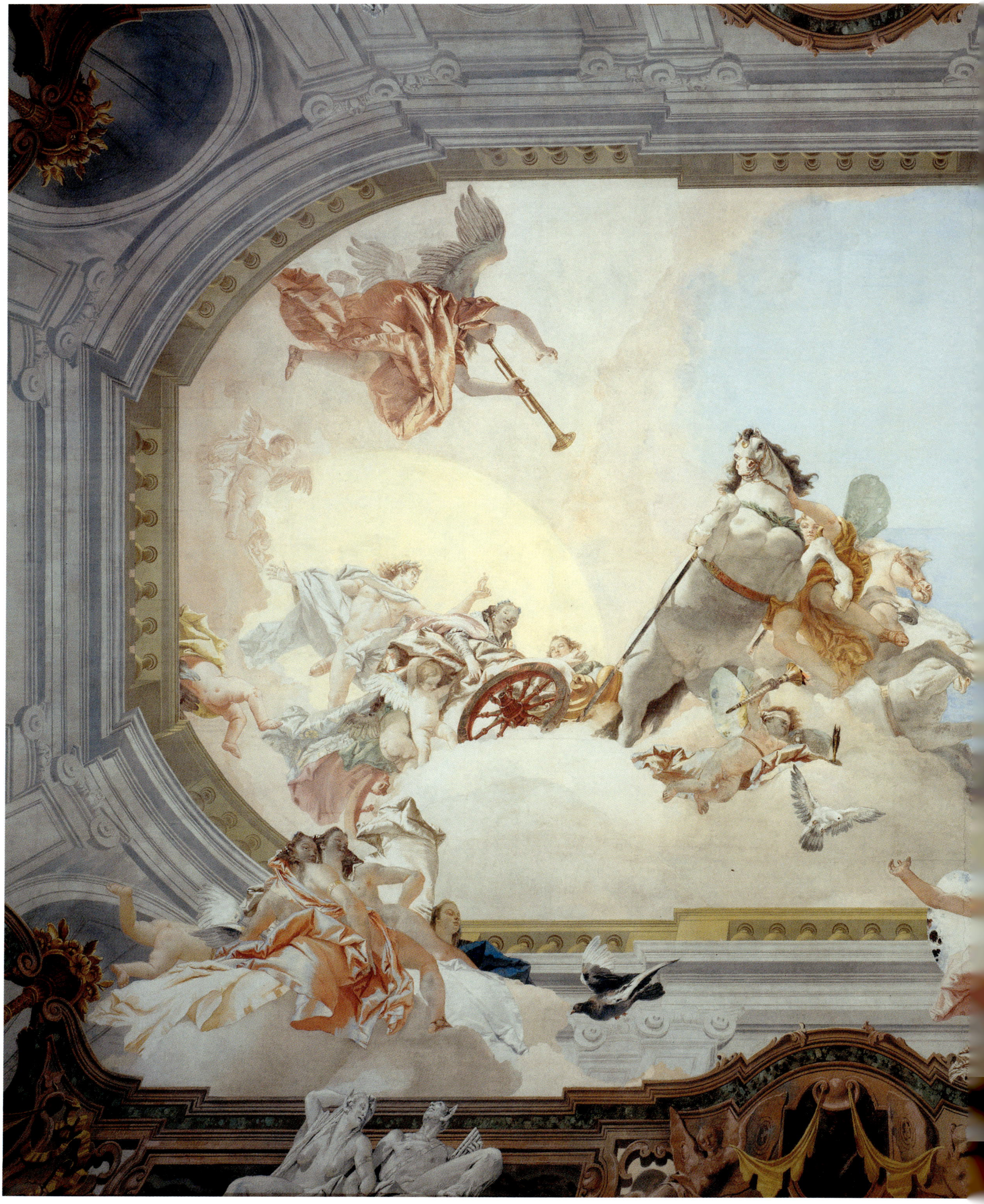

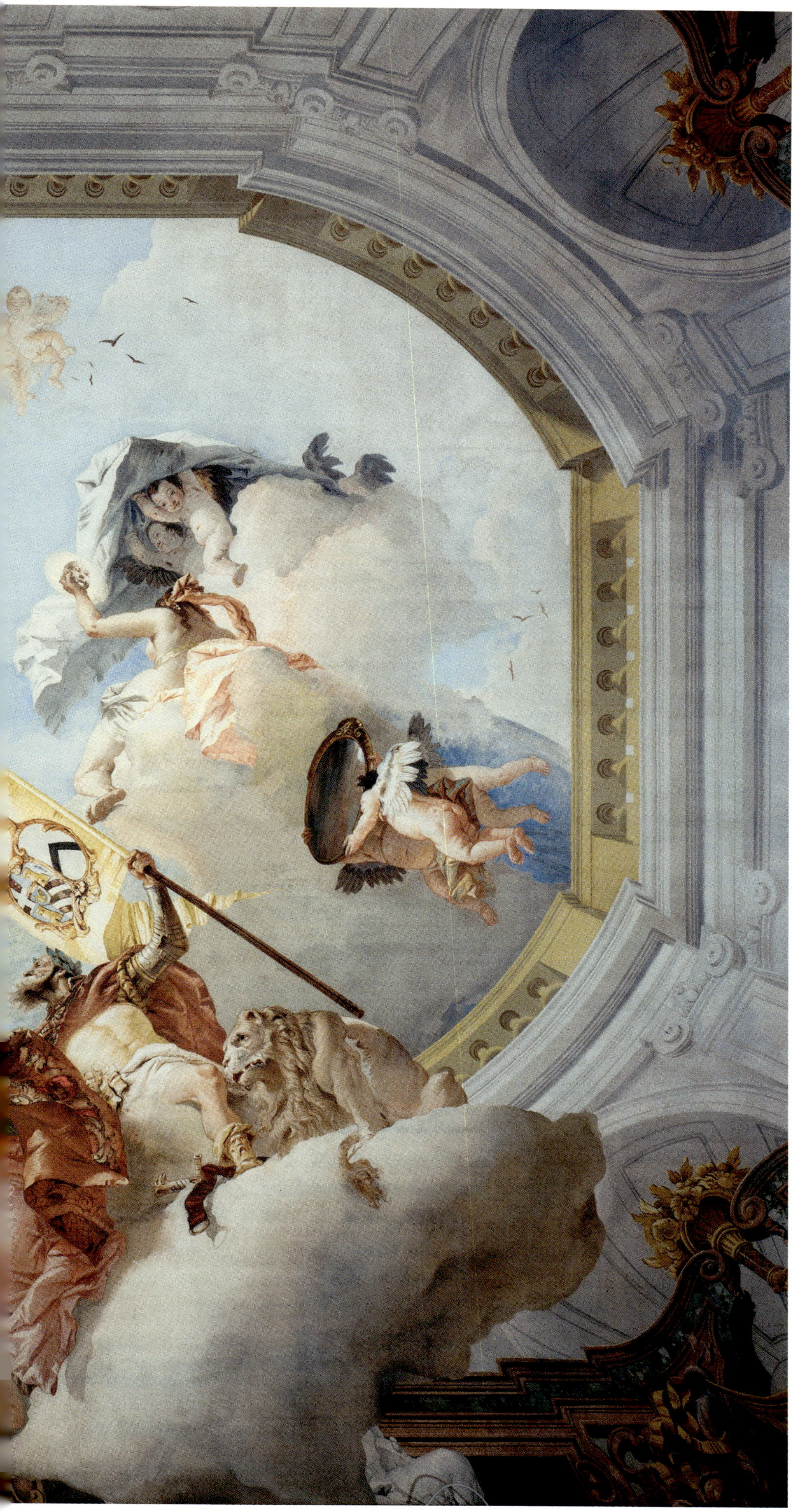

Allegoria del Matrimonio, 1757, affresco, 630 × 1030 cm. Venezia, Ca' Rezzonico

Allegory of Matrimony, 1757, fresco, 630 × 1030 cm. Venice, Ca' Rezzonico

una tecnica sapientissima, che rende le figure trasparenti, trasposizioni di un sogno, testimonianze decorative di una immaginosa teatralità. Maestro della finzione, si libera di ogni vincolo mimetico: la luce veneta è giunta al suo punto d'arrivo, ove il chiaroscuro drammatico è abbandonato a tutto vantaggio della scena, per cui appare fondamentale l'apporto delle quadrature.

Dopo il lavoro dai Valmarana, il 24 dicembre 1757 Giambattista acquista, per quattromila ducati, una costruzione a due piani in muratura, e terre, a Zianigo. È una casa piacevole, con il corpo di fabbrica centrale, due ali laterali e piccola chiesetta. Un buon affare, con la speranza di viverci una serena vecchiaia.

Nel 1758 affronta una decorazione più tradizionale nel palazzo Rezzonico di Venezia. I padroni di casa sono in quell'anno al vertice della società, non soltanto veneziana: un Rezzonico è stato eletto papa, con il nome di Clemente XIII. Sarà un bacchettone – sue le braghe agli affreschi della Sistina – e un nepotista di razza. Pietro Longhi lo raffigura mentre concede udienza ai nipoti Carlo, Ludovico e Faustina; ne fa un ritratto Anton Raphael Mengs, dopo l'elezione del cardinale Carlo al soglio pontificio, avvenuta il 16 luglio. Tiepolo rappresenta l'*Allegoria del Matrimonio* nel soffitto della sala omonima e *Il Merito accompagnato dalla Nobiltà e dalla Virtù* nella sala del Trono. Nella prima Ludovico Rezzonico e Faustina Savorgnan – sposi il 16 gennaio 1758 – sono condotti in cielo sul carro di Apollo. La corsa è colta nell'istante in cui, fra il rosa e il salmone, le nuvole si aprono alla tromba della Fama, mentre l'omaggio è reso dalle Grazie, dalla Sapienza e da un Merito barbuto, assai curioso. La collaborazione con Giandomenico, e al solito con Mengozzi Colonna, dà un esito pieno di colori, freschezza e gioiosa inventiva. Il Merito ha ai piedi un leone, simbolo di Venezia – che già sembra non al meglio delle sue forze –, e regge lo scettro e la bandiera con gli stemmi delle famiglie degli sposi. La qualità solare della luce, la sinfonia incantevole dei colori, il vigore dinamico delle figure rendono l'affresco piacevolmente attraente. La sala del Trono è dominata dall'*Allegoria del Merito*. È ancora un vecchio barbuto, coronato di lauro, che sale verso il tempio della Gloria, accennato sullo sfondo, accompagnato dalla Nobiltà alata, che regge una lancia, e dalla Virtù riccamente vestita, mentre la Fama dà fiato alla tromba. Un putto alato sotto la figura del Merito regge il Libro d'oro della nobiltà veneziana, ove i Rezzonico erano iscritti soltanto dal 1687.

Per Venezia infine Tiepolo realizza una tela davvero neocinquecentesca, destinata al Palazzo Ducale: *Nettuno offre doni a Venezia*. Databile al 1756-1758 circa, per la sala delle Quattro Porte, sembra riassumere molti dei temi e dei personaggi del pittore ancora celebrato. C'è però un'aria di vaga malinconia nella figura femminile e nell'anziano, quasi stanco, che la omaggia. Poi a Folzano, presso Brescia, nella chiesa di San Silvestro consegna la pala con *San Silvestro battezza l'imperatore Costantino*: gli era stata chiesta nel marzo 1757, ma la consegna esattamente due anni dopo. Alla fine del medesimo 1759 porta a termine la *Santa Tecla intercede per la liberazione di Este dalla pestilenza*, collocata sull'altare maggiore, di forte impatto visivo, che sembra preludere all'intimismo drammatico delle opere religiose del periodo spagnolo. La pennellata ha cadenze inedite, ma soprattutto colpisce la colorazione nei toni bassi, di ocre e terre bruciate. Solo il manto azzurro del Padre Eterno e un altro più spento su cui giace una madre pianta disperatamente da una bambina piccola ravvivano una scena tragica. Livida e plumbea è Este, città disabitata, mentre la gente si dispera, si difende dal fetore, trasporta cadaveri. Santa Tecla invoca la Misericordia divina, che giunge solerte cacciando un morbo personificato. L'opera fu giudicata da Pallucchini come il massimo risultato di Tiepolo nella pittura a olio.

Nello stesso anno Giambattista è di nuovo a Udine, assieme al figlio Giandomenico, richiesto dal patriarca per affrescare l'oratorio della Purità, dove lascia un'*Assunta* che al sentito raccoglimento unisce una gamma cromatica modulata su tinte pallide e rugiadose, con

Il Merito accompagnato dalla Nobiltà e dalla Virtù, 1757,
affresco, 600 × 1000 cm.
Venezia, Ca' Rezzonico

Merit Accompanied by Nobility and Virtue, 1757,
fresco, 600 × 1000 cm.
Venice, Ca' Rezzonico

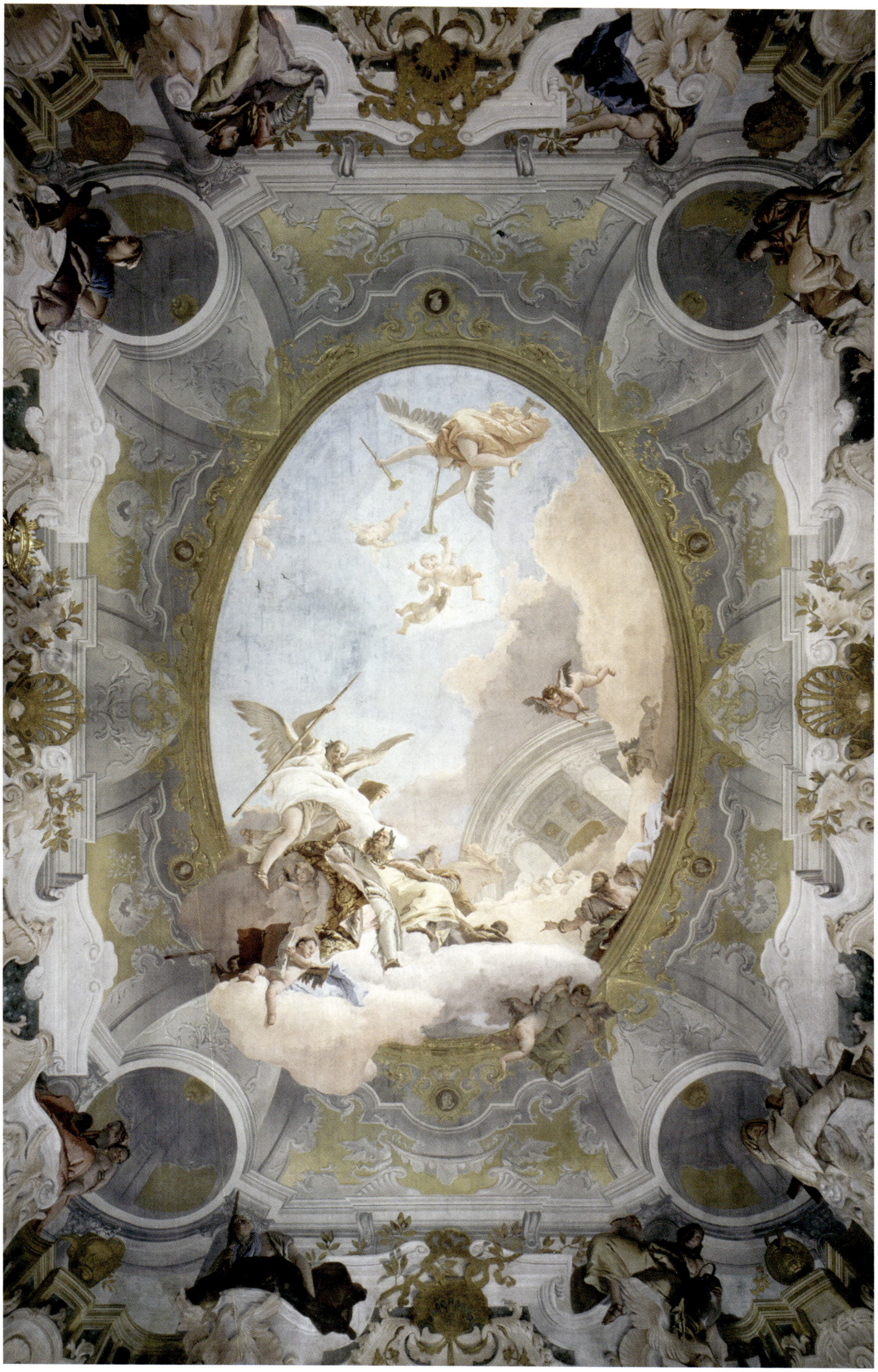

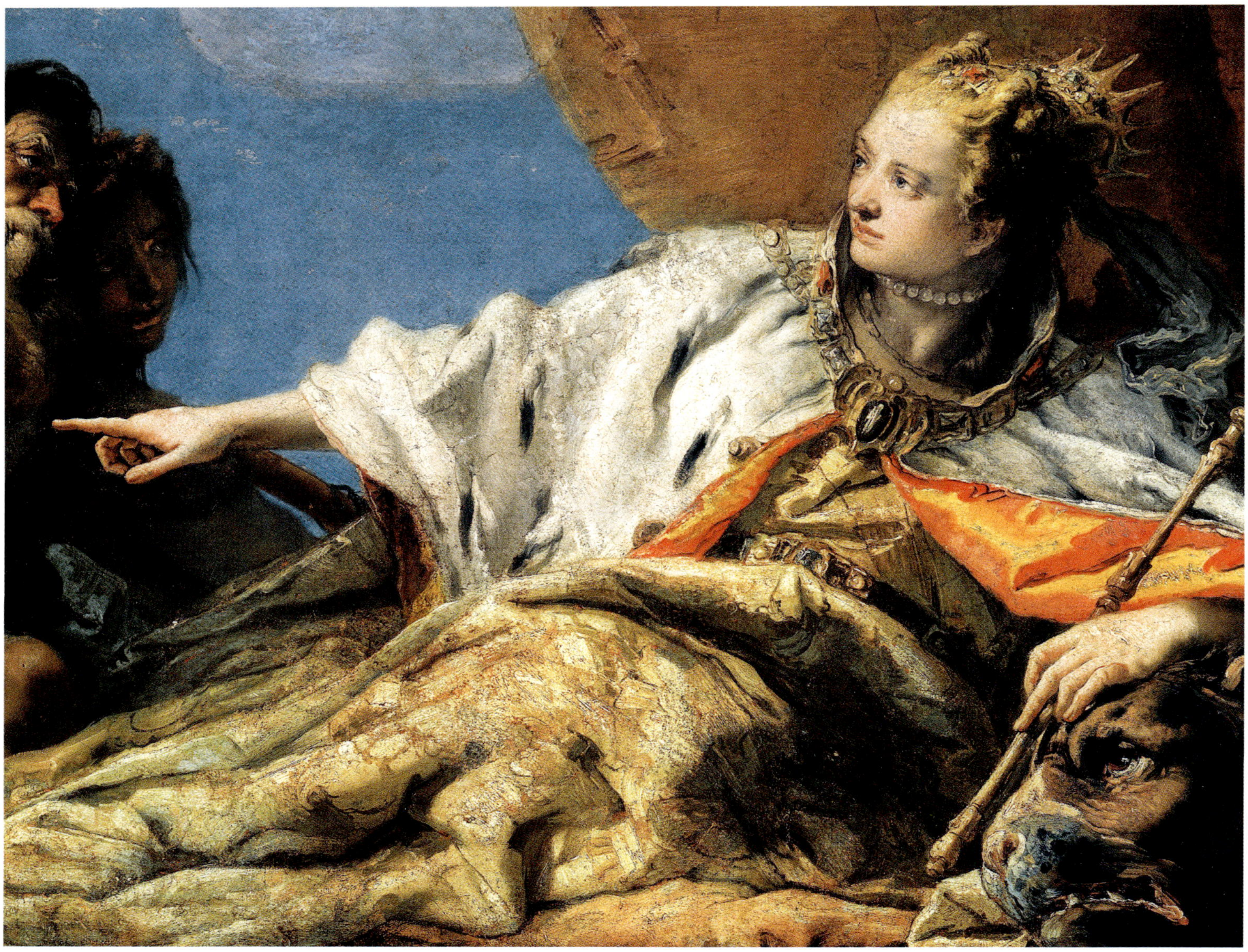

Nettuno offre doni a Venezia, particolare, circa 1756-1758, olio su tela, 135 × 275 cm. Venezia, Palazzo Ducale

Neptune Offering Gifts to Venice, detail, circa 1756-1758, oil on canvas, 135 × 275 cm. Venice, Palazzo Ducale

passaggi sottili, vibrazioni tenere e delicate. Particolarmente aerea, leggera e luminosa è la Vergine, e ancora commoventi sono le tinte degli abiti angelici, levissime e delicatissime, con quei toni di verde che tanto amò il Settecento. I due Tiepolo erano stati richiesti da Daniele Dolfin, il successore e nipote di Dionisio, per ornare un oratorio fortemente voluto dal patriarca, che aveva acquistato un teatro presso il duomo e l'aveva ristrutturato, affidandogli la funzione statutaria di scuola di dottrina cristiana per fanciulle. Una serie di pagamenti situa la realizzazione delle decorazioni tiepolesche fra l'agosto e il settembre 1759, permettendo anche di attribuire a Giambattista l'*Assunta* del soffitto, e la pala, lasciando a Giandomenico gli affreschi sulle pareti. È in questa situazione di lavoro che si inserisce un'opera certamente minore, su cui si è variamente discusso: si tratta del *Consilium in arena* del Museo Civico di Udine. Un olio su tela di dimensioni significative (125 × 193 cm) che presenta un episodio d'importanza tutta locale e nobiliare: il conte Filippo Florio di Udine chiese di entrare nell'Ordine di Malta nel 1740, ma fu rifiutato dal consesso per insufficienza di requisiti, come tutta la nobiltà udinese. Ne seguì una richiesta di riunione del Gran Consiglio (qui ritratta) che accettò le credenziali. Il fatto fu dettagliato con schizzo e ogni particolare dal conte Antonio di Montegnacco, che chiese insistentemente a Tiepolo di realizzare una tela. Che si presenta cronachistica e alquanto statica, ma vivacizzata in ogni singola figuretta. Dal sostegno iniziale a una totale autografia di Giambattista si è transitati, grazie ai lavori di Adriano Mariuz, a una compiuta autografia di Giandomenico. Il padre,

oberato dagli impegni, dovrebbe aver lasciato l'esecuzione del *Consilium* al figlio, e il dipinto sarebbe stato così concluso entro il 1760.
In quell'anno, con una lettera inviata ad Algarotti in data 10 maggio 1760, Tiepolo lamenta un attacco di "gotta insolentissima"; qualche altro accenno si avrà in altra corrispondenza. Ma la malattia, pur invalidante almeno a periodi, non gli impedisce di rispondere a commissioni diverse e a far attivamente lavorare la bottega.
L'anno successivo raggiunge Verona, per affrescare nel palazzo Canossa un magnifico soffitto col *Trionfo di Ercole*. Neppure questo raro complesso possiamo più ammirare: fu l'ultima opera di Tiepolo a essere distrutta dalla violenza bellica, proprio al suo termine, il giorno dell'insurrezione, il 25 aprile 1945. Reparti tedeschi in ritirata fecero saltare tutti i ponti della città. E palazzo Canossa era proprio vicino al ponte scaligero di Castelvecchio. Tutto il soffitto finì in minute briciole.
Gli impegni sono incombenti e Tiepolo scrive all'amico Algarotti: "Io poi mi trovo al presente con molti impegni, il più grande e grandissimo sopratutti si è il dover dipingere il gran salone di Ca' Pisani a Stra, e sopratutto ancora due quadri per essere annicchiati in una Chiesa di Roma, travagliando tuttavia un gran soffitto in tela per la corte di Moscovia". L'"opera non tanto indifferente che mi terrà occupato per il corso di tre in quattro anni" è l'*Apoteosi della famiglia Pisani* – ultimo affresco in terra italiana prima della definitiva partenza per Madrid, ma Tiepolo ancora non lo sa – che il pittore riuscirà a terminare in due stagioni. Le elaborate regie dei suoi soffitti sembrano cedere il passo a una scansione spaziale ariosa e meditata, mentre la narrazione è permeata di prelievi naturalistici: prosperose figure femminili, ritratti della famiglia Pisani, divertenti espressioni di un gruppo di suonatori. Il modelletto, oggi nel Musée des Beaux-Arts di Angers, si avvantaggia in più di un tocco aereo e scintillante.
È l'affresco più ampio realizzato da Tiepolo per un edificio privato e in esso, per la prima volta, cede alle richieste di un committente che vuole assolutamente mettere i suoi figli nell'Olimpo. Si trattava degli eredi del doge Alvise Pisani, coloro che orgogliosamente affermavano di discendere dai Calpurnii Pisoni, per cui non si vergognavano di mettere in cielo, anzi sulle ginocchia di Venezia personificata, il loro bimbetto primogenito, e di fianco gli altri tre figli. E guardano la Gloria con bella sfacciataggine, Alvise e Marina Pisani Sagredo! E invece quel povero bambino che se ne sta un po' imbarazzato in braccio alle nuvole non avrà né gloria né denari: i suoi discendenti si perderanno al gioco anche la bellissima villa che Napoleone acquista per Eugenio de Beauharnais. Si noti che è la Saggezza Divina a dominare le personificazioni di Asia e America, della Guerra e della Fama che corre affannata in lode della famiglia. In questo delirio di cattivo gusto e di infausti presagi, sembrano sorridere di tanta illusione i beffardi satiri e le lubriche satiresse; mentre i putti scomposti gironzolano un po' dappertutto. Solo loro sanno quanto rapida e totale sarà la caduta di una delle più antiche e ricche famiglie veneziane.
Contemporaneamente il pittore dovrebbe lavorare, come ha scritto, per la corte di tutte le Russie, ovvero per la zarina Elisabetta Petrovna, realizzando una serie di "mezze figure di donne a capriccio per l'Imperatrice di Moscovia che non si possono vedere cose più belle, più vive e finite" come scrisse Francesco Maria Tassi in una lettera datata 15 dicembre 1760 al conte Carrara in Bergamo. Fra di loro dovrebbe trovarsi il *Ritratto di giovane donna con pappagallo* all'Ashmolean Museum di Oxford. E ancora il *Ritratto di giovane come Flora* battuto per 4.227.800 dollari da Christie's a Londra il 2 dicembre 2008 (un milione in meno di un odioso Canaletto, tra l'altro piccolo e non dei migliori!). In fatto di grande committenza Tiepolo sembra dunque essere giunto infine alla sua dimensione europea: nel 1760 invia una tela a Luigi XV, ricevendone un generoso compenso. Nello stesso anno il re d'Inghilterra gli affida l'incarico di eseguire un quadro raffigurante Federico di Prussia a cavallo che

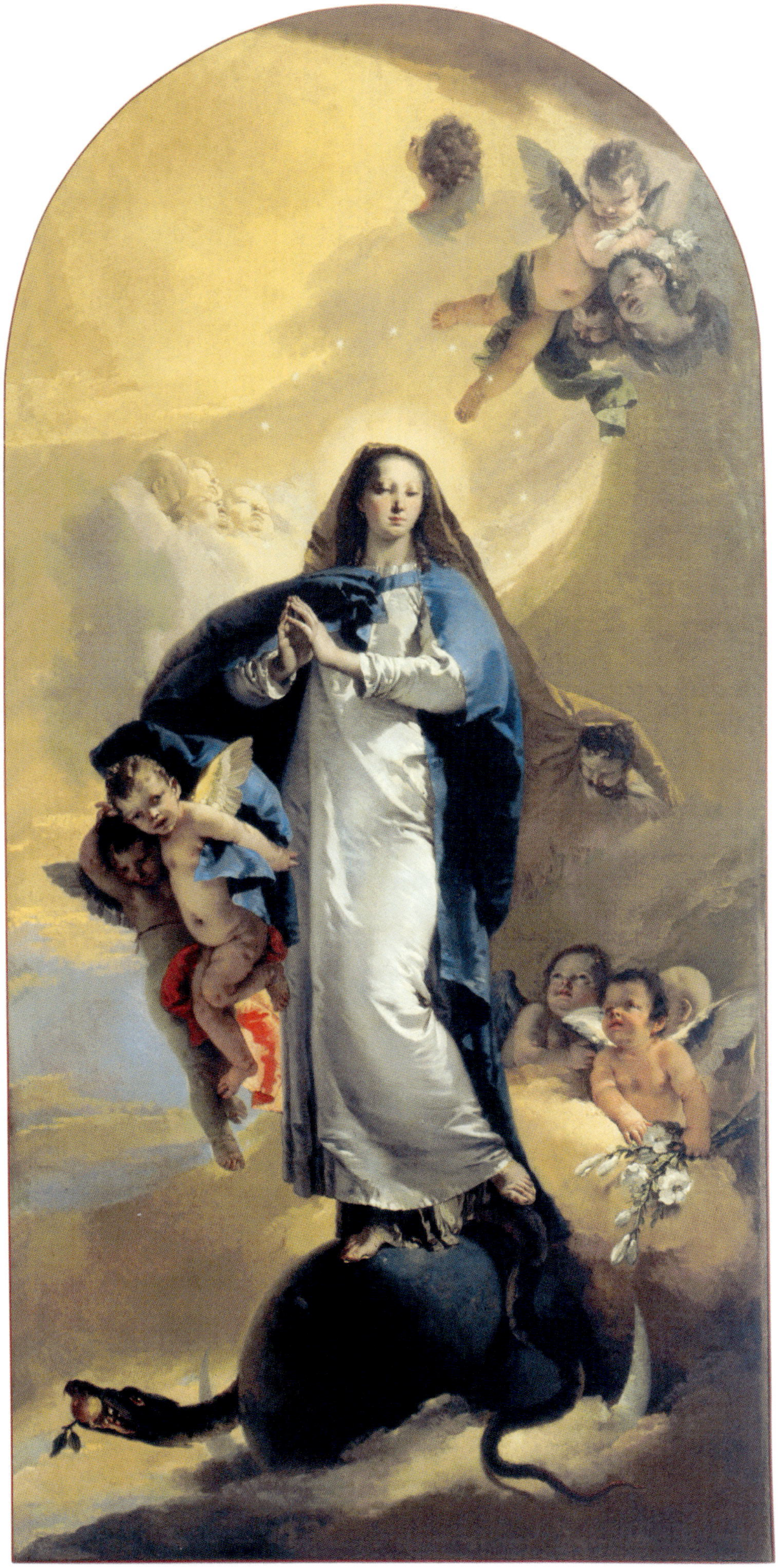

Immacolata Concezione, circa 1734, olio su tela, 378 × 190 cm. Vicenza, Museo Civico di Palazzo Chiericati

La soluzione di Tiepolo per questa tela, che si trovava nella chiesa dell'Aracoeli, di fronte a un Piazzetta, è quella di isolare coloristicamente, in attitudine quasi colonnare, una Madonna nell'assoluto lucore della veste di seta. Una soluzione quindi volutamente classicheggiante, che pone in secondo piano i putti giocosi che sollevano il manto, permettendo un lieve movimento sinusoidale all'intera composizione. Le ombre scure e i toni argentei, il lucore rossastro e il freddo azzurro cupo contrastano meravigliosamente, e permettono l'effetto illusionistico della tridimensionalità.

The Immaculate Conception, circa 1734, oil on canvas, 378 × 190 cm. Vicenza, Museo Civico di Palazzo Chiericati

Tiepolo's solution for this canvas, which was found in the church of the Aracoeli, across from a work by Piazzetta, was to colouristically isolate the Madonna, in an almost columnar pose, through the absolute light of her silk dress. It was therefore a wilfully classicising solution, which relegates the playful putti holding up the mantle to the background, permitting the entire composition a light, sinusoidal movement. The dark shadows and silvery tones, pinkish light and cool dark blue create a glorious contrast and permit an illusionistic effect of three-dimensionality.

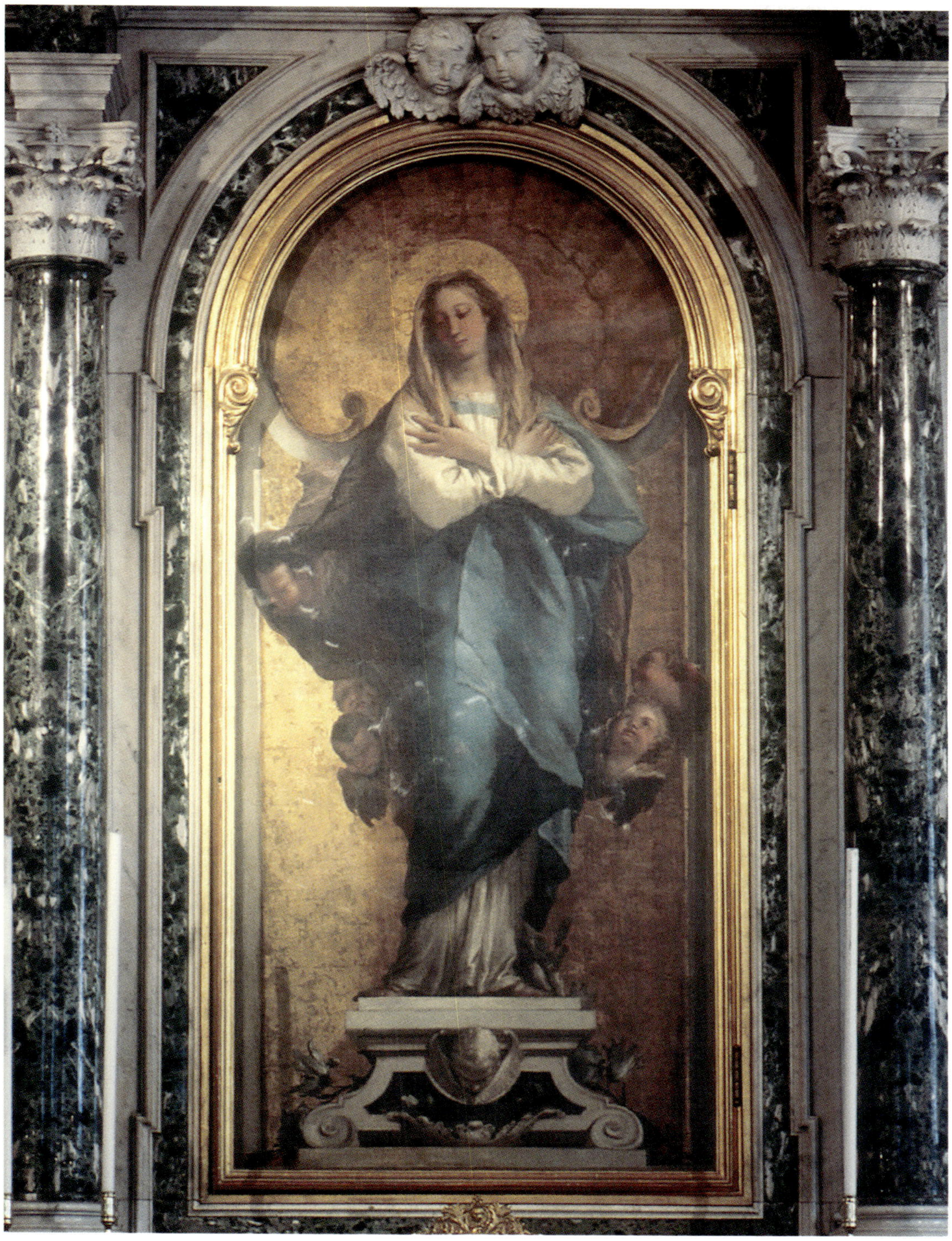

Immacolata Concezione, 1757, olio su tela. Udine, oratorio della Purità

The Immaculate Conception, 1757, oil on canvas. Udine, oratory of the Purità

comanda un esercito vittorioso, di cui peraltro nulla si sa. Il fatto è che il 22 dicembre 1761, in una lettera pubblicata, come altre, dal Molmenti, Tiepolo scrive di essere ancora a Stra per terminare il lavoro per i Pisani, "ma inaspettatamente chiamato da chi può comandare, me fu inzonto di subito prendere le mie mosse". Indirizzate forse al patrizio Tomaso Giuseppe Farsetti, le lettere sono un esempio dello stile epistolare necessario al tempo.

"Ill.mo Sig.r Sign.e Pron. Coll.mo, Veggomi preuenuto da un stimatiss.mo e graziosiss. mo foglio di V. S. Ill.ma del corrente mese nel tempo stesso in cui mi disponevo d'avanzarle la Nottizia della chiamata mia alla Corte di Spagna al di Cui sommo onore avevo addento con il tempo condicionato, per poter dar fine a molte opere di già avanzate e particolarmente alla Grandiosa Salla di Cà Pisani (a Strà), ed in seguito all'altre così anche dalla Corte stessa accordatomi, per cui quiettissimo e tranquillo se ne stava l'animo mio.

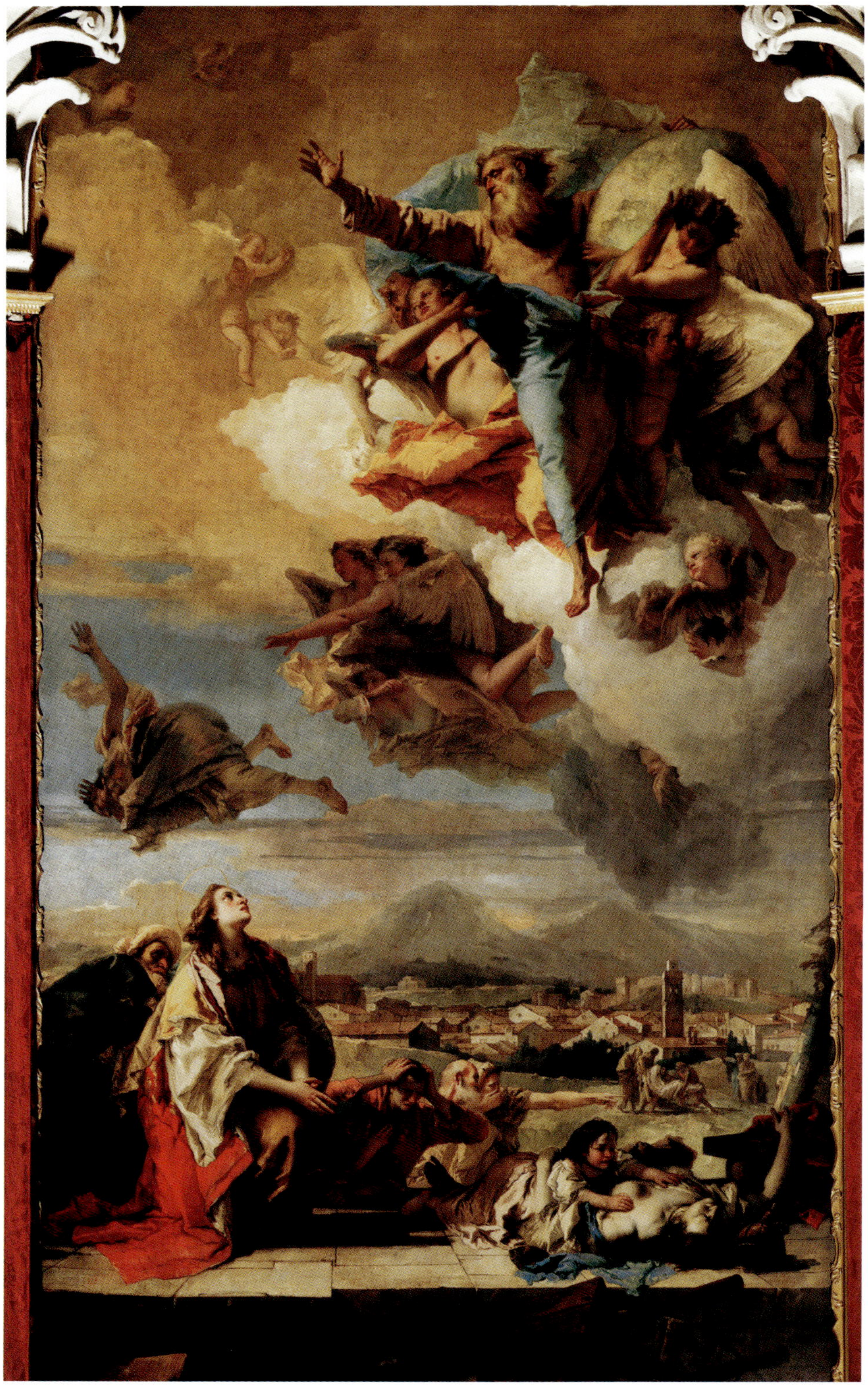

Santa Tecla intercede per la liberazione della città di Este dalla peste, 1759, olio su tela, 675 × 390 cm. Este, duomo abbaziale di Santa Tecla

St Thecla Praying for the End of the Plague in the City of Este, 1759, oil on canvas, 675 × 390 cm. Este, duomo abbaziale di Santa Tecla

Apoteosi della famiglia Pisani, 1761-1762, affresco, 1350 × 2350 cm. Stra, villa Pisani

Apotheosis of the Pisani Family, 1761-1762, fresco, 1350 × 2350 cm. Stra, villa Pisani

Ma inaspettatamente chiamato da chi può comandare, mi fu inzonto di subito prendere le mie mosse, dalle quali dispensar non mi poteva, per corrispondere alle premure di S. M. C. A fatica ho potutto aver tempo sino Febraro venturo, tanto di poter poner in assetto le domestiche ed apparecchiarmi al Viaggio. Ora si che vi vole una pennellata maestra, che al vivo esprima il dolore che io provo nel dover rispondere alla gentilissima domanda di vedere terminati li di lei Quadri, di non essere io nella possibilità di poterli fare per le suespresse ragioni, potendo ben accertarsi che se vedessi angolo alcuno, non tralasserei di farli, e la siccuro che per picciola sia la cosa tuttavia mi porta al cuore un peso si forte, qual lo potesser essere una delle maggiori. Voglio però sperare, che un tale improviso accidente non farà diminuire punto in lei la bontà sempre dimostratami come in me sarà

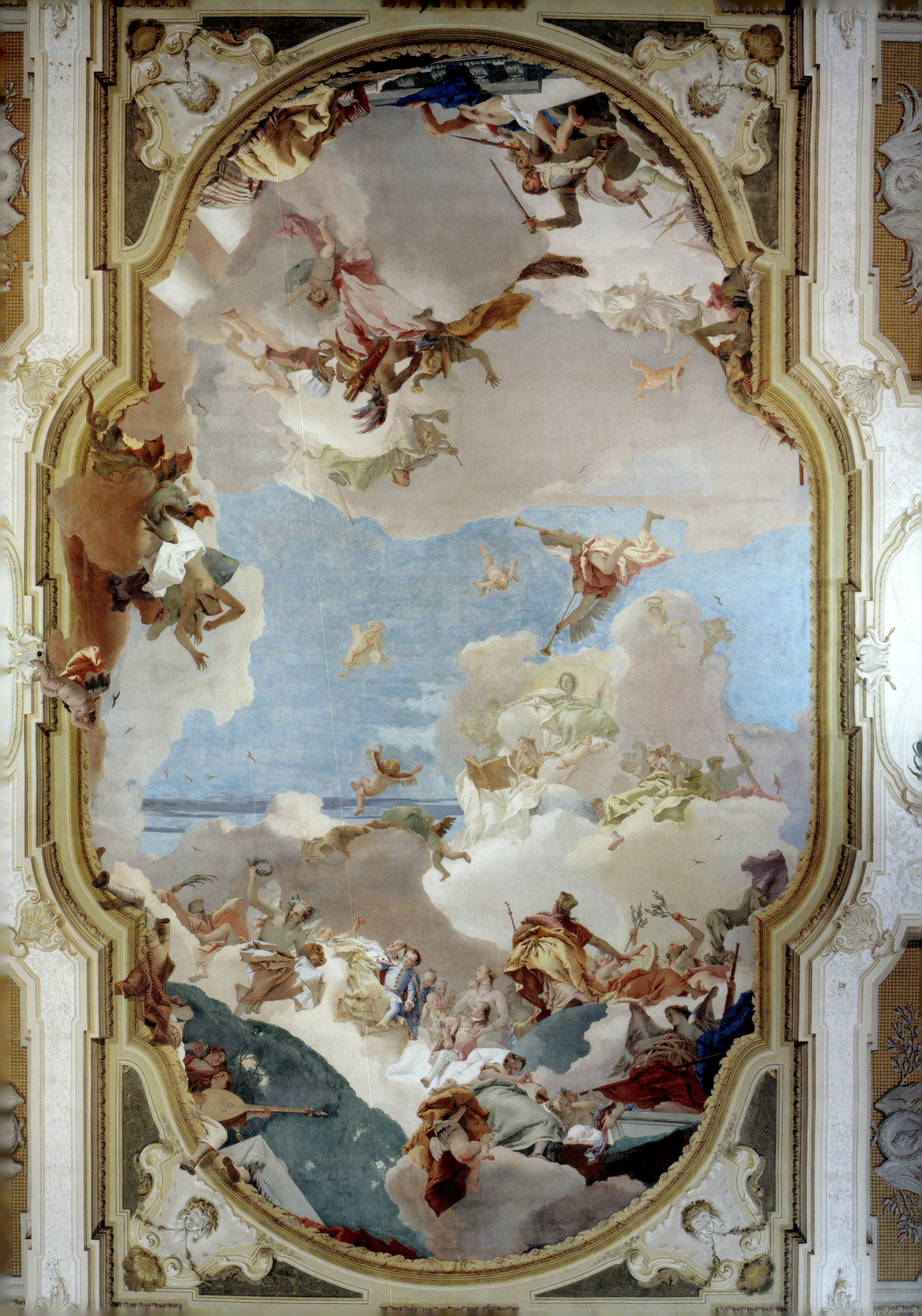

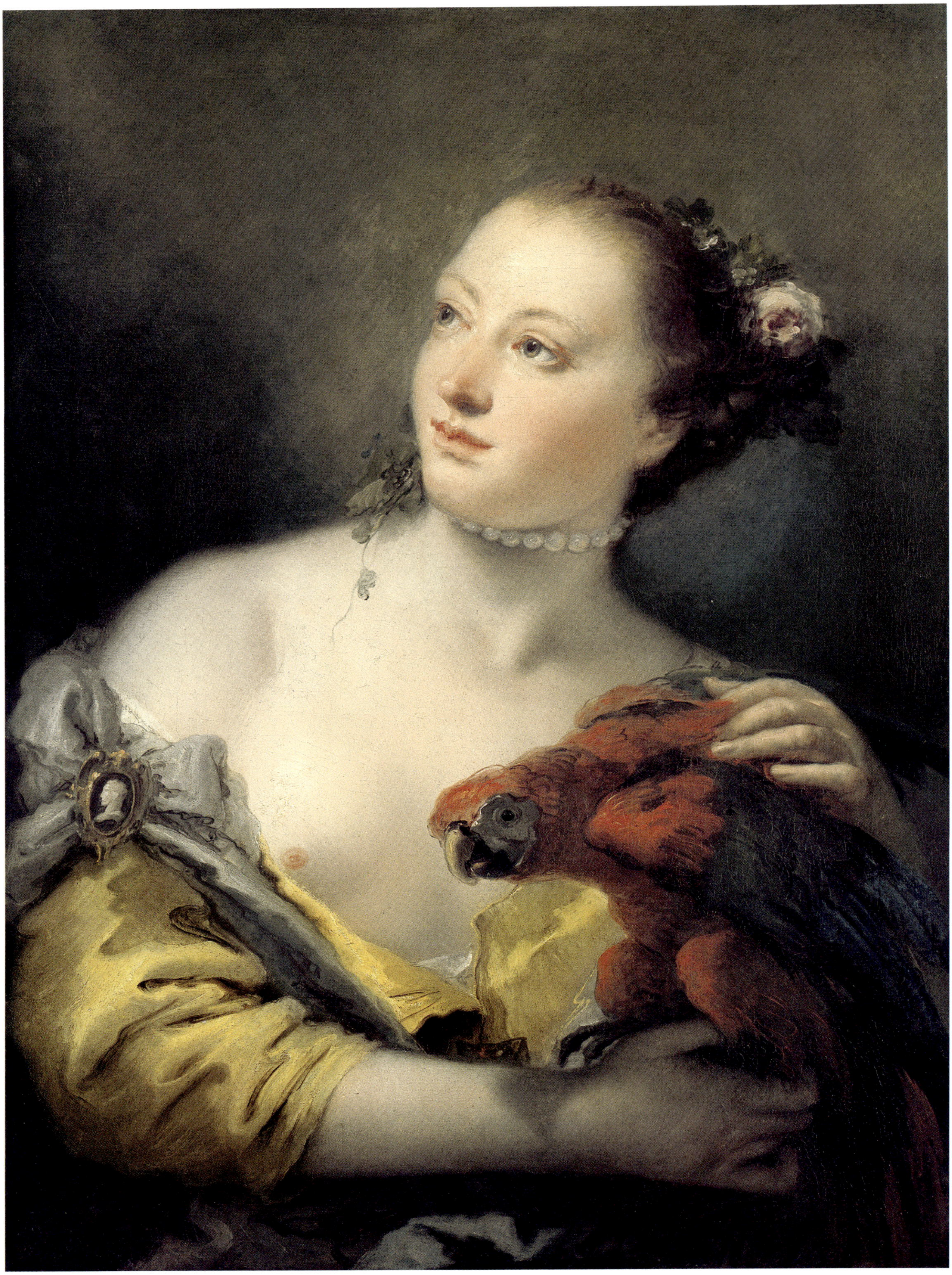

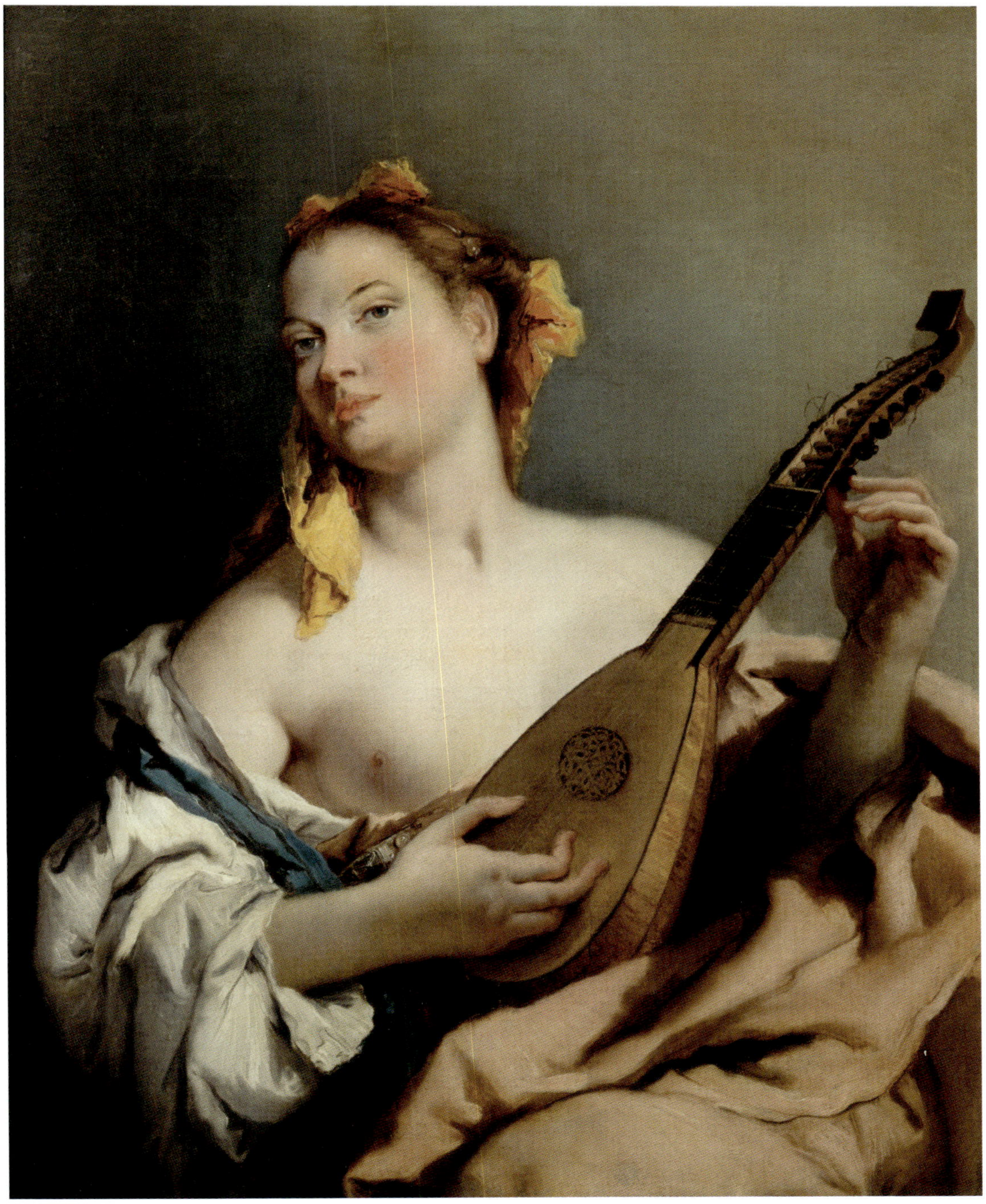

Ritratto di giovane donna con pappagallo, 1758-1760, olio su tela, 70 × 52 cm. Oxford, The Ashmolean Museum

Probabilmente la smagliante figurina femminile è la più ricca cromaticamente fra i pochi "ritratti di fantasia" ascrivibili a Giambattista. Orna la sua figura con una rosa fra i capelli castani e un boccolo di foglioline, alla moda di Flora; ferma l'aperta casacchina di seta con un cammeo elegantemente ombreggiato, ma poi inserisce quel pappagallo rosso fuoco, inquieto e pronto a beccare. Un'idea compositiva e virtuosistica del miglior Tiepolo.

Portrait of a Young Woman with a Parrot, 1758-1760, oil on canvas, 70 × 52 cm. Oxford, The Ashmolean Museum

This brilliant female figure is probably the most chromatically rich of the 'fantasy portraits' attributable to Giambattista. He decorated her with a rose in her chestnut hair and a ring of little leaves, in the fashion of Flora. He fixed the open silk bodice with an elaborately shadowed cameo, but then added a fiery red parrot, agitated and ready to attack. A virtuoso composition representing the best of Tiepolo.

Donna con mandolino, 1755-1760, olio su tela, 92,1 × 74,9 cm. Detroit, Detroit Institute of Arts

Il dipinto, celebre e riprodotto, ritratto di fantasia e insieme esemplare del gusto settecentesco, va anzitutto compreso nell'equilibrio formale, nel sapiente panneggio delle sete, nella serie dei particolari – il fermaglio di perle, il fazzoletto da testa – che costruiscono la misura e determinano l'eleganza quasi rarefatta, certamente ideale, pur nell'accuratezza e precisione dell'accordatura dello strumento.

Woman with Mandolin, 1755-1760, oil on canvas, 92.1 × 74.9 cm. Detroit, Detroit Institute of Arts

This famous and often reproduced painting, both fantasy portrait and exemplar of eighteenth-century taste, is to be understood above all in terms of formal balance, the expert draping of the silk and the series of details – the pearl clasp, the headscarf – that construct its measured quality and determine its almost rarefied, certainly ideal, elegance, even in the accuracy and precision of the musical instrument's tuning.

sempre viva la reminiscenza delle mie obbligazioni, per le qualli in ogni locco dove mi troverò decanterò giustamente sì il di lei bell'animo, che il di lei buon gusto e virtù. Per quanto è a me notto, in Ispagna non haverò a fare che una salla cosichè mi lusingo in capo a due Anni ritornarmene alla Patria, et esser in allora di bel nuovo a' suoi comandi. Ho sentito di acquisto fatto a Rimini di due Teste di mia mano e che di suo gusto. Ma questo acquistato valore, derivando dalla sua protezione, l'unirò alle tante mie obbligazioni che mi costituiscono d'essere qual con sincerità d'animo mi protesto, di V. S. Ill.ma. Venezia, 22 dicembre 1761.
Um.o Dev.o et Servidore Gio. Batta Tiepolo".

Deve dunque finire in tutta fretta quanto intrapreso perché ha subito pressioni dallo stesso supremo inquisitore della Repubblica, Marco Foscarini, prossimo doge, che è stato sollecitato dal conte Gazzola su richiesta del duca di Montealegre e ingiunzione del marchese de Esquilache. Chi tanto voleva e poteva era il re di Spagna, Carlo III di Borbone.

CAPITOLO IX

Epilogo in Castiglia

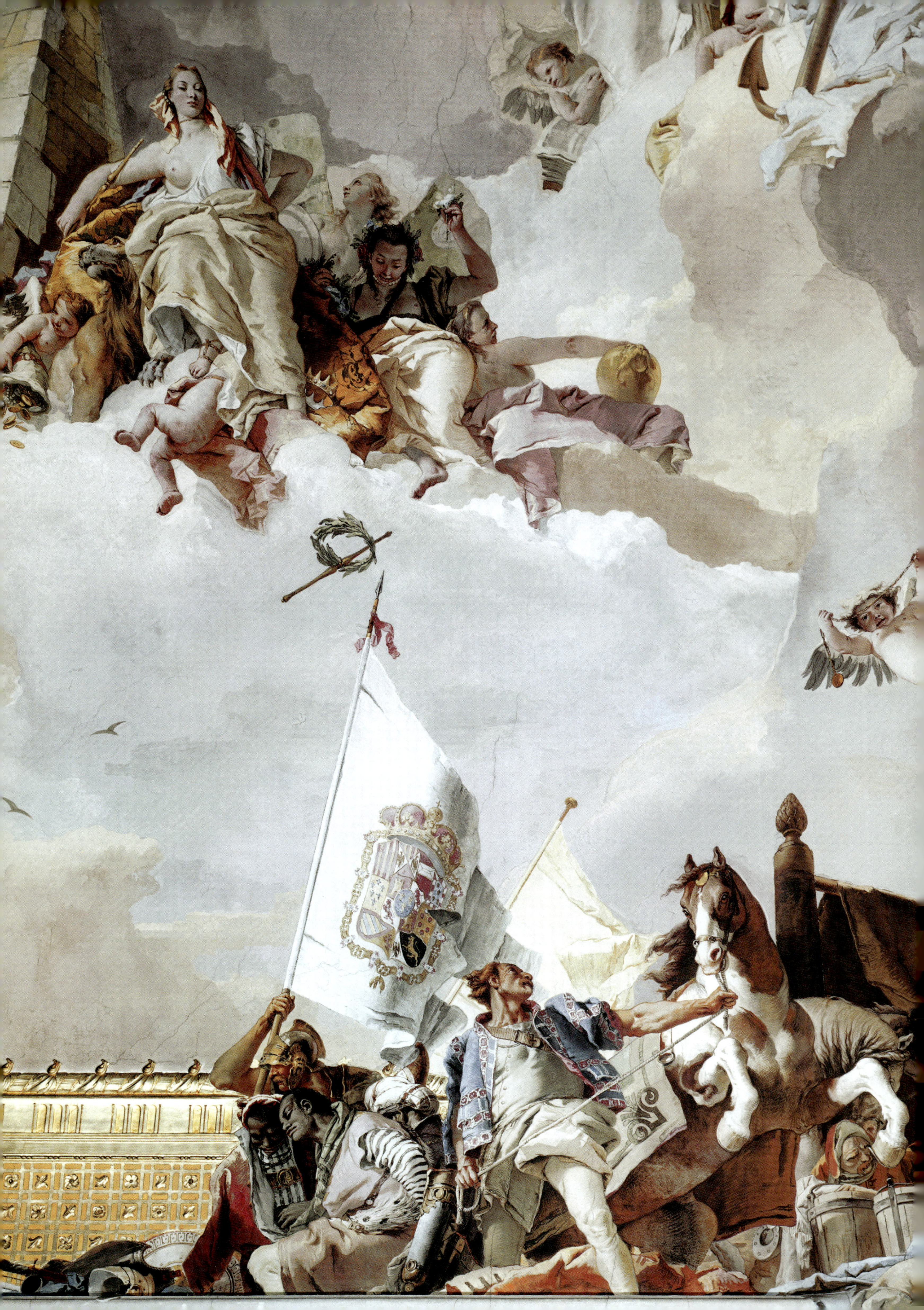

Dopo diverse trattative diplomatiche Giambattista Tiepolo, pressato dalla Serenissima, deve accogliere l'invito-ingiunzione di Carlo che lo vuole a Madrid per decorare il nuovo Palazzo Reale. Si prepara al gran viaggio, e scrive ancora a Tomaso Giuseppe Farsetti una seconda lettera, da Venezia, il 13 marzo 1762, allegando alcune acqueforti di Giandomenico e Lorenzo: "Al presente sono al fine del Modello della Gran Opera, che tanto è vasta, basta solo riflettere, eh' è di cento piedi; tuttavia voglio sperare che l'idea compita sarà molto ben accomodata et adattata a quella Gran Monarchia, fatica grande certamente ma per tal Opera ci vuol coraggio. Intanto le spedisco queste poche carte, eh' ancora unite non sono, come vedrà che in molte ancor non vi è il nome, intagliatte dalli due miei Figli, bramerei fossero cose degne di lei, tuttavia qualunque esse si siano, pregola riceverle in segno del mio rispetto, attenzione di quella vera stima, che mi costituisce in ogni tempo suo vero servidore, e dipendente qualle mi dò l'onore di raffermarmi di V. S. Ill.ma".
Pochi giorni dopo sulla "Nuova Gazzetta Veneta" del 20 marzo 1762 compare una sua dichiarazione, nel momento in cui si appresta a partire. Giambattista conferma il proprio impegno, poiché "li pittori devono procurare di riuscire nelle opere grandi, cioè in quelle che possono piacere alli Signori Nobili, e Ricchi, perché questi fanno la fortuna de' Professori, e non già l'altra gente, la quale non può comprare Quadri di molto valore. Quindi è che la mente del pittore deve sempre tendere al Sublime, all'Eroico, alla Perfezione". È l'unica affermazione pubblica di Tiepolo che conosciamo: senza mezzi termini asserisce di ritenere che soltanto lavorando per l'aristocrazia e la Chiesa la pittura potrà raggiungere quella nobiltà e perfezione cui deve tendere. Non vi può essere dichiarazione più netta contro la pittura dei piccoli quadri destinati al collezionismo: la pittura di Canaletto e Bellotto e Pietro Longhi – ma anche di Chardin e Hogarth – che il massimo virtuoso potrebbe benissimo imitare, ma che va contro un'idea di pittura fatta di figure e illusioni, ove i valori trovino la realizzazione che in terra, nel mondo domestico, urbano, quotidiano, non hanno più senso. La pittura è luce e sogno, come il teatro, è la scena che, come dice l'amato Tasso, fa emergere dall'oblio le opere memorande "degne d'un chiaro sol, degne d'un pieno / teatro", e dunque "viva la fama lor, e tra lor gloria / splenda dal fosco tuo l'alta memoria".
L'ombra e il fosco resteranno: la falce del tempo brillerà all'ultima luce, la notte inghiottirà tutto: solo, in vita, la scintilla della pittura potrà rischiararci e illuderci. Tiepolo riprenderà a dipingere veloce come sempre, per fugare l'ombra. Ora gli è stato offerto un ultimo grandioso palcoscenico, nel palazzo della monarchia un tempo più gloriosa d'Europa. Può forse rifiutarlo? Dopotutto ha affermato anche che "la vita del Pittore deve essere un continuo studio": occorre lavorare e lavorare sempre. Anche a sessantasei anni, anche con una gotta dolorosissima, bisogna partire: per ordine, ma anche per il proprio dovere e la propria soddisfazione. Bisogna partire! E sperare nel ritorno. Non sa invece che sta per lasciare Venezia, la moglie, la famiglia, la bottega, per sempre. Non sa che trascorrerà gli ultimi otto – ben otto! – anni di vita in una città arida, troppo calda e troppo fredda, non bella e non ben abitata. Però non sarà solo. Il 22 aprile lascia anche la laguna Carlo Goldoni, con moglie e nipote,

Gloria della Spagna,
particolare, 1764,
affresco, 1100 × 2600 cm.
Madrid, Palazzo Reale

The Glory of Spain, detail, 1764,
fresco, 1100 × 2600 cm.
Madrid, Royal Palace

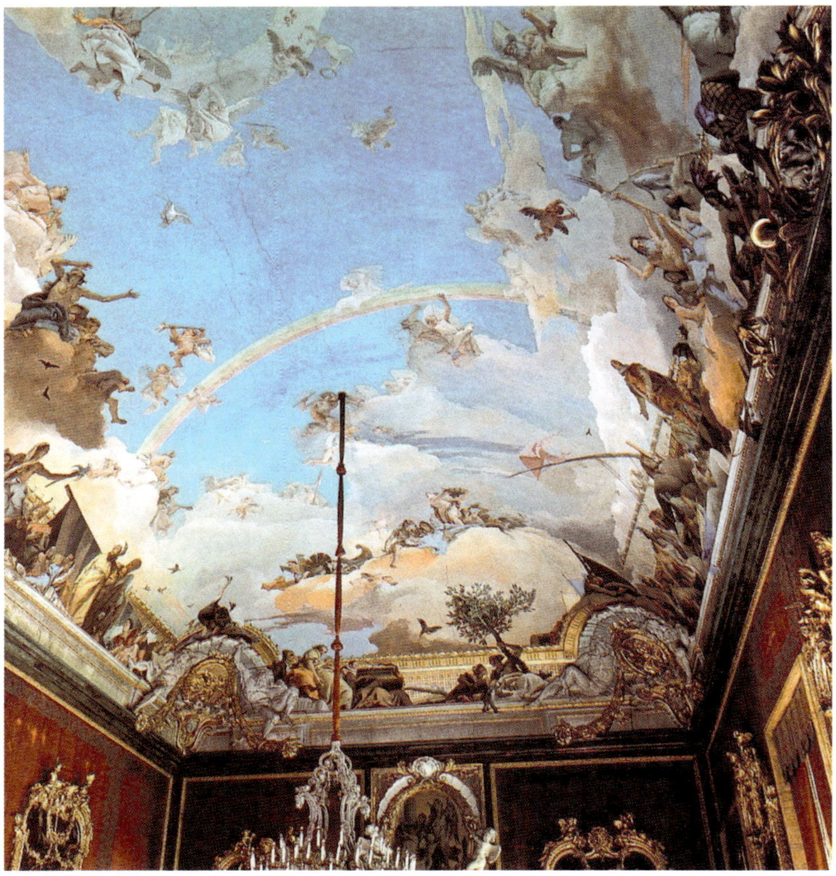

Palazzo Reale, Madrid,
soffitto della sala del Trono
con la *Gloria della Spagna*

Giambattista era giunto in Spagna già con un modelletto, ove si riassumevano gli elementi allegorici – i doni delle Americhe, le province spagnole – e narrativi adatti alla sala del Trono. Si trovò però in un ambiente freddo, squadrato, relativamente basso rispetto alla gran parte dei soffitti realizzati fino ad allora. Coperte poi le pareti di velluto rosso porpora, i grandi e pesanti specchi riflettono soltanto porpora e oro. Tiepolo dovette immettere in un simile ambiente tutta la possibile luce della sua tavolozza, riuscendovi, ma con risultati finali inferiori ad altre opere, e non per suo demerito.

Royal Palace, Madrid,
ceiling of the throne room
with the *Glory of Spain*

Giambattista arrived in Spain with a sketch already in hand that summed up the allegorical elements – the gifts of the Americas, the Spanish provinces – and narratives suitable for the throne room. He found himself however in a cold, square space with a relatively low ceiling compared to those he had painted up to then. With the walls covered in crimson red velvet, the large, heavy mirrors reflected only crimson and gold. Tiepolo needed to inject in this environment all of light that his palette could muster. He succeeded, but with results that were inferior to other works, and not to his discredit.

dopo essersi congedato con *Una delle ultime sere di Carnovale.* Parlando di Tiepolo non abbiamo approfondito la figura dell'altro grande veneziano suo contemporaneo. Che dovessero conoscersi è naturale, che mai Carlo Goldoni nelle pure dettagliate *Memorie* lo nomini è un fatto, che non potessero essere più diversi, per pubblico, cultura, idea di pittura e letteratura, è un altro fatto. Così come quell'abbandono contemporaneo della città. In realtà, al di là delle motivazioni personali, il clima culturale è cambiato molto rapidamente. Se per Goldoni l'approvazione da parte del pubblico delle fiabesche illusioni di Gozzi è dimostrazione dell'incapacità di accettare a fondo le conseguenze della sua riforma, per Tiepolo è la stessa oligarchia a essere divenuta incapace di progettualità, totalmente afona. La svolta dei primi anni sessanta è stata rapida, simbolicamente culminata nell'arresto dell'"Avogador di Comun" Angelo Querini, il 12 agosto 1761, che segna la fine di ogni possibile tentativo di rinnovamento. Querini aveva proposto una riforma della Costituzione, ed è accusato di essere liberale e massone, quindi sovversivo. L'anno dopo Marco Foscarini, l'autore di *Della letteratura veneziana* e prossimo doge, il campione del conservatorismo come rifiuto di qualsiasi riforma, qualsiasi "vagheza de cose nove", arringa per una mozione che vieta alcuna innovazione nelle istituzioni, ovvero, per "lassar le cosse come le sta". Il Maggior Consiglio approva per due voti la mozione dei tribunalisti o conservatori. La politica è specchio di un irrigidimento complessivo, di una Venezia che si ritrae dall'Europa, si chiude in sé stessa, si bea dell'ammirazione per il passato che le dimostrano i nuovi potenti e, fra patrizi e plebei, infine uniti, si crogiola in una beata incoscienza che è anche allentamento di ogni costume civico. Così, dagli anni sessanta, tutti gli intellettuali veneti si rendono conto che in poco tempo la città è stata tagliata fuori da ogni novità. Mentre la "Frusta letteraria" non sopravvive due anni, soppressa dai Riformatori dello Studio di Padova, tutti i più prestigiosi esponenti di una generazione attiva nella prima metà del secolo muoiono o emigrano.
Giambattista lascia dunque Venezia, con i figli Giandomenico e Lorenzo, il 31 marzo del 1762. Reca con sé il modelletto del soffitto della sala del Trono per il Palazzo Reale, raffigurante la

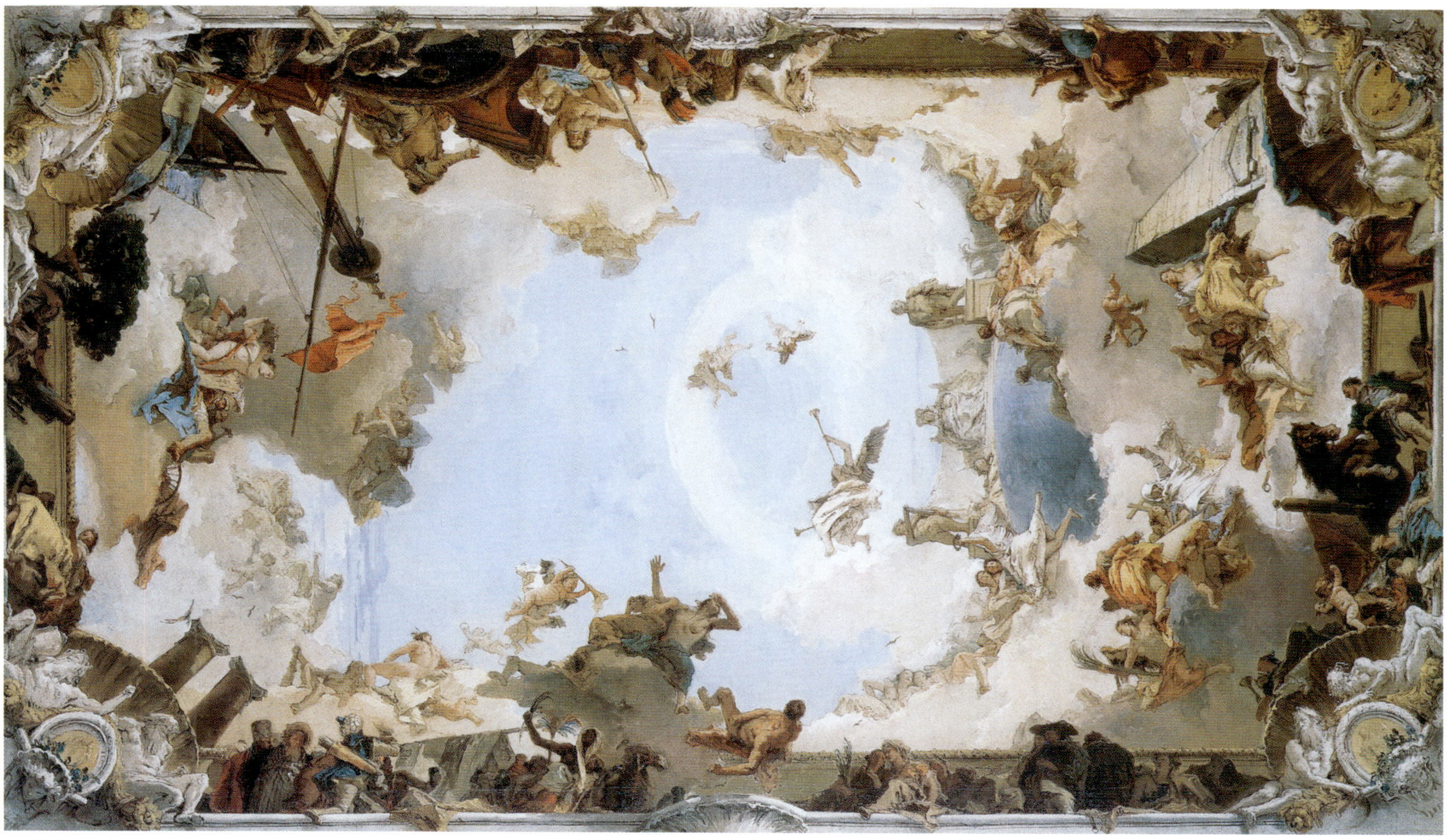

Gloria della Spagna, 1762,
olio su tela, 104,5 × 181 cm.
Washington, National
Gallery of Art

The Glory of Spain, 1762,
oil on canvas, 104.5 × 181 cm.
Washington, National
Gallery of Art

Gloria della Spagna, oggi nella National Gallery di Washington. Ha dato totale procura al figlio don Giuseppe che per attendere all'amministrazione dei diversi beni lascia la congregazione dei somaschi; anche per questi fatti si deve fare riferimento alla documentazione segnalata da Urbani de Gheltof.

Inizia un viaggio per terra in carrozza e per mare di cui non conosciamo l'itinerario esatto: certamente il viaggio da Barcellona a Madrid fu per terra, su quelle orribili strade che solo le enormi greggi di pecore ripianavano due volte l'anno. Come fosse giunto a Barcellona è solo ipotizzabile: la via più breve era per Genova e Marsiglia. Per raggiungere Genova si percorreva il corso del Po su barconi, per poi attraversare gli Appennini in carrozza. Certo è che i tre arrivano a Madrid soltanto il 4 giugno. Giambattista è stanchissimo e dolorante. Pensava forse di essere ricevuto a corte, sperava probabilmente di alloggiare nel nuovo palazzo. Nulla di tutto ciò: gli trovano un alloggio non grande in piazza San Martín, e in breve si rende conto che il sovrano vuole vedere e approvare tutto, ma solo al termine di trafile gerarchiche, irte di ostacoli, rigide etichette, regole non scritte ma ancor più severe. Deve accorgersi che è considerato soltanto un decoratore reale, e non è neppure il primo. Quanto alla città è piccola, anche se si fanno grandi lavori cui soprassiede sempre il sovrano, ovvero l'"alcade" come lo soprannominano i cittadini madrileni, lieti che il re-sindaco si occupi di loro. Una città dove passano due volte l'anno immense greggi di pecore merinos, l'unica ricchezza che resta alla Spagna, insieme ai maiali. A Würzburg si stava meglio.

Per il grandioso affresco (misura undici metri per ventisei), firmato e datato 1764, nella sala del Trono a Palazzo Reale, Giambattista rispolvera moduli illusionistici e schemi formali già messi in circolazione, vivificandoli però con nuove trovate prospettiche e iconografiche e con un piglio che resta franco e sicuro. L'apparato simbolico che fa da corona alla scena madre è complesso come a Würzburg: va dalle allegorie della Virtù e delle Province spagnole di Cordova, Castiglia, Galizia e Estremadura, fino ai temi mitologici e storici, a cominciare dell'epica della Scoperta e dei Conquistadores. Ancora una volta i personaggi della storia

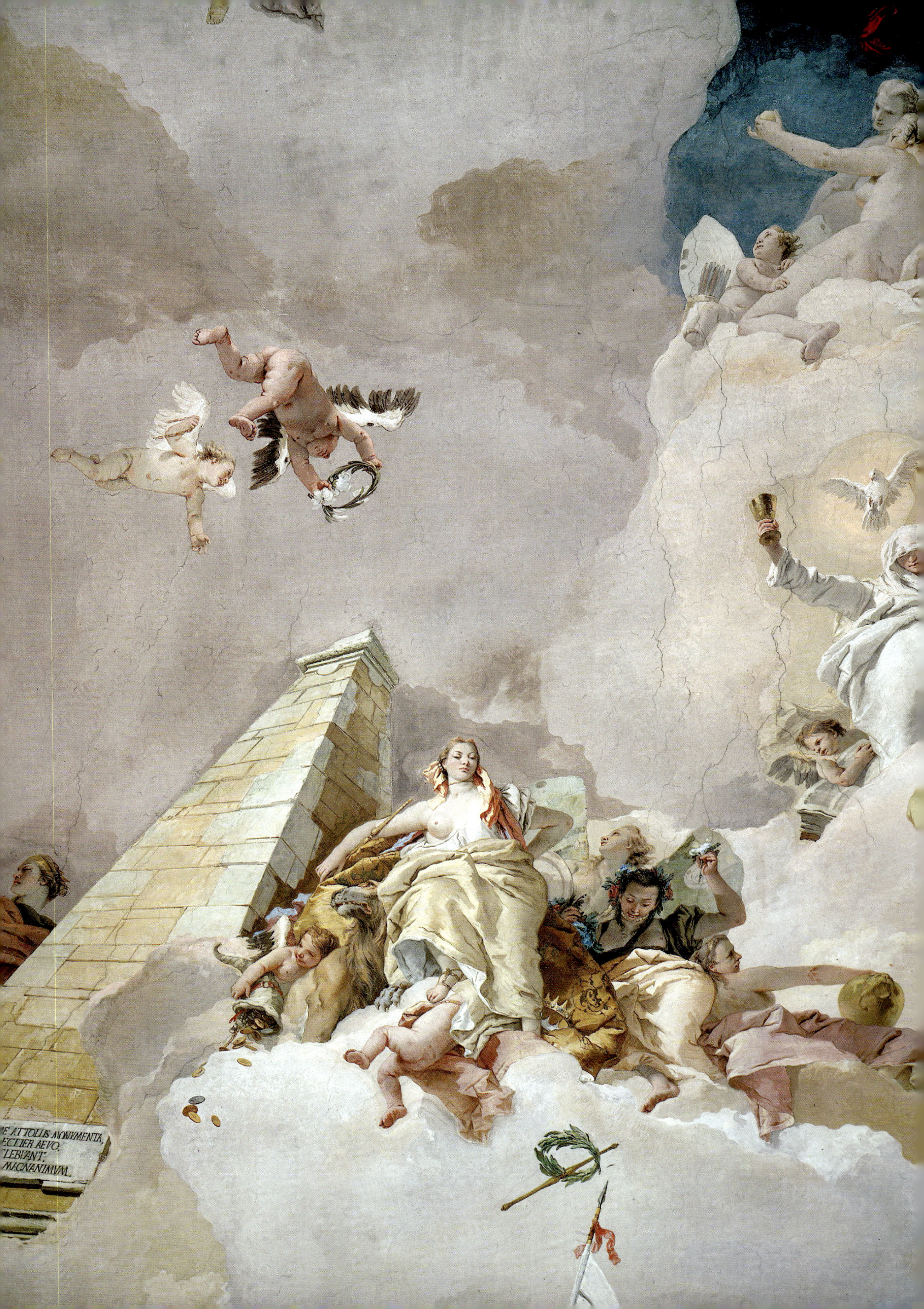
E ATTOLIS MONVMENTA,
ECTIER AEVO.
LEBIANT.
MAGNANIMVM.

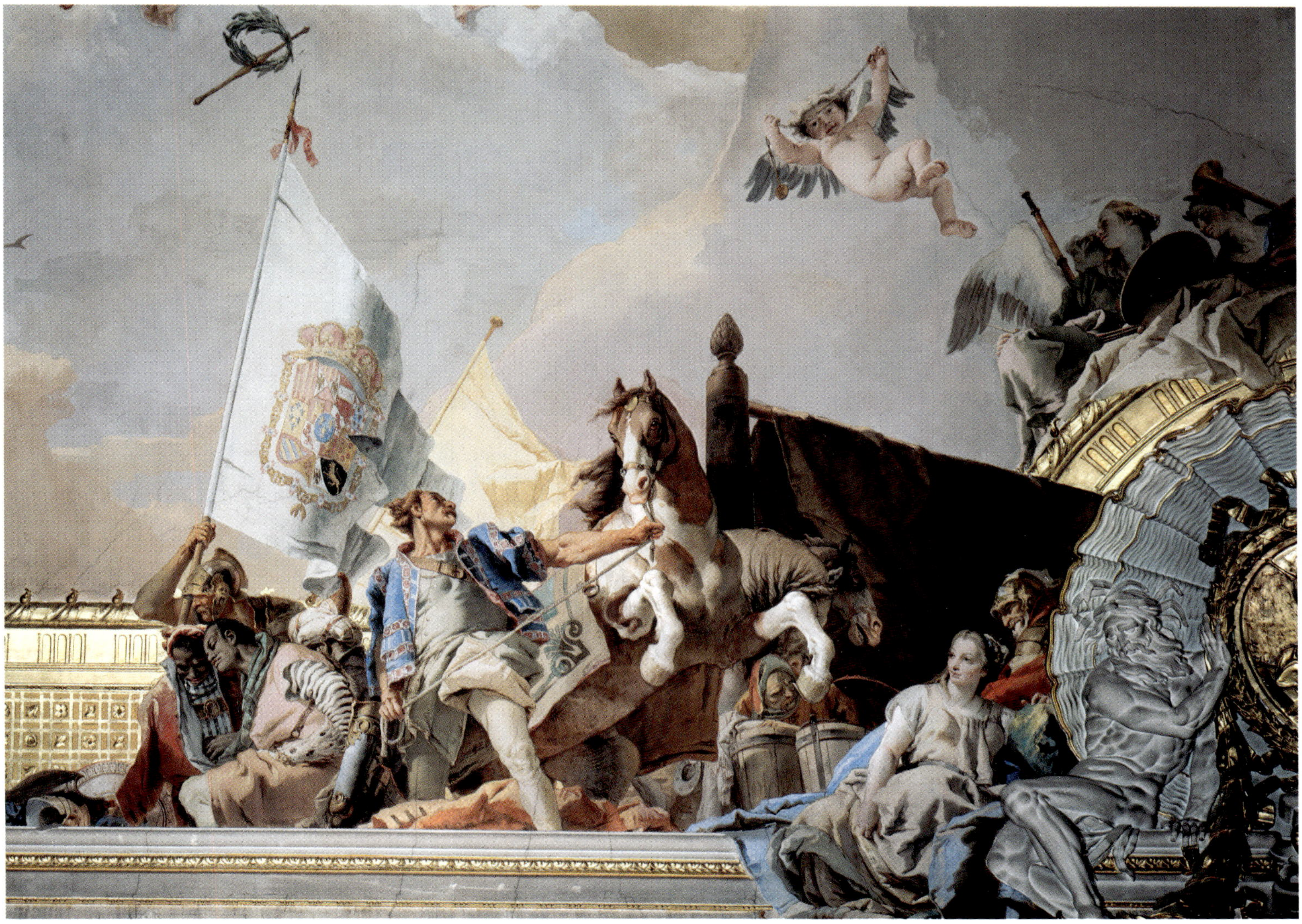

terrena sono ai bordi del grande cielo aperto, mentre le creature leggendarie si dispongono a serpentina su nuvole rese d'ovatta dalla luce. Lo sviluppo orizzontale del soffitto permette di stemperare la narrazione con molto respiro, e fughe in profondità suggerite anche da un abbassamento dei colori. Vista l'assenza del fido Mengozzi, le quadrature e le infrastrutture di stucco sono ridotte all'essenziale e questo favorisce una maggiore pulizia e il senso di una misura più controllata.

Terminata la sala del Trono, a Tiepolo è chiesta la decorazione della *saleta*, l'anticamera nel cui soffitto rappresenta l'*Apoteosi della monarchia spagnola*, sviluppando l'ordito del *Trionfo di Ercole* del palazzo Canossa di Verona, con un gioco di piani intenso e una partitura cromatica contrastata. Per la sala della Guardia realizza un'*Apoteosi di Enea*, superba stesura compositiva nella vivace articolazione formale. Gli affreschi delle due sale terminano nell'autunno 1766. E così sono passati quattro anni nella città isolata sul grande altopiano.

Che fare? Tornare a Venezia avendo terminato le commissioni? Sembra del tutto ovvio. E invece Giambattista Tiepolo scrive una lettera umile e implorante. Fino ad allora ha sempre e solo trattato con il segretario del re, Miguel de Múzquiz, e ancora a lui si rivolge nel gennaio 1767. Chiede se è possibile ottenere commissioni per tele: egli è capace anche di dipingere a olio! Non potrebbe poi anche in ogni caso affrescare la volta dell'abside di Sant'Ildefonso di Aranjuez e le tele per gli altari? Poiché vorrebbe restare al servizio del re *per siempre*.

Siempre? Qui si apre l'ultimo, irrisolto mistero di Tiepolo. Ha settant'anni compiuti, e

Gloria della Spagna, particolare (*Allegoria della Fede*)

The Glory of Spain, detail (*Allegory of Faith*)

Gloria della Spagna, particolare (*Allegoria delle Province spagnole*)

The Glory of Spain, detail (*Allegory of the Provinces of Spain*)

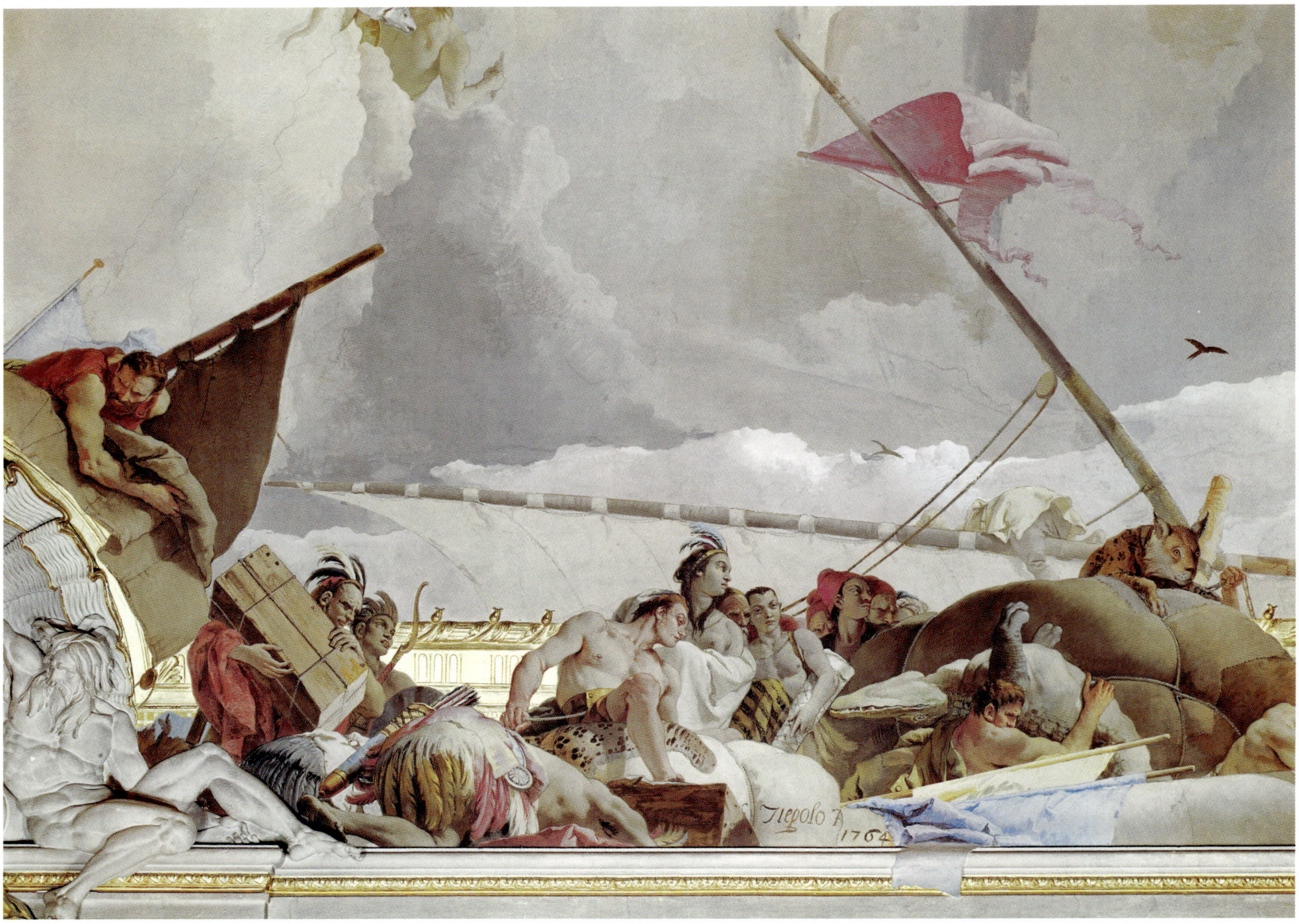

Gloria della Spagna, particolare (*Allegoria delle Americhe*)

The Glory of Spain, detail (*Allegory of the Americas*)

Gloria della Spagna, particolare (*Oceano e Teti*)

The Glory of Spain, detail (*Oceanus and Tethys*)

decide che non tornerà più a Venezia. Come è possibile? Era così malato e il viaggio lo spaventava tanto? Ma aveva con sé pur sempre due figli che avrebbero potuto aiutarlo e assisterlo. Che cosa lo spinge a una decisione irrevocabile? In assenza di documenti, e anche, va detto, con poche ipotesi a disposizione, restiamo però sconcertati da questa improvvisa e comunque dolorosa decisione del vecchio pittore. E ci chiediamo subito se e quali conseguenze abbia avuto questa scelta sulla sua produzione, che continuerà fino all'ultimo giorno di vita.

Mentre sulla scena artistica spagnola scende il gelo del neoclassicismo importato da un Mengs che frequenta la corte e seduce nobili e ricchi, in un ambiente intriso anche di patetismo, si è parlato di svolta "mistica" per Tiepolo, che saprà offrire un'altra serie di capolavori: le sette tele della chiesa conventuale di Aranjuez (1767-1769), ora in massima parte al Museo del Prado, accompagnate dai modelletti, non tutti conservati. Se queste sono le ultime opere destinate a essere viste da tutti, il vero canto del cigno è rappresentato da alcune piccole tele, dedicate al *Riposo durante la fuga in Egitto*, ove il padre sembra meditare sui risultati del figlio e raggiunge la sublime commozione con i mezzi più semplici e ridotti, avviando un dialogo nel tempo futuro con altri e diversi artisti, che lo capiranno pienamente, meditando su di lui: Goya e Delacroix.

In ogni caso la risposta alla sua lettera arriverà a marzo: può iniziare a dipingere i bozzetti per gli altari della costruenda chiesa di San Pascual Baylon di Aranjuez, che naturalmente dovranno essere approvati dal re. Il re li approverà. Don Juan Baptista potrà lavorare tranquillo. Data la dimensione delle tele, gli viene dato uno studio più grande.

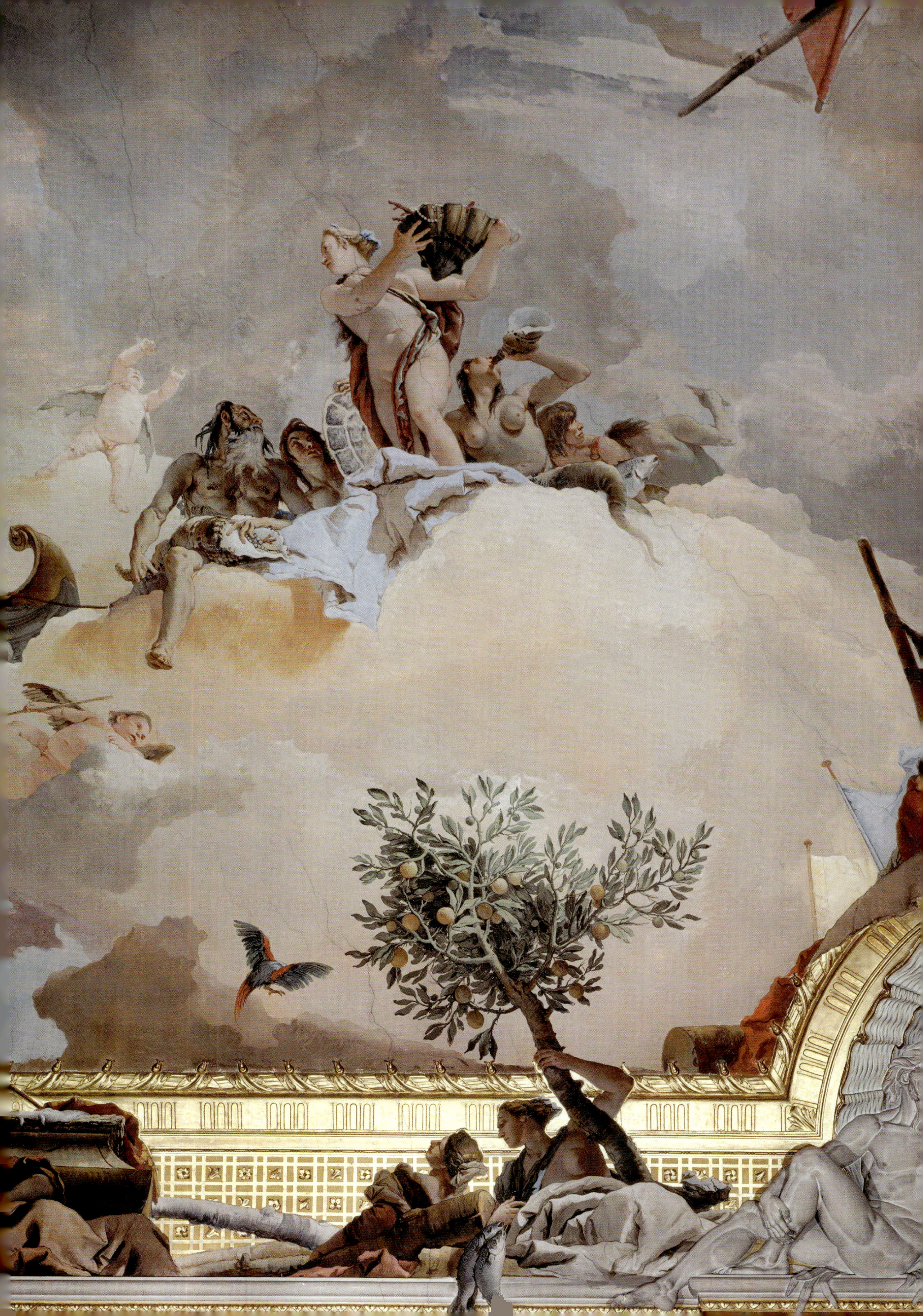

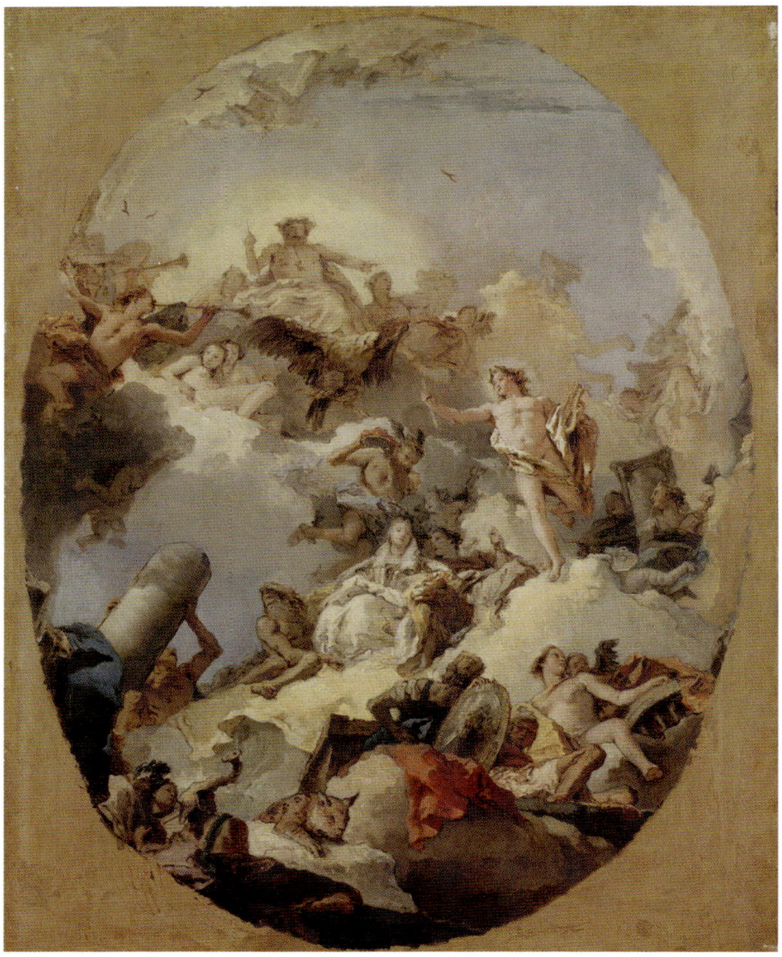

Apoteosi della monarchia spagnola, 1765 (?), olio su tela, 88,6 × 67 cm. New York, The Metropolitan Museum of Art

The Apotheosis of the Spanish Monarchy, 1765 (?), oil on canvas, 88.6 × 67 cm. New York, The Metropolitan Museum of Art

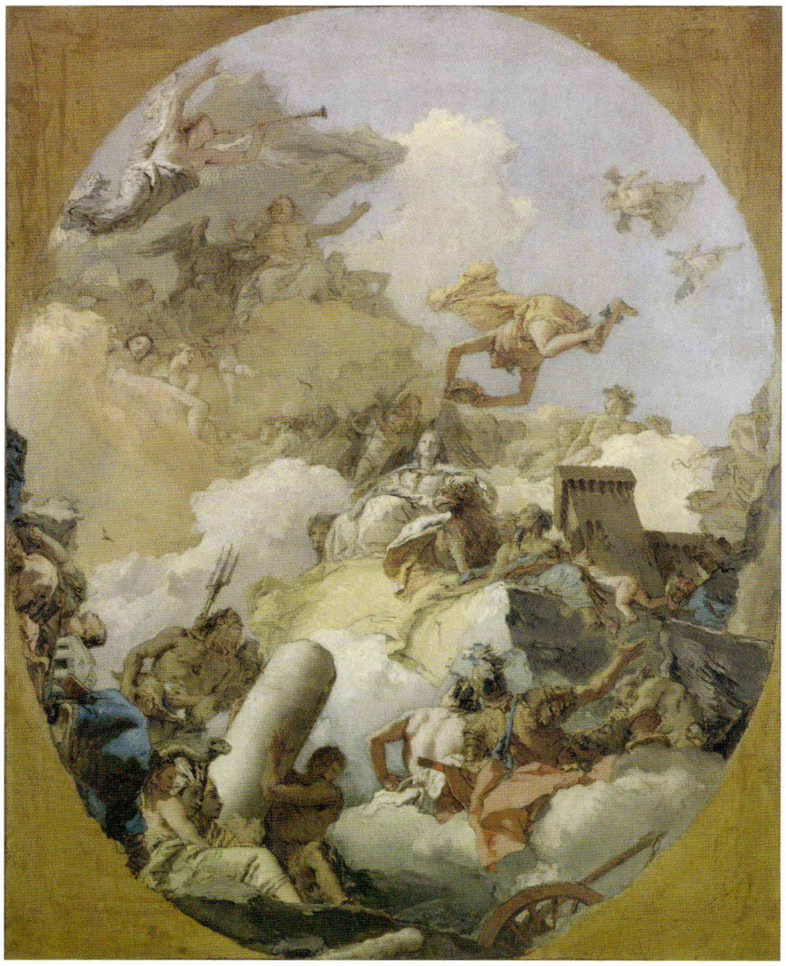

Apoteosi della monarchia spagnola, 1765 (?), olio su tela, 81,6 × 66,4 cm. New York, The Metropolitan Museum of Art

The Apotheosis of the Spanish Monarchy, 1765 (?), oil on canvas, 81.6 × 66.4 cm. New York, The Metropolitan Museum of Art

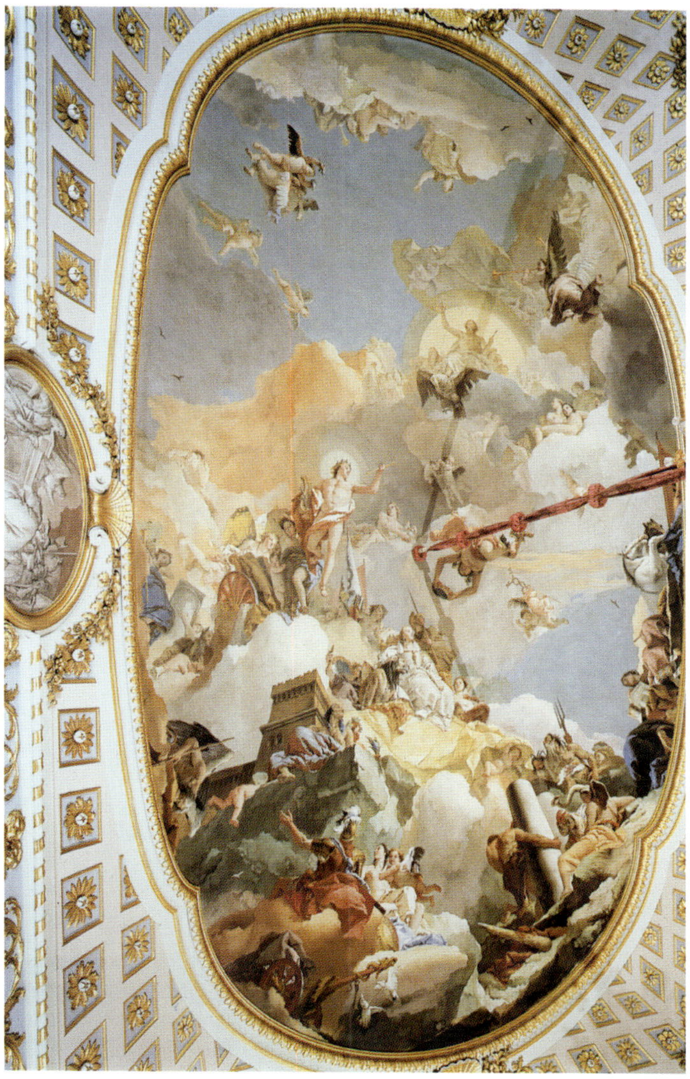

Apoteosi della monarchia spagnola, 1766-1767, affresco, 900 × 1500 cm. Madrid, Palazzo Reale

L'affresco per quella che era chiamata "saleta" o "anticamera della regina" presenta un'allegoria assai elaborata che si svolge in un percorso sinusoidale, ed è certamente di migliore leggibilità ed equilibrio nella sala più piccola. Al centro è la Spagna in forma di matrona assisa su un trono, la mano sulla criniera di un leone. Alle sue spalle la Prudenza. Mercurio e Apollo scendono verso il trono. Giove in alto conferma la sua protezione. Ai lati la Forza e la Fama che annuncia la gloria. Venere e Nettuno guardano verso Ercole che sembra erigere una delle sue colonne. In basso le allegorie di America, Africa ed Europa.

The Apotheosis of the Spanish Monarchy, 1766-1767, fresco, 900 × 1500 cm. Madrid, Royal Palace

The fresco for what was called the 'little hall' or the 'queen's antechamber' presents an elaborate, sinusoidally rendered allegory and is without a doubt more legible and balanced in that small room. In the centre, a female personification of Spain sits on a throne, her hand resting on the mane of a lion. Prudence stands behind her. Mercury and Apollo descend toward the throne. Jupiter above confirms his protection. To the sides, Strength and Fame herald glory. Venus and Neptune look toward Heracles, who seems to be holding up one of his columns. Below are allegories of America, Africa and Europe.

MISTERI E ANEDDOTI MADRILENI

Quale potesse essere il clima dei rapporti fra gli artisti allora a Madrid l'accenna un aneddoto, peraltro orale, certamente apocrifo, raccolto da Urbani de Gheltof. Andando dall'Escurial a Sant'Idelfonso a dorso di mulo, Tiepolo sarebbe stato assalito da due *saltadores de camino*, malviventi da strada, che avevano tutta l'intenzione di bastonarlo; ma proprio mentre iniziavano a colpirlo il ramo d'un albero lì presso cede di schianto. E chi cade a terra tramortito è il mandante della bastonatura, il Mengs; che poi Tiepolo caricherà, ancora malconcio, sul suo mulo, con la solita grande generosità.

Pompeo Molmenti, che poté consultare fonti oggi perdute, compilandole con facilità di narrazione, racconta alcuni pochi aneddoti, ma dimostrandosi assai dubbioso sulla loro veridicità. E come tali vengono tuttora considerati:

"Qui ci arresta un particolare della vita del Tiepolo, che non ci sembra senza importanza. Nell'atto di morte del pittore, scritto a Madrid nel 1770, è detto che egli, al suo giungere nella capitale spagnuola, avea fatta una dichiarazione di miserabilità: *otorgò declarazion da pobre ante Manuel de Robles*. Da ciò sarebbe lecito dedurre che il Tiepolo dovesse trovarsi in angustie domestiche, così da dover, fino alla tarda vecchiaia, guadagnar con l'assiduo lavoro il mantenimento a sé e alla sua famiglia. Quali ragioni abbiano indotto il Tiepolo a sottoscrivere quell'atto di povertà noi non conosciamo, e non è facile indovinarle, ma è certo che i suoi contemporanei affermano ch'egli possedeva un buon patrimonio, e che, quantunque d'indole parsimoniosa e assestata, viveva circondato da ogni agiatezza. Nel 1762, Alessandro Longhi nelle *Vite dei pittori* scriveva: 'Si vocifera che nella

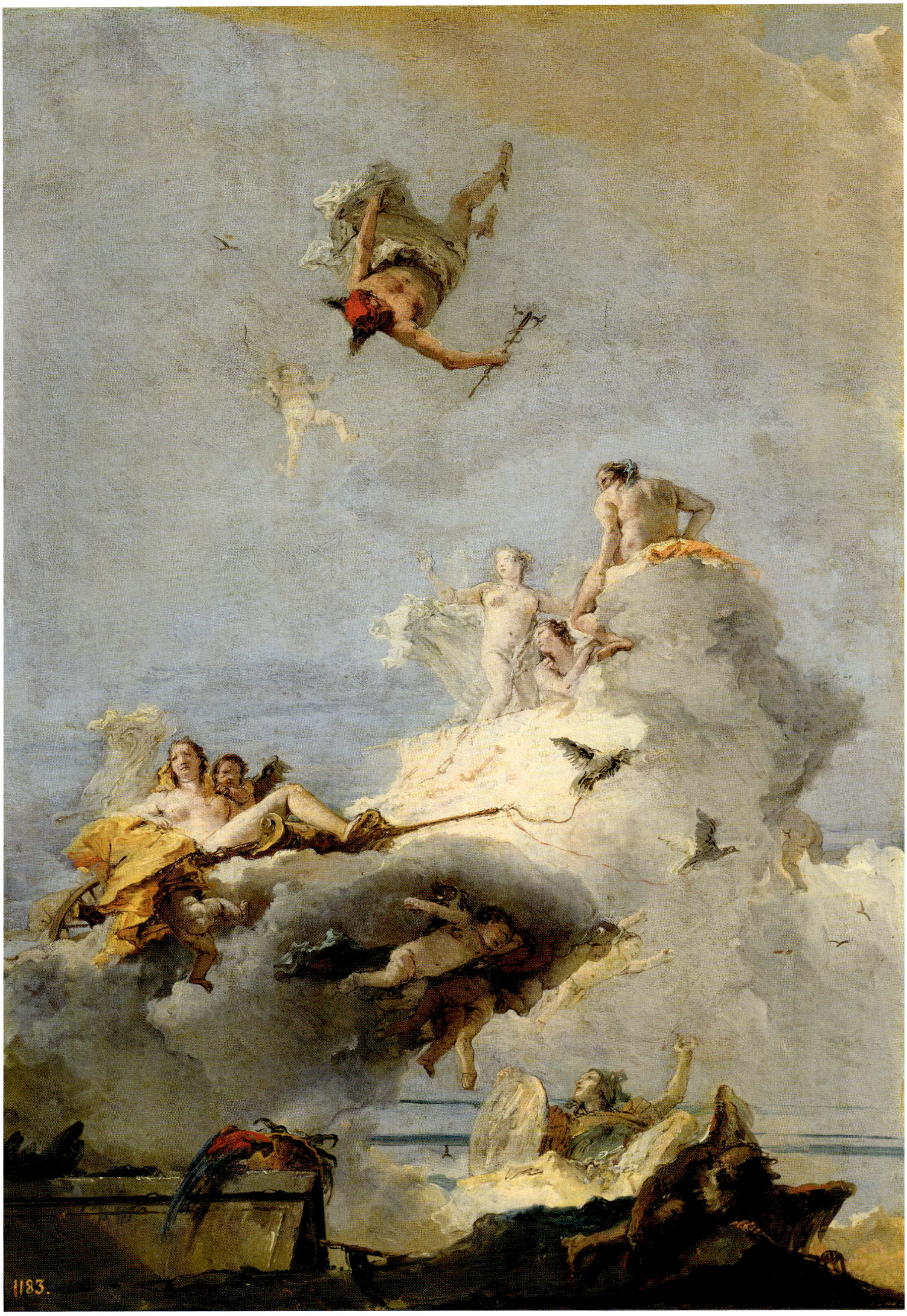
1183.

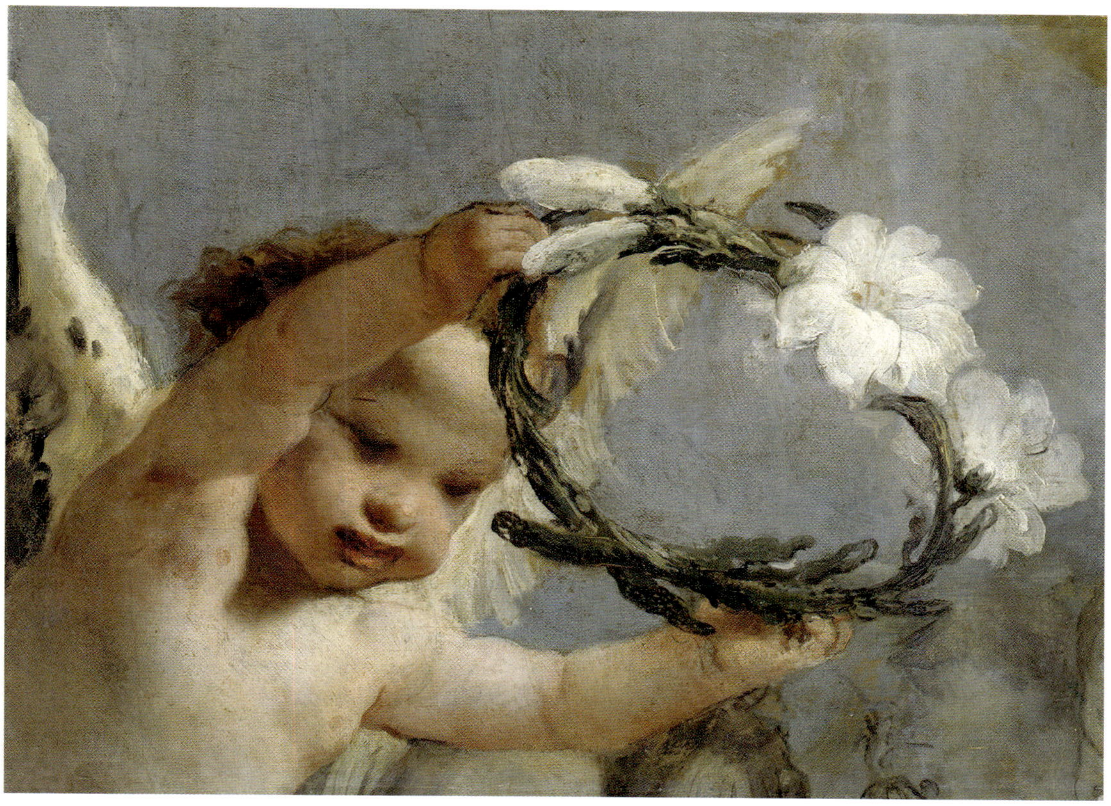

Trionfo di Venere, 1761-1764,
olio su tela, 87 × 61,5 cm.
Madrid, Museo Nacional del Prado

The Triumph of Venus, 1761-1764,
oil on canvas, 87 × 61.5 cm.
Madrid, Museo Nacional del Prado

Angelo con corona di gigli
(frammento del *San Giuseppe col Bambino* per un altare
della chiesa di San Pascual Baylon,
di Aranjuez), 1767-1769,
olio su tela, 40 × 53 cm.
Madrid, Museo Nacional del Prado

Angel with a Crown of Lilies
(fragment of *St Joseph with the Christ Child* for an altar
in the church of San Pascual Baylon, Aranjuez), 1767-1769,
oil on canvas, 40 × 53 cm.
Madrid, Museo Nacional del Prado

presente primavera partirà per Madrid, ricevuto da quel monarca con onore particolare, conducendo seco Gio. Domenico suo figliuolo, diligentissimo imitatore di un tanto padre. Vive frattanto in patria signorilmente'. [...] Nel 1757, Giambattista poteva prestare 6000 ducati ai Presidenti della Fabbrica della Chiesa della Pietà in Venezia. Né la famiglia doveva trovarsi in istrettezze se il pittore, durante il suo soggiorno in Ispagna, mandava in dono alla moglie, per mezzo dell'ambasciatrice veneziana Chiara Zeno Mocenigo, *un paro Manini perle di filli dieci per cadauno et una collana di Perle piccole di fili n. otto: e alle sue tre figlie nubili, Anna, Angela e Orsetta, una mazza perle di filli n. Vinticinque, per formare tre monili.* Altri doni Giambattista mandava di Spagna alla moglie, come coperte da letto ricamate, fazzoletti e accappatoi con pizzi, ecc. In fine egli deve aver lasciato ai suoi *herederos*, che furono i sette figli e la moglie, una considerevole sostanza, se la sola moglie, nel suo testamento del 16 settembre 1777, lasciava ai due figli Giandomenico e abate Giuseppe Maria 'quanto possedeva in mobili, stabili, capitali, argenti, gioie, crediti, ragioni ad essa spettanti'. La testatrice disponeva inoltre parecchi legati: alla figlia nubile, di nome Angela, 700 ducati; all'altra Orsetta maritata in Poli, 500 ducati; alle quattro nipoti Bardese, orfane di una terza figlia Elena, 400 ducati; ai suoi fratelli Francesco e Niccolò Guardi, 50 once d'argento; al figlio abate Giuseppe Maria un villino a Chirignago con parecchi campi. Riesce adunque inesplicabile la dichiarazione di povertà del Tiepolo. La fece egli per liberarsi da tasse personali? O non forse per giustificar la pretesa di più laute rimunerazioni? Se così fosse stato, dorrebbe che una menzogna, per quanto lieve, macchiasse la buona e pura immagine del pittore. [...] Della intimità domestica e delle consuetudini di Giambattista Tiepolo conosciamo assai poco, giacché la sua vita familiare è messa come nell'ombra dal luminoso, incessante succedersi delle sue opere. Soltanto la tradizione orale, troppe volte infida, ci ha tramandato qualche strano e poco credibile particolare intorno alla sua e alla vita della moglie. Il De Chennevières assicura di aver avuto alcune notizie sul Tiepolo da un vecchio francese, il signor Camillo Rogier, che conobbe il Corniani (non 'Cornigiani') degli Algarotti 'ancien directeur de l'Académie des beaux-arts de Venise', amico di Giandomenico Tiepolo, figlio del grande pittore. Sia detto per incidenza, ma il conte Corniani degli Algarotti, direttore del Museo, che fu creato dal patrizio Teodoro Correr, non fu mai presidente dell'Accademia di belle arti. Il Corniani avrebbe adunque narrato al signor Rogier che la buona ed onesta moglie del Tiepolo offuscava le sue virtù

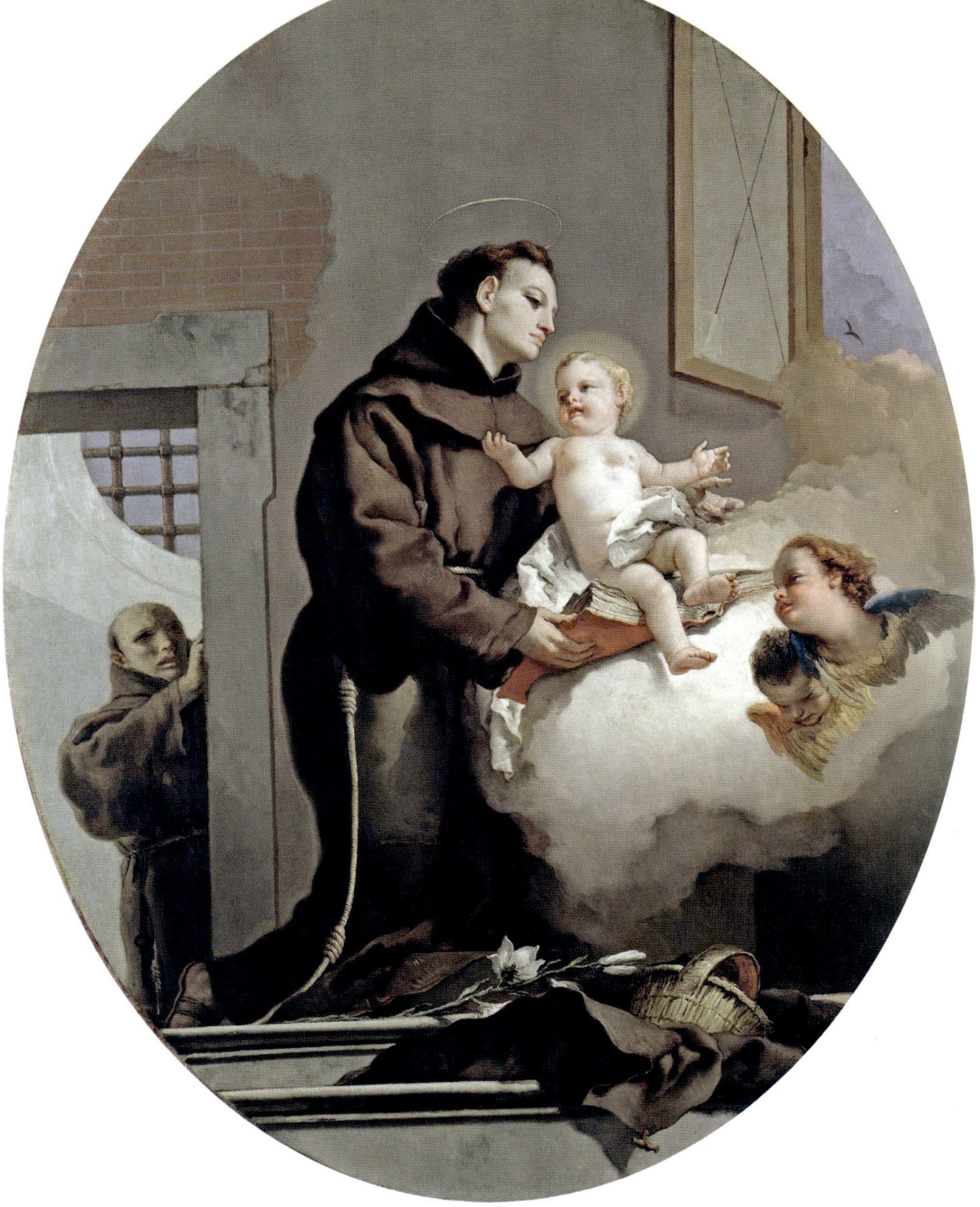

Sant'Antonio da Padova con il Bambino Gesù, 1767-1769, olio su tela, 225 × 176 cm. Madrid, Museo Nacional del Prado

St Anthony of Padua with the Christ Child, 1767-1769, oil on canvas, 225 × 176 cm. Madrid, Museo Nacional del Prado

con la brutta passione del giuoco. Ecco un aneddoto 'bien extraordinaire' che il Rogier, come nota anche il *Journal* dei Goncourt, raccontò in un banchetto in casa di Pietro Gavarni, il 22 dicembre 1872, ma che secondo noi ha tutta l'aria di un romanzetto.

Finché il maestro si trovava lontano da Venezia, la signora Tiepolo andava mascherata ogni sera al Ridotto per tentar la fortuna. Una sera, in cui la sorte le era più che mai contraria, s'alzò agitata e adirata per lasciare il tavolino da giuoco. Il suo competitore la invitò con cortese sollecitudine a rimanere.

– Ma, signore, io non ho più un quattrino.

– Rimettetevi al vostro posto, signora. Io giuoco con voi qualunque somma, se mettete come posta i bozzetti dello studio di vostro marito.

– Molto volontieri, signore, molto volontieri.

E Cecilia si riassise e... perdette i bozzetti.

– Poco male, signora. Vi offro il modo di rifarvi. Io giuoco tutti i bozzetti guadagnati contro la vostra villa di Zianigo, dipinta dal vostro caro figliuolo Domenico.

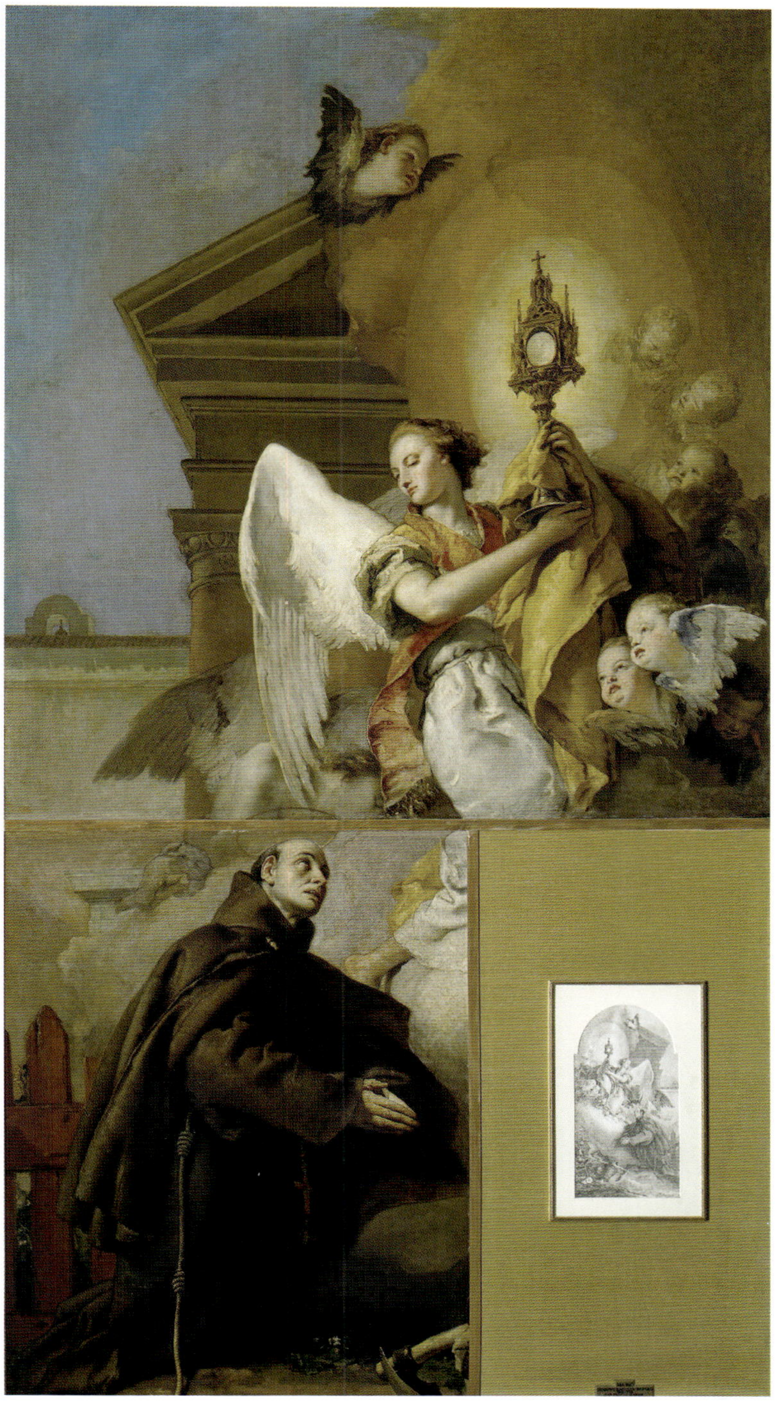

Visione di san Pascual Baylon, 1767-1769, olio su tela, 153 × 112 cm. Madrid, Museo Nacional del Prado

Delle sette tele realizzate per la nuova chiesa conventuale di Aranjuez, ultima fatica del pittore, questa che presenta un bellissimo angelo con ostensorio e un santo francescano in atto di mistica umiltà fu tagliata in tre parti, di cui una perduta. Parzialmente ricomposta soltanto nel 1926, presenta nell'angolo mancante una copia dell'incisione dell'opera completa, di fatto con una notevole e rara natura morta. È rimasta solo la zappa a segnalare il lavoro quotidiano del santo. Questa tela, forse l'ultima di Giambattista Tiepolo, fu sostituita pochi mesi dopo da una di Mengs, e poi dimenticata nel gran convento.

Vision of San Pascual Baylon, 1767-1769, oil on canvas, 153 × 112 cm. Madrid, Museo Nacional del Prado

One of the seven canvases painted for the new Franciscan church of Aranjuez, the painter's final project, the present painting, which depicts a lovely angel with a monstrance and a Franciscan saint in a moment of mystic humility, was cut into three parts, one of which remains lost. Partially reconstructed in 1926, the missing corner displays a copy of an engraving of the complete work, which featured a noteworthy and rare still life. A hoe is all that remains to signal the daily life of the saint. This canvas, perhaps the last by Giambattista Tiepolo, was replaced after a few months by a Mengs, and then forgotten in the large monastery.

Essa tenne la posta e perdette la villa, ricuperata poi dall'altro figlio, l'abate Giuseppe Maria, al quale il padre aveva affidato l'azienda domestica. Anche qui per incidenza notiamo che la villa era di proprietà di Giambattista, e che la moglie non poteva disporne in alcun modo. Altri aneddoti si riferiscono al pittore. [...] Se vogliamo credere a un manoscritto intitolato: *Vidas de los pintores*, posseduto dal signor José de Ribera di Madrid, una grande importanza nella vita artistica e privata del Tiepolo avrebbe avuto la modella, *muy hermosa*, che lo avrebbe seguito anche in Ispagna. Si dice fosse figlia d'un barcaiuolo veneziano, avesse nome Cristina, e fosse bella di quella superba bellezza, che palpita di vita nelle sembianze della Cleopatra di palazzo Labia. In verità alcuni recenti biografi del Tiepolo, e più particolarmente Enrico Modern, danno una soverchia e per noi fantastica importanza all'azione, che codesta Cristina avrebbe avuto sull'arte e anche sulla vita del Tiepolo, il quale, a sessantasei anni, abbandonata la moglie senza alcun rammarico, si sarebbe fatto accompagnare in Ispagna dalla bella popolana. Il duca di Montealegre, nella sua lettera riservata del 3 aprile 1762 al marchese di Squillace, annunzia la partenza del Tiepolo con *dos hixos suyos y en compania de D.n Joseph Casina noble paduan*,

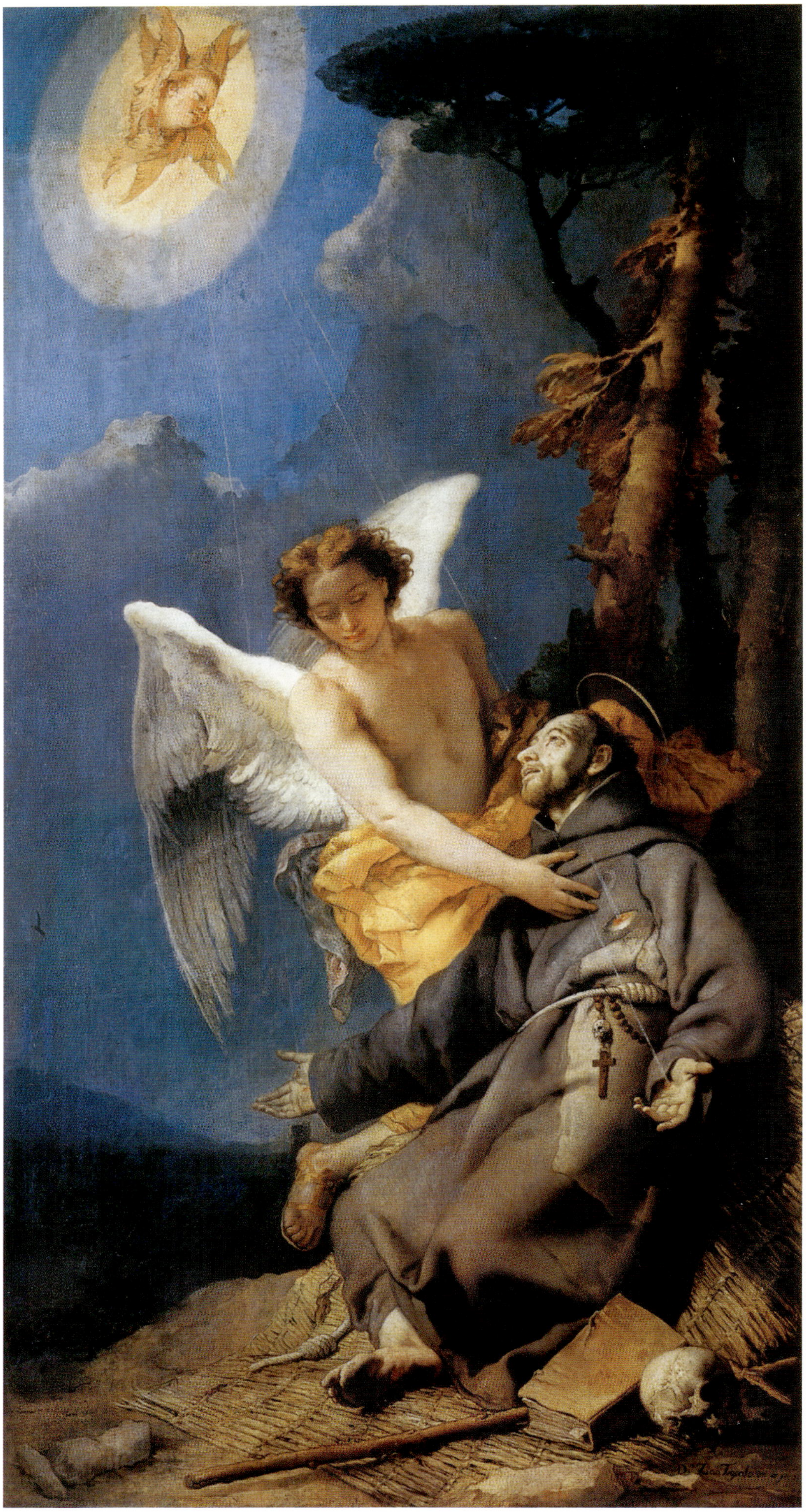

San Francesco riceve le stimmate,
1767-1769, olio su tela,
278 × 153 cm. Madrid,
Museo Nacional del Prado

The Stigmata of St Francis,
1767-1769, oil on canvas,
278 × 153 cm. Madrid,
Museo Nacional del Prado

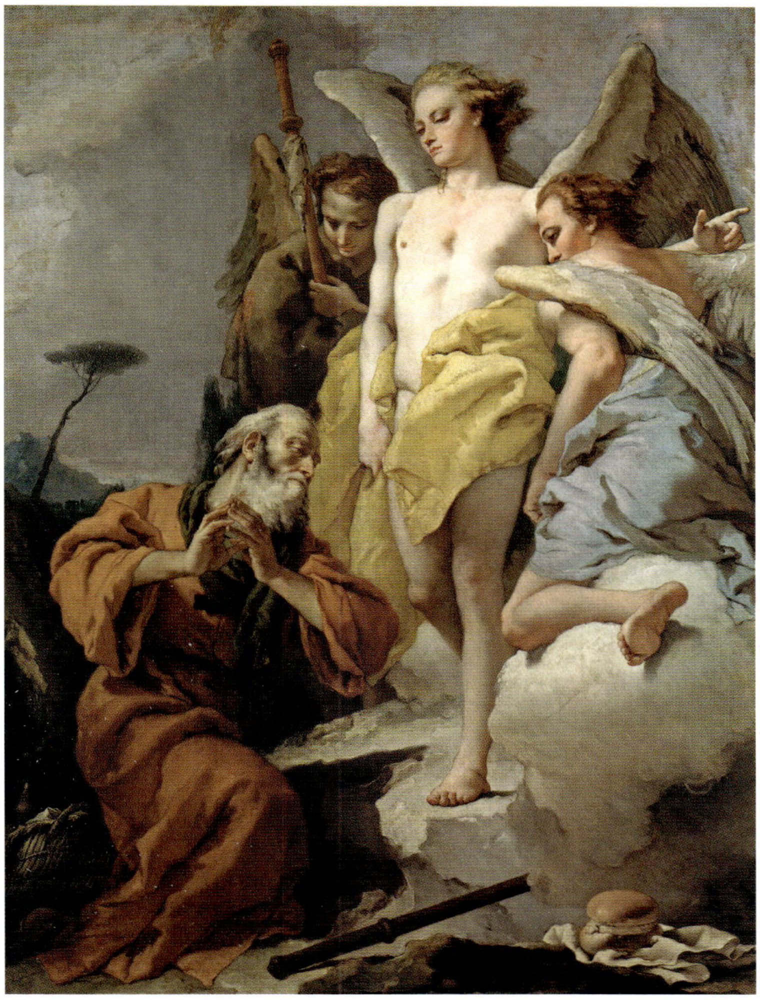

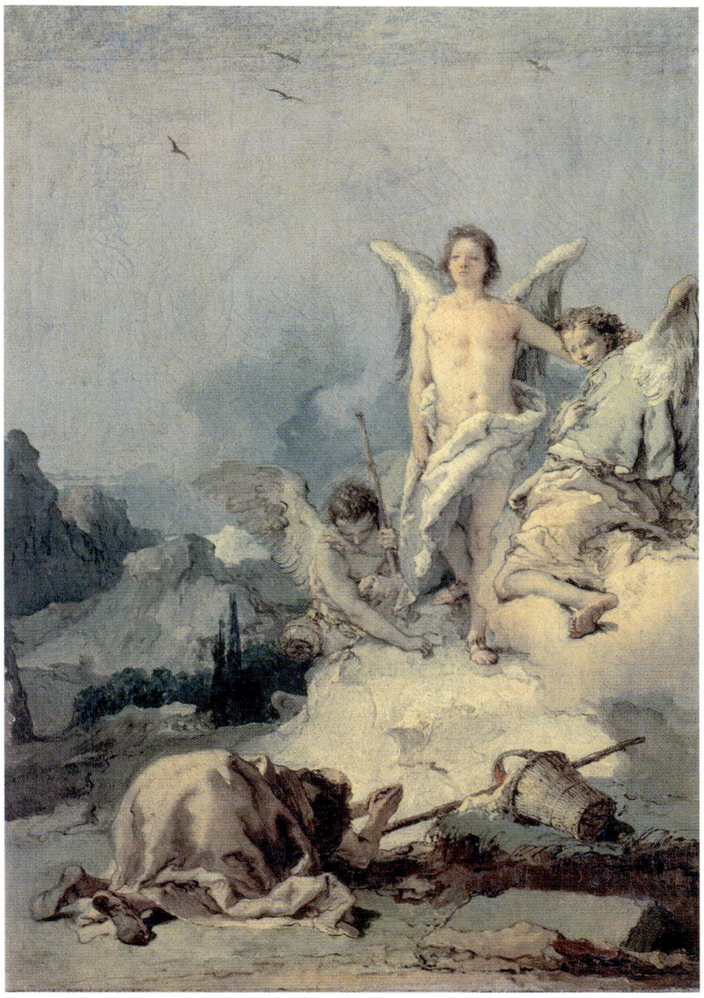

ma d'altri non parla, e non può credersi che l'ambasciatore, d'ogni cosa minutamente informato, ignorasse o tacesse che della comitiva faceva parte anche la formosa modella. Né i figli, ch'erano insieme col padre, avrebbero tollerato lo scandalo senile, neppur sotto il pretesto dell'arte".

Abramo e i tre angeli, circa 1770, olio su tela, 196 × 151 cm. Madrid, Museo Nacional del Prado

Abraham and Three Angels, circa 1770, oil on canvas, 196 × 151 cm. Madrid, Museo Nacional del Prado

Abramo e gli angeli, 1767-1770, olio su tela, 57 × 42 cm. Madrid, Museo Nacional del Prado

Abraham and the Angels, 1767-1770, oil on canvas, 57 × 42 cm. Madrid, Museo Nacional del Prado

Il 29 agosto 1769 le tele per Aranjuez sono ultimate: Tiepolo scrive al solito Múzquiz, che però ora è il ministro delle Finanze dopo la morte del marchese de Esquilache. Nella missiva ha tuttavia l'imprudenza di confidare anche l'astio nei suoi confronti manifestato dal confessore del re, il francescano Joaquín de Eleta. Con ogni probabilità da allora i rapporti con la corte si incrinano irrimediabilmente.

Le tele per San Baylon di Aranjuez comprendono un *San Francesco riceve le stimmate*, che più disfatto e dolente non si può: neppure l'angelo ha il coraggio di fargli sentire quanto sia dolorosa la piaga sul costato. E dietro il solito albero, il pino che sembra anche lui cedere ai venti divini, al messaggio del serafino. E un *San Pietro d'Alcantara* che medita e scrive sotto una gran croce rozza, solo due pali robusti, appoggiata allo scomodo sedile: una mesta colomba l'avverte di un messaggio divino.

Poi Tiepolo si dedica ad alcune tele religiose, che saranno davvero le ultime, quasi private. Una *Deposizione* di Lisbona: come per Tiziano troppo stanco di vivere, anche Tiepolo conclude il proprio percorso terreno con la rassegnazione di chi ha vissuto abbastanza, rispecchiandosi nel corpo stanco e abbandonato di Cristo. E i capolavori finali più strazianti: le *Fughe in Egitto.* Poche, piccole e personali tele, quasi un omaggio al proprio figlio, alle sue acqueforti del 1753, quelle *Idee pittoresche sopra la fugga in Egitto*. Forse proprio l'ultima delle piccole tele è un riposo presso le acque, il pino inclinato che nulla protegge, l'asino con

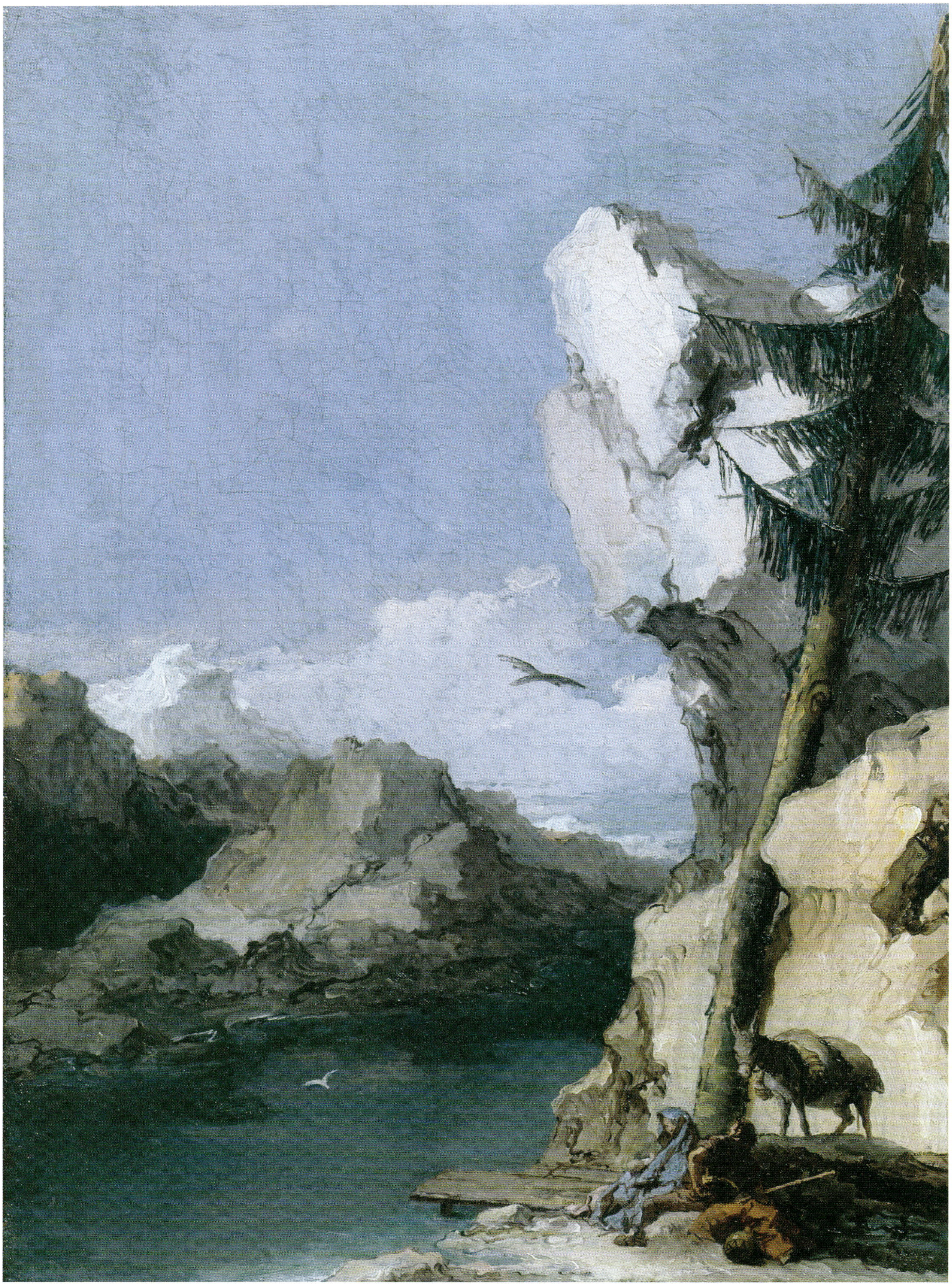

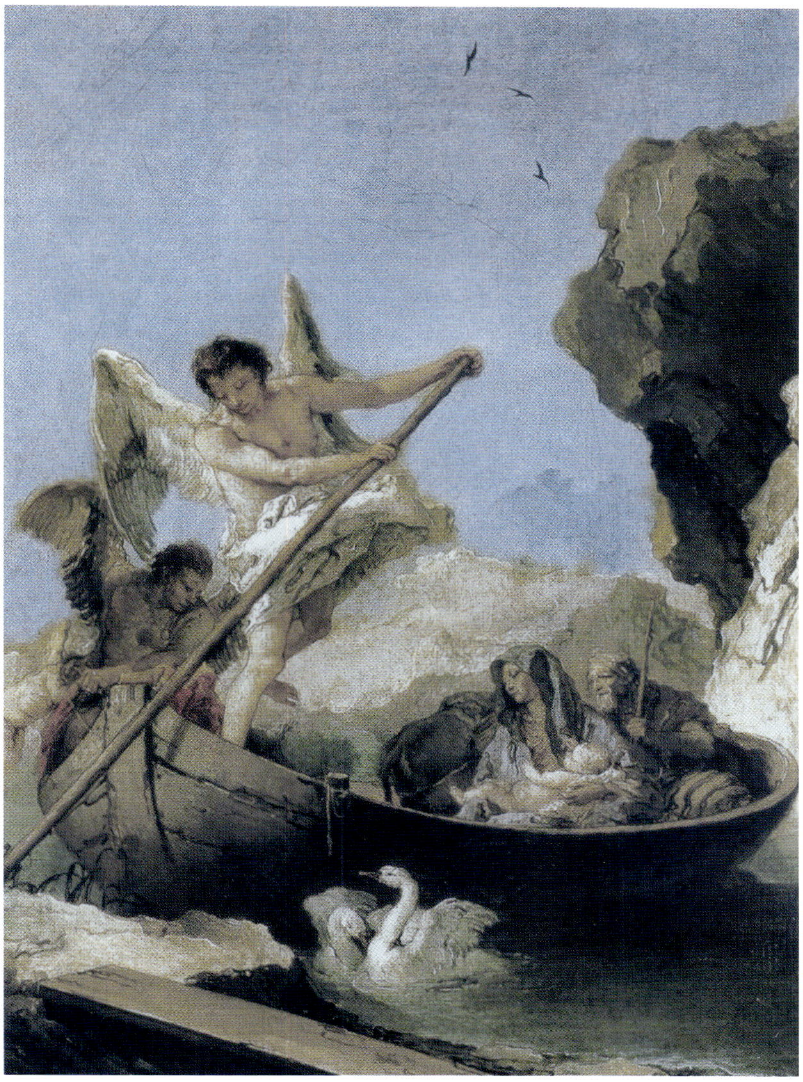

Riposo durante la fuga in Egitto, 1768-1770, olio su tela, 55,5 × 41,5 cm. Stoccarda, Staatsgalerie

The Rest on the Flight to Egypt, 1768-1770, oil on canvas, 55.5 × 41.5 cm. Stuttgart, Staatsgalerie

Due angeli trasportano la Santa Famiglia durante la fuga in Egitto, 1768-1770, olio su tela, 57 × 44 cm. Lisbona, Museu Nacional de Arte Antiga

Una quiete intrisa di malinconia, e una sorta di sacra meditazione, intride le scene della *Fuga in Egitto*, in cui è facile ritrovare lo stato d'animo nel crepuscolo della vita e nella lontananza dai luoghi familiari. La concisione evocativa del paesaggio in cui si perde ogni umana attesa, la commossa energia con cui si avvia una imbarcazione che ci ricorda il vasello snelletto e leggero che traghetta le anime purganti realizzano ancora una volta la rapidità di sintesi luministica dei modelletti di Giambattista.

Two Angels Transporting the Holy Family During the Flight into Egypt, 1768-1770, oil on canvas, 57 × 44 cm. Lisbon, Museu Nacional de Arte Antiga

An intrinsic stillness of melancholy and a kind of sacred meditation saturate scenes of the *Flight into Egypt*, where it is easy to discover the state of the soul in the dusk of life and one's distance from familiar places. The evocative concision of the landscape in which all human expectation is lost and the moving energy with which one sets out in a boat reminiscent of the light, nimble little vessel that ferries souls to Purgatory once again express the rapidity of stage lighting synthesis in Giambattista's sketches.

il basto che attende paziente, una donna che medita sul fluire di acque e pennuti abitanti del cielo. Nella *Fuga in Egitto in barca*, oggi a Lisbona, la famigliola con il suo asino è traghettata da due angeli, impegnati nell'esercizio di governo dell'imbarcazione, che vanno staccando dall'approdo. Hanno lasciato incautamente una veste, mentre l'uno molla la cima l'altro ha il gesto energico del gondoliere. L'abbrivio è prossimo.

Questa partenza per lidi ignoti, nella fuga continua, è ciò che resta dopo aver interrogato troppo a lungo il Tempo e la Verità, e non aver ottenuto risposte, come non hanno risposte i negromanti che guardavano a terra il lento consumarsi di un cranio combusto. Non resta nulla, se non una distesa d'acqua infida su cui solo gli angeli potranno traghettarli. E resta solo la stanca attesa, verso un nuovo esilio. Dove sono la Fama, il Merito, la Gloria, dove le gesta di Achille e Dario, di Scipione e Mario, dove le passioni di Angelica e Cleopatra, di Didone e Sofonisba? Nell'ultimo Tiepolo c'è una desolazione intensa ma non tragica, perché segna la fine di ogni domanda, conferma la semplice attesa del Nulla. Apollo è tramontato, e con lui l'Eloquenza e la Nobiltà, il Coraggio e le Virtù. Tramontati per sempre. Allora si capisce anche perché tutti gli incontri erano addii: Didone ed Enea, Rinaldo e Armida, Apollo e Dafne, Antonio e Cleopatra, Achille e Ifigenia, Orfeo ed Euridice.

C'era ancora un bozzetto preparatorio per una *Immacolata Concezione,* ora a Dublino. Era l'ultimo progetto. Ma la morte gli toglie il pennello di mano, il 27 marzo del 1770.

Giambattista Tiepolo fu sepolto di notte, senza sacramenti, nella chiesa di San Martín. L'edificio fu demolito neppure mezzo secolo dopo. Non resta traccia delle spoglie.

Un mese dopo, il 21 aprile, la notizia giunge a Venezia.

Sipario sul Mondo Nuovo

Cecilia Guardi deve comprovare, con un atto versato poi all'Archivio di Stato di Venezia, che il marito le aveva inviato in dono, per mezzo della nobildonna Chiara Zen Mocenigo, collane e braccialetti di perle, mentre via mare da Alicante a Genova le erano pervenute coperte ricamate, e che infine Domenico le aveva portato dalla Spagna dei doni d'abiti e capi di tessuto e merletti, acquistati per lei dal marito. Erano regali personali, e non doveva darne conto come asse ereditario. Chi ne esigeva una parte era l'avido genero Bardese, il marito di Elena.

Giandomenico è tornato dalla Spagna da solo, con un documento di "stato libero", necessario per contrarre matrimonio, rilasciato dalla parrocchia di San Martín. Ora va ad abitare con la madre, le sorelle nubili e il fratello Giuseppe in una casa nella contrada di Santa Fosca. Anna, la figlia primogenita, nubile, cinquantenne, fa testamento l'11 maggio 1772. Lorenzo è rimasto in Spagna, dove si è sposato, e ha una piccola pensione reale. Di lui null'altro si sa, neppur l'anno della morte, prima comunque del 1777: la madre, nel testamento che porta la data di quell'anno, non lo ricorda.

Cecilia Guardi Tiepolo lascia il lungo testamento presso il notaio Alvise Zuccoli. La data è quella del 16 settembre 1777. Anna è morta, Angela è nubile, Orsola è coniugata Poli, la scomparsa Elena coniugata Bardese ha avuto tre figlie: Cecilia, Maria Anna, Angela. A ciascuna lascia con dettagli precisissimi alcuni dei suoi numerosi capi di vestiario. Ci teneva molto. Dei disegni e raccolte del marito, e su di lui, neppure un cenno. Cecilia muore l'1 giugno 1779.

Giandomenico si è sposato con Margherita Moscheni il 20 ottobre 1776. Hanno due bambine che muoiono presto. Non c'è una terza generazione di nome Tiepolo.

Giandomenico si ritira progressivamente. È sempre più legato alla palazzina di Zianigo. Aveva decorato qualche parete dopo il ritorno da Madrid; torna più intensamente per completare ogni stanza dalla fine degli anni ottanta.

Quando il 25 brumaio del 1793 David pronuncia alla Costituente un discorso programmatico sulle arti come contributo al "progresso dello spirito umano", di cui è esemplare quell'anno la *Morte di Marat*, a Venezia muore Francesco Guardi. Al Louvre espongono *Amore e Psiche* di Antonio Canova. E Giandomenico a Zianigo dipinge l'*Altalena dei Pulcinella*. E cosa resta da fare? Fra tre anni arriverà il generale Bonaparte, e Giandomenico, nato veneziano, ultimo grande di sei secoli d'arte veneziana, morirà nel 1804 austriaco. La moglie Margherita non troverà di meglio che risposarsi, l'anno dopo, con un nipote acquisito, Giambattista Bardese. Che cosa resta ancora da fare? Raccontare tutta la vita di Pulcinella: sarà il *Divertimento per li regazzi carte n. 104*: "Una confessione indiretta dello stato di isolamento dell'artista, consapevole che l'arte in cui crede non può certo essere apprezzata dai 'Professori intendenti'. In tempi ostentatamente seriosi, Giandomenico, figlio di una civiltà per la quale la vita era gioco e rispecchiamento teatrale, indirizza il suo ultimo messaggio a coloro che ancora possono vivere nella dimensione del gioco, appunto ai ragazzi" (Mariuz 1971, p. 87). Che seguiranno le vicende del personaggio della Commedia dell'arte, di volta in volta beffardo e disorientato nell'incomprensibile e spettrale mondo contemporaneo.

E poi che altro fare? Aspettare: tanto sono tutti affaccendati intorno al *Mondo Novo*. Giando-

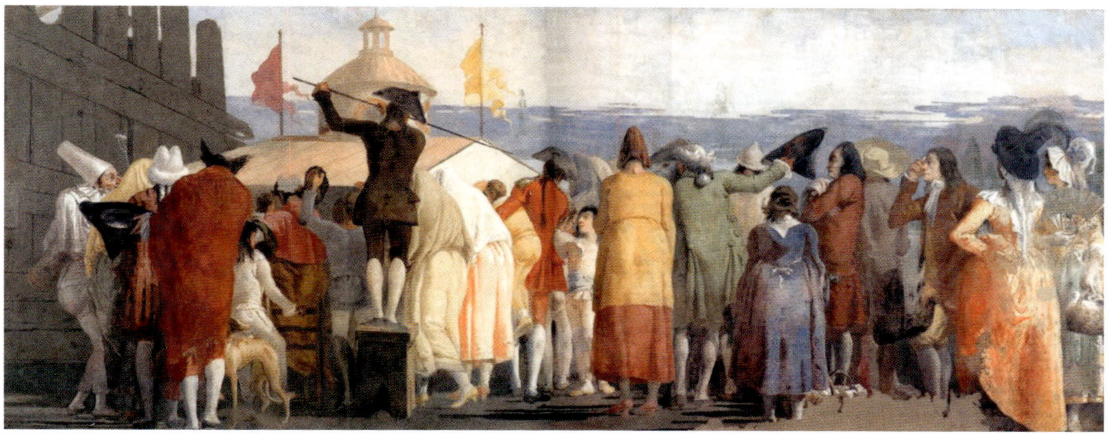

Giandomenico Tiepolo,
Il "Mondo Novo", 1791, affresco trasportato su tela, 152 × 540 cm.
Venezia, Ca' Rezzonico

Giandomenico Tiepolo,
Il "Mondo Novo," 1791, fresco mounted on canvas, 152 × 540 cm.
Venice, Ca' Rezzonico

menico l'aveva dipinto a villa Valmarana, Giambattista l'avrà visto e commentato. Ritorna ora a Zianigo, è l'epitaffio finale su un mondo che non è più soltanto Venezia: è il nostro mondo, quello che i Tiepolo hanno visto con preoccupazione, ironia e amarezza.

Alla villa Valmarana la folla delle maschere carnevalesche attende in disordine l'occasione per guardare, attraverso una finestrella, all'interno del casotto del Mondo Nuovo, dove una lanterna magica proietta le immagini false di una realtà in cui si vuole credere. E il ciarlatano, in piedi su uno sgabello, le illustra alla folla.

Ora invece a Zianigo l'affresco è grandioso, cinque metri per due, con un taglio che adesso sappiamo cinematografico, panoramico. A sinistra una palizzata di assi fa da quinta verso un "casotto", una baracca sormontata da una torretta. La folla si accalca. I personaggi non sono più in maschera, l'eterna festa è finita. Sono fermi, appesantiti da giubbe, *redingotes*, abiti goffi, cuffie e parrucche. Non hanno più volto: restano soltanto un Pulcinella, un *regazzino*, un accigliato e imbronciato uomo a braccia conserte e dietro di lui l'autore stanco, che guarda con l'occhialino; i fantasmi di padre e figlio. Si pigiano intorno al gabbiotto, e un adulto è così sciocco da alzare anche il figlio bambino perché veda nella scatola magica, si illuda fin dalla più tenera infanzia; si distragga e diverta. Non c'è più distinzione nella folla "dominata dalla figura del ciarlatano, che, dall'alto di uno sgabello, sembra manovrare la folla con la sua asta, quasi si trattasse di marionette di cui muovere i fili. È uno sguardo lucido e amaro sull'umanità presente e la sua sorte" (Lucco 1995, p. 439). Giandomenico "sente lo sfacelo di una società in piena crisi e lo adombra sotto l'aspetto di spassosa e amara buffoneria" (Pallucchini 1995, p. 586).

La messa in scena è prosaica, l'inquietudine è palese: "la presunzione e il letargo della ignoranza" che Pietro Verri denunciava come i mali degli italiani. E non c'è più neppure un paesaggio a distrarre la folla anonima e cieca: l'azzurro del cielo e del mare è lontano e indeterminato, eppure ancora garriscono al vento due splendide bandiere in rosso e arancio, ancora si muovono ombre, forse ancora sarebbe possibile cercare il Mondo Nuovo, senza preferire l'illusione della lanterna magica dell'imbonitore. Forse.

Ma la storia è fallace, maghi e astronomi continuano a scrutare e divinare inganni; gli dei dell'Olimpo sono evaporati. Gli eroi sono diventati i Pulcinella, i gesti, i riti, i simboli e le allegorie di Giambattista si sono rovesciati in maschere che si sbeffeggiano, la vacuità idiota del presente e del moderno, sempre rincorso e mai raggiunto, celebra la divinità dell'effimero. "Diceva Bernardo di Chartres che noi siamo come nani sulle spalle di giganti, così che possiamo vedere più cose di loro e più lontane, non certo per l'acume della vista o l'altezza del nostro corpo, ma perché siamo sollevati e portati in alto dalla statura dei giganti". Vale anche per Giandomenico il celebre motto ricordato da Giovanni di Salisbury: ha visto tutto, issandosi sulle spalle del padre, e su una parete di una casa di Zianigo ha lasciato un'immagine del moderno che ci appare di assoluta, panoramica, definitiva verità.

Nota bibliografica

Da Canal 1732
Vita di Gregorio Lazzarini di Vincenzo Da Canal [1732] *pubblicata la prima volta nelle nozze Da Mula-Lavagnoli, da Giannantonio Moschini*, Stamperia Palese, Venezia 1809.

Zanetti 1771
Antonio Maria Zanetti, *Della pittura veneziana e delle Opere Pubbliche de' Veneziani Maestri Libri V*, Stamperia Albrizzi, Venezia 1771.

Tassi 1793
Francesco Maria Tassi, *Vite de' Pittori, Scultori, Architetti Bergamaschi, scritte dal conte Francesco Maria Tassi*, Locatelli, Bergamo 1793.

Moschini 1806
Giannantonio Moschini, *Della letteratura veneziana del secolo XVIII fino a' nostri giorni*, Stamperia Palese, Venezia 1806.

Lanzi 1838
Luigi Lanzi, *Storia pittorica della Italia* [1795-1796], Marchini, Firenze 1838^5.

Cicogna 1842
Emmanuele Antonio Cicogna, *Delle inscrizioni veneziane*, Molinari, Venezia, 1842, vol. V.

Urbani de Gheltof 1879
Giuseppe Maria Urbani de Gheltof, *Tiepolo, e la sua famiglia: note e documenti inediti*, Tip. Kirchmayr e Scozzi, Venezia 1879.

Molmenti 1909
Pompeo Molmenti, *G.B. Tiepolo. La sua vita e le sue opere*, Hoepli, Milano 1909.

Sack 1910
Eduard Sack, *Giambattista und Domenico Tiepolo: ihr Leben und ihre Werke*, Clarmannn, Hamburg 1910.

Morazzoni 1918
Giuseppe Morazzoni, *La sede della Scuola superiore femminile "A. Manzoni"*, Tip. Pirola, Milano 1918.

Fogolari 1942
Gino Fogolari, *Lettere inedite di G.B. Tiepolo*, in "Nuova Antologia", settembre 1942.

Morassi 1943
Antonio Morassi, *Tiepolo*, Istituto Italiano d'Arti Grafiche, Bergamo 1943.

Valsecchi 1954
Marco Valsecchi, *La pittura veneziana*, Electa, Milano 1954.

De Brosses 1957
Charles de Brosses, *Viaggio in Italia. Lettere familiari* [1836], Parenti, Firenze 1957.

Pallucchini 1960
Rodolfo Pallucchini, *La pittura veneziana del Settecento*, Istituto per la collaborazione culturale, Venezia 1960.

Haskell 1966
Francis Haskell, *Patrons and Painters: a Study in the Relations between Italian Art and Society* [1963], ed. it., condotta sulla prima edizione *Mecenati e pittori: studio sui rapporti di arte e società in Italia nell'età del barocco*, Sansoni, Firenze 1966.

Pallucchini 1968
Anna Maria Pallucchini, *L'opera completa di Giambattista Tiepolo*, Rizzoli, Milano 1968.

Mariuz 1971
Adriano Mariuz, *Giandomenico Tiepolo*, Alfieri, Venezia 1971.

Rizzi 1971
Aldo Rizzi (a cura di), *Mostra del Tiepolo*, Electa, Milano 1971.

Bortolan 1973
Gino Bortolan, *Asterischi d'archivio per il '700 veneziano*, in "Notizie da Palazzo Albani", II, 3, 1973.

Ellero, Scarpa 1978
Giuseppe Ellero, Jolanda Scarpa, *Arte e musica all'Ospedaletto. Schede d'archivio sull'attività musicale degli Ospedali dei Derelitti e dei Mendicanti di Venezia (sec. XVI-XVIII)*, Stamperia di Venezia, Venezia 1978.

Goethe 1983
Johann Wolfgang von Goethe, *Viaggio in Italia* [1816-1817], Mondadori, Milano 1983.

Whistler 1984
Catherine T. Whistler, *Giambattista Tiepolo in Spain: the Late Religious Paintings*, University College Dublin, Dublin 1984.

Mariuz, Pavanello 1985
Adriano Mariuz, Giuseppe Pavanello, *I primi affreschi di Giambattista Tiepolo*, in "Arte Veneta", XXXIX, 1985.

Moretti 1985
Lino Moretti, *Notizie e appunti su G.B. Piazzetta, alcuni piazzetteschi e G.B. Tiepolo*, Istituto Veneto di Scienze, Lettere ed Arti, Venezia 1985.

Whistler 1985
Catherine T. Whistler, *Tiepolo, Charles III and the Church of S. Pascual Baylon at Aranjuez*, in "Apollo", CXXI, 1985, pp. 321-327.

Levey 1986
Michael Levey, *Giambattista Tiepolo: His Life and Art*, Yale University Press, New Haven-London 1986 (ed. it. Mondadori, Milano 1988).

Whistler 1986
Catherine T. Whistler, *G.B. Tiepolo at the Court of Charles III*, in "The Burlington Magazine", CXXVIII, 1986, pp. 199-203.

Barcham 1989
William L. Barcham, *The Religious Paintings of Giambattista Tiepolo. Piety and Tradition in Eighteenth-Century Venice*, Oxford 1989.

Aikema 1990
Bernard Aikema, *La pittura del Settecento a Venezia*, in *La pittura in Italia. Il Settecento*, Electa, Milano 1990, t. I.

Sohm 1990
Philip Sohm, *The Critical Recep of Paolo Veronese in Eighteenth-Century Italy: the Example of Giambattista Tiepolo as Veronese "Redivivus"*, in *Paolo Veronese: Fortuna Critica und künstlerisches Nachleben*, a cura di Jürg Meyer zur Cappellen, Bernard Roeck, Studi 8, Centro Tedesco di Studi Veneziani, Sigmaringen 1990.

Gemin, Pedrocco 1993
Massimo Gemin, Filippo Pedrocco, *Giambattista Tiepolo. I dipinti: opera completa*, L'Ancora, Venezia 1993.

Lucco 1995
Mauro Lucco, *Giandomenico Tiepolo*, in *Storia di Venezia. Temi: l'arte*, a cura di Rodolfo Pallucchini, 2 voll., Istituto dell'Enciclopedia Italiana, Roma 1995.

Mariuz, Pavanello 1995
Adriano Mariuz, Giuseppe Pavanello, *Per la giovinezza di Gianbattista Tiepolo: un affresco e un disegno*, in "Arte Veneta", 47, 1995.

Pallucchini 1995
Rodolfo Pallucchini, *La vena satirica di Giandomenico Tiepolo*, in *La pittura nel Veneto. Il Settecento*, Electa, Milano 1995.

Aikema 1996
Bernard Aikema, *Tiepolo e la sua cerchia, l'opera grafica*, Canal & Stamperia, Venezia 1996.

Ellero 1996
Giuseppe Ellero, *Idillio all'Ospedaletto: un documento d'archivio su Cecilia Guardi, futura sposa di Giambattista Tiepolo*, in "Arte Documento", 10, 1996.

Kossatz 1996
Tilman Kossatz, *Quellen zum Würzburger Werk Giovanni Battista Tiepolos un seiner Söhne*, in *Tiepolo in Würzburg: der Himmel auf Erden*, a cura di Peter O. Krückmann, Prestel, München 1996.

Pilo 1996
Giuseppe Maria Pilo (a cura di), *Tiepolo 300 anni dalla nascita 1696-1996*, Laguna, Venezia 1996.

Christiansen 1997
Keith Christiansen, *Giambattista Tiepolo 1696-1770*, The Metropolitan Museum of Art, New York 1997.

Mariuz 1997
Adriano Mariuz, *Una "mitologia giovanile" di Giambattista Tiepolo*, in "Arte Veneta", 51, 1997, pp. 62-71 (ora anche in Adriano Mariuz, *Tiepolo*, a cura di Giuseppe Pavanello, Verona 2008, p. 419).

Pilo 1997
Giuseppe Maria Pilo, *La giovinezza di Giovan Battista Tiepolo*, Laguna, Venezia 1997.

Bossaglia 2002
Rossana Bossaglia, *Tiepolo a Milano: l'itinerario lombardo del pittore veneziano* [1996], Skira, Milano 2002.

Anderson 2003
Jaynie Anderson, *Tiepolo's Cleopatra*, Macmillan, Victoria 2003.

Seydl 2005
Jon L. Seydl, *Giambattista Tiepolo: Fifteen Oil Sketches*, Getty Publications, Los Angeles 2005.

Calasso 2006
Roberto Calasso, *Il rosa Tiepolo*, Adelphi, Milano 2006.

Mariuz 2008
Adriano Mariuz, *Tiepolo*, a cura di Giuseppe Pavanello, Cierre - Fondazione Cini, Venezia 2008.

Careri 2010
Giovanni Careri, *La fabbrica degli affetti. La Gerusalemme Liberata dai Carracci a Tiepolo*, il Saggiatore, Milano 2010.

Fassl 2010
Johanna Fassl, *Sacred Eloquence. Giambattista Tiepolo and the Rhetoric of the Altarpiece*, Peter Lang, Bern 2010.

Pavanello, Gransinighi 2012
Giuseppe Pavanello, Vania Gransinighi (a cura di), *Il giovane Tiepolo. La scoperta della luce*, Civici Musei, Udine 2012.

Referenze fotografiche

Archivi Alinari, Firenze
Bridgeman Art Library/Archivi Alinari
DeA Picture Library, concesso in licenza ad Alinari
Kunst Historisches Museum of Wien
Mondadori Portfolio/AKG Images
Mondadori Portfolio/ALBUM
Mondadori Portfolio/Electa/Adolfo Bezzi
Mondadori Portfolio/Electa/Cameraphoto Arte
Mondadori Portfolio/Electa/Cesare Somaini - su concessione del Ministero dei Beni e delle Attività Culturali
Mondadori Portfolio/Electa/Elio e Stefano Ciol
Mondadori Portfolio/Electa/Fabrizio Carraro
Mondadori Portfolio/Electa/Mauro Magliani
Mondadori Portfolio/Electa/Osvaldo Böhm - su concessione del Ministero dei Beni e delle Attività Culturali
Mondadori Portfolio/Electa/Paolo Da Re
Mondadori Portfolio/Electa/Paolo e Federico Manusardi
Mondadori Portfolio/Electa/Sergio Anelli
Mondadori Portfolio/Electa/Sergio Anelli - su concessione del Ministero dei Beni e delle Attività Culturali
Mondadori Portfolio/Leemage
Mondadori Portfolio/Picture Desk Images
Museo di Castelvecchio, Verona, Archivio fotografico (foto Umberto Tomba)
Museo Poldi Pezzoli, Milano
Picture Library Ashmolean Museum, Oxford
Soprintendenza Speciale per il Patrimonio Storico, Artistico ed Etnoantropologico e per il Polo Museale della Città di Venezia e dei Comuni della Gronda Lagunare
Stockholms Universitet, Stoccolma
The Walters Art Museum, Baltimora

Silvana Editoriale S.p.A.
via Margherita De Vizzi, 86
20092 Cinisello Balsamo, Milano
tel. 02 61 83 63 37
fax 02 61 72 464
www.silvanaeditoriale.it

Le riproduzioni, la stampa e la rilegatura
sono state eseguite presso lo stabilimento
Arti Grafiche Amilcare Pizzi S.p.A.
Cinisello Balsamo, Milano
Finito di stampare
nel mese di novembre 2013